普通高等教育"十一五"国家级规划教材

高等学校公共事业管理专业主干课程教材

21世纪公共事业管理系列教材

总主编 娄成武

公共组织财务管理

（第三版）

主　编　王为民

副主编　博　迪

中国人民大学出版社

·北京·

21世纪公共事业管理系列教材

编审委员会

总主编　娄成武

编　委　（按姓氏笔画排序）

王为民　邓大松　曲福田

刘汉屏　孙　萍　孙柏瑛

李　鲁　娄成武　崔运武

总　序

公共事业管理专业是在中国改革开放中诞生的新生事物，自1998年该专业设立以来，其发展速度之快，是该专业的所有初始倡导者所始料不及的，该专业领域内所取得的科研成果之多，也是惊人的。这充分反映了公共事业管理专业紧紧跟上了中国高等教育跨越式发展的步伐。

1997年，由东北大学率先向教育部高教司提出了《关于在我国设置公共事业管理专业的可行性报告》，教育部在广泛征求专家意见的基础上，1998年修订了普通高等学校本科专业目录，目录中新增设了公共事业管理专业，并批准东北大学、云南大学为首批试办院校，于1999年开始招生。同时，教育部高教司在面向21世纪教改立项中增列了“公共事业管理专业课程设置、人才培养、教学内容与教学改革”项目，由东北大学承担。2000年教育部又下达了新世纪教改工程项目“综合大学公共事业管理专业建设和人才培养模式研究”，由云南大学承担。这两项教学改革项目的启动与完成为该专业的起步和发展奠定了一定的基础。该专业从1999年试办以来，开设院校已由两所迅速发展为数百所，师资队伍也由原来的几十人增加到数千人，呈现出起步较晚但发展极快、类型多样的特点。公共事业管理专业办学规模的扩大和办学类型的多样化，亟须保持专业健康发展的高质量教材的支撑。但遗憾的是，全国较大范围内开展较高规格的公共管理类学科教材建设的科研课题却不多见，加之，中国特色的公共事业管理专业还是一个新兴专业，教材建设的困难尤为难解。近年来，公共管理类学科专业教学指导委员会几次开会，研究确定了公共管理一级学科平台课，公共事业管理二级学科平台课和专业特色课等相对完整的课程体系，部分高校也已出版了相应的教材，但相对于老专业、成熟专业来说，公共事业管理专业的教材建设仍任重道远，还不能完全适应公共事业管理专业发展的需要。为解决该问题，公共管理类学科专业教学指导委员会召开了多次会议，就如何完善该专业的课程体系、教学内容和教材建设问题进行了深入的探讨。在许多委员的提议下，中国人民大学出版社给予了大力支持，我们组织全国部分专家编写了“21世纪公共事业管理系列教材”，力图暂缓专业发展中的燃眉之需，在某些领域，或许有点填零占位的色彩。

该系列教材力图实现“创新”、“特色”与“精品”的时代要求。

创新体现在该系列教材从体系、结构到内容都力争符合公共事业管理教学改革和学科建设发展的时代需要，密切关注、及时总结公共事业管理领域的新问题、新成果，缩短人才培养与社会需求之间的差距。

特色就是优势，特色就是质量，特色就是水平。该系列教材充分发挥公共事业管理专业的优势，充分体现相关院校该专业建设的特点，力图做到特色鲜明、与众有别。

精品突出该系列教材在学术上的高水准。该系列教材是在总结国内外多种教材使用反馈信息的基础上，吸收学术前辈或同人智慧的结晶。该系列教材的作者都是公共管理领域的著名专家，且在各自领域早有建树，该系列教材集中体现了他们在公共事业管理专业领域的教学和科研成果。

“21世纪公共事业管理系列教材”自2003年开始筹划，并成立了由该领域专家学者组成的编委会，由中国人民大学出版社出版，在此，谨向所有支持该系列教材出版的同志们表示敬意和衷心的感谢！

“21世纪公共事业管理系列教材”编委会

第一版前言

随着民间非营利组织会计制度于2005年1月1日起正式实施，我国公共组织财务管理核算体系的构建已经初步完成，该体系由政府财务管理与核算、事业单位财务管理与核算和民间非营利组织财务管理与核算三部分组成。我们也正是以这三部分为基本内容，依据现行的行政单位财务规则、事业单位财务规则、行政单位会计制度、事业单位会计制度和民间非营利组织会计制度，借鉴国际上的通行做法，编撰此书。

本书结合我国当前公共组织财务体制改革的实际，比较全面、系统地阐述了公共组织财务管理与核算工作的基本特点、基本内容和基本方法。在阐述中，我们坚持理论与实务相结合，全面与通用兼顾，继承与开拓并存，力求做到通俗易懂、易教易学。

本书是“21世纪公共事业管理系列教材”之一，是公共事业管理专业的必读教材。也可作为“预算会计”课程以及公共组织财务工作者岗位培训的教材和自学参考用书。

本书由王为民担任主编，岳军担任副主编，负责设计全书及编写提纲。各章的撰写人是：第1章、第2章：王为民；第3章、第4章、第5章：王梅花；第6章、第7章、第8章：邱文琦；第9章：张昭；第10章：王欣；第11章：丁谦。在写作过程中，经过多次集体讨论，初稿完成后，由王为民进行修改、统稿和定稿。

在设计全书及写作过程中，得到江西财经大学公共管理学院院长、博士生导师刘汉屏教授的大力支持与指导，同时吸收了本学科的最新研究成果，参考了相关书籍与文献，在此，我们一并表示衷心的感谢。由于公共组织财务管理与核算工作正处于进一步深化改革之中，加之作者水平有限，书中难免会有不妥之处，恳请同行、读者批评指正，以便我们日后修改补充。

王为民

2005年9月

第二版前言

距离本书第一版的出版，时间已经过去三年多了，公共组织财务管理的理论与实践也发生了一些新的变化，特别是在众多热心读者朋友的鼓励与支持下，《公共组织财务管理（第二版）》问世了。该书由王为民担任主编，罗晓华任副主编，负责设计全书编写提纲。各章的撰写人分别如下：第 1 章、第 2 章由张琳编写，第 3 章由王梅花编写，第 4 章由龚忻编写，第 5 章由刘敏卿编写，第 6 章由邱文琦编写，第 7 章由余春保编写，第 8 章由孙文仙编写，第 9 章由周雯编写，第 10 章由蔡雪彗编写，第 11 章由张莹莹编写。本次修订对书中的例题数据资料作了大量修改，以使其更切合实际，并使各章数据能够前后呼应，形成一个有逻辑联系的资料体系。此外，本次修订也对有关章节的内容根据公共组织财务管理的新变化作了相应的修改和补充。此次修订经过了多次集体讨论，最后由王为民进行修改、统稿和定稿。

在设计修订全书的过程中，我们得到了江西财经大学公共管理学院院长、博士生导师匡小平教授的大力支持与指导，并注意吸收了本学科的最新研究成果，参考了相关书籍与文献，在此，一并表示衷心的感谢。但由于公共组织财务管理与核算工作正处于进一步深化改革之中，加之作者水平有限，书中难免会有不妥之处，恳请同行、读者批评指正，以便我们日后进一步修改补充。

王为民

2009 年 3 月

第三版前言

《公共组织财务管理（第三版）》继续保留第一、第二版教材的主要特色，如在总体结构的安排上，系统阐述了公共组织财务管理体系；在具体内容的阐述上，强调财务管理要以财务核算为基础，使财务管理的内容更为充实具体。同时根据公共组织财务管理的新变化作了相应的修改补充，如补充了实行财政国库集中支付制度后的零余额账户用款额度及财政应返还额度的管理与核算内容，另外，对第4篇“民间非营利组织财务管理与核算”的内容作了较大幅度的修改完善。

本次修订由王为民担任主编，博迪担任副主编，负责设计全书修订大纲。各章的修订撰写人分别如下：第1章、第2章由张琳编写，第3章由王梅花编写，第4章由罗晓华编写，第5章由刘敏卿编写，第6章由邱文琦编写，第7章由余春保编写，第8章由孙文仙编写，第9章由博迪编写，第10章由蔡雪彗编写，第11章由张莹莹编写。本次修订写作，经过了多次集体讨论，最后由王为民进行修改、统稿和定稿。

在设计修订全书过程中，我们得到使用该教材的相关学校领导、教师的大力支持与指导，并注意吸收了本学科的最新研究成果，参考了相关书籍与文献，在此，一并表示衷心感谢。由于公共组织财务管理与核算工作正处于进一步的深化改革之中，加之作者水平有限，书中仍然难免会有不妥之处，恳请同行、读者批评指正，以便我们日后进一步修改完善。

王为民

2013年1月

目　录

第1篇　绪　论

第 2 篇　行政单位财务管理与核算

第 3 篇　事业单位财务管理与核算

第 4 篇　民间非营利组织财务管理与核算

第 1 篇

绪 论

第1章 公共组织财务管理概述

1.1 公共组织的界定与构成要素

公共组织也称公共部门，是提供公共产品或劳务的单位。明确公共组织的含义及特点，界定我国的公共组织，是进行公共组织财务管理与核算的前提。本节主要阐述我国公共组织的概念、特征、范围及构成要素。

1.1.1 公共组织的概念

组织，是人们依照一定的目的、任务和形式组建起来的社会群体。组织具有以下特征：(1) 组织是人们在相互交往中形成的一定行为关系的集合；(2) 组织有某种特定的目标；(3) 组织有一定的结构和活动方式；(4) 组织有其内在的价值观；(5) 组织是一个开放系统，随着社会环境的变化而有机地发展。

现代社会的组织类型十分繁杂，人们可以按照不同的标准，对组织进行不同的分类。如根据组织的目标不同，可以把组织分为公益组织、工商组织、服务组织和互益组织；根据主要功能的不同，可以把组织分为政治组织、经济组织、军事组织、文化组织和社会组织；根据人为设定或者自发形成，可以把组织分为正式组织和非正式组织；根据权力配置方式的不同，可以把组织分为集权型组织和分权型组织；根据管理事项及复杂程度的不同，可以把组织分为综合性组织和专门性组织。

在社会生活中，有一些组织的目的是为了更好地服务于个人或私人的利益，这类组织属于私人组织；有一些组织的目的是为了服务社会公众，这类组织就是我们所称的公共组织。所以，公共组织是与私人组织相对应的概念，是以管理社会公共事务、提供公共产品和公共服务、维护和实现社会公共利益为目的，拥有法定的或授予的公共权力的所有组织实体。

1.1.2 公共组织的特征

1. 公共组织以管理社会公共事务、维护和实现公共利益为基本职责

社会公共事务是相对于私人事务而言的，是指涉及全体社会公众整体的生活质量和共同利益的一系列活动，其具体内容包括社会问题、公共项目和公共财产与资源。公共利益就是一定范围内所有社会成员利益的共同部分。因此，公共利益不是单个社会成员或者单个组织的特定利益，而是全体社会成员的共同利益。公共利益的构成在价值上具有多元综合性，具体体现为公共产品、公共服务、公共安全、公共秩序、公正、民主等。这些价值是保证社会成员进行正常、有序的共同生活的基础。能够有效地为社会提供所需的公共产品、公共服务、公共安全、公共秩序以及公正、民主的政治经济环境，是公共组织存在和发展的依据，也是其存在和发展的合法性基础。

2. 公共组织不以营利为目的

公共组织在从事组织生产和提供公共产品及公共服务的过程中，其主要目的和动机在于谋求社会的“公共利益”，一切措施都是在顾及全局公平、公正、公开的原则下为全体民众服务的，并以最好的服务来争取民众的拥护与支持，而不以营利为目的。但是，为了弥补提供公共产品和公共服务过程中的经费不足，或者为了平衡在享受公共产品和服务方面实际存在的差异，公共组织有时也会采用收费的办法。但是，这种收费绝不以营利为目的。公共组织的活动经费来源于三个方面：一是公共财政开支；二是有偿服务收入（按产品和劳务的成本收取的费用）；三是通过社会的赞助、资助、捐助、彩票等来筹措的资金。

3. 公共组织通过行使公共权力来管理公共事务

公共权力是用于处理公共事务的权力，是公共组织实施自身职能的前提条件。公共权力是由社会的共同需要而产生的，是全体社会成员共同意志的集中表现，对全体社会成员具有普遍的约束力。其基本目的在于维持、调整或发展整个社会生活的基本秩序。公共组织要么拥有法定的公共权力，要么拥有由公共权威部门授予的公共权力。这种公共权力与非公共组织中存在的“私权”有着本质的区别。从其基本内涵来说，在主体上，公共权力属于公众而非某个个人；从客体上看，公共权力指向的是公共事务；从功能上看，公共权力为公共利益服务。公共权力具有权威性、强制性、普遍性、排他性，这些特性使公共权力有着比“私权”更广泛的约束力、强制力和管辖范围。当然，公共权力的使用更强调依法行使，防止权力的滥用，因此，公共组织必须受到全社会的监督。

4. 公共组织的活动必须依法进行并受到高度监督

公共组织尽管代表着社会公众的共同利益，但它的产生和运行方式不能凌驾于国家法律之上。公共组织的产生必须依据社会公共生活的实际需要，按照国家有关法律法规所规定的原则和程序依法审批和设置。在运行方式上，公共组织必须依法规范自己的管理行为，自觉地贯彻和执行有关公共事务方面的法律法规，在法律法规所规定的范围内自觉履行对公共事务的管理职责。

正是因为行使公共权力，公共组织的一举一动都必须接受来自舆论或公众的批评和监督，其所作所为必须是公开的、透明的。目前许多国家设立的“阳光法案”、公务人员财产申报制度，以及重大公共工程实行公开招标，其目的就是为了引起公众的高度关注和对公共组织活动的严密监督，使公共组织不损害全体民众的利益，积极地为全体民众谋福利，真正做到以民意为依归。社会中的每一位公民都有权合法享有这种服务和提出意见、建议，并进行监督。同时，公共组织也要接受来自立法和司法部门以及各利益团体的监督。

5. 公共组织的行为具有强制性和权威性

公共组织虽然是公共产品和公共服务的提供者，但它是依据公共权力来从事社会公共事务管理的，因此也是公共权力的执行者。这就决定了公共组织行为具有强制性和权威性的特点，这种强制性和权威性在维护既定的政治关系和社会秩序过程中起着不可替代的作用。公共组织作为行使公共权力的主体，必然代表统治阶级的意志，其所制定的公共政策皆具有政治意义。因此，公共组织实现目标的过程，如果忽略了政治因素，则不容易理解其运作内涵。公共组织不可避免地要面对全国性的或地方性的政治利益团体以及各种相互制衡的权力关系；公共组织的活动由于具有强制性和权威性，对凡是在其职权范围内的事务，皆有管辖权，任何一个被管理者都必须无条件地接受和服从，若有违法乱纪的行为，公共组织便可依法予以处分。

6. 公共组织的目标不易计量及责任的多元化

公共组织的目标就是谋求公共利益，但公共利益大多是模糊而不易计量的，它表现为公众对公共产品和公共服务的多层次、多样化、整体性的利益需求，不像私人利益那样明确、直接。公共组织也不能像私人组织那样以利润来衡量组织和员工的绩效。公共利益是公共组织负有公共责任及其必须为大多数人服务的一种象征。由于公共组织的服务对象是社会公众，公共组织不仅目标模糊、多元、不易量化，且民众的期望亦很多，故要求其必须承担包括政治责任、法律责任、道义责任在内的所有公共责任。

1.1.3 公共组织的范围

公共组织是公共管理的主体。近年来，公共管理发展的一个重要特征就是管理主体构成的变化。一方面，作为公共组织主体的政府，其管理职能和管理方式必然要随着时代的发展而转换；另一方面，越来越多的社会组织进入公共领域，打破了公共事务管理中政府作为唯一主体、独揽公共服务供给的制度安排。引进竞争性的供给方式，争取社会组织的支持，逐步实现公共事务管理的社会化，实现政府公共管理职能在行政系统外的有效拓展，这就意味着，公共管理的主体应该是以政府为核心的开放式多元体系。因此，公共管理既包括政府组织的公共管理，又包括行使某种公共职能的社会组织的公共管理。相应地，公共组织既包括政府组织，也包括非政府组织。非政府组织就是指政府以外的其他公共组织，包括事业单位、社会团体、非营利性社会中介组织和民办非企业单位。非政府组织依法进行登记，并经法律、法规授权或政府组织委托进行公共事务管理，被称为“准公共组织”。在西方，又被称为非营利组织或第三部门等。

1. 政府组织

政府有广义和狭义之分。广义的政府，是指执掌公共权力的所有的国家机构，包括各级立法机关、行政机关和司法机关；狭义的政府，是指各级国家行政管理机关，即按照立法、司法、行政三权分立的原则而建立起来的行政机关，包括中央和地方的行政机关。作为公共管理主体的政府应是广义的政府。政府作为公共权力的执掌机构，其基本职能就是维持、处理社会公共事务。作为从事社会公共事务管理的公共组织，政府组织具有政治职能、经济职能、科学教育文化职能和其他社会职能。它既是一种管理组织又是一种政治组织。作为管理组织的政府组织，与企业组织具有许多共同性或相似性，因此，企业组织的某些管理方法和经验可以借鉴或移植到政府组织中来。但是，作为政治组织的政府组织，它所从事的活动具有政治目的，必须尽力获得社会大多数人的认可，并体现出自身充分的社会性。从这个意义上讲，政府组织作为国家机构中的政府系统，是兼有管理组织和政治组织两重性质的一种特殊的社会组织，是社会公共事务管理的最主要的公共组织，它承担了大部分公共事务的管理。政府组织在实施管理过程中的最主要特点就是根据宪法和法律的授权，依靠公共权力实行强制性管理。政府组织对某一事务作出的裁决，有关组织和个人必须遵从，否则将会受到处罚。

作为“纯粹的”公共组织，政府组织具有以下基本特点：第一，政府组织作为公共权力的执掌机构，其基本职能就是维持、处理社会公共事务。第二，政府组织用来从事公共管理的公共权力就其性质而言，是由社会共同需要产生的，是全体社会成员共同意志的集中体现，因而对全体社会成员具有普遍的约束力。第三，政府组织行为的价值取向是公共利益。政府组织作为社会主要的公共组织，必须把追求和维护公共利益作为自身的行为目标。第四，政府组织所掌握和运用的资源是一种公共资源。政府要通过行使权力来实现其公共管理职能，就必须以掌握一定的资源为前提，而这又集中表现为对财源的拥有。政府组织的财政来源于全体公民的税收，因而其财政实质上是一种公共财政。第五，政府组织为社会提供的产品是一种纯公共产品，如国防、处理国际关系、维护社会治安、城市基础设施和公用事业建设、普及教育、提供医疗保健条件等。

2. 非政府组织

非政府组织是相对于政府组织而言的，是指政府以外的处理各种社会公共事务、提供各种公共产品和服务的公共部门。其包括的范围有：

（1）事业单位。

我国的事业单位是指为了社会公共利益，由国家机关举办或其他组织利用国有资产举办的，从事教育、科学、文化、卫生等活动的社会服务组织，如国家举办的学校、医院、研究所、文化艺术团体、新闻机构、社会福利机构等。这类组织主要由政府举办，所需资金主要由财政提供，部分资金由其为社会服务所得收入予以补充，其基本功能是以自身的专业知识和技能为社会提供公共服务或混合公共产品，其服务或产品价格由政府决定，政府对这些组织实行必要的行政管制，由国家编制部门统一管理。目前，我国的事业单位在数量上是仅次于企业的第二大社会组织，主要分布在教育、卫生、科研、文化体育、城市公用事业、社会福利等领域。其中，国有事业单位占90%以上，非国有事业单位的比重不足10%。由于大多数事业单位隶属于政府部门，其使命是执行由政府决策所确定的公共服务，故其权威间接来源于政府的公共行政权力。非营利性、提供公共服务、主要由政府投资是事业单位的基本特征。国外虽有类似的社会组织，但都没有这一称谓，一般把其包括在非政府组织、非营利组织或第三部门中。

根据公共财政理论和我国的实际情况，事业单位可划分为公益型、半公益型和经营型三类。

公益型事业单位是指提供纯公共产品或收费管理难度大、需求弹性小、外部效益大的混合公共产品的公共组织。这类单位一般不直接从事生产经营和商品流通，没有或很少有稳定的收入，其各项业务活动几乎全部是为了满足公众对公共产品的需要，不可能由市场机制来配置和调节。对这类事业单位，政府出面并介入其各项事务，由财政维持其正常发展、核拨经费，其人员经费、正常公用经费和事业发展经费由财政供给。单位按照政策规定合理筹措、组织的各项收入，全部留归单位使用，以求公共事业尽快发展。

半公益型事业单位是指提供具有一定外部效益的混合公共产品的公共组织。这类产品若完全由财政提供，将会因过度消费而造成效率损失；若完全由市场提供，又会造成供应不足。对于这类产品的供应，采用财政提供与市场提供相结合的做法以减轻效率损失。这类事业单位的经济性质具有双重性，它既部分担负着提供公共性和社会性服务的职责，又部分满足个体消费的需要，具有经营的属性。因此其在提供服务的同时，有相对稳定的收入。对于这类事业单位，其人员经费、正常公用经费由国家财政以定额或定项补助的方式核拨，事业发展经费原则上由单位从组织收入中解决。

经营型事业单位是指提供收费管理较容易、需求弹性大、外部效益较低的混合公共产品的公共组织。这类事业单位主要从事生产经营和商品流通，以经营创收为目的，其提供的各项服务或劳务的利益可以内在化和私人化。对这类事业单位，政府部门应创造一定的外部环境，适度放宽政策并给予扶持，鼓励和促使其走向市场，全部退出财政供给序列。这类事业单位可以改制为企业，由私人兴办或者由市场机制调节，从而退出公共部门。

随着事业单位体制改革不断深化，大量的文化、应用型科研、卫生、体育、广播、电视等事业单位将全面走向市场，在市场中依靠其自身开展业务活动取得的收入，满足其继续开展业务活动支出的需要，实行企业化管理。而教育事业单位和极少数需要由财政拨款的事业单位，如基础性科研单位、公共卫生单位等，将继续依靠财政补助收入来满足其开展业务活动支出的需要。

(2) 社会团体。

我国的社会团体是指中国公民根据自愿组成，为实现会员共同意愿，按照其章程开展活动的非营利性民间组织。这类组织主要包括各行各业的各种学会、联合会、研究会、基金会等，具有非营利性和民间性两种基本组织特征。社会团体主要是由一定社会群体的具有共同意愿或利益的代表组成，以社团成员互益为基本宗旨，为实现这些社会成员的公共意愿而开展各种公益性活动，其社会定位是作为政府与社会之间沟通联系的桥梁与纽带，其权威基础来源于社会或其组织成员对其目标所具有的公共价值的认同，并得到政府在政策或道义上的支持，其活动多集中在济贫救弱、环保、文化教育、社区工作等领域。这类组织活动所需的经费一般由政府财政提供或社会捐助等。社会团体成为公共组织，需要按照《社会团体登记管理条例》进行登记，而社会团体成为公共管理主体，还需要经过法律、法规授权或行政机关委托。如根据《中华人民共和国消费者权益保护法》第三十二条的规定，消费者协会履行向消费者提供消费信息和咨询服务，参与有关行政部门对商品和服务的监督、检查，受理消费者的投诉，并对投诉事项进行调查、调解等职能。

（3）非营利性社会中介组织。

社会中介组织不同于一般的为市场主体提供中介服务的市场中介组织。它是指在政府、市场、公民、企业之间起桥梁和纽带作用的，具有同业自律、监督、鉴证、协调沟通等功能的各类组织，其权威源自组织成员的委托与授权，或源自社会公认的、与专业能力相联系的公共信用资源。社会中介组织可分为营利性社会中介组织和非营利性社会中介组织。营利性社会中介组织主要是从事服务活动的非成员性组织，如评价、审查型的中介组织（律师事务所、会计师事务所、公证和仲裁机构、资产评估机构等）。在我国，20 世纪 80 年代初，这类社会中介组织多数是由政府设立的。当时的律师事务所、会计师事务所等经济鉴证类中介组织是承担一定行政职能、不以营利为目的的公共组织。1998 年国务院机构改革将把社会中介组织从政府部门中分离出去作为主要内容之一，规定经济鉴证类社会中介组织要与政府部门脱钩，成为在工商部门登记注册的市场主体和企业法人，是在追求自身利益的过程中以满足社会需要而获取利润的服务性组织，从此退出了公共组织的行列。一部分主要从事管理活动的成员性中介组织（如行业协会、商会），属于事业单位或社会团体法人，它们向社会提供的服务是有偿的，但它们不是营利性实体，不受自身利益驱动，遵照自收自支的原则，向服务对象收取一定的服务费，意在弥补服务性活动中的实际支出，维持机构的活动。它们通常会受到公共权力的监督、规范与保护，其活动可以通过满足个别社会成员特殊需要的形式实现某种整体利益，如深化政府、市场、公民、企业之间的联系，规范公民、企业、市场及政府的行为，降低社会交易成本，因而这种中介服务具有公共服务的性质。如行业协会，其主要功能和作用是制定本行业内的规章制度，以维持本行业从事活动的正常秩序，加强本行业经营活动的自律性，协调行业内部的种种关系，协调解决内部的纠纷，代表会员加强与政府的沟通，向政府有关部门提出要求、意见和建议，开展各种形式的服务，如组织行业的人才培训和交流、为企业进行技术和管理的咨询服务、推行本行业有关产品的国家标准和国际标准等。目前，我国的部分非营利性社会中介组织是具有官方或半官方性质的准行政单位，它们由政府出资创办，像行政单位一样给予人事编制、核拨业务经费、受政府委托承担一定的社会管理职能。它们向社会提供的服务是无偿的，原则上不向服务对象收费，或者只收取少量管理费或工本费，绝不能追求盈利。非营利性社会中介组织，经合法登记后成为公共组织，而它们参与公共管理，为社会公众提供中介服务，还要根据法律、法规授权或行政机关委托。

（4）民办非企业单位。

我国的民办非企业单位是指企业事业单位、社会团体和其他力量以及公民个人利用非国有资产举办的，从事公益性社会服务活动的社会组织。这类组织包括各种民办的非营利性的学校、医院、福利院、研究所、文化中心、社区服务中心等。民办非企业单位的主要功能是面向社会，为满足人们的社会需要而开展服务；其社会定位是凭借专业知识和技能服务于社会的非营利组织；其组织形式是具有一定专长的单位成员，根据双向选择的原则和一定的组合形式，建立稳定型的单位实体；其工资报酬形式是单位成员按劳取酬。目前我国的民办非企业单位实行的是自收自支、自主办学（院、所等）、自负盈亏的原则，几乎没有国家财政拨款或资助，主要靠服务收费、捐赠获得资金，在提供服务中既注重社会效益也保障一定的经济效益，但其营利程度较低。其所提供的产品是混合公共产品，既具有部分公共产品的性质，又具有部分私人物品的性质。同社会团体一样，民办非企业单位也要按照有关规定先进行合法登记，然后再根据法律、法规授权或行政机关委托从而具有公共组织的主体资格，成为公共管理主体。

在西方，非政府组织又称“第三部门”，是指不以营利为目的的向社会提供不能由企业及政府充分提供的社会服务的组织。它是介于政府组织和私营组织之间的一切社会组织，是一个巨大的制度空间，又是一个内部差异非常大的部门，包括形形色色的组织，各组织之间在组织目标、运作过程、管理方式方面相差甚远，实际运行中各种机制重叠、交错、混杂是非政府组织的明显特征。非政府组织作为公共组织是由其特性所决定的。

第一，非政府组织虽然不像政府组织那样天然地拥有公共权力，但它们从事公共管理完全源于政府的合法授权。

第二，非政府组织主要是一些从事公益事业的组织，其生产或活动的基本目标是公益性的。

第三，非政府组织为社会提供的产品往往是公共产品或混合公共产品。

第四，非政府组织的资金来源主要是公共财政、不以营利为目的的有偿服务性收费和捐赠。

第五，非政府组织不以利润最大化为目的，而是为社会提供专业性、公共性服务，这种非营利性与政府组织以“公共利益”作为价值取向的目标或原则是一致的。

从一般意义而言，非政府组织具有准公共管理主体、公共管理相对人和民事主体三种法律地位和身份。就其依法管理公共事务而言，事业单位、社会团体、非营利性社会中介组织和民办非企业单位可以作为准公共管理主体，但须经法律、法规授权或行政机关委托。就其接受登记管理机关和业务主管机关指导、日常管理和监督检查而言，事业单位、社会团体、非营利性社会中介组织和民办非企业单位可以作为公共管理相对人，具有法人或其他组织的地位。就其所从事的各种民事活动而言，根据《中华人民共和国民法通则》第五十条的规定，有独立经费的机关从成立之日起，具有法人资格。具备法人条件的事业单位、社会团体，依法不需要办理法人登记的，从成立之日起，具有法人资格；依法需要办理法人登记的，经核准登记，取得法人资格。

1.1.4 公共组织的构成要素

公共组织是按照一定的法律法规严格建立起来的正式组织，在构成要素的种类上与一般组织大体一致，但其要素的具体内涵却是不完全相同的。公共组织的构成要素主要包括以下方面：

1. 组织目标

组织目标是指组织成员进行某项活动所须达到的预期结果。目标是组织的基本要素之一。组织都是为了实现某个目标而建立起来的，它决定着组织行为的方式和组织发展的方向，关系到组织管理活动的效果。公共组织目标是公共组织存在的基础。组织目标从不同的角度可有不同的分类。公共组织中的职能目标从时间上看，有长远目标、中期目标和短期目标，从空间结构上看，有总目标和分目标。这些目标构成了公共组织中的“目标网络”。

2. 组织人员

组织人员是公共组织的一个基本构成要素，也是公共组织的主体。作为公共管理主体的组织和机构，其实际的运行和效能的发挥，必须依靠具体的人来完成。公共组织的人员是受国家和公民的委托行使公共权力、负责运用资源以达成政府施政目标的人。公共组织人员的素质和智能结构，是公共组织的一个重要要素。管理主体自身素质的完善、认识能力的提高和价值取向的合理化，对公共管理的结果将会产生重要的影响。

3. 物质因素

任何组织的运行，都无法离开物质因素的支持。物质因素包括公共组织赖以存在的载体，如场地、房屋、办公设备、用品、经费等。

4. 职能范围

职能范围是根据组织目标对公共组织所要完成的工作任务、职责及其作用的总体规定，它确定了公共组织行使职权的活动和作用范围。职能范围是组织目标的具体化，它决定着组织规模、内部职位设置等方面的内容。公共组织的职能范围从其性质的角度可划分为政治职能和管理职能，从管理角度可划分为计划、组织、协调、控制和监督等职能。

5. 机构设置

机构设置是根据组织目标、职能范围在公共组织内部按单位进行分工的结果。公共组织都要通过一定的机构体现出来，公共组织的机构设置必须科学、合理，这样才能使公共组织真正成为公共活动的载体。

6. 职位设置

职位设置是在机构设置的基础上进一步按个人职责明确工作分配或分工的结果，即将组织目标、工作任务、权力职责具体落实到个人身上。职位是公共组织运行最基本的要素之一，只有有了职位设置，才能使权力的流动成为可能。实行科学的职位分类，是减少公共组织内部矛盾的有效途径。

7. 权责体系

职权是指被组织正式承认的权力，它主要来自组织的认可，与职位有密切关系。职责是指完成任务所应承担的责任。权责体系指公共组织中各个部门、层次、成员之间的若干从属、并列等相互关系的确认与规范，它通过权力和职责的划分，保障公共组织各组成部分有序地运行。

8. 规章制度

规章制度是指以书面文件等形式表达的对组织目标、职能任务、权责关系、活动方式等进行处理的规范的总称。从总体上讲，从公共组织机构设置、权力划分到公共组织成员的行为规范等，都要有法可依。就公共组织内部而言，也必须有一套规章制度，以确保公共组织的正常运行和公共权力的正确行使。

9. 技术和信息

公共组织构成因素中的技术不仅指组织活动过程中所采用的科学技术，也指包括组织决策原则、方式在内的“政治技术”。信息是组织活动不可缺少的因素，信息传递的途径和方式，也正是组织各部分相互协调的途径和方式，组织过程在一定意义上是一个信息收集、整理、制造、传递、反馈的过程。信息技术将改变许多组织的性质和结构，以及组织产品和服务的性质与生命周期。新技术可以促进分权化、网络化的管理作风以及自组织的能力。

1.2　公共组织财务管理的内涵和特点

公共组织财务管理是指公共组织管理本单位的财务活动、处理财务关系的一项经济管理工作。因此，要了解公共组织财务管理，必须先分析了解公共组织的财务活动及财务关系。

1.2.1　公共组织财务活动

公共组织财务活动是公共组织以现金收支为主的资金收支活动的总称。从性质上看，公共组织是政府的职能机构及其延伸，它们以管理社会公共事务、协调社会公共利益关系、满足社会公共需要为动机，以加强国家政权建设、实现政府意图、促进国家各项建设事业为己任，不以营利为目的。尽管如此，在社会主义市场经济条件下，拥有一定数额的资金，不仅是工商企业进行生产经营活动的必要条件，也是各类公共组织开展工作，提供公共产品、公共服务的必要物质条件。没有资金的收支，没有必要的经费，公共组织就不可能从市场上购入设备、物资、材料等，就无法开展工作，无法完成任务。这种资金的收支，构成了公共组织的财务活动。公共组织的财务活动主要包括以下三个方面：

1. 预算资金收支活动

预算包括公共预算和公共组织预算两种。其中，公共预算即国家预算，是经法定程序批准的政府年度收支计划，既是履行政府职责、反映执政党社会经济发展目标的计划，又是限制政府收支的手段。公共预算不仅直接反映出政府的收支情况，往往还间接地反映了政府的职能与任务。公共组织预算是各公共组织根据国家的方针、政策，按照国家规定的工作任务和事业计划，依据定员定额和收支标准编制的计划期内的财务收支计划。它是国家预算的基础，是国家财政部门和公共组织之间预算资金缴拨的依据，也是公共组织开展各项财务活动的基本依据。财政部门要根据核准后的预算向各公共组织拨付经费，并根据有关的财务制度、财经纪律及公共组织预算，对各公共组织的财务收支活动进行管理和监督。而各公共组织则应根据核准后的预算，按规定的收费项目、范围和标准积极组织征收，并根据预算合理安排各项资金支出，办理各项财务活动。公共组织预算资金的取得与使用过程中产生的各项收支活动，就是公共组织预算资金收支活动。

2. 预算外资金收支活动

预算外资金是指国家机关（国家权力机关、国家行政机关、国家审判机关及检察机关）、事业单位、社会团体、具有行政管理职能的企业主管部门和政府委托的其他机构，为履行或代行政府职能，依据国家法律、法规和具有法律效力的规章而收取、提取、募集和安排使用的，未纳入财政预算管理的各种财政性资金。预算外资金中的相当一部分是凭借政府职能实现的，所以，预算外资金属于政府资金，资金的所有权属于国家，而不是有关部门或单位的自有资金，必须纳入财政管理，由财政部门通过财政专户统一核算，集中管理。各公共组织应严格按国家规定的收费范围和收费标准，积极组织征收，并按规定的时间及时上缴同级财政专户，然后，按预算外资金收支计划和公共组织财务收支计划，合理安排资金的使用。预算外资金的取得与使用所产生的资金收支，便构成了公共组织预算外资金收支活动。

3. 经营收支活动

公共组织资产配置领域的非生产性、资金来源的非直接性、资金使用的服务性与非增值性，决定了公共组织资产的非经营性。但是，很多公共组织为了合理配置和有效利用各种资源，增加单位收入，在保证开展专业业务活动、不影响正常事业计划完成的情况下，往往利用闲置的场地、房屋、设备等依法开展经营活动，从而将这些非经营性财产转作经营性财产。这些转作经营性使用的资产，与企业经营资金一样，一旦进入经营过程，就开始了资金的循环和周转，并将实现利润，然后还要按一定比例将利润在国家、公共组织之间进行分配。在这个资金循环过程中，同样会发生一系列的资金收支活动，这些资金收支活动，便是公共组织的经营收支活动。

上述三个方面的财务活动，不是相互割裂、互不相关的，而是相互联系、相互依存的。其中，预算资金收支活动是公共组织财务活动的主体，是公共组织履行职责、完成行政事业任务的重要保障。预算外资金收支活动是财政预算的补充，对正确处理和调整中央与地方、国家与企业、国家与职工个人之间的利益分配关系，调动各方面的积极性，促进社会主义生产和建设事业的发展具有重要意义。而经营收支活动是市场经济条件下出现的一种现象，是公共组织适应市场经济的发展，改善公共组织经济条件，增强公共组织活力，使各公共组织逐步走向市场的一种有效途径。上述三个方面既相互联系，又有一定区别，共同构成了公共组织的财务活动。

1.2.2 公共组织财务关系

财务关系是各公共组织在组织和管理本单位财务活动的过程中与有关各方之间的经济联系。公共组织的各种资金收支活动与有关各方有着广泛而密切的联系，公共组织的财务关系可概括为以下几个方面：

1. 与政府的关系

这主要是指公共组织与政府之间预算资金及预算外资金的上缴下拨所形成的资金分配关系。公共组织各项活动的非营利性决定了它们开展业务活动、完成工作任务所需的资金主要由政府来保证，由国家预算来供给。财政部门是政府分配财政资金的机关，是统一管理政府资金的职能部门，因此，公共组织与政府之间的财务关系，其实就是公共组织与财政部门之间的关系。公共组织的性质决定了它与财政部门之间必然有着密切的联系，主要表现在：公共组织预算和决算由财政部门或主管部门审批，财政补贴收入由财政部门拨付，年终结余上缴国家预算（国家财政），预算资金的收支主要由财政部门管理和监督。此外，财政部门还是预算外资金管理的职能部门。财政部负责预算外资金管理的政策、制度的制定工作，对预算外资金的运行进行宏观调控；地方财政部门则是预算外资金的直接管理机构，具体负责预算外资金管理办法、制度的制定，并对制度的执行情况进行监督，负责管理与本级政府部门直接发生预算外缴拨款关系的各公共组织预算外资金的收取、安排和使用，并对预算外资金收支计划和决算进行审批。各公共组织应服从财政部门的管理和监督，该上缴的各项资金要按规定及时、足额上缴。公共组织与财政部门之间的财务关系，体现着国家与其职能部门之间财政资金上缴下拨的关系。

2. 与其他职能部门的关系

这主要是指公共组织与计划、银行、物价、审计、劳动、税务等部门之间的经济关系。各公共组织是预算外资金管理的执行单位，而各级计划、银行、物价、审计、劳动、税务等部门是和预算外资金管理有关的部门。例如，银行部门是我国信贷、现金出纳和结算中心，在我国现行的“专户储存，计划管理，财政审批，银行监督”的预算外资金管理方式下，为更好地管理各公共组织预算外资金收支活动，必须加强银行的监督管理。其他职能部门，如物价、审计、税务等部门也都在预算外资金管理活动中发挥着巨大作用，与各公共组织的预算外收支活动有密切关系，彼此之间常常会发生资金的往来与结算。这便构成了公共组织与其他职能部门之间的财务关系。

3. 与上下级单位的关系

上级单位作为公共组织的行政领导部门，与公共组织不仅存在行政及业务领导关系，还往往存在着密切的资金往来关系：公共组织的收入一部分来源于上级补助，而公共组织通过某些渠道取得的部分收入又要按规定上缴上级单位。同样，作为所属下级单位的上级单位，公共组织为了保证下级单位各项工作的顺利开展，通常要向下级单位拨付一定的资金，作为其事业经费，同时，又要按规定向下级单位收取部分收入。公共组织与上下级单位之间资金上缴下拨所引起的资金收支活动，就构成了公共组织与上下级单位之间的财务关系。这种关系体现了上下级单位之间领导与被领导、管理与被管理的关系。

4. 与组织内部各单位的关系

公共组织内部各单位指的是公共组织内部各职能部门。这些部门各自承担着不同的任务与职责，彼此分工协作。在实行内部经济核算制的条件下，各部门常常是既有相对独立的资金收支活动，彼此间又有着密切的资金往来，相互要进行资金结算。公共组织内部各部门之间的这种资金结算关系，体现了公共组织内部各单位之间的利益关系。

5. 与本单位工作人员的关系

这主要是指公共组织在向本单位工作人员支付劳动报酬的过程中所形成的经济关系。公共组织要按规定的工资等级和标准向职工支付工资、津贴，按规定的开支标准支付奖金、福利，还要按规定的补贴标准支付出差补贴、下乡补贴等。公共组织与工作人员之间的这些资金结算关系，构成了公共组织与本单位工作人员之间的财务关系。

6. 与其他各有关方面的关系

这主要是指各公共组织在开展工作，提供公共产品、公共服务的过程中与其他有关各方发生的资金往来关系。例如，各公共组织要实现政府职能，按政府的意图提供公共产品，进行各项建设事业，需要大量的钢材、水泥、石油等生产资料，在市场经济条件下，各种生产资料不可能无偿获得，只能通过政府购买。在购买过程中，会发生债权债务往来及资金的结算；在公共产品购建或提供过程中，会与承建方发生劳务费用的结算；若公共产品和公共服务为有偿提供，还会与商品使用者发生收付费关系。所有这些方面都与公共组织有着密切的资金往来关系，构成与公共组织的财务关系。

1.2.3　公共组织财务管理的特点

公共组织是国家职能的承担者，是国家为满足社会公共需要而成立的。其动机在于加强服务，便民利民，谋求公共利益。它不以营利为目的，主要从事一些非营利性的活动。因此，多数公共组织自身并没有什么收入，即使某些公共组织根据国家有关规定可自行组织一些收入，往往也是收不抵支，难以满足公共组织各项经费支出需要。这就决定了公共组织的支出不可能像企业消耗那样，通过自身资金的循环和周转得到补偿，决定了公共组织从事各项业务活动、完成工作任务，必须有国家财政的支持，必须由国家财政拨付全部或部分经费。公共组织资金运动的上述特点，决定了公共组织财务管理具有如下特点：

1. 政策性强

公共组织作为国家职能的承担者，其各项活动对社会主义物质文明和精神文明建设有举足轻重的影响，与国家的社会主义现代化建设和人民群众的物质文化生活密切相关。同时，各公共组织的业务经费主要由财政拨款。所以，公共组织的财务活动体现着国家的财政方针政策，体现着国家支持什么、反对什么、鼓励什么、限制什么，体现着政府的意图。它们的一收一支，包括哪些可收、哪些不可收，哪些该收、哪些不该收，哪些可减收，收多少、怎样收，以及哪些可支、哪些不可支，哪些该支、哪些不该支，支多少、怎样支，都有明确的规定，都带有极强的政策性。因此，各公共组织在办理各项收支业务时，要严格遵循有关的收支范围和收支标准，严格执行各项财务规章制度及财经纪律，依法理财，合理、有效地使用每一笔资金，以保证各项事业的顺利开展。

2. 以预算管理为中心

预算管理是公共组织财务管理工作的中心。各类公共组织每年年初都要根据事业发展计划和单位工作任务安排编制单位年度预算，并按一定程序报有关部门审批。审批之后，公共组织预算就成为财政部门管理各公共组织财务收支活动的依据。财政部门一方面根据公共组织预算向其拨付经费；另一方面，又通过预算管理，将公共组织的各项财务收支纳入预算，统一核算，统一管理。从各公共组织角度来看，各公共组织预算经有关部门审批之后，同样成了本单位办理财务收支业务及其他各项财务活动的重要依据，公共组织各项财务收支活动都要按预算执行，其他各项财务管理工作也主要围绕公共组织预算来展开。因此，预算管理是公共组织财务管理的中心，在各公共组织财务管理中起着主导作用。要提高公共组织财务管理工作质量，必须切实加强预算管理。

3. 经费来源的无偿性

公共组织主要依靠国家财政，由财政部门通过预算向单位分配财政资金。财政分配的无偿性，决定了各公共组织获得的经费也具有无偿性。而且，公共组织作为国家职能的承担者，不以营利为目的。它们为社会提供的公共服务往往是低价的，甚至是免费的，它们的各种消耗很难通过自身的经营活动进行补偿。这也在客观上决定了它们完成各项事业任务所需经费必须由国家无偿供给。虽然也有少数公共组织的经费是通过社会捐助、非营利性服务收费等方式从社会取得，而不由国家财政拨款，但它们的经费来源同样具有无偿性。当然，各公共组织在财务活动中，不能因为经费是无偿的就大手大脚，想花多少就花多少，想怎么花就怎么花，而应严格执行国家的各项财务制度及财经纪律，严格按照国家的有关规定及标准办理各项收支活动，认真贯彻勤俭节约的原则，把国家的每一分钱用到该用的地方，提高资金的使用效益，合理利用有限的资金。

4. 涉及面广

作为管理社会公共事务、协调社会公共利益关系、实现国家职能的组织，公共组织遍布全国城乡，它们的活动关系着经济的发展、社会的进步和国家政权的建设，与政府意图的实现密切相关，与广大人民群众的生产、生活紧密相连。比如，各级行政机关（政府组织）的活动，直接关系到国家的安定团结，关系到国家各项建设事业的发展，关系到政府意图的实现；工、交、商、贸及农、林、水、电等事业单位的活动，直接或间接地为社会生产服务；学校、医院、艺术团体、新闻机构、社会福利机构等事业单位及消费者协会、行业协会等社会团体的活动，直接为人民生产、生活提供服务，直接关系到广大人民群众的衣食住行、生老病死。总之，各类公共组织不仅分布范围广，而且涉及面极广，它们的活动与国家社会、政治、经济生活的方方面面，与人民群众的生产、生活紧密相连。公共组织财务管理是为公共组织开展各项业务活动服务的，所以，公共组织财务管理的范围也非常广泛，不仅深入全国城乡的每个角落，还深入公共组织活动的方方面面。这就要求各公共组织切实加强财务活动的管理和监督，要求财务工作者要本着认真负责的态度，将财务工作做深做细，办好每一项收支业务，用好国家的每一分钱，切实把国家的方针、政策及政府的意图落实到每一个角落。

5. 类型多样化

公共组织种类繁多、类型复杂。从所有制结构来看，既有全民所有制的，又有集体所有制的；从业务活动性质来看，既有生产性的，也有非生产性的，既有服务性质的，也有社会福利性质的；从经费来源看，有的由国家财政全额拨款，有的部分拨款，还有的不拨款；从提供公共产品及公共服务的方式来看，有的是免费的，有的是付费的。不同的公共组织，性质不同，业务特点不同，财务收支状况也有较大差异。相应地，对财务管理提出的要求也就不同，预算的编制、资金的安排、财务成果的分配也不一样。因此，在公共组织财务管理工作中，应坚持实事求是的原则，在严格执行国家统一的财务制度的前提下，根据公共组织的实际情况和实际需要，因地制宜地制定一套符合公共组织实际的财务管理办法，根据公共组织的类型，有选择地采用不同的方法进行管理。特别是我国目前正处于社会的转型期，各类公共组织的类型、运作机制和管理方式，都处于不断的改革和调整之中，这更要求各公共组织的财务管理工作要切合实际，不能脱离实际搞“一刀切”，不能生搬硬套地进行机械式的管理。

总之，公共组织财务管理是公共组织管理的一个重要组成部分，它是根据财务制度及财经法规，按照财务管理的原则，对公共组织有关资金的筹集、分配及使用所引起的财务活动进行计划、组织、协调、控制，并处理财务关系的一项综合性的经济管理工作。

1.3　公共组织财务管理的目标、任务和原则

公共组织财务管理的目标、任务及原则是公共组织财务管理理论的基石，它决定着公

共组织财务管理的方向、内容和方法等，要学习、掌握公共组织财务管理理论与实务，首先必须探讨公共组织财务管理的目标、任务和原则。

1.3.1 公共组织财务管理的目标

公共组织财务管理的目标是公共组织财务活动所希望实现的结果，是评价公共组织理财活动质量的基本标准，是公共组织财务实践、财务决策的出发点和归宿，也是公共组织财务管理的行为导向。公共组织的一切财务活动都是围绕这个目标而进行的。

那么，公共组织财务管理的目标到底是什么？

公共组织财务管理的目标是努力增收节支，合理安排支出结构，严格控制经费支出，提高资金使用效益，充分利用有限的资金。

长期以来，我国财政实行统包供给，各公共组织缺乏自主权，收支活动基本上完全由财政统管，各项收入全部上缴财政，各项开支则完全由国家财政供给，各公共组织没有增收创收的动力，也没有资金短缺的忧患，使各公共组织对资金的使用缺乏严格计划和周密控制。随着我国社会主义市场经济体制的逐步建立和完善，随着国家各项建设事业的全面展开和深入进行，一方面，各行各业、各部门、各单位对资金的需求猛增；另一方面，由于受经济、科技发展水平及国家财政政策等因素的影响，国家财政收入增幅有限，使国家财政资金的供给与需求之间的矛盾异常突出，需求常常大于供给。这种情况不仅要求工商企业加强管理，改善经营机制，提高利润水平，增加收益，同时对各类公共组织资金的管理和使用提出了更高的要求。各公共组织应切实加强财务管理工作，各项财务活动都应紧紧围绕努力增收节支，合理安排支出结构，严格控制经费支出，提高资金使用效益，充分利用有限的资金这个目标来进行。

1.3.2 公共组织财务管理的任务

公共组织财务管理的任务是：依法筹集并合理有效地使用资金，对公共组织的各项财务活动实施有效的综合管理。

1. 加强公共组织预算管理，保证各项事业计划和工作任务的完成

公共组织预算是各公共组织根据国家的方针、政策，按照国家规定的工作任务和事业计划，依据定员定额和收支标准编制的计划期内的财务收支计划，是公共组织开展各项活动的基本计划。加强预算管理，有利于国家有关方针、政策的贯彻执行，有利于优化财务资源的配置、合理安排和使用各项资金、提高资金使用效益，有利于促进各项事业的发展、加强政权的建设。因此，预算管理是公共组织财务管理的中心，是各公共组织事业计划和工作任务完成的保证。要搞好公共组织财务管理，必须加强预算管理，要根据国家规定，实事求是、科学合理地编制单位预算，并严格执行审批后的预算。在预算的编制与执行过程中，要处理好预算内资金与预算外资金、行政性支出与业务性支出、维持性支出与发展性支出、重点性支出与一般性支出之间的关系，做好预算管理工作。

2. 加强收支管理，提高资金使用效率

公共组织收支管理是公共组织管理的重要内容，是公共组织预算顺利实现的保证，是公共组织财务管理的基础。加强收支管理，有利于公共组织增收节支、合理安排资金、有效使用资金、提高资金的使用效益。其中，收入管理主要是对收入项目、标准及收入进度等进行管理，支出管理主要是对支出项目、范围、标准等进行管理。各公共组织应严格执行有关的财务制度，严格按照规定的范围和标准，办理各项收支，既要努力挖掘潜力、增加收入，又要精打细算、节约使用资金，合理安排支出。同时，还要加强对收支情况的分析研究，不断总结经验，改进收支管理工作。

3. 加强资产管理，防止国有资产流失

国有资产是各公共组织开展业务活动、完成工作任务不可缺少的物质条件。加强国有资产管理是公共组织财务管理的重要内容。通过国有资产管理，能够保证国有资产的安全完整，防止国有资产流失，还可挖掘财产物资的潜力，做到物尽其用。对公共组织资产进行管理，首先，要切实防止重钱轻物的思想，不仅要把钱管好，还要把物管好。在实际工作中，要贯彻“统一领导，分工管理，层层负责，合理调配，管用结合，物尽其用”的原则，对各项财产购进要有计划，储备要有适当的定额，验收要认真负责，使用、保管要有责任制度，购进、发出、报废、报损、出售、转让手续要完备，财产记录要健全，账账、账实要相符。其次，要随时检查，加强维护保养，防止损坏、丢失，保证财产物资的安全完整。要防止资产闲置，提高资产使用效益。

4. 建立健全财务制度，实现公共组织财务管理的规范化和法制化

财务制度是公共组织财务管理的基本依据和行为规范。建立健全财务制度是公共组织财务管理的重要任务之一。建立健全财务制度，有利于保证国家方针、政策的贯彻落实，有利于各项财务活动有法可依、有章可循，有利于实现公共组织财务管理的规范化和法制化。财务制度包括预算决算制度、收支管理制度、开支标准制度、资金管理制度、财产物资管理制度、财务分析制度及财务监督制度等。各公共组织应根据财政部门及上级主管部门制定的财务制度，在本单位建立内部财务制度，健全财会机构，切实搞好核算管理、计划管理等各项工作。

5. 按规定及时编报决算，如实反映公共组织财务状况

公共组织会计报表是总括反映公共组织一定时期内预算收支执行情况和资金活动情况的书面报告。会计报表是公共组织领导全面、系统地了解本组织的财务状况和业务活动情况，考核、分析公共组织计划及有关方针政策的执行情况，从而作出正确的预测与决策的重要依据，同时也是国家有关管理部门了解公共组织财务状况，对公共组织活动进行分析、评价、管理和监督的重要依据。因此，各公共组织应在规定的时间内，真实、完整地编报决算。

6. 加强财务分析与财务监督，保证公共组织各项活动的合理性与合法性

财务分析与财务监督是公共组织财务管理的一项重要任务。加强财务分析与财务监督，有利于国家有关方针、政策、财务制度和财经纪律的贯彻执行，有利于公共组织工作计划和财务收支计划的顺利完成，有利于公共组织挖掘潜力、增收节支、提高资金使用效益，有利于及时掌握公共组织财务活动状况，为财务决策提供依据。公共组织应根据本组织的实际，建立一套符合自身特点的财务分析体系，运用各种分析方法，对财务活动的各个方面进行全面分析，以找出工作差距，提出改进意见和措施。财政部门、主管部门和公共组织领导还要科学运用各种监督手段，对各项财务活动的合法性、合理性、真实性及财会资料的准确性、完整性等进行监督，以保证财务制度及财经纪律的切实执行。

1.3.3 公共组织财务管理的原则

公共组织财务管理的原则是公共组织财务管理工作中应遵循的基本规范。它来源于财务管理工作实践，是在公共组织财务管理实践过程中抽象出来的，并且在实践中被证明是正确的行为规范，是对财务管理工作提出的基本要求，也是评价公共组织财务管理工作质量的标准。它反映公共组织理财活动的内在要求，对于规范各类公共组织的理财活动，防止各公共组织自行其是，确保财务管理工作的质量，实现财务管理的目标，都具有重要意义。公共组织财务管理的原则一般包括以下几项：

1. 依法理财原则

依法理财是公共组织财务管理应遵循的基本原则。市场经济本质上是法制经济，在社会主义市场经济条件下，一切经济活动都必须在法律规定的范围内运行，财务活动也不例外。公共组织作为政府的职能机构及政府职能的延伸，其目的在于追求公共利益的最大化。各类公共组织活动过程的非营利性，决定了它们的活动经费主要靠政府资助，由国家预算来供给，客观上决定了公共组织各类资金的收支活动，比企业资金的收支活动具有更强的规范性和程序性。各公共组织的财务活动必须以国家有关法律、法规和财务制度为规范，坚持依法理财的原则。在财务管理工作中，应牢固树立法律意识，一切财务活动都要严格依法进行，使各项财务管理工作在法制的轨道上运行。贯彻依法理财原则，首先，要根据国家有关方针、政策、法律、法规的规定，按照社会主义市场经济的要求，结合公共组织内部实际，加强公共组织财务管理制度的建设，形成一套科学、规范的财务管理制度；其次，在财务管理工作中，要严格执行各项财务管理制度，加强财务活动的监督检查，加大财务监督的力度，减少理财活动的随意性，揭露各种弊端及违法乱纪行为，维护财务制度及财经纪律的严肃性，做到有法可依、有法必依、执法必严、违法必究。

2. 勤俭节约原则

勤俭节约是公共组织财务管理必须长期坚持的一项基本原则。各类公共组织开展业务活动所需的经费主要来源于财政拨款。从整个社会范围来看，人们对公共产品、公共服务的需求是不断发展变化、不断提高的，因此可以说，整个社会对公共组织提供的公共产品、公共服务的需求是无限的，对资金的需要是无限的。而国家财政资金来源受到社会经济发展水平、生产技术水平及财政政策等因素的制约，不可能无限制地扩大。因此，在一定时期之内，国家财政资金的供给是有限的，各类公共组织所能取得的活动经费也是有限的。各类公共组织要以有限的资金来满足无限的需要，就要求它们在财务活动中要权衡轻重，区分轻重缓急，优先把资金用到最重要、最需要的地方，以谋求社会公共利益的最大化。同时，在公共组织财务管理工作中，应贯彻勤俭节约的原则，坚持“勤俭办一切事业”的方针，有效地使用各项资金，将勤俭节约的措施落实到资金筹集、使用和分配的每一个环节，坚决反对大手大脚、铺张浪费。贯彻勤俭节约的原则，还要求各公共组织做好资源的优化配置工作，根据实际情况确定合理的支出结构，精打细算，节约每一滴水、每一度电、每一张纸、每一分钱，用同样多的人力、物力、财力，办更多的事，防止资金的低效甚至无效使用，避免资金的浪费，使国家有限的人力、物力、财力发挥更大的作用，提高事业成果。

3. 量入为出原则

资金收支是公共组织开展工作、完成其行政及社会事业发展任务的保障，是国家政权建设的物质基础。要保证各公共组织事业发展和工作任务的完成，要保证各公共组织资金周转的顺利进行，就要求各公共组织的资金收支不仅在数量上，而且在时间上保持协调平衡。从数量上来说，收不抵支、入不敷出，会导致资金短缺，加重国家财政的负担；收大于支，又会造成资金闲置，不利于提高资金的使用效益，造成社会财力的浪费。从时间上来说，若收支不平衡，支出大部分发生在先，收入大部分形成在后，造成寅吃卯粮，也必然影响资金的顺利周转。因此，各公共组织的资金收支，不仅要在数量上保持平衡，还要在每一时点上保持平衡。这就要求各公共组织在财务管理工作中，要贯彻量入为出的理财思想，在安排支出时，要先考虑收入的可能，做到量力而行与尽力而为相结合。一方面，要尊重客观规律，从财政经济的实际状况出发，充分考虑本组织的财力，有多少钱，办多少事，要避免不顾客观实际，过分追求力所难及之事；另一方面，要尽力而为，在财力许可的范围内，充分发挥人的主观能动性，努力挖掘潜力，分清轻重缓急，合理安排使用资金，使有限的资金发挥最大的效益，尽力办好可办之事。在实际工作中，应把量力而行与尽力而为紧密结合起来，缺一不可。若过分强调量力而行却忽略尽力而为，容易造成消极对待工作，使可办之事不积极去办，能办好之事不积极办好，影响事业发展和工作任务的完成。反之，若过分强调尽力而为却忽视量力而行，则容易好高骛远，超越客观条件，最终事与愿违，好心办坏事，造成资金的浪费。因此，各类公共组织在财务管理工作中，应贯彻量入为出的原则，以收定支，既要避免太大的赤字，又要避免过多的结余，努力使收支相抵。

4. 效益原则

公共组织财务活动中必须遵循效益原则，包括社会效益和经济效益。公共组织是管理社会公共事务、协调社会公共利益关系的组织。公共组织在为社会提供公共产品和公共服务的过程中，以谋求社会的公共利益为目的。它要在公平、公正、公开的原则下为民服务。公共组织的这个特性，决定了其财务管理肩负着保证国家政权建设及保障组织完成各项社会事业发展任务的责任，决定了公共组织财务管理必须把社会效益放在首位。所以，公共组织始终要以满足全体人民的需要为主，以从事社会公益活动为主，它的一切活动都必须围绕社会效益最大化来进行，努力发展教育事业、提高科技水平、丰富人民文化生活、增强人民体质、增进社会福利、维护社会秩序、协调经济关系、促进社会的发展。当然，公共组织在讲求社会效益的同时，还必须讲求经济效益，力求以尽可能少的耗费取得尽可能多的成果，以尽可能少的钱，办尽可能多的事，提供尽可能多的公共产品。在实际工作中，要把社会效益和经济效益有机地结合起来，要在努力实现社会效益的前提下，讲求经济效益，既不能片面强调社会效益而忽视经济效益，也不能一味追求经济效益而置社会效益于不顾。

5. 正确处理国家、集体和个人三者之间的利益关系原则

国家和集体之间的利益关系，体现着整体利益和局部利益之间的关系。国家与个人之间的利益关系，体现着长远的根本利益与个人当前利益之间的关系。整体利益决定着局部利益和个人利益，个人利益也影响着局部工作，局部工作的好坏，又影响着全局工作的好坏。因此，各公共组织在财务管理工作中，必须处理好三者之间的关系。对国家、集体和个人的利益都必须充分考虑，相互兼顾，既要防止过分强调集体利益和个人利益而忽视国家利益，又要防止单纯强调国家利益而不顾集体、个人的利益。为此，政府组织以外的各公共组织在财务管理工作中，在不违反财务制度及财经纪律、不损害全局利益的前提下，允许有一定的自主性，既可充分调动公共组织当家理财的积极性，又可激发职工个人的工作热情，促使其发挥各自的特长，为社会提供各种服务而取得创收收入，增进集体及个人利益。然而，当集体利益和个人利益与国家利益发生矛盾时，集体利益和个人利益必须服从国家利益。各公共组织在谋求集体利益及个人利益时，必须认真研究国家的有关方针政策，必须考虑到国家财力的可能，不能为了自身利益而损害国家利益，不能损公肥私。

6. 责任性原则

公共组织财务管理工作中贯彻的又一原则是责任性原则。各类公共组织的财产主要由财政拨款形成，业务活动经费也主要由国家预算供给，由财政拨付。公共组织财务管理工作的质量，直接关系到国家资产的安全和完整，关系到财政资金的合理有效使用，关系到各项建设事业能否顺利完成。而要提高财务管理工作质量，公共组织及其财务工作者的责任心是必不可少的，有了责任心，才有工作的认真细致，才有履职的兢兢业业，国家的各项建设事业才有保障。因此，各公共组织在财务管理工作中，应从制度上及思想上入手。一方面，加强公共组织财务管理制度建设，严格岗位责任制，合理确定公共组织内部各部门、各人员的职权和责任，明确规定并严格执行业务处理的程序和手续，并建立健全内部财务稽核制度，加大内部财务监督的力度，从制度上确保各部门、各人员认真履职。另一方面，要加大思想政治工作力度，通过法制教育、道德教育，使财务工作者从思想深处牢牢树立起责任意识，产生高度的责任感，本着认真负责、实事求是的态度，办理好每一项业务。

1.4 公共组织财务管理的内容

公共组织财务管理研究的是资金的分配筹集、使用，以及经费支出是否符合预算，是否有利于促进各项事业发展和国家政权建设，是否有利于社会财力的充分利用等问题。具体来说，公共组织财务管理包括以下主要内容：

1. 预算管理

公共组织预算是各公共组织根据国家的方针政策，按照国家规定的工作任务和事业发展计划，依据定员定额和收支标准编制的计划期内的财务收支计划，是公共组织开展各项活动的基本计划。预算管理主要通过公共组织预算的编制、审批和执行，对公共组织各项财务收支计划进行管理。它是公共组织财务管理的中心。

2. 计划管理

计划管理是指对公共组织预算以外的其他计划进行管理，如对预算外资金收支计划、固定资产计划、流动资金（周转金）计划、专用基金计划等的管理。公共组织各项计划与预算一起，约束着公共组织财务活动的方向和规模，是公共组织财务管理的重要内容。

3. 收入管理

收入是指各公共组织为开展业务及其他活动，依法通过各种形式、各个渠道获得的非偿还性资金。收入管理主要是根据国家有关方针政策，对收入的方式、项目、范围、标准、用途、手续、办法及收益分配进行的管理。加强收入管理，对于促使各类公共组织照章收费，调动公共组织的积极性，增加经济效益，提高经费自给能力，减轻国家负担具有积极意义。

4. 支出管理

支出是指各公共组织开展业务及其他活动发生的各项资金的耗费与损失。支出管理主要是根据制度规定和批准的公共组织预算，按现行的开支标准和有关法规，对支出的项目、范围、标准进行管理，敦促各公共组织合理、节约使用资金，少花钱，多办事。

5. 定员定额管理

定员定额是根据各公共组织的规模、业务工作量、工作任务和特点，通过科学的运算，对公共组织人力、物力、财力和人工工效等方面确定的定额比例。它是资金筹集、使用、分配的标准，是财务管理的准绳。定员定额管理主要是通过公共组织人员编制和各项定额的制定、执行和检查，对公共组织的人员配置、资金的分配和使用进行管理。

6. 资产管理

资产是指各公共组织占有或者使用的能以货币计量的经济资源，包括各种财产、债权和其他权利。资产管理是对公共组织的各项资产的取得、保管、使用、储备、维修、报废及清查盘点等，制定管理措施，加强管理，以保证公共组织财产物资的安全完整，并充分挖掘财产物资的潜力，做到物尽其用。

7. 负债管理

负债是公共组织所承担的能以货币计量、需以资产或劳务偿还的债务。负债管理主要是对公共组织的各种借入款项、应付款项、暂存款项、应缴款项等进行管理。一方面，要严格控制公共组织负债规模，保证不影响公共组织业务工作的开展；另一方面，对到期债务应及时进行清理，及时偿还和缴纳，维护结算制度及结算纪律的严肃性。

8. 成本费用管理

成本费用管理是指实行内部成本核算制的公共组织按照有关规定，对成本开支范围、开支标准进行控制，对公共组织生产经营和服务过程中的各项成本、费用、税金和收益情况进行预测、计划、控制、分析、考核，以便公共组织合理安排和节约使用人力、物力、财力，降低成本，改善经营管理，为事业发展积累资金。

9. 投资管理

公共组织投资是以公共组织为主体、以财政资金为主要投资资金的投资活动。公共组织投资包括政府组织投资和非政府组织投资两部分。政府组织投资不以营利为主要目的，而是为了实现政府的政治、经济职能，是国家直接干预经济，进行宏观调控的重要方式之一，其投资方向、投资手段等均服从这一目的。非政府组织投资是指非政府组织利用货币资金、实物和无形资产等方式向其他单位进行的投资。非政府组织投资虽不构成公共组织业务工作的主要内容，但它是事业发展资金来源的必要补充，对增强单位的自我发展能力，促进事业更快发展具有积极意义。投资管理主要是根据政府组织和非政府组织投资目的的不同，对投资的项目、规模，投资的报批程序，投入资产的评估，投资收益的核算等进行管理。

10. 净资产管理

净资产是公共组织资产减去负债后的差额，主要包括事业基金、固定基金、专用基金和结余等。它是各公共组织无偿占有和使用的经济资源，是各公共组织开展业务工作所必需的重要物质条件。净资产管理是对公共组织各项净资产的来源、提取、使用、周转和分配等进行管理。譬如，对各项基金来源进行管理，保证资金来源合理合法；对专用资金的提取和使用进行管理，保证专用基金专款专用，先提后用，计划使用；对公共组织收支结余及其分配、使用进行管理，保证结余的分配或结转严格执行国家有关规定等。加强净资产管理对于促进各项社会事业的发展和各公共组织工作任务的完成具有重要意义。因此，净资产管理是公共组织财务管理的重要内容。

11. 财务清算管理

公共组织财务清算是公共组织由于发生划转撤并等原因，需要终止其业务活动时，依据国家有关规定对公共组织的财产、债权、债务及有关遗留问题进行全面清查和处理的行为。公共组织财务清算管理主要包括基本情况、资产、经费和收支状况的清理，清算中各项资产盘盈、财产损失和资金转账清理核实及清算后财务处理和资产的处理。它对于加强公共组织财产物资的管理，保护国有资产的安全与完整具有重要的作用。

12. 财务报告管理

财务报告是反映公共组织一定时期财务状况和预算执行结果的总结性书面文件，集中反映了公共组织财务活动及其成果。财务报告管理是公共组织财务管理中一项极其重要的基础工作。公共组织财务报告管理主要是对财务报告的内容、格式、编制方法、报送时间等进行管理，促使公共组织认真做好财务报告的编制工作，保证财务报告的统一性、真实性、准确性、完整性和及时性，保证财务报告的质量，充分发挥财务报告的作用。

13. 财务分析

财务分析是财务管理的重要手段和组成部分。它是根据会计核算资料和其他各种有关资料，对公共组织一定时期内的全部或部分经济活动过程和财务收支过程及其结果进行分析、研究、比较和评价。通过财务分析，可查明各公共组织财务管理工作中的积极因素和消极因素，促进公共组织挖掘内部潜力，提高经济效益，保证公共组织各项工作任务的完成。

14. 财务监督

财务监督是根据国家有关方针、政策、财务制度及财经纪律，对公共组织的各项财务活动进行监察和督促。它包括预算监督，收支情况监督，资产管理与使用监督，专用基金、专项资金和周转金监督及其他方面的监督。财务监督是财务管理的重要内容，是搞好财务管理工作的重要保证。它对于各公共组织加强预算管理，揭示差错和弊端，改善公共组织财务管理工作，保证国家资产的安全完整，维护财务制度及财经纪律的严肃性等，具有重要意义。

上述几方面共同构成了公共组织财务管理的内容，其中，预算管理是中心，收支管理、定员定额管理是基础，财务分析是手段，财务监督是保证。为了做好财务管理工作，各公共组织应按国家方针、政策、财务制度和财经法规的规定，根据上级的要求，结合各公共组织的实际，确定一定时期的管理目标和重点，制订切实可行的计划，采取有效的措施和手段，管好、用好各项资金，以保证公共组织各项事业计划的完成，促进国家政权建设。

1.5　公共组织财务管理的方法

公共组织财务管理的方法是各公共组织在进行理财活动时所采用的各种技术和手段。它是各公共组织达到财务管理目标、完成财务管理任务的重要手段，也是各公共组织财务人员从事财务工作的基本技能。不正确掌握和运用财务管理方法，就很难开展财务管理工作，就不能充分发挥财务管理的职能作用，就不可能实现财务管理的目标。

公共组织财务管理的方法是公共组织财务管理实践的科学总结。它在各公共组织财务管理实践中产生，并随着财务管理科学的发展和经济管理的要求而不断发展和完善。随着国家政治经济体制改革的不断深入，随着经济管理要求的逐步提高和科学技术的不断进步，公共组织财务管理的方法将更完善、更科学、更高效。

公共组织财务管理的方法有很多，可按多种标准进行划分。本书主要介绍公共组织财务管理的基本方法及一些常用的具体技术方法。

1.5.1　公共组织财务管理的基本方法

公共组织财务管理的基本方法主要有法律方法、行政方法和经济方法。

1. 法律方法

公共组织财务管理的法律方法，是指通过制定、实施有关法律、法规和财务制度，对各项财务活动及相关的经济活动进行组织、协调、控制和监督的方法。公共组织运用法律方法进行财务管理，主要是通过制定、执行国家的有关法律、法规和规章制度来进行的。

法律方法通过国家权威，将财政分配中的各种经济关系及有关各方在财政分配中的权利和义务、职责和利益，以及行为规范等，以“法”的形式固定下来，以规范各方的财务及经济行为。各项法律、法规及规章制度一经颁布实施，就成为有关各方处理一切财务活动必须遵守的行为规范。因此，法律方法具有权威性、稳定性、规范性和强制性的特点。

市场经济是法制经济。在社会主义市场经济条件下，法律是一切市场主体（政府、企业及居民个人）都应遵循的行为规范，法律方法是所有单位及个人财务管理的基本方法。公共组织作为国家职能的承担者，它的各项活动都围绕贯彻政府意图来进行，具有极强的政策性。所以，各公共组织财务管理更应严格执行体现国家意志的各项法律、法规及规章，严格依法办事。我国公共组织财务管理所依据的财税方面的法律、法规和规章主要包括：《中华人民共和国预算法》、《中华人民共和国会计法》、《行政单位财务规则》、《事业单位财务规则》和其他有关财务管理、资产管理及财务监督方面的法规、规章。各公共组织财务管理必须严格遵守执行这些法律、法规及规章，正确履行各自的职责，实现财务管理的目标，发展各项社会事业，完成各项工作任务。

2. 行政方法

公共组织财务管理的行政方法，是指通过依法利用行政权力，按照规定的权限和程序，采取命令、指示、布置任务、指令性计划等形式，对各项财务活动及相关经济活动进行组织、协调、控制和监督的方法。行政方法由于使用了国家行政权力，所以具有强制性、权威性、速效性和直接性等特点。

公共组织是国家职能的承担者，它们从事各项活动凭借的是国家赋予的各项公共权力，相当部分公共组织，尤其是政府组织拥有行政权力。正是由于它们所拥有的这种公共权力，使它们不同于一般的工商企业，使它们在国家的社会、政治、经济、生活的各个领域中，扮演着管理者、协调者和服务者的角色，成为国家的权力机关、管理机关和公共服务机构。公共组织的这个特点，决定了公共组织财务管理中，必然较多地运用各种行政方法。比如，为改善财务管理中存在的问题，提高财务管理工作质量，上级财政部门和上级主管部门的领导深入基层，调查研究，召开会议，总结经验，布置今后的工作任务，并对各项计划的执行情况进行指导、监督，就是运用行政方法。又如，某些公共组织为了自身利益，擅自增加收费项目，提高收费标准，出现乱收费、乱摊派问题时，上级机关可责令它们限期整改，以维护财务制度及财经纪律的严肃性，这也是行政方法。

公共组织财务管理的行政方法所具有的强制性、权威性、速效性和直接性等特点，决定了公共组织财务管理的行政方法具有独特的优越性。主要表现在：直接体现国家及上级机关的意志，保证国家统一的方针政策、统一的规章制度、统一的财政财务计划得以贯彻实施。特别是在财务活动出现特殊的、紧急的和不正常的情况时，采用行政方法进行管理，能收到明显的效果。但是，行政方法也有明显的缺点，即管理过于直接，缺乏灵活性，限制了各单位自主性及财务工作者主观能动性的发挥，容易造成消极应付工作的局面。因此，各公共组织在运用行政方法时，要注意以下几点：一要依法合理运用公共权力。各有关部门运用公共权力，不能与国家的法律、法规及规章制度相抵触。二要尊重客观经济规律。在社会主义市场经济条件下，公共组织作为市场主体之一，它的各项活动都不能违背客观规律，否则必将受到惩罚。所以，在运用行政方法时，必须尊重客观规律，按客观规律办事。三要克服形式主义。行政方法的运用必须切合客观实际，讲求办事效率与效果。四要加强权力监督，防止权力滥用。

3. 经济方法

公共组织财务管理的经济方法，是指按照客观经济规律的要求，采取利用经济杠杆、建立利益机制、调节经济利益关系等方法，对公共组织的各项财务活动及相关经济活动进行组织、协调、控制和监督的方法。经济方法具有引导性、自动自律性和间接性等特点。

在传统计划经济体制下，各类公共组织财务管理主要依靠行政手段与法律手段。随着改革开放的深入和社会主义市场经济体制的建立与发展，各类公共组织顺应历史潮流，与国有企业及居民个人一样，被逐步推向市场，成为市场活动的主体。它们的各项活动，越来越多地受到价值规律、供求关系等市场经济基本规律的影响。因此，各种经济方法被越来越多地应用于公共组织财务管理是历史的必然。目前，我国各类公共组织的很多财务管理办法，例如，对事业单位实行“核定收支、定额或者定项补助、超支不补、结余留用”

的办法，对某些商品和劳务实行统一采购、招标竞价的方法等，运用的都是经济方法。

公共组织财务管理中的经济方法是一种间接的管理方式，它按照客观经济规律，利用经济杠杆，通过利益机制对有关各方的利益进行调整，通过物质利益刺激，来引导和约束公共组织的决策和行为。这使得经济方法成为财务管理的一种灵活有效的方法，它将有关各方的利益与财务管理挂钩，能充分调动有关各方的积极性和主动性，从而促进工作效率的提高，促进财务管理目标的实现。今后，随着体制改革的进一步深入和社会主义市场经济的进一步完善，经济方法在公共组织财务管理工作中的应用必将越来越多，越来越广泛。

法律方法、行政方法、经济方法是公共组织财务管理中运用的三种基本方法。它们的目的是相同的，都是为了促进财务管理目标的实现。但是它们的特点、功能和作用不尽相同。法律方法和行政方法侧重于从外部利用国家权威，采取强制的方式来达到目标。而经济方法侧重于从财务活动内部，通过利益驱动方式来引导财务管理目标的实现。在实际工作中，应根据各项工作的实际情况和管理要求，分别运用或综合运用这三种方法。

1.5.2 公共组织财务管理的技术方法

公共组织财务管理活动中，运用着一系列的技术方法，它们共同形成了一整套科学、完善的财务管理方法体系。根据我国传统的财务管理理论，财务管理包括财务预测、财务决策、财务计划、财务控制及财务分析五个环节。与此相对应，财务管理方法体系也主要由相互联系的财务预测方法、财务决策方法、财务计划方法、财务控制方法及财务分析方法所组成。

1. 财务预测方法

财务预测是各公共组织财务人员根据历史资料，依据现实条件，运用特定方法，对公共组织未来的财务活动和财务成果所作出的科学预计和测算。财务预测是财务决策的基础，是各公共组织编制财务计划的前提，是各公共组织开展日常财务活动的必要条件。财务预测的科学性、准确性与可靠性，直接决定着各公共组织财务决策的科学性与正确性，决定着公共组织财务计划的科学性与可行性。

财务预测工作一般包括如下步骤：第一，确定预测对象和目标，制订预测计划；第二，搜集、整理相关的信息资料；第三，选择特定的预测方法进行实际预测；第四，对初步的预测结论进行分析评价及修正，得出最终预测结果。

由于预测是决策的基础，所以，近年来备受重视，预测方法也得到迅速发展。据国外统计，到目前为止，预测方法已达 130 多种。下面将公共组织财务管理中常用的预测方法作简单的介绍。

(1) 定性预测法。

定性预测法亦称非数量预测法，一般是在缺乏完备、准确的历史资料的情况下，由公共组织领导、财务主管及其他有关专家根据过去积累的经验，利用直观资料，依据个人的主观判断能力及综合分析能力，对公共组织财务的未来状况和趋势作出预测的一种方法。

定性预测法的预测程序是：首先，由熟悉公共组织情况及国家财务制度、财经法规的领导、财务主管及其他有关专家根据过去的经验进行分析判断，提出初步意见；然后，通过召开座谈会或发出征求意见函等各种形式，对上述预测的初步意见进行修正、补充；经过几次这样的反复之后，得出预测的最终结果。

定性预测法的预测效果较多地依赖专家或预测者的知识、经验及分析判断能力，带有较大的主观性。但是，这种方法充分发挥了人的主观能动性，若运用得当，就能取得较好的效果。意见交换法、类推预测法、理论推定法、专家调查法（德尔菲法）等，都是定性分析法。

（2）定量预测法。

定量预测法亦称数量预测法，是运用现代数学方法对历史数据进行科学的加工处理，充分揭示各有关变量之间的规律性联系，建立经济数学模型来进行预测的方法。定量预测法按具体做法的不同，又可分为因果预测法和趋势预测法两种类型。

1）因果预测法，是根据历史资料，通过充分的分析，找出要预测因素与其他因素之间明确的因果关系，建立数学模型来预测的一种方法。这种方法主要是根据各有关因素之间内在的相互联系、相互制约的关系，建立相应的因果数学模型来进行预测，如回归分析法、量本利分析法等。

2）趋势预测法，是根据按时间顺序排列的历史资料，运用一定的数学方法，进行加工、计算，借以预测未来发展趋势的一种预测方法。外推分析法、简单平均法、加权平均法、指数平滑法、直线回归趋势法及曲线回归趋势法等，均属于这种类型。

必须指出，在实际工作中，定性预测法与定量预测法并不是相互排斥的，而是相辅相成的，它们各有优缺点，财务工作者应根据具体情况，把二者结合运用，才能收到良好效果。

2. 财务决策方法

财务决策是指财务人员在财务目标的总体要求下，从若干个可供选择的财务活动方案中选择最优方案的过程。当然，在可供选择的财务活动方案只有一个时，决定是否采取这个方案也属于财务决策。财务决策是财务管理的核心，直接关系到各公共组织财务管理的质量。

财务决策工作一般包括如下步骤：第一，根据财务预测的信息提出问题；第二，根据有关信息制订解决问题的若干备选方案；第三，分析、评价、对比各种方案；第四，拟定择优标准，选择最优方案。

决策的方法很多，财务管理中常用的决策方法有如下几种：

（1）优选对比法。优选对比法是把各种不同方案排列在一起，按活动目标所确定的优选标准进行优选对比，进而作出决策的方法。优选对比法是财务决策的基本方法。按对比方式的不同，优选对比法又可分为总量对比法、差量对比法、指标对比法等。

（2）数学微分法。数学微分法是根据边际分析原理，运用数学中的微分方法，对具有曲线联系的极值问题进行求解，进而确定最优方案的一种决策方法。在运用此方法进行决策时，若以收入或效益作为判别标准，一般是求其极大值；若以消耗或成本作为判别标准，则一般求其极小值。在财务决策中，最优资本结构决策、最佳现金余额决策、存货的经济批量决策等都要用到数学微分法。

（3）线性规划法。线性规划法是根据运筹学原理，对具有线性联系的极值问题进行求解，进而确定最优方案的一种方法。在掌握了若干个约束条件的情况下，这种方法能帮助管理人员就合理组织单位的人力、物力、财力，充分利用资源、挖掘潜力等作出最优决策。

（4）概率决策法。概率决策法是依据概率论的原理及方法，计算各个方案的期望值和标准离差，进而作出决策的一种方法。这是进行风险决策的一种主要方法。所谓风险决策是指可供选择的方案有两种或两种以上的自然状态，但每一种自然状态出现的概率（可能性）均为已知的时候进行的决策。在市场经济条件下，任何财务活动都带有一定的风险，财务决策也就或多或少地带有风险性，因此，现代财务决策大多为风险决策。概率决策法作为风险决策的主要方法，在财务决策中得到了广泛的运用。这种方法往往把各个概率分支用树形图表示出来，所以，也常常被称做决策树法。

（5）损益决策法。损益决策法指的是采用最大最小收益值法或最小最大后悔值法或折中方法来进行决策。最大最小收益值法又称小中取大法，是把各个方案的最小收益值都计算出来，然后取其最大者所对应的方案为最优方案。采用这种方法作决策时，决策者对决策事物的前景持悲观的估计，总是在不利条件下寻求最好的方案。因此，这种决策也叫做“保守型”决策。最小最大后悔值法又叫大中取小法，是把各方案的最大损失值都计算出来，然后取其最小者所对应的方案为最优方案。采用这种方法作决策时，决策者对事物未来的前景估计是乐观的，愿意承担一定的风险代价去获取最大的收益。因此，这种决策也叫做“进取型”决策。折中法是采用乐观系数来评价最大收益值和最小收益值，计算出各个方案的折中收益值，然后选择折中收益值最大的方案为最优方案。采用这种方法来决策时，决策者对事物的估计介于乐观与悲观之间。乐观系数用 α 来表示，其取值介于 0 和 1 之间。若决策者对未来的估计较乐观，则乐观系数取值大于 0.5；反之，则其取值小于 0.5；而折中收益值 $=\alpha\times$ 最大收益值 $+(1-\alpha)\times$ 最小收益值。

损益决策法是一种不确定型决策。所谓不确定型决策，是指决策者面临的决策问题是全新的，无法估计各种自然状态的概率而进行的决策。在这种情况下，由于未来情况很不明朗，所以决策十分困难。决策主要依靠决策者的经验和素质，不同的决策者对同一问题进行决策时，由于所持态度不同，采用的标准和方法不同，其决策的结果也会不同。

3. 财务计划方法

财务计划是在一定的计划期内以货币形式反映公共组织业务及经营活动所需的资金及其来源、财务收入和支出、结余及其分配的计划。财务计划是各公共组织根据本单位的业务工作安排及定额定员等标准，以财务预测提供的信息和财务决策确立的方案为基础来编制的，是财务预测和财务决策的具体化，也是控制各公共组织财务活动的基本依据。公共组织预算、预算外资金收支计划、经营收支计划等都是公共组织的财务计划。财务计划的编制过程一般包括如下方面：第一，根据财务决策的要求，分析主客观条件，全面安排计划指标；第二，对需要与可能进行协调，实现综合平衡；第三，调整各种指标，编制出计划表格。财务计划的编制过程，实际上就是确定计划指标并对其进行综合平衡的过程。

确定财务指标、编制财务计划的方法主要有以下几种：

（1）平衡法。平衡法是指在编制财务计划时，利用有关指标客观存在的内在平衡关系计算确定计划指标的方法。例如，在安排计划期内的资金支出时，可利用“资金占用＝资金来源”这个公式，在量入为出、以收定支原则的指导下合理安排资金支出。又如，在确定一定时期存货期末余额时，可利用如下公式：

存货期末余额=期初余额+计划期增加额-计划期减少额

平衡法适用于那些客观上具有平衡关系的计划指标的确定。这种方法便于分析计算，工作量不大，且结果比较正确明了。不过，在使用平衡法时要注意，具有平衡关系的每一指标因素不能重复和遗漏，并且计算的范围和口径要一致。

(2) 因素法。因素法也称因素推算法，是指在编制财务计划时，根据影响某项指标的各种因素，来推算该指标计划数的方法。大量研究证明，任何经济现象都不是孤立存在的，每一现象都会与其他很多现象直接或间接地联系在一起，每一现象都会受到很多因素的影响，而且每一现象与其诸多影响因素之间往往存在着比较稳定的数量关系。这种客观现实使我们在对这些经济现象进行研究时，往往可以通过它们之间的这种数量关系来进行推算。这就是因素推算法。

在采用因素法确定某项指标的计划数时，应实事求是地根据该指标与各影响因素之间的客观联系，分别采用回归法、指数法等，建立相应的数学模型，来推算指标计划数。因素法计算出的结果一般比较准确，但计算过程较复杂。

(3) 比例法。比例法是指在编制财务计划时，根据本单位历史上已经形成而又比较稳定的各项指标之间的比例关系，来计算计划指标的方法。例如，在推算公共组织一定时期内的固定资产维护保养费时，便可根据历史上该项费用占固定资产总额的比例和计划期固定资产总额来进行计算确定。比例法的优点是计算简便，但使用的比例必须恰当，否则会出现偏差。

(4) 定额法。定额法又称预算包干法，是指在编制财务计划时以定额作为计划指标的一种方法。在各公共组织内部，由于有较全面、较严格的定额管理，采用定额法确定计划指标不仅切合实际，而且有利于将定额管理与计划管理相结合。因此，各公共组织在编制财务计划时，定额法是一种很常用也很重要的方法。为了保证各项定额切实可行，各公共组织应经常注意根据实际情况的变化不断修改定额。

4. 财务控制方法

财务控制是指在财务管理过程中，利用有关信息和特定手段，对公共组织的财务活动施加影响或进行调节，以便实现计划所规定的财务目标。财务目标是公共组织一切财务活动的出发点和归宿，是财务管理的行为导向，对公共组织财务活动进行管理和控制正是为了实现一定的目标。财务控制作为一种经济调控行为，其调节过程一般包括制定目标、分解目标、实施调控、衡量效果、纠正偏差等步骤。常见的财务控制方法有：

(1) 防护性控制。防护性控制又称排除干扰控制，是指在财务活动发生前，就制定一系列制度和规定，把可能产生的差异予以排除的一种控制方法。例如，为了合理使用资金，节约各种费用开支，可事先规定各项开支的范围和标准；为了防止各公共组织滥用职权，杜绝乱收费现象，事先对其收费的项目、范围和标准作出规定；为了保证各项物资的安全和完整，事先规定物资的使用范围及领用手续，制定物资收、发、存的有关制度，并建立内部牵制制度等。在财务管理中，各项事先制定的标准、制度、规定都可以看做排除干扰的方法。这是最彻底的控制方法，也是各公共组织财务管理中最常用、最重要的控制方法。

（2）前馈性控制。前馈性控制又称补偿干扰控制，是指通过对实际财务系统的运行进行监视，运用科学方法预测可能出现的偏差，采取一定措施，使偏差得以消除的一种控制方法。例如，为了控制公共组织支付能力，保证公共组织各项业务的顺利开展，要密切注意公共组织流动资金（周转金）的数量，当预测到流动资金数量不足，可能影响以后各项业务活动的顺利进行时，就应采取措施，严格控制并合理安排资金支出，以保证公共组织有足够的支付能力。在财务管理中，前馈性控制是一种比较好的控制方法，它便于各公共组织及时发现问题，并及时采取措施解决问题，尽量避免出现大的失误。但是，采用这种方法要求掌握大量的信息，并进行准确的预测，只有这样，才能达到控制目的。

（3）反馈性控制。反馈性控制又称平衡偏差控制，是在认真分析的基础上，发现实际与计划之间的偏差，确定偏差产生的原因，采取切实有效的措施，调整实际财务活动或财务计划，使偏差得以消除或避免今后出现类似偏差的一种控制方法。反馈性控制是根据实际偏差来进行调节的，属于事后控制，在平衡与调节的过程中，时滞的存在又可能导致新的偏差。但这种控制方法运用起来比较方便，一般不需要太多的信息。因此，这种方法在财务管理中得到广泛的运用，特别在干扰不能预计或频繁发生时，它是一种典型的财务控制方法。

5. 财务分析方法

财务分析方法是根据有关信息资料，运用特定方法，对公共组织财务活动过程及其结果进行分析和评价的一种方法。通过财务分析，可以掌握公共组织各项财务计划指标的完成情况，评价公共组织财务状况，衡量公共组织工作绩效，研究和掌握公共组织财务活动的规律性，改善公共组织财务预测、决策、计划和控制，提高公共组织财务管理水平，促进公共组织财务管理目标的实现。财务分析过程一般包括如下几个阶段：第一，确定题目，明确目标；第二，收集资料，掌握情况；第三，运用方法，揭示问题；第四，提出措施，改进工作。财务分析方法有很多种，常用的有以下几种：

（1）比较分析法。比较分析法是通过比较两个相关的财务数据，来揭示财务数据之间的相互关系，分析公共组织财务活动的一种方法。它通常采用三种方式来进行比较：第一，将分析期的实际数据与同期计划数据进行对比，确定实际与计划之间的差异，据此考核财务指标计划完成情况；第二，将分析期的实际数据与前期数据进行比较，确定本期与前期之间的差异，据此考核公共组织的发展情况，预测公共组织财务活动的未来发展趋势；第三，将分析期的实际数据与同行业平均指标或先进单位指标进行对比，确定本单位与同行业平均水平或先进水平之间的差异，据此找出原因，改进工作。比较分析法适应面广，分析过程简单，揭示问题清楚，是一种比较好的财务分析方法。但是，并非任何事物、任何指标都可进行比较。运用比较分析法，一定要注意保持指标之间的可比性，不仅要做到各种指标之间性质可比，内容、范围可比，时间可比，还要保证各种指标的计算方法、计量单位等方面的协调一致。如此，才能保证用于比较的指标有相同的口径，比较才有意义。

（2）比率分析法。比率分析法是把某些彼此相关联的指标以比率的形式加以对比，据以确定公共组织经济活动变动程度，揭示公共组织财务状况的一种分析方法。在财务分析中，常用的比率有以下三类：

1）构成比率。构成比率又称结构比率，它是某项经济指标的各个组成部分与总体的比例。构成比率计算的是各个组成部分在总体中所占的比重，反映的是部分与总体的关系。通过构成比率，可分析指标构成内容的变化，从而掌握该项财务活动的特点与变化趋势，考察经济活动的结构是否合理。例如，通过计算公共组织各项支出在支出总额中所占的比重，可分析公共组织行政性支出与业务性支出之间、维持性支出与发展性支出之间、重点性支出与一般性支出之间的比例是否恰当，支出结构是否合理。

2）动态比率。动态比率是将某项指标在不同时期的数值相比而求出的比率。它反映了同一财务指标在不同时期状态下的对比关系，表明公共组织财务活动在时间上的发展和变化程度。通过动态比率，可分析公共组织财务活动及相关指标的发展方向及增减速度。

3）相关比率。相关比率是将两个性质不同但又相互联系的指标数值相比所得的、反映有关经济活动相互关系的比率。通过相关比率，可以从各项财务活动的相互依存、相互制约的客观联系出发，深入考察公共组织各项相关业务的安排是否合理，以保证公共组织各项业务的顺利开展。例如，将公共组织的负债额与资产总额相比，计算资产负债率，据此可分析公共组织债务负担的轻重，了解公共组织资金实力的强弱，便于公共组织根据实际情况，采取措施，努力增收节支，积极调整资本结构。

比率分析法是一种重要的财务分析方法，简单易行，通俗易懂，而且，通过各种比率的计算与对比，能把各公共组织的财务状况及财务成果较全面地反映出来。因此，在财务管理实践中，该方法很受分析人员的欢迎，也因此得到了广泛的运用。当然，在运用比率分析法时，同样要注意保持各种指标之间的相关性与可比性。

（3）综合分析法。综合分析法是把公共组织有关财务指标和影响公共组织财务状况的各种因素有序地排列在一起，综合地分析公共组织财务状况及财务成果的一种方法。公共组织财务活动类型复杂多样，涉及面极广，对任何单一指标、单一因素的分析都难以完整、系统地评价其财务状况及成果。要想将公共组织财务活动作为一个有机的整体来全面评价，就必须进行相互关联的分析，采取适当的方法和标准进行综合性评价。在进行综合分析时，可采用财务比率综合分析法、因素综合分析法等方法。

综合分析法是一种重要的财务分析法。它对全面、系统、综合地评价公共组织财务状况具有十分重要的意义。但是，综合分析法大多比较复杂，所需资料很多，工作量较大，使用起来有一定难度。

上述方法是公共组织财务管理中常用的一些技术方法，它们有各自的优点，也有各自的局限性，我们应根据实际情况，灵活选用或综合运用这些方法，做好公共组织财务管理工作。

1.6 公共组织财务制度体系

我国现行公共部门财务制度，分为行政单位财务制度和事业单位财务制度两个体系，基本上由行政事业单位财务规则、行业事业单位财务管理制度和行政事业单位内部财务管理规定三个层次组成。其中行政事业单位财务规则处于主导地位，行业事业单位财务管理制度为辅助环节，行政事业单位内部财务管理规定作为必要补充。

1.6.1　行政事业单位财务规则

《行政单位财务规则》和《事业单位财务规则》是整个公共部门财务制度体系中最基本、最高层次的法规。从适用范围看，所有行政单位和国有事业单位的财务活动均纳入了《行政单位财务规则》和《事业单位财务规则》的规范范围；从法律效力看，《行政单位财务规则》和《事业单位财务规则》是经国务院批准、由财政部发布的财务管理法规；从其作用看，《行政单位财务规则》和《事业单位财务规则》既是国家对行政单位和事业单位进行财务管理、制定其他具体财务制度的法规依据，也是所有行政单位和国有事业单位从事财务活动必须遵守的行为规范。

1.《行政单位财务规则》

现行《行政单位财务规则》是经 2012 年 12 月 5 日财政部部务会议审议通过，2012 年 12 月 6 日中华人民共和国财政部令第 71 号公布。该《规则》分总则、单位预算管理、收入管理、支出管理、结转和结余管理、资产管理、负债管理、行政单位划转撤并的财务处理、财务报告和财务分析、财务监督、附则 11 章 63 条，自 2013 年 1 月 1 日起施行。

2.《事业单位财务规则》

现行《事业单位财务规则》于 2012 年 2 月 7 日由中华人民共和国财政部令第 68 号发布。《规则》分总则、单位预算管理、收入管理、支出管理、结转和结余管理、专用基金管理、资产管理、负债管理、事业单位清算、财务报告和财务分析、财务监督、附则 12 章 68 条，自 2012 年 4 月 1 日起施行。

现行《事业单位财务规则》是在 1996 年 10 月 22 日中华人民共和国财政部第 8 号令发布《规则》的基础上修订而成。这次修订《规则》主要遵循四条基本原则：

（1）保持现有的事业单位财务制度体系框架。1997 年建立的事业单位财务制度体系框架，经过 15 年的实践证明，其设计是科学的，实施也是有效的。因此，这次修订《规则》仍然维持了原有的事业单位制度体系，自身的框架也基本没动。

（2）体现财政改革的相关成果。过去 15 年，是公共财政建设和财政改革十分重要的 15 年，先后实施了部门预算改革、国库集中收付制度改革、政府采购改革、“收支两条线”改革、政府收支科目改革，等等。这次修订《规则》充分体现了财政改革的相关成果，对原有相关条款进行了修改和补充。

（3）突出事业单位的公益属性。目前，由于事业单位改革相对滞后，事业单位管理存在的一个突出问题是属性不明确。事业单位有履行行政职能的，有搞生产经营的，也有从事公益服务活动的。而这次《规则》的修订，充分体现事业单位公益属性的性质，牢牢把握事业单位财务活动的方向，对事业单位对外投资、开展经营活动进行了严格限定。

（4）突出科学化、精细化管理的要求。在这次《规则》修订中，不仅对原《规则》涉及管理的条款进行了必要的修订，而且大幅增加了管理方面的条款，将对推进事业单位财务工作科学化、精细化管理发挥重要作用。

这次修订的主要内容可以概括成四个方面：（1）完善了事业单位预算管理办法；（2）确立了事业单位收支管理完整性的原则；（3）有针对性地解决了事业单位财务管理中的一些共性和突出的问题；（4）部分行业事业单位财务制度引入了权责发生制。

这次修订根据财政改革发展需要，规定事业单位财务管理的主要任务包括以下几个方面：

（1）合理编制单位预算，严格预算执行，完整、准确编制单位决算，真实反映单位财务状况。事业单位预算是事业单位完成事业发展目标和计划的重要保证，也是单位财务工作的基本依据。因此，事业单位预算的编制，应当按照量入为出、收支平衡的原则编制，不得编制赤字预算。

（2）依法组织收入，努力节约支出。不同类型的事业单位收入来源结构不同。事业单位必须注意节约支出，这既是贯彻勤俭办一切事业方针的需要，又是缓解资金供需矛盾、发展事业的需要。

（3）建立健全财务制度，加强经济核算，实施绩效考评，提高资金使用效益。通过建立健全财务制度，财务工作就可以做到有法可依，有章可循，实现规范化管理的要求。同时，事业单位还要加强经济核算，以尽可能少的投入，获得最大的社会效益及经济效益。

（4）加强资产管理，合理配置和有效利用资产，防止资产流失。事业单位资产是实现各项事业计划的物质基础。事业单位要按照国家有关资产管理的规定，制定并完善单位资产管理的具体办法，严格管理，合理使用，防止资产流失。

（5）加强对单位经济活动的财务控制和监督、防范财务风险。事业单位应依据国家有关法律、法规和规章制度，充分利用各种财务管理的方法，对单位的业务活动以及经营活动进行监督检查，发现问题及时解决，维护财经纪律的严肃性。

1.6.2 行业事业单位财务管理制度

《事业单位财务规则》规定："行业特点突出，需要制定行业事业单位财务管理制度的，由国务院财政部门会同有关主管部门根据本规则制定。"《事业单位财务规则》是事业单位财务管理的基本法规，它对事业单位从事财务活动所应遵循的基本原则和管理方式作了全面、明确的规定，一般事业单位都可以直接执行。但是，由于某些行业的事业单位情况相对复杂，其行业特点相对突出，而《事业单位财务规则》又不可能把所有行业特点突出的事业单位财务活动全部涵盖进去，因此，需要在《事业单位财务规则》的指导下，对一些行业特点突出的事业单位制定单独的行业财务管理制度，在财务制度体系中财务管理制度属于第二层次。目前，国家已经颁布了以下几个行业的财务管理制度。

1.《文化事业单位财务管理制度》

新修订的《文化事业单位财务管理制度》由中华人民共和国财政部、文化部于 2012 年 12 月 28 日颁发，从 2013 年 1 月 1 日起实施。该制度适用于文化部和地方文化部门及其所属文化事业单位，包括：各级文化部门所属的艺术表演团体、艺术表演场所、图书馆、群众艺术馆、文化馆（站），文化部门举办的中等专业学校和开支"文化事业费"的其他各类文化事业单位，以及文化部门和单位所属的实行独立经济核算的附属经营单位等。

文化事业单位财务管理的基本原则和任务是：执行国家有关法律、法规和财务规章制度；坚持勤俭办事业的方针；正确处理事业发展需要和资金供给的关系，社会效益和经济效益的关系，国家、单位和个人三者利益的关系。合理编制单位预算，严格预算执行，完整、准确编制单位决算，真实反映单位财务状况；依法组织收入，努力节约支出；建立健全财务制度，加强经济核算，实施绩效评价，提高资金使用效益；加强资产管理，合理配置和有效利用资产，防止资产流失；参与单位重大经济决策和对外签订经济合同等事项；加强对单位经济活动的财务控制和监督，防范财务风险。

2.《科学事业单位财务制度》

新修订的《科学事业单位财务制度》由中华人民共和国财政部、科技部于2012年12月28日颁发，自2013年1月1日起实施。该制度适用于纳入事业财务管理体系的国有科学事业单位。

科学事业单位财务管理的基本原则是：执行国家有关法律、法规和财务规章制度；坚持勤俭办事业的方针；正确处理事业发展需要与资金供给的关系，社会效益与经济效益的关系，国家、单位和个人三者利益的关系。

科学事业单位财务管理的主要任务是：合理编制单位预算，严格预算执行，完整、准确编制单位决算，真实反映单位财务状况；依法组织收入，努力节约支出，规范科研项目资金管理；建立健全财务制度，加强经济核算，实施绩效评价，提高资金使用效益；加强资产管理，合理配置和有效利用资产，防止资产流失；加强对单位经济活动的财务控制和监督，防范财务风险。

3.《高等学校财务制度》

新修订的《高等学校财务制度》由中华人民共和国财政部、教育部于2012年12月19日颁发，自2013年1月1日起施行。该制度适用于各级人民政府举办的全日制普通高等学校、成人高等学校。其他社会组织和个人举办的上述学校可以参照该制度执行。

高等学校财务管理的基本原则是：执行国家有关法律、法规和财务规章制度；坚持勤俭办学的方针；正确处理事业发展需要和资金供给的关系，社会效益和经济效益的关系，国家、学校和个人三者利益的关系。

高等学校财务管理的主要任务是：合理编制学校预算，有效控制预算执行，完整、准确编制学校决算，真实反映学校财务状况；依法多渠道筹集资金，努力节约支出；建立健全学校财务制度，加强经济核算，实施绩效评价，提高资金使用效益；加强资产管理，真实完整地反映资产使用状况，合理配置和有效利用资产，防止资产流失；加强对学校经济活动的财务控制和监督，防范财务风险。

4.《中小学校财务制度》

《中小学校财务制度》是中华人民共和国财政部、教育部于2012年12月21日颁发的，自2013年1月1日起施行。该制度适用于各级人民政府和接受国家经常性资助的社会力量举办的普通中小学校、中等职业学校、特殊教育学校、工读教育学校、成人中学和成人初等学校。其他社会力量举办的上述学校可以参照该制度执行。

中小学校财务管理的基本原则和任务与高等学校的基本相同。

5.《医院财务制度》

《医院财务制度》由中华人民共和国财政部、卫生部于2010年12月28日颁发，自

2012 年 1 月 1 日起在全国施行。该制度适用于各级各类独立核算的公立医疗机构，包括综合医院、专科医院、门诊部（所）、疗养院、卫生院等。

医院财务管理的基本原则是：执行国家有关法律、法规和财务规章制度；坚持厉行节约、勤俭办事业的方针；正确处理社会效益和经济效益的关系，正确处理国家、单位和个人之间的利益关系，保持医院的公益性。

医院财务管理的主要任务是：科学合理编制预算，真实反映财务状况；依法组织收入，努力节约支出；健全财务管理制度，完善内部控制机制；加强经济管理，实行成本核算，强化成本控制，实施绩效考评，提高资金使用效益；加强国有资产管理，合理配置和有效利用国有资产，维护国有资产权益；加强经济活动的财务控制和监督，防范财务风险。

此外，国家还对一些特殊单位单独制定了财务制度，如 1997 年 2 月 21 日财政部颁发了《监狱财务制度》，以规范监狱财务行为，加强财务管理和经济核算，促进监狱管理工作正常进行。

另外，国家除了制定行业财务管理制度之外，还通过制定和颁布财务规章制度，对行政事业单位财务进行规范管理。近年来，国家财政部门会同有关部门先后发布了关于行政事业性收费项目目录、收费和罚没收入实行“收支两条线”管理、国有资产管理、工作人员差旅费开支规定、业务招待费列支管理规定、预算外资金财政专户管理、住房基金财务管理、政府采购管理、预算单位清产核资制度、财务管理和经费使用效益考核制度等规章制度，在《行政单位财务规则》、《事业单位财务规则》指导下，实现对行政事业单位财务管理的进一步规范化。

1.6.3 行政事业单位内部财务管理规定

行政事业单位支出必须严格按照国家有关财务规章制度规定的开支范围和开支标准执行，国家暂时没有作出统一规定的，可以由各单位根据实际需要自行规定，但要报上级主管部门和财政部门备案。

由于种种原因，国家制定的行政事业单位财务管理规则和制度不可能对行政事业单位每项财务活动都作出明确、具体的规定，因此，还需要行政事业单位在执行《行政单位财务规则》、《事业单位财务规则》和行业事业单位财务管理制度统一规定的前提下，根据行政事业单位内部各自的不同情况，制定出符合实际需要的具体的财务管理规定，建立健全行政事业单位内部的财务约束机制，不断完善公共部门财务管理工作，促进公共部门健康、有序地发展。另外，考虑到我国地域辽阔，各地自然条件、经济基础差别较大，为了区别各地不同情况，促进公共部门均衡发展，各省、自治区、直辖市人民政府可以根据国家颁布的《行政单位财务规则》和《事业单位财务规则》的规定，结合本地区的实际情况，制定出适应本地区行政事业单位的具体的财务管理制度。

本章小结

公共组织是以管理社会公共事务、提供公共产品和公共服务、维护和实现社会公共利益为目的，拥有法定的或授予的公共权力的所有组织实体。公共组织的特征是：以管理社会公共事务、维护和实现公共利益为基本职责，不以营利为目的，行使公共权力，受法律的限制及高度监督，行为具有强制性和权威性，目标不易计量及责任多元化等。

公共组织包括政府组织和非政府组织。作为公共管理主体的政府应是广义的政府，是指执掌公共权力的所有的国家机构，包括各级立法机关、行政机关和司法机关；非政府组织包括事业单位、社会团体、非营利性社会中介组织、民办非企业单位。

公共组织财务管理是公共组织管理的一个重要组成部分，它是根据财务制度及财经法规，按照财务管理的原则，对公共组织有关资金的筹集、分配及使用所引起的财务活动进行计划、组织、协调、控制，并处理财务关系的一项综合性的经济管理工作。

公共组织财务管理的目标是公共组织财务活动所希望实现的结果，是评价公共组织理财活动质量的基本标准，是公共组织财务实践、财务决策的出发点和归宿，也是公共组织财务管理的行为导向。公共组织财务管理的目标是努力增收节支，合理安排支出结构，严格控制经费支出，提高资金使用效益，充分利用有限的资金。

公共组织财务管理的任务是：依法筹集并合理有效地使用资金，对公共组织的各项财务活动实施有效的综合管理。

公共组织财务管理的原则是公共组织财务管理工作中应遵循的基本规范。公共组织财务管理一般应遵循以下基本原则：依法理财原则，勤俭节约原则，量入为出原则，效益原则，正确处理国家、集体和个人三者之间的利益关系原则，责任性原则。

公共组织财务管理包括预算管理、计划管理、收入管理、支出管理、定员定额管理、资产管理、负债管理、成本费用管理、投资管理、净资产管理、财务清算管理、财务报告管理、财务分析、财务监督等内容。

公共组织财务管理的方法是各公共组织在进行理财活动时所采用的各种技术和手段。公共组织财务管理的基本方法主要有法律方法、行政方法和经济方法。

公共组织财务管理的技术方法包括财务预测方法、财务决策方法、财务计划方法、财务控制方法及财务分析方法。

我国现行公共部门财务制度，分为行政单位财务制度和事业单位财务制度两个体系，基本上由行政事业单位财务规则、行业事业单位财务管理办法和行政事业单位内部财务管理规定三个层次组成。

关键术语

公共组织　　政府组织　　非政府组织　　依法理财　　预算管理　　计划管理
财务预测方法　　财务决策方法　　财务计划方法　　财务控制方法　　财务分析方法

复习思考题

1. 何谓公共组织？公共组织有何特性？
2. 我国政府组织与非政府组织有何区别？

3. 公共组织财务管理的目标是什么?
4. 公共组织财务管理有何任务?
5. 公共组织财务管理应遵循哪些原则?
6. 公共组织财务管理的内容是什么?
7. 什么是公共组织财务管理的法律方法、行政方法和经济方法? 它们各有什么特点?
8. 常用的公共组织财务分析方法有哪些?
9. 常用的公共组织财务预测方法有哪些?
10. 常用的公共组织财务决策方法有哪些?
11. 常用的公共组织财务计划方法有哪些?
12. 常用的公共组织财务控制方法有哪些?

阅读材料

国外非营利组织与我国事业单位财务管理比较研究

一、概念比较

国外或境外其他地区没有事业单位的概念，与之相近的是非营利组织。美国会计学会在《非营利组织会计实务委员会报告》中指出，非营利组织的特征是："通常区分营利与非营利的基础，乃是有无营利的动机。非营利组织就其行为上的意义是：(1) 无营利的动机；(2) 无个人拥有组织的股权或所有权；(3) 组织的权益不得任意出售或交换；(4) 通常都不被要求直接地或按比例地给予资金捐助者或资助人以财务上的利益。"我国对事业单位的定义是：不具有物质产品生产及国家事务管理职能，主要以精神产品和各种劳务形式，向社会提供生产性、生活性服务的单位，包括科学文化事业单位、公益单位、社会福利救济单位和社会中介机构等。

我国的事业单位与国外非营利组织相比，虽大同但存小异，区别主要表现在：(1) 尽管国内事业单位一般不以营利为目的，但目前相当多的单位实行有偿服务，甚至以收抵支，对营业收入依赖性较强，不像境外非营利组织那样"绝大多数财务资源，从出售货品或提供劳务以外的其他渠道获得"。(2) 国内事业单位包括的范围较大，一般认为包括两大类：一是科学文化事业单位；二是公益事业单位。这些单位中相当一部分从事着部分行政管理工作，不像境外非营利组织那样比较明显地与行政管理无关、无营利要求。(3) 国内事业单位主要由国家兴办，境外非营利组织则主要由社会各方兴办。但是，国内事业单位与境外非营利组织的共同之处是主要的。

二、美国非营利组织财务管理

美国的政府与国立非营利组织的财务管理在会计核算模式上采用基金会计，以基金为基础，按照基金种类分别进行核算与报告。在预算方面，以基金为基础管理与控制各项收入和支出；在会计方面，以基金为基础核算与报告资金、负债、收入、支出。

三、英国、瑞典农业事业单位财务管理

英国、瑞典的非营利组织主要有两种形式：一种是国家财政支持的；另一种是市场化运作的。两国农业部门在经营管理上主要采取三种形式：预算管理、项目管理和代理管理。英国、瑞典的预算管理程序和我国相似，但与我国“轻预算，重决算”不同，它们在编制预算、执行预算方面比我国严密。两国农业部对所有的经费都实行项目管理，即通过项目承担单位将资金落实到项目上并完成项目。两国也都对项目实行代理管理，由代理机构专门代政府部门管理项目和经费。英国、瑞典两国市场化运作的非营利组织在改革过程中，经历了从申请项目到竞争项目，从依靠政府到面向市场，从事业性到企业性、竞争性三个根本转变。

四、法国农业非营利服务组织的经费管理

法国的农业预算支出来自欧盟和法国的财政预算。法国农业服务组织包括农业行政部门和国立农业非营利组织，分为五大体系：一是政府管理监督体系，其经费由国家预算供给。二是农业科研技术教育培训体系。其中农业发展署的经费来源包括产品税、对无建筑物的土地征收的税、国家农业预算支出等；信息中心收入来源主要包括信息咨询费，可行性研究收费，接受社会的捐助、赞助等；农业公立高校的经费全部纳入财政预算，私立农业大学则由农业部提供 50%，学生交费 50%。三是农业行业自我管理体系。其经费来源主要是税收返还、自营收入、研究推广经费、收取的经费等。四是农业生产合作服务体系。其资金来源主要是农户集资、留存收益、国家补贴等。五是农产品和食品加工体系。农业部对符合欧盟及国内标准生产的优质、环保、生态产品给予补助。

五、国外非营利组织与我国事业单位财务管理比较

（一）经费来源比较

在国外的非营利组织中，市场化运作的非营利组织的经费主要从社会获得，国立非营利组织的经费绝大部分从政府财政预算获得。总之，其绝大部分财务资源，从出售货品或提供劳务以外的其他渠道获得。

而我国事业单位类型多样，其经费来源也有多个渠道，有来自财政预算的，有来自服务收费的，有的甚至利用行政权力、垄断权力进行营利性收费，并且其对经营性收费依赖性较强。

（二）经费管理比较

国外非营利组织普遍采用项目管理、代理管理及基金会计核算管理。我国事业单位的经费预算采取三种形式：全额预算、差额预算、自收自支预算，从 1997 年开始，对事业单位实行“核定收支、定额或者定向补助、超支不补、结余留用”的预算管理办法。这些改革在一定程度上增加了事业单位的活力，但与国外相比，仍缺乏规范性，并且效率不高。

（三）经费运用比较

国外非营利组织的经费采用项目管理与基金会计核算，保证了经费运用于特定用途的公益事业并严格控制人员经费支出。我国事业单位的经费有的是用于公益事业，有的是用于代替政府实现其行政管理职能，有的是用于营利性经营活动，并且在支出结构中，人员经费占很大比例。

六、对我国事业单位财务管理改革的启示

国外非营利组织的财务管理及其变革，在诸如市场化及项目管理等方面有值得我国借鉴的地方。归纳起来有以下几点：

（一）根据事业单位的职能定位，改革其财务管理

在发达的资本主义国家，社会分工明确，政府的事情政府办，企业的事情企业办。而在我国，大部分事业单位既承担政府性工作或公益性事业，又承担非公益性事业。我国应严格划分行政部门、事业单位及一般企业的职能，以此来定位事业单位财务管理的职能。事业单位应既不承担国家行政管理职能，也不介入营利性事业，而是承担公益性或半公益性事业。

（二）对事业经费实行项目管理

英国通过设立或取消项目，根据宏观政策需要确定重点事业项目，公布相关信息，并发布意向性投资指南。各单位根据政府的意向，提出项目，报请政府选定。这种国家引导立项的方式，给予各单位立项的主动权，同时有利于政府发挥宏观调控作用。我国在事业单位经费管理上，可采取日常经费与项目经费相结合的方式。对于事业单位的经常性事务开支，拨给日常经费。其他经费则实行项目管理，竞争中标的项目获得经费。

（三）基金会计核算模式值得借鉴

基金会计核算模式以基金为基础，按照基金种类分别进行核算与报告，其优点在于能够保障资金来源，使业务顺利进行，并且便于财务监督。在基金会计核算模式上借鉴国外经验，有利于更有针对性地实现具有特定目的的公益事业，提高资金使用效益。

（四）在事业单位的改革中稳步推进市场化

外国政府部门对非营利组织都经历了有选择的市场化改革：一是为了减轻财政负担；二是鼓励竞争，保持经济的活力；三是政府调整投资方向，逐步退出竞争性行业。我国应在定位现有事业单位职能的基础上，把那些经营性的并具有营利能力的事业单位逐步市场化。但在市场化的过程中，我国和外国在诸如国有化程度、市场化程度、社会化程度等方面存在很大差距，应根据具体情况稳步推进。

资料来源：杨秋林、张同华、王小林：《国外非营利组织与我国事业单位财务管理比较研究》，载《中国农业会计》，2001（10）。摘录有删节。

第 2 章

公共组织预算与财务核算导论

公共组织的资金收支活动是通过预算来安排的，预算管理是公共组织财务管理的中心内容。公共组织的资金收支活动是通过财务核算来反映的，财务核算是公共组织财务管理的基础。本章将对公共组织预算的概念与编制原则、定员定额管理制度、公共组织预算的编制与管理以及公共组织财务核算的基本理论和方法进行阐述。

2.1 公共组织预算的概念与编制原则

我国的预算由中央财政预算和地方各级财政预算组成，中央和地方各级财政预算由本级各部门预算组成，各部门预算由其所属各单位预算组成。单位预算是各级财政预算及部门预算的基础。单位预算是指列入部门预算的国家机构、社会团体、全民所有制事业单位的经费预算和全民所有制企业的财务收支计划中与预算有关的部分。单位预算分为行政单位预算和事业单位预算两种，分别执行不同的预算制度。实行行政单位预算的包括国家立法机关、行政机关、审判机关、检察机关以及列为行政编制并接受财政拨款的社会团体和未列入行政编制但完全行使行政管理职能的其他单位；实行事业单位预算的包括以国家财政拨款为主要资金来源的国有事业单位，以及接受国家经常性资助的非国有事业单位和社会团体等。

2.1.1 公共组织预算的概念和意义

公共组织预算是各公共组织根据国家的方针、政策，按照国家规定的工作任务和事业计划，依据定员定额和收支标准编制的计划期内的财务收支计划。它包括政府组织的预算（立法机关、行政机关、审判机关、检察机关）和非政府组织的预算（国有事业单位、接受国家经常性资助的非国有事业单位、社会团体和社会中介组织）两个组成部分，分别执行不同的预算制度。它反映公共组织与财政之间的资金领拨缴销关系和事业计划、工作任务的规模和方向，加强公共组织预算管理，对保证公共事业计划和行政任务的完成，对财政预算的顺利执行都有十分重要的意义。

1. 公共组织预算是公共组织履行自身职能的财力保证

政府组织从事组织协调经济和社会发展、维护社会秩序、实现社会公共利益的工作，非政府组织主要在文化、教育、科学、卫生、社会福利、农业等领域从事公益性的业务活动。公共组织所从事的上述活动属于公共事务管理的职能范围，其开展各项业务工作所发生的资金耗费主要依靠财政拨款解决，而财政拨款的依据就是公共组织预算。公共组织预算，是依据国民经济和社会发展计划对公共组织的职责要求和财力的许可来编制的。因此，公共组织预算一方面是国家实施有关方针、政策的有效手段；另一方面是促进各项公共事业发展，保证公共管理事务完成的物质条件。公共组织预算就是有计划地筹集资金和安排支出的活动及其过程，是从财力上保证公共组织履行自身的职能。

2. 公共组织预算有利于加强国家宏观调控，实现财政的收支平衡

公共组织预算在很大程度上反映了我国公共组织活动的范围和方向，反映了公共事业发展的基本情况。公共组织预算是各级财政预算的重要组成部分。在国家财政预算支出中，有很大一部分是用于各项事业发展和国家政权建设的支出。公共组织资金收支活动实质上是财政资金运动的继续和延伸。财政同公共组织之间的这种经济关系，把公共组织预算同财政预算紧密地联系起来，使之成为财政预算管理体系不可缺少的组成部分。公共组织支出涉及教科文卫、农林水气、政府机关、社团中介等各个领域，国家财政安排的事业行政经费支出约占财政经常性支出的 1/2 以上。编制和执行公共组织预算，就可以及时掌握我国公共事业的运行状况、发展趋势以及出现的问题，从而采取相应的措施，促进公共事业的健康发展。因此，公共组织编制预算，有利于加强国家的宏观调控，公共组织预算执行得如何，既影响着单位预算的平衡，也影响着财政预算的平衡。要实现国家的宏观调控，实现财政预算收支的平衡，就必须加强公共组织的预算管理，为宏观调控和财政预算的平衡奠定良好基础。

3. 公共组织预算有利于提高公共组织财务管理水平

公共组织预算管理贯穿公共组织内部财务活动的全过程，是公共组织财务管理的核心。严格的预算管理对于提高公共组织财务管理水平具有四个方面的作用：第一，通过全面反映公共组织各项财务收支状况，为公共组织财务管理奠定了基础，提供了依据；第二，可以使公共组织财务管理按照预算规定的内容，有计划、有步骤地进行，管好用好财政拨款；第三，通过对公共组织收支预算的核定，提供一种监督全年财务活动的工具，既可以促使公共组织积极组织收入，合理安排支出，提高资金使用效益，又可以保障预算资金和国有资产不受损害；第四，以预算为基础对实际工作进行评价与考核，揭露矛盾，发现问题，并进一步寻找造成偏差的原因，以便采取行之有效的措施纠正偏差，促使公共组织完成工作任务。

2.1.2 公共组织预算的编制原则

公共组织预算的编制原则是指编制公共组织预算应遵循的指导思想和方针，它是对多年来预算编制经验的高度概括，反映了预算编制的客观规律和基本要求。要科学、合理地编制好公共组织预算，应遵循以下五项基本原则：

1. 政策性原则

各项公共事业发展计划和公共事务管理任务是国民经济和社会发展总体规划的重要组成部分，公共组织预算是公共组织活动的范围和方向的反映。因此，公共组织在编制预算的过程中，应当以国家有关方针、政策和各项财务制度为依据，体现国家资金积累和资金使用的方针和政策，根据完成公共事业计划和公共事务管理任务的需要，正确处理需要与可能的矛盾，保证重点，兼顾一般，实事求是地编制单位预算，合理安排和分配资金，以保证公共组织职能的正常履行。

2. 可靠性原则

可靠性是指公共组织预算收支数字的依据必须真实可靠，计算正确，不得以假定的或上年的非正常收入作为编制预算收入的依据，更不准任意杜撰数据。对每项收支项目的数字指标，要运用科学的方法，依据确切可靠的资料和收支变化的规律，认真进行测算和计算，切实做到各项数据真实可靠。具体来讲，公共组织收入预算的编制，要在提高业务质量、扩大服务项目的前提下，广开财源，使收入预算稳妥可靠，对没有把握的收入项目和数额，不能列入收入预算，以避免在收入不能实现的情况下，支出大于收入，造成单位收支预算的失衡；公共组织支出预算的编制，要建立在稳妥可靠的收入基础上，在保证合理需求的前提下，做到精打细算，力求节约，不能预留缺口，以避免预算核定以后，不断调整支出预算；各种收支的性质必须明确区分，不能掺杂混同。

3. 完整性原则

完整性是建立规范化、法制化预算的前提条件。只有完整的预算才能保证政府控制、调节各类财政性资金的流向和流量，完善财政的分配、调节与监督职能。预算必须具有完整性，公共组织的预算应包括公共组织全部财务收支和反映全部财务收支活动的内容。因此，在编制预算时，必须将公共组织取得的财政拨款和其他各项收入以及各项支出，完整、全面地反映在预算中，反映公共组织的全部财务活动，不允许在预算之外另留收支项目。

4. 量力而行，收支平衡，不打赤字预算的原则

公共组织编制预算要坚持量力而行，收支平衡，不打赤字预算的原则。实事求是地处理公共事业发展的需要与财力可能的关系，做到科学合理地安排各项资金，使有限的资金发挥出最大的效益。在编制预算时，既要按照保证重点、兼顾一般的要求，优先保证重点支出，也要妥善安排好其他各项支出。

5. 统一性原则

预算是政府宏观调控的重要杠杆，保证预算的统一性是增强政府宏观调控能力的必要条件。公共组织在编制预算时，要按照国家统一设置的预算表格和统一的口径、程序以及统一的计算方法填列有关收支数字指标。

2.2 定员定额管理制度

定员定额管理制度是公共组织预算编制的依据和财务管理的基础，是最主要的单位财务管理规范，也是财政部门编制预算，检查、考核预算执行情况的基本依据，是加强对行政事业单位经费管理，科学合理地分配预算资金，提高资金使用效益的基础。定员定额是确定单位人员编制额度和计算单位经费预算中有关费用额度标准的合称，建立客观反映供给单位在人员配置和资金、物资的筹集、分配、使用等方面应达到的额度指标，是预算制度改革的一项重要内容。定员定额管理是制定、控制、管理定员定额工作的总称。

1. 定员

定员即定编，一般由编制部门负责，财政部门积极参与。它是国家编制部门或上级主管部门对单位规定的人员编制和定员比例。一是按照机构的级别和类型定员，即按照所属行政区等级，考虑人口因素，分为若干个等级，按级次规定其人员数额。二是按照比例定员，即按照特定的业务计量单位所规定的人员比例来确定其人员编制。

（1）行政机关的人员编制，根据各级行政机关的结构体制和工作任务确定，主要应考虑各地区的经济现状、人口、区域大小、管理任务等因素。中央主管编制的部门负责直接核定中央级的行政人员编制和各省、直辖市、自治区的行政人员编制总数；市县级行政机关的人员编制由各省、直辖市、自治区控制。

（2）事业单位的人员编制，由国家人事劳动部门具体制定，财政部门应积极参与编制管理，并按国家核定的人员编制设计预算。事业单位定员的规定一般有两种情况：一种是根据事业单位工作任务的繁简、机构类型的规模大小规定人员编制，如科学研究所、文化馆等；另一种是按照比例定员，如学校的教职工定员就是按照规定的教职工与学生或班数的定员比例和基本数字——学生人数或班数确定的，医院的定员则是按照规定的医务人员与病床数和门诊工作量的定员比例及基本数字——病床数、门诊人次数确定的。

定员制度是确定单位人员数额的规范，编制管理必须坚持按编制控制人员，实行编制包干，增人不增加经费，减人不减少费用，编制管理的重点是要加强人员变动中的编制管理工作，坚持“先出后入”，对超编人员不拨付预算资金，限期处理超编人员。编制管理的经济目的在于加强工资基金的管理，工资支出在人员经费中占很大比重，是人员经费管理的重点，各单位要严格核定工资基金计划，按计划执行，职工转正、定级、升级需增加工资时，应报上一级主管部门审批，严格执行国家关于各种津贴、补贴、奖金和福利待遇等方面的规定。

2. 定额

定额主要是指确定预算的经费开支定额，即经费预算定额。它是根据各单位的工作性质和特点，对其财力、物力的消耗、补偿、配备、利用等方面所规定的经济指标额度。

（1）定额的制定。预算定额的制定一般是按照单位为完成其业务工作量所需要的财力、物力的消耗数量，并考虑到国家的财力可能而制定的一个经费预算的指标额度，如人员经费中的工资定额，一般是根据上年度的实际工资水平，考虑到计划年度工资调整、人员变动等因素加以调整确定的。公用经费中公务费、业务费开支定额，是国家规定的经费开支的计划限额。

（2）定额的类型。按定额的范围标准可以分为综合定额、单项定额和扩大衡量定额。综合定额是在同类型、同性质的项目中，把若干个单项定额合并汇总为一个包括有多项内容的定额，是单项定额的汇总。单项定额是综合定额的具体化，是对每一项具体开支项目确定的定额。扩大衡量定额是指若干综合项目的汇总定额，表现为某一扩大计算单位收支总额的定额。

按定额的对象标准可以分为人员经费定额和公用经费定额。人员经费定额主要指工资和职工福利费等个人性的开支范围，个人经费支出属于刚性支出，没有伸缩性，应严格按照国家规定的工资和福利费等标准分别予以核定，其每年的定额标准也可以随国家政策的变化而改变。公用经费定额主要指公务费、设备购置、修缮以及业务费等公用性的开支，公用经费的支出多属于弹性支出，其支出的标准也随各单位职责的不同及资产占有量的多少而有所区别。

按定额的计量标准可以分为货币定额和实物定额。货币定额是指直接以货币计算和按实物折算的定额。实物定额是指按实物数量确定的配备量或消耗量的定额。以实物数量计算的定额比直接以货币数量计算的定额更为科学合理，其优点是：第一，以实物数量计算的定额，可以保证各地区同一类型机构的同一性质的需要得到同样的满足，以免发生宽严不一的情况；第二，在一定年度期间具有相对的稳定性，不因物价的变动而经常调整；第三，较之直接用货币数量计算的平均定额更切合实际，有助于避免因盲目采购而造成资金、物资的积压浪费。

3. 我国定员定额管理存在的问题

经费定员定额管理办法实际上是在编制单位预算时按照单位的定编数和人均经费标准核定预算，要求财政部门准确地掌握各单位的定员编制并制定科学合理的定额标准。但目前财政部门虽掌握人员编制数，也有支出标准，却不尽科学合理，主要问题如下：

（1）人员管理粗放。目前，财政部门只掌握编制部门最初核定的各单位的编制数，无法及时掌握各单位的人员变化情况，导致核定预算时仍沿用过去的编制人数，人员和经费不能实行动态管理，因而制定出的定员定额标准与单位的实际情况不相符合。

（2）定额标准缺乏科学合理性。现行的定额不是根据单位的工作任务和财力可能计算出来的，而是根据历年的决算数据倒推出来的，即按照往年或近几年各项经费的决算支出数除以编制人数得出。定额与实际情况有很大差距，定额标准的高低不是按照单位的职能予以确定，这导致部门之间苦乐不均，相互攀比，从而形成管理上的被动。

4. 定员定额标准的制定方法

（1）充分准备基础性资料。收集制定定额的基础性数据资料，包括：单位的编制人数和实有人数，房屋建筑物面积，机动车的编制和实有数，主要办公设备数，业务工作指标和其他数据资料。对收集的资料进行分析整理，并保证与定额中的相关数据一致，使各项资料具有准确性和可比性。

（2）细化、量化支出内容。对一般预算支出的 12 个“目”及其“节”级科目中的支出项目要尽可能地继续分解、细化、量化。一是可按国家现行有关规定，制定出量化的开支标准；二是测算出每人每月所耗办公用品的具体数量、人员平均加班次数、每人每天大致使用电话时间等具体的量化指标。

（3）共性支出标准按人员制定综合定额。单位经费开支的具体项目纷繁复杂，要按简便易行的原则进行科学合理的分类、汇总和分析，将性质大体相同的开支项目合并，确定共性支出的范围和项目，并按此确定一个基准，即按照最基本的支出需要制定涵盖行政单位各项支出的一个综合定额。由于目前难以确定每个单位资产占用量的合理性，确定定额标准时暂不能以资产的多少为标准，而要以人员编制作为测算定额的基础数据，因为各个部门的人员在一些公用开支的消耗方面大体是一致的。

（4）不同支出按定额分类分档核定。我国的行政部门种类较多，按照各行政单位的职责特点及人员构成等因素，可将其划为三类：一是党委机关、人大和政协部门。这些部门没有其他的专项业务费，同时，人大和政协的人员构成级别较高，人员经费的开支标准可在平均定额标准的基础上分别核定一定的增长幅度。二是政府机关中的综合类部门。这些部门在业务开展上横向和纵向联系较多，业务费的开支较大，如计委、财政、经贸、税务、工商、教育等部门。三是政府机关中的一般部门。其业务多在内部开展，业务费的开支相对较少，如文联、作协、对外友协等社团类单位。

对邮电费、差旅费、会议费、业务费等按不同部门业务的合理需要分别制定不同的定额标准，一些与业务工作性质有直接关联的项目的开支标准应有所区别。如综合部门的出差次数要远高于一般社团类、政务类的部门。在核定定额标准时，一定要根据部门的工作性质划分定额项目中支出标准的等级，分档核定定额标准，即将各行政部门按性质分类，在确定一个平均定额的前提下，对不同性质的部门，综合考虑其开展工作所需经费的开支情况，测算出不同的加减系数，计算出各类部门的定员定额标准。

1）标准公用经费定额的确定。标准公用经费定额按平均原则，选取有代表性单位的主要开支项目进行测算确定。以在职职工或其他人员人均定额为主，以实物定额为辅。具体讲，即以消耗对象为主体进行定额的因素分析测算。对于正常公用经费定额不能包括的特殊情况，可再核定一个经费预算调整数，以保证单位维持正常运转的需要。

2）正常公用经费分类分档定额系数的确定。定额系数是对标准定额的调整和修正，即对同类单位的标准定额，根据同类别、不同档次单位的划分，针对定额项目的相关因素进行调整的系数。各因素的调整系数可以不同，属共性的可以不进行调整，系数为“1”。其他项目的具体定额系数在调研、测算的基础上确定。

事业单位由财政部门会同各事业财务主管部门参照行政单位的确定方法测定。在当前一个时期，鼓励事业单位创收，利用各事业单位的经费自给率对其正常公用经费定额给予调整，经费自给率高的单位定额适当高一些，在政策上给予引导。事业单位经费自给率指单位的收入（不包括财政补助收入和上级补助收入）占其经常性支出的比例，主要用以衡量单位经过努力所取得的收入能够满足自己支出的程度。现阶段将其作为对正常公用经费定额的补充调整系数，主要是为了适应市场经济的要求，鼓励单位创收的积极性，按收入与支出相对应的原则，多收可适当多支。财务主管部门根据其经费自给率的高低，对部分公用经费开支项目的定额作进一步调整，使定员更趋科学、合理、公平，以更好地贯彻国家对事业单位体制改革的总体要求。

（5）开支标准的确定以国家规定为主，实际支出为辅。定额标准的确定既要能够满足行政机关开展工作的基本需要，又要考虑国家财力的可能，不能脱离实际制定不足的定额或超前定额。一是对国家有明确规定的开支标准的项目，要严格按照标准核定。二是对国家有明确规定的开支标准，但与实际开支相距较大的项目，要适当调整其标准，尽量满足工作需要。如差旅费和会议费等。三是对国家没有规定开支标准的项目，按实际开支的平均水平核定。如杂项费中的消防器材更新费、门前绿化费、垃圾清运费等。四是严格清理不合理的开支项目。在实际工作中，存在用事业经费弥补行政经费的情况，也存在一些不应在行政经费中开支的情况，在制定定员定额标准时要对现有开支项目进行彻底清理，准确界定开支范围和项目，确保定额中的支出项目规范化。

定员定额标准制定以后，要根据情况的变化不断完善，对通过实际执行反映不尽合理的定员定额标准进行修订。另外，随着客观情况的发展变化及国家政策的调整，定员定额的标准也要进行相应调整，以保证定员定额的先进性和合理性。

2.3　公共组织预算的编制与管理

2.3.1　行政单位预算的编制与管理

1. 行政单位预算管理办法

财政部门对行政单位实行“收支统一管理，定额、定项拨款，超支不补、结余留用”的预算管理办法。

(1) 收支统一管理。就是将行政单位的全部收入和全部支出都纳入单位预算管理体系，进行统一管理，单位可综合利用各项资金统筹安排各项支出，解决了收支管理分离、财务与资金管理脱节的状况，提高了财政部门和行政单位财务部门的监管职能。

行政单位预算的编制要做到量入为出，收支平衡，不打赤字预算。收入和支出预算的编制要求具体如下：

1) 要求将单位取得的财政预算拨款收入、可用预算外资金收入（指财政部门按规定从财政专户核拨给行政单位的预算外资金收入和经财政部门核准由单位留用的预算外资金收入的合计数）和其他收入全部编入收入预算，并根据全部收入情况统筹兼顾。

2) 合理安排各项支出，即行政单位在编制支出预算时，要确保国家统一规定的工资、津贴、补贴等刚性支出和维持机关正常运转所需的公务费、业务费等必不可少的支出。行政单位可用的预算外资金收入和其他收入作为经费来源的补充，要与财政预算拨款收入统筹安排使用，主要用于安排经常性支出和必要的专项支出。

实行收支统一管理，有利于统筹安排各项资金，全面反映行政单位预算的收支状况，提高资金使用效益，并为财政部门核实行政单位预算提供可靠依据。

(2) 定额、定项拨款。这是由财政部门确定行政单位财政预算拨款和财政专户拨款额度的方法。

定额是指财政部门根据行政单位工作的性质和特点，结合国家财政状况，按行政编制或实有人数及人均支出标准确定公务费、差旅费，按车辆数和标准消耗确定汽车燃修费等支出的定额或水平。对行政单位经常性支出预算的测算和拨付一般采用定额办法。

定项是指财政部门对行政单位为完成某一专项或特定工作任务专门安排的经费拨款额度。一般情况下，对行政单位的专项会议费、专项修缮费、专项购置费和专项业务费等专项支出预算采取定项拨款办法。并非所有行政单位都有定项拨款，定项拨款并非固定不变，当行政单位没有专项或特殊工作任务时，可以不实行定项拨款。

定额拨款和定项拨款两种办法可结合使用，专项经费预算也可依据定额方法确定。定额、定项拨款办法有利于合理分配预算经费，既可以保证行政单位的基本开支需要，又可以满足特殊或专项任务的支出要求，促使行政单位各项任务顺利完成。

行政单位所需合理经费由国家财政拨款解决。财政部门拨款时要做到以下两点：一是与政府职能转变和机构改革相结合。对市场经济体制下管理职能逐步弱化直至消失的行政机构，应当根据国家机构改革的部署及进程，逐步缩减、停止对其经费供给，促使其撤销、合并，或者改组为企业集团等。二是与预算外资金收入及其他收入相结合。这些收入要全部纳入行政单位预算，用以抵补行政单位的支出。

（3）超支不补、结余留用。行政单位收支预算一经财政部门或主管预算单位核批，除特殊因素外，一般不予调整，由单位自求平衡，这意味着预算经费包干使用。对于预算执行中的超预算支出，财政部门或主管预算单位不再追加财政预算拨款和财政专户拨款，这有助于增强单位预算的约束力，强化单位预算管理、控制预算支出的责任，便于形成自我约束、自我完善的预算管理机制；行政单位因加强管理而形成的收支结余，留归单位结转下年、按规定继续使用，财政不予收回，这可调动单位节支的积极性，形成节支的激励机制。

2. 行政单位预算的编制

行政单位预算是行政单位根据其职责和工作任务编制的年度财务收支计划。它是对单位一定时期财务收支规模、结构、资金来源和去向所作的预计。

（1）行政单位收入预算的编制。行政单位收入预算指预算年度取得的各项收入以及用于各项支出的情况，包括财政预算拨款收入、预算外资金收入和其他收入等项内容。行政单位在编制预算时，应按规定合理划分不同类型的收入，将应列入预算的各项收入全部列入预算，不得遗漏，但没有收入数额的项目可以空置。

1）财政预算拨款收入。财政预算拨款收入反映财政拨给行政单位的经费数额及用途，拨入的专项经费要在财政预算拨款收入项下单列反映；根据机构编制主管部门核定的单位编制和财政部门核定的定额，结合行政工作任务需要和财力可能，逐项计算编列。

2）预算外资金收入。预算外资金收入是指财政部门按规定从财政专户核拨给行政单位的预算外资金收入和财政部门核准由单位留用的预算外资金收入的合计数，反映本预算年度可由单位支配使用的预算外资金收入金额数，是“可用预算外资金收入”。一般根据预计缴入财政专户数和按规定留用不缴财政专户的预算外资金数额确定。按规定应上缴财政预算的罚没款和行政性收费（包括基金），应及时足额上缴，不得列入单位收入预算，用于各项支出。按规定暂未纳入财政预算管理的行政性收费等预算外资金，应按规定进行处理，除经批准由单位留用的外，应及时足额上缴财政专户，实行收支两条线管理。缴入财政专户的预算外资金不能作为单位收入直接列入收入预算，但可用预算外资金收入应作为单位收入列入收入预算。

3）其他收入。其他收入反映非独立核算后勤机构取得的各项收入以及其他服务性收入等，包括固定资产有偿转让收入、出租出借收入、报损残值变价收入、利息收入、非独立核算单位的刊物发行收入、服务收入等。其他收入应列入单位收入预算，用于本单位的支出。

其他收入按“节”级科目分项填列。有收费标准的项目，应当按照标准计算编列；没有收费标准的项目，则要根据上年执行情况，结合预算年度相关因素编列。行政单位编制预算时，应按规定合理划分不同类型收入，将应列预算的各项收入全部列入，不得遗漏，非独立核算后勤机构取得的各项收入以及其他服务性收入等其他收入也应列入单位收入预算。

将除财政预算拨款收入以外的可用预算外资金收入和其他收入，连同财政预算拨款收入一起纳入单位收入预算，并不意味着国家鼓励行政单位组织创收，也不改变财政预算拨款是行政单位资金来源主渠道的资金供给方式。

（2）行政单位支出预算的编制。行政单位支出预算包括经常性支出（含预算外资金支出）、专项支出（含预算外资金支出）和自筹基本建设支出等项内容。支出预算要在合理分类的基础上根据要求分别编列。

1）经常性支出。这是维持单位日常基本运转所需要的支出，编制时应按其用途列入相应的预算科目。其中，人员经费支出项目应按编制人数和规定标准计算编列；公用经费支出项目应按支出定额计算，没有支出定额的，应按上年实际支出数，并考虑本年度增减变化因素编列。

2）专项支出。专项支出主要包括大型设备购置费、大型修缮费、大型会议费和专项业务费，可按照支出用途分别编列到有关项目，或按专项工作任务分项编列，并参考有关开支水平和定额标准编列。专项支出应当有详细的说明。

3）自筹基本建设支出。自筹基本建设支出是行政单位经批准用财政预算拨款收入以外的资金安排自筹基本建设时发生的支出。自筹资金安排基本建设应先落实资金来源，并按审批权限，报经有关部门列入基本建设计划，按照有关部门批准的投资规模和单位筹资能力计算编列。自筹基本建设支出应严格控制，在保证正常工作支出需要和预算收支平衡的基础上统筹安排，报主管部门和财政部门核批。经审核批准的自筹基本建设资金纳入基本建设财务管理，并在年度预算中单独反映。

行政单位对预算收支各部分计算的结果进行综合后，就形成了行政单位预算。行政单位预算的编制要坚持收支平衡的原则，并按统筹兼顾、确保重点的原则安排各项支出。财政预算拨款收入应根据管理要求用于经常性支出和专项支出，尤其要优先安排用于保证人员基本工资和开展公务活动必不可少的开支，在此前提下，统筹安排其他各项支出。用于职工待遇方面的支出，必须符合国家规定的范围和标准。

3. 行政单位预算报表

行政单位应按照财政部门规定的编制要求、程序、预算报表格式编制年度预算及其说明，并按规定的报送时间经主管部门审核同意后报同级财政部门，一级预算单位直接报送财政部门。行政单位还要填报预算外资金（如行政性收费、基金等）收支计划。各部门、单位应在规定期限内将单位概预算、决算报财政部主管财务司。

行政单位预算报表是行政单位编制年度收支预算时使用的统一表格，由同级财政部门制定。主要包括：

（1）行政单位收支预算总表。该表总括反映行政单位年度财务收支计划情况，既反映收入各栏目数额，又反映收入各项目用于各项支出的具体情况。

（2）行政单位支出预算明细表。该表反映预算年度支出的明细项目情况，分经常性支出、专项支出和自筹基本建设支出三大类。专项支出可根据管理需要填列具体项目，自筹基本建设支出只填列合计数。

（3）行政单位其他收入预算明细表。该表反映预算年度其他收入明细项目，可由主管部门或行政单位根据收入的性质和特点，按预算科目分项填列。

（4）行政单位经常性支出预算计算表。该表反映行政单位经常性支出预算的计算依据。

（5）行政单位预算基本数字表。该表反映行政单位预算的基本数字及补充资料。

（6）预算外资金收支计划表和预算外资金收入项目明细表。“预算外资金支出”反映行政单位根据单位可用的预算外资金收入数安排支出的数额，要求按管理需要列示“目”级重点支出项目。“预算外资金收入”中缴入财政专户和经核准由单位留用的，均要全额填列。

以上预算各报表的格式参见表2—1至表2—7。主管部门向行政单位布置时，可根据管理需要增添内容，但向财政部门汇总报送行政单位预算时必须使用下列预算报表格式。

表2—1　　行政单位收支预算总表

填报单位：　　年　月　日　　单位：万元

预算科目			合计	上年结余结转	本年收入				
					财政预算拨款收入		可用预算外资金收入		其他收入
款	项	名称			小计	其中：专项拨款收入	小计	其中：财政专户拨款收入	
		行政管理费							
		政府机关经费							
		经常性支出							
		专项支出							
		自筹基建支出							

表2—2　　行政单位支出预算明细表

填报单位：　　年　月　日　　单位：万元

预算科目			合计	基本工资	补助工资	其他工资	职工福利费	社会保障费	助学金	公务费	业务费	设备购置费	修缮费	其他费用
款	项	名称												
		一、经常性支出												
		二、专项支出												
		1.												
		2.												
		3.												
		4.												
		三、自筹基建支出												

表 2—3　　行政单位其他收入预算明细表

填报单位：　　　　　　年　月　日　　　　　　单位：万元

预算科目				其他收入预算明细项目							
款	项	名称	合计								

表 2—4　　行政单位经常性支出预算计算表

填报单位：　　　　　　年　月　日

款	项目	上年执行		本年支出预算		本年支出预算比上年执行		本年支出预算计算依据及说明
		总额（万元）	人均支出（元）	总额（万元）	人均支出（元）	总额增长（%）	人均支出增长（%）	
	合计							
	一、人员经费小计							
	1. 基本工资							
	2. 补助工资							
	3. 其他工资							
	4. 职工福利费							
	5. 社会保障费							
	二、公用经费小计							
	1. 公务费							
	其中：取暖费							
	差旅费							
	车辆燃修费							
	2. 业务费							
	3. 设备购置费							
	4. 修缮费							
	5. 其他费用							

表 2—5　　行政单位预算基本数字表

填报单位：　　　　　　年　月　日

预算科目			国家职工（人）		离退休人员（人）	机动车船数（辆、艘）		房屋、建筑物（平方米）		取暖面积（平方米）	应缴财政预算收入（元）
款	项	名称	编制数	实有数		编制数	实有数	合计	其中：办公用房		

表 2—6　　预算外资金收支计划表

填报单位：　　　　　　　　　　　　年　月　日　　　　　　　　　　　单位：万元

<table>
<tr><td colspan="3">预算科目</td><td colspan="4">单位可用预算外资金收入</td><td colspan="14">预算外资金支出</td><td rowspan="4">年末结余</td></tr>
<tr><td rowspan="3">款</td><td rowspan="3">项</td><td rowspan="3">名称</td><td rowspan="3">合计</td><td rowspan="3">上年结余</td><td rowspan="3">经核准留用预算外资金收入</td><td rowspan="3">财政专户核拨收入</td><td colspan="14">其中：</td></tr>
<tr><td rowspan="2">合计</td><td colspan="11">用于经常性支出及专项支出</td><td rowspan="2">自筹基建支出</td><td rowspan="2">其他支出</td></tr>
<tr><td>小计</td><td>基本工资</td><td>补助工资</td><td>其他工资</td><td>职工福利费</td><td>社会保障费</td><td>公务费</td><td>业务费</td><td>设备购置费</td><td>修缮费</td><td>其他费用</td></tr>
<tr><td></td><td></td><td></td><td></td><td></td><td></td><td></td><td></td><td></td><td></td><td></td><td></td><td></td><td></td><td></td><td></td><td></td><td></td><td></td><td></td><td></td><td></td></tr>
<tr><td></td><td></td><td></td><td></td><td></td><td></td><td></td><td></td><td></td><td></td><td></td><td></td><td></td><td></td><td></td><td></td><td></td><td></td><td></td><td></td><td></td><td></td></tr>
<tr><td></td><td></td><td></td><td></td><td></td><td></td><td></td><td></td><td></td><td></td><td></td><td></td><td></td><td></td><td></td><td></td><td></td><td></td><td></td><td></td><td></td><td></td></tr>
</table>

表 2—7　　预算外资金收入项目明细表

填报单位：　　　　　　　　　　　　年　月　日　　　　　　　　　　　单位：万元

<table>
<tr><td rowspan="4">科目名称</td><td colspan="9">预算外资金收入</td></tr>
<tr><td rowspan="3">合计</td><td colspan="2">其中：</td><td colspan="3">上缴财政专户</td><td colspan="3">核准留用数</td></tr>
<tr><td rowspan="2"></td><td rowspan="2"></td><td rowspan="2">合计</td><td colspan="2">其中：</td><td rowspan="2">合计</td><td colspan="2">其中：</td></tr>
<tr><td></td><td></td><td></td><td></td></tr>
<tr><td>一、行政事业性收费（按项目填列）</td><td></td><td></td><td></td><td></td><td></td><td></td><td></td><td></td><td></td></tr>
<tr><td>二、基金和附加收入（按项目填列）</td><td></td><td></td><td></td><td></td><td></td><td></td><td></td><td></td><td></td></tr>
<tr><td>　　专项基金</td><td></td><td></td><td></td><td></td><td></td><td></td><td></td><td></td><td></td></tr>
<tr><td></td><td></td><td></td><td></td><td></td><td></td><td></td><td></td><td></td><td></td></tr>
<tr><td>　　附加收入</td><td></td><td></td><td></td><td></td><td></td><td></td><td></td><td></td><td></td></tr>
<tr><td></td><td></td><td></td><td></td><td></td><td></td><td></td><td></td><td></td><td></td></tr>
<tr><td>　　其他收入</td><td></td><td></td><td></td><td></td><td></td><td></td><td></td><td></td><td></td></tr>
<tr><td></td><td></td><td></td><td></td><td></td><td></td><td></td><td></td><td></td><td></td></tr>
<tr><td>三、主管部门集中收入（按项目填列）</td><td></td><td></td><td></td><td></td><td></td><td></td><td></td><td></td><td></td></tr>
<tr><td>　集中管理费</td><td></td><td></td><td></td><td></td><td></td><td></td><td></td><td></td><td></td></tr>
<tr><td></td><td></td><td></td><td></td><td></td><td></td><td></td><td></td><td></td><td></td></tr>
<tr><td>　集中其他资金</td><td></td><td></td><td></td><td></td><td></td><td></td><td></td><td></td><td></td></tr>
<tr><td></td><td></td><td></td><td></td><td></td><td></td><td></td><td></td><td></td><td></td></tr>
<tr><td>四、其他收入（按项目填列）</td><td></td><td></td><td></td><td></td><td></td><td></td><td></td><td></td><td></td></tr>
<tr><td></td><td></td><td></td><td></td><td></td><td></td><td></td><td></td><td></td><td></td></tr>
<tr><td>　本年收入合计</td><td></td><td></td><td></td><td></td><td></td><td></td><td></td><td></td><td></td></tr>
</table>

2.3.2　事业单位预算的编制与管理

1. 事业单位预算管理办法

国家对事业单位实行“核定收支、定额或者定项补助，超支不补、结余留用”的预算管理办法，少数非财政补助收入大于支出较多的事业单位，可以实行收入上缴办法。

（1）核定收支。这是指全面核定事业单位的全部收支，并将其全部纳入单位预算统筹安排。事业单位要将全部收入包括财政补助收入和各项非财政补助收入与各项支出统一编列预算，报经主管部门和财政部门核定，主管部门和财政部门根据事业特点、事业发展计划、事业单位财务收支状况以及国家财政政策和财力可能，核定事业单位年度预算收支规模，其中包括财政补助具体数额。核定收支健全了单位预算，有利于掌握事业规模、加强事业单位收支管理、提高事业资金的使用效益。

（2）预算缴拨款。举办公共事业是政府的重要职能，我国财政支持事业的资金规模将随着财政收入的增加而不断扩大，并保持必要的增长速度。目前，在市场机制的作用下，社会力量和个人兴办某些事业（如具有显著经济效益的文化娱乐业、职业化体育运动项目）等现象已不断出现，形成了多渠道、多形式兴办事业的新格局。但社会参与有社会效益而无直接投资回报的事业项目的积极性较低。因此，政府在不再包办一切事业的同时，对事业的资金支持方式也要相应改革。

1）预算补助。预算补助形式为定额或者定项补助，这是国家财政对事业单位自身组织的收入不能够满足支出的事业单位采取的预算拨付方式。一是定额补助，指国家财政根据事业单位的性质、特点和收支状况等因素，并按相应标准确定一个总的补助数额，如对高等院校实行生均定额补助等。二是定项补助，指国家财政根据事业单位收支情况，确定对事业单位的某些特定支出项目进行补助，如工资支出项目，或大型修缮和设备购置等补助，具体项目因各事业单位情况不同而有所区别。

对非财政补助收入可以满足经常性支出的事业单位，定额或者定项补助可以为零。对事业单位的财政补助不论数额多大，都是补助性质，不同的事业单位存在的只是补助程度上的差别，财政拨款和补助确定的原则是按照社会共同需要确定财政资金的供给范围和额度。财政部门对事业单位的“拨款”改为“补助”，进一步明确了国家与事业单位之间的关系，实质上是改变国家财政统包事业、由财政平衡单位预算的做法。

2）预算上缴。少数事业单位因占有较多国家资源或国有资产，得到国家特殊政策，以及收支归集配比不清等原因而取得较多收入，超出其正常支出较多的，可以实行预算上缴办法。

上缴形式：一是定额上缴，即在核定预算时，确定一个上缴的绝对数额；二是按比例上缴，即根据收支情况，确定按收入的一定比例上缴。

上缴时间：一是预算年度执行过程中按月或按季上缴；二是在年终一次性上缴。

由于各地情况差异较大，各事业单位情况不同，具体的上缴办法授权给各级财政部门会同主管部门根据当地实际情况确定。

（3）确定对事业单位的财政补助或上缴的原则。

1）按社会共同需要确定补助范围和数额，保证重点与兼顾一般相结合。对代表长远利益、符合社会共同需要、市场调节低效的领域或者事务，财政补助数额较大，财政应按维持其正常发展的需要核拨经费。对那些收入比较稳定，又具有较大公益性和福利性的事业单位，财政可根据国家发展事业的政策和单位收支状况，采取定额或定项补助的办法拨付一部分经费。对可进入市场的事业单位，应与财政在经费上脱钩，逐步将其推向市场，财政补助将逐渐减少甚至不补助，并鼓励社会力量兴办这类事业与单位。这有利于财政工作方式由被动变为主动，充分利用财政分配的杠杆作用。

2）结合事业单位经费自给水平确定具体的财政补助额度。根据不同单位的实际情况，确定不同的财政补助定额或标准，尽可能做到科学合理，并随形势变化作相应调整。对于应逐步进入市场的事业单位，虽然在主观上是努力的，但因客观条件的制约，组织收入水平较低，难以满足支出需要，财政要继续给予一定的资金支持，以保证其正常业务工作的运行。同时，财政部门要与主管部门一道为事业单位走向市场创造必要的条件，推动这些单位进一步组织创收，提高经费自给水平。原来计划经济体制下，根据不同的经费自给率水平，对事业单位实行三种预算管理形式，即全额拨款、差额补助和专项补助。在社会主义市场经济条件下，事业单位收入来源渠道呈现出多元化的发展格局，三种预算管理形式已不能准确反映各类事业单位的实际情况，有关配套政策不衔接，实际工作中分类管理难以实施，因此，应将其改变为统一的预算管理办法。

3）各单位编制本单位预决算草案，按照国家规定上缴预算收入，安排预算支出，并接受国家有关部门的监督。

2. 事业单位预算的编制

事业单位预算的编制概括起来就是要综合运用基数法、因素分析法、定额法编制事业单位收支预算，使事业单位预算切合实际，利于操作，切实发挥预算在事业单位财务管理中的积极作用。

（1）事业单位收入预算的编制。事业单位收入由财政补助收入和非财政补助收入两部分组成，其中非财政补助收入又包括上级补助收入、事业收入、经营收入、附属单位上缴收入、基本建设拨款收入、其他收入等。

1）财政补助收入，指事业单位按核定的预算和经费领报关系从财政部门取得的各类预算经费。财政“定额补助”单位应根据定员或基本数字，按照财政部门确定的补助定额标准计算编制。财政“定项补助”单位应按财政部门确定的补助项目，根据事业发展计划和财力可能，逐项计算编列。财政补助收入只能用于安排事业支出。

2）非财政补助收入。对于非财政补助收入，根据收入分类要求，编列各有关项目收入预算。单位各项收入除经营收入外，都可直接用于事业支出。

第一，上级补助收入。它是指事业单位从主管部门和上级单位取得的非财政补助收入，如事业单位的主管部门或上级单位用自身组织的收入或集中下级单位的收入拨给事业单位的资金。

第二，事业收入。事业收入是事业单位开展专业业务活动及其辅助活动取得的收入。事业收入根据项目逐项编制。对有收费标准的收入项目，根据有关业务量按标准计算。如学校学费根据在校学生人数，结合规定的收费标准计算；没有明确收费标准的项目，根据上年收入完成情况，结合本年度相关因素编列。

事业单位的预算外资金要纳入单位预算统一核算、统一管理。从财政专户核拨的预算外资金数，一般按预计可缴入财政专户的预算外资金数编列。按照规定应当上缴财政预算的资金不列入单位预算收入；应缴财政专户的预算外资金也不得列入。

第三，经营收入。将事业单位在专业业务活动及其辅助活动之外开展非独立核算经营活动取得的收入列入经营收入项。为了正确反映经营收支结果，经营收支预算应按照配比的原则进行编列。经营收入根据上年度收入完成情况，结合本年度经营活动直接编入单位收入预算。

第四，附属单位上缴收入。按规定的附属单位上缴比例或定额编列预算。

第五，基本建设拨款收入。它是指国家投资于事业单位用于固定资产新建、改扩建工程的拨款。事业单位需用非财政补助收入和可用预算外资金安排自筹基本建设项目的，应按程序立项报批，并在保证事业正常支出需要、保持正常预算收支平衡的基础上统筹安排。

第六，其他收入。其他收入指上述范围以外的各项收入，如事业单位取得的投资收益、利息收入、捐赠收入等应当作为其他收入处理，参照上年度实际水平并结合预算年度具体情况编列预算。

上级补助收入和事业收入（含预算外资金收入）、其他收入除另有规定外，一般也应该用于安排事业支出；专项资金安排的支出项目应作详细说明。

以前年度收支结余转入的事业基金（其中的一般基金）有余额的，可以在余额范围内安排用于弥补本年度预算支出超出预算收入的差额。

（2）事业单位支出预算的编制。事业单位支出由耗费性支出、调拨支出和基本建设支出等项内容组成。

1）耗费性支出。耗费性支出包括开展专业业务活动及其辅助活动发生的事业支出和在开展专业业务活动及其辅助活动之外开展非独立核算的生产经营活动发生的经营支出。

事业单位在编制支出预算时，要根据支出划分的有关要求，分清不同性质的支出项目。各项具体支出项目，属于人员支出的，应按有关标准和编制人数等计算编列；属于公用支出，有支出定额的，要按定额计算编列，没有支出定额的，要根据实际情况测算编列。

2）调拨支出。这是按照预算管理级次在上下级之间进行的资金调拨。拨出经费是指将所获得的财政补助资金按照预算管理级次进一步分配，转拨给所属下级单位的一种支出。对附属单位补助支出是指事业单位用非财政预算资金对附属单位补助发生的支出，如将从各附属单位集中的资金、接受捐赠的资金等用于对附属单位补助而发生的支出。上缴上级支出是实行收入上缴办法的事业单位按照规定的定额或者比例上缴上级单位的支出。

拨出经费、对附属单位补助支出和上缴上级支出按规定的补助和上缴标准计算编列。

3）基本建设支出。基本建设支出是指单位列入基本建设计划，用国家基本建设资金或自筹资金安排的支出，其中自筹基本建设支出是指单位经批准用财政预算拨款以外的资金安排的基本建设支出，按存入基建专户数列支。事业单位要落实自筹基本建设资金的来源：一是在支出中直接安排一部分；二是在职工福利基金和修购基金中安排一部分。自筹基本建设项目的报批程序与国家计划内批准的基本建设支出一致，都要经国家计划部门批准列入基本建设计划后才能实施，同时，必须报经财政部门批准；核定的自筹基本建设资金纳入基本建设财务管理。自筹基本建设支出反映结转到基本建设支出的数额，属于结转性支出。

事业单位预算收支各部分计算的结果进行综合后，就形成事业单位预算。

3. 事业单位预算报表

（1）事业单位收支预算总表。事业单位收支预算总表总括反映事业单位年度财务收支情况，既反映事业单位各项目数额，又反映各收入项目用于各项支出的具体情况，如表2—8所示。其中："使用上年专项资金结余"是指以前年度财政拨给事业单位的专项资金余额转入本预算年度使用的数额。"本年收入"是指预算年度取得的各项收入数额。"用事业基金弥补收支差额"是指用以前年度收支结余转入的事业基金余额弥补本预算年度收入与支出的差额数。"待定支出项目资金"反映部分收入大于支出的事业单位本预算年度收入大于支出的差额。

表2—8　　事业单位收支预算总表

填报单位：　　　　年　月　日　　　　单位：万元

预算科目			合计	使用上年专项资金结余	本年收入										用事业基金弥补收支差额
					合计	财政补助收入			上级补助收入	事业收入		经营收入	附属单位上缴收入	其他收入	
款	项	名称				小计	其中：专项拨款	其中：其他一次性经费		小计	其中：可用预算外资金收入				
		教育事业费													
1301		高等学校经费支出													
		其中：事业支出													
		经营支出													
		结转自筹基建													
		对附属单位补助支出													
		上缴上级支出													
1303		中等专业学校经费支出													
		待定支出项目资金													

说明：本表按预算收支科目的"款"、"项"填列，"项"下按《事业单位财务规则》及行业财务制度规定的支出大类列示。凡是支出项目有数额的，都要填列。

（2）事业单位事业收入预算明细表。事业单位事业收入预算明细表反映事业收入各项明细项目，按预算收入的"款"、"项"填列，如表2—9所示。"可用预算外资金收入"包括"财政专户核拨收入"和"经核准留用预算外资金收入"两部分。其他项目应根据各行业财务制度中规定的事业收入明细项目填列。未制定行业财务制度的，由事业单位根据收入的性质特点分项填列。

表 2—9　　**事业单位事业收入预算明细表**

填报单位：　　　　　　　　　　　　年　月　日　　　　　　　　　　　　单位：万元

预算科目			收入合计	可用预算外资金收入				
款	项	名称		小计	财政专户核拨收入	经核准留用预算外资金收入		

（3）事业单位事业支出预算明细表。事业单位事业支出预算明细表反映事业单位事业支出明细支出项目，根据财政部颁发的预算收支科目的“款”、“项”、“目”级科目及填列说明填列，如表 2—10 所示。

表 2—10　　**事业单位事业支出预算明细表**

填报单位：　　　　　　　　　　　　年　月　日　　　　　　　　　　　　单位：万元

预算科目			合计	基本工资	补助工资	其他工资	职工福利费	社会保障费	助学金	公务费	业务费	设备购置费		修缮费		其他费用
款	项	名称										小计	其中：提取修购基金	小计	其中：提取修购基金	

（4）事业单位预算基本数字表。事业单位预算基本数字表反映事业单位的基本数字及补充资料情况，按预算收支科目“款”、“项”项填列，如表 2—11、表 2—12 所示。

表 2—11　　**事业单位预算基本数字表（一）**

填报单位：　　　　　　　　　　　　年　月　日

预算科目			国家职工（人）		集体职工（人）		离退休人员（人）		学生学员年初数(人)	事业基金年初余额（万元）	修购基金年初余额（万元）
款	项	名称	年初数	本年增加	年初数	本年增加	年初数	本年增加			

表 2—12 事业单位预算基本数字表（二）

填报单位： 年 月 日

预算科目			机动车辆数(辆)		房屋、建筑物(平方米)		专业设备		其他资料	
款	项	名称	小计	其中:小汽车	年初数	其中:危房	金额(万元)	数量(台)		

（5）事业单位预算外资金表。事业单位预算外资金表包括预算外资金收支计划表和预算外资金收入明细表，格式与行政单位预算外资金收支计划表和预算外资金收入明细表基本相同。

2.3.3 公共组织预算的核批

（1）财政部门在收到经主管部门审核汇总或一级预算单位报送的单位预算后，应进行审核，对符合预算编制要求的，应在规定的期限内予以批复。财政部门核批单位预算一般只核批到主管部门，具备条件的，也可以直接核批到具体单位。

（2）财政部门在批复单位预算时应按照单位预算管理办法，统一核定单位各项收支预算。对收入预算应明确核定各项收入指标；对支出预算要统筹兼顾、确保重点，在核定“款”项总支出的同时，还要核定分类支出数额，并可根据管理需要具体核定到基本工资等“目”级重点项目的支出数额。自筹基本建设支出具体内容按基建财务规定列报。

对实行收入上缴办法的事业单位，应核定其上缴上级支出数额。

（3）财政部门在核定单位预算时，财政预算拨款标准应根据单位基本工作任务需要，结合国家财力可能来确定。对事业单位，既可确定一个总补助数额，也可针对某些支出项目核定补助数额。对共同支出项目制定统一的补助定额，对特殊支出项目要根据单位的特点确定不同的补助标准和支持力度，优化财政资金支出结构。

（4）预算外资金计划的核批。财政部门在核批单位预算时，对单位预算外资金收支计划要予以批复。预算外资金收支计划要与单位预算中的预算外资金收支相关数额相衔接。对预算外资金支出计划中的重要项目数额，要予以具体核定。

根据收支统管、预算内外资金结合使用的要求，可用预算外资金收入应与财政预算拨款或补助收入一并核定，统一下达，并应首先用于工资等人员支出以及必不可少的业务和设备购置开支。必须指定用途的，财政部门在核批单位预算时应予以明确。

2.4 公共组织财务核算的基本理论

2.4.1 公共组织财务核算的适用范围

财务核算按其适用范围和核算对象可分为两大类：一类是企业财务核算，它反映和监督社会再生产过程中生产、流通领域的企业经营资金的活动，这些企业的主要特征是以营利为目的；另一类是非企业财务核算，即政府和非营利组织财务核算，它反映和监督社会再生产过程中分配领域、精神生产和社会福利领域的政府财政机关和行政单位财政资金、事业单位和民间非营利组织业务资金的活动，这些单位的主要特征是不以营利为目的，而以社会效益为目的。

公共组织所使用的资金基本上属于社会再生产过程中分配领域里的政府财政资金和事业单位业务资金以及社会捐赠资金。这些单位不直接提供物质产品，它们从事各种业务活动，为社会生产和人民生活服务，在社会再生产过程中同样起着不可忽视的作用。适用于行政单位、事业单位和民间非营利组织的财务核算，就称为公共组织财务核算。

公共组织财务核算的对象，是非物质生产领域中政府财政资金、事业单位和民间非营利组织业务资金的活动。

2.4.2 公共组织财务核算的组成

公共组织财务核算从总的方面来看由政府财务核算、公立非营利组织财务核算（事业单位财务核算）和民间非营利组织财务核算三部分组成，其中行政单位财务核算是政府财务核算的基本内容，限于篇幅本书关于政府的财务核算只介绍行政单位财务核算。

行政单位财务核算按国家机关性质，可以分为立法机关财务核算、行政机关财务核算、审判机关财务核算、检察机关财务核算和军队财务核算。此外，党派财务核算、社会团体财务核算从财务核算业务处理程序看，也可归属于行政单位财务核算。

非营利组织财务核算可分为公立非营利组织财务核算和民间非营利组织财务核算，公立非营利组织财务核算即事业单位财务核算。

事业单位涉及的范围甚广，按其主要行业来看，可以分为科研单位财务核算、教育单位财务核算、文艺单位财务核算、医院财务核算、体育单位财务核算、农林水利事业单位财务核算、城市维护建设事业单位财务核算等。

公共组织财务核算的体系大致如图2—1所示。

2.4.3 公共组织财务核算的特点

公共组织财务核算的特点主要是同企业财务核算相比较而言的。行政、事业等单位及民间非营利组织的性质、任务、资金运转方式与企业不一样，两者核算的对象、任务不同，核算的内容、方法也有很大差别。

企业是进行生产经营活动的经济组织，是独立的经济核算单位，从事商品生产和商品流通活动，其经营目标是谋取盈利，实现资产增值。企业在建设初期或扩大经营规模之时，由所有者投入资本金，其各项日常开支均依靠自身的生产经营收入来抵补。企业财务核算的主要特点是：核算费用成本，计算经营盈亏，财务核算以经营盈亏核算为中心。

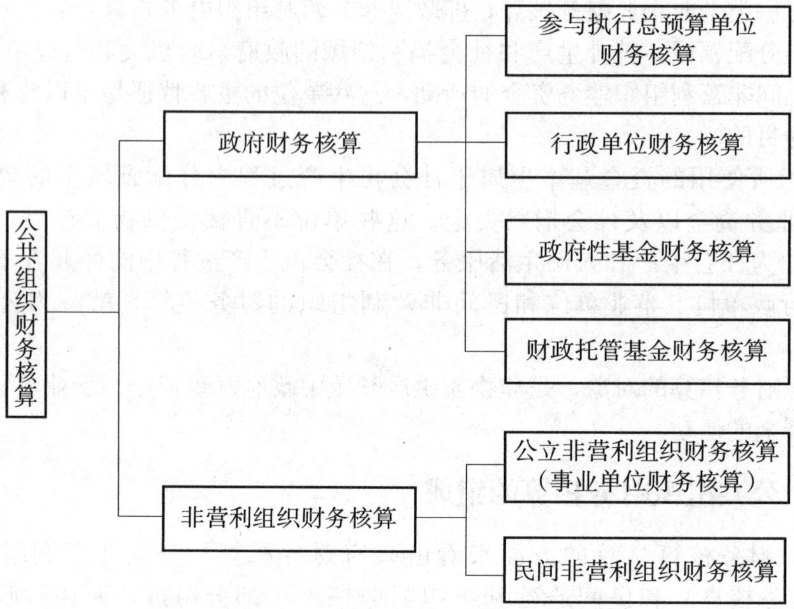

图 2—1　公共组织财务核算体系

公共组织是非营利性组织，主要完成行政事业的业务工作，其业务目标是谋求最广泛的社会效益。除事业单位、民间非营利组织有不同程度的业务收入外，公共组织的资金大都直接或间接来自纳税人及其他出资人，在此条件下力求做到收支相抵。公共组织财务核算的主要特点是：核算业务收支，计算收支余超，财务核算以收支结余核算为中心。

公共组织财务核算的特点具体表现在以下几个方面：

1. 出资者提供的资金不具有营利性、增值性，但具有限制性

公共组织资金的供给者，涉及纳税人、捐赠人、受益人等广大人群，他们提供的资金原则上称为基金。基金的特征是要按出资者的意愿完成一定的任务，实现社会效益。公共组织财务核算首先表现为基金财务核算，要能反映各项基金按预期目的运用的结果。

公共组织资金的提供者不要求投资回报和投资回收，但要求按法律规定或出资者的意愿把资金用在指定用途上，即要求资金有限制性。在这些单位中不仅固定基金、留本基金、专用基金、投入专项资金等具有特定的用途，就是经费拨款、事业基金等实际上也都有严格的具体用途，不能挪作他用。资本金的增值性体现了企业投资者的权利，而基金的限制性则体现了公共组织出资者的权利。为此，公共组织财务核算要按不同的项目核算基金的使用情况，尽管对各项基金不一定要分别设置有关的资产、负债、收入、支出等科目进行核算，但必须提供各项基金的收支结余情况，以便考核各项基金的使用效益。

2. 有关财政资金的收支项目要适应国家预算管理的要求

公共组织财务核算所反映和监督的资金，很大一部分直接或间接属于政府财政资金。国家决算报告要直接反映行政、事业单位的财政性收入和支出，以及总预算单位的全部收入和支出，因此，这些单位有关收入、支出的核算必须与预算科目衔接。也就是说，对于行政、事业单位，有关科目的明细核算要按预算收支科目进行，并在财务核算报表中按预算收支科目的类、款、项、目分别列示。只有严格按照预算收支科目组织核算，才能保证各单位核算的口径一致，才便于汇编政府收支的决算报告，用以反映和监督总预算的执行情况。至于某些事业单位的自筹资金，虽然在管理上比较灵活，但也要比照财政资金的管理作出与其相一致的规范。

3. 公共组织财务核算不进行盈亏核算，着重核算有关资金的收支结余

企业财务核算必须按照经济核算的原则，进行成本核算，确定企业盈亏；政府、事业单位与民间非营利组织不以营利为目的。政府预算的收入和支出，一般并无直接的配比关系，其收支差额不反映经营成果，只反映资金使用的余缺，所以一般不核算成本，不计算盈亏。至于事业单位与民间非营利组织的收入和支出，有的有较紧密的配比关系，有的则并无严格的配比关系，而且大多数事业单位的业务支出还不能足额补偿，只能在一定意义上实现收支相抵，因此，对事业单位与民间非营利组织也不进行盈亏核算，只进行收支结余的核算。

在某些事业单位与民间非营利组织中，为了考核经济效益，促进增收节支，改善事业管理，也可以进行成本核算，如科研课题成本核算、医疗成本核算、人才成本核算等。但是，事业单位与民间非营利组织的成本核算同企业的成本核算相比较为复杂，主要是费用的计量和分配比较困难，有关基础工作也比较薄弱，只能逐步完善。目前仅在少数行业的部分单位中实行。

4. 政府财务核算原则上实行收付实现制，事业单位财务核算原则上实行权责发生制，民间非营利组织财务核算一般以权责发生制为基础

权责发生制对于收入和费用是以其是否体现本期经营成果和生产消耗为标准来确定其归属期的。凡是体现本期经营成果的收入和体现本期生产消耗的支出，不论款项是否实际收进或付出，都作为本期收支计算。权责发生制的处理，是同权利和责任的形成相联系的，而不考虑货币资金的收支是否发生。

为了正确划分各个财务核算期间的收入和费用，应设置“应收款项”、“预收款项”、“应付费用”（预提费用）、“预付费用”（待摊费用）等科目。在企业财务核算中，为了正确核算各个财务核算期间的成本和盈亏，都采用权责发生制这种收支确认原则。

收付实现制对于收入和费用是以其是否发生货币资金的收付为标准来确定其归属期的。凡是本期实际收进款项的收入和本期实际支出款项的费用，不论是否体现本期的工作成果或劳动消耗，都作为本期收支计算。收付实现制的处理，同货币资金的收付紧密联系，而不考虑权利和责任是否发生。实行收付实现制，不采用预收、预付科目，也很少使用应收、应付科目，只是在某些情况下使用暂收、暂付科目。

在政府财务核算中，为了如实反映当期预算收入和预算支出的货币金额，平衡当期的货币收支，一般都采用收付实现制的收支确认原则。但是，对于已在预算中安排而未拨付的费用，可作为应付费用处理，在决算中列为本年支出，对于来年预收的某些款项，则不列为本年的财政收入。

在事业单位与民间非营利组织中，为了对收入、支出进行配比核算，考核业务成果，同时为了充分地反映单位在财务活动中的权利和义务，原则上可采用权责发生制或以权责发生制为基础。但是，对于某些规模较小的单位及次要的经济业务，则可采用收付实现制。权责发生制和收付实现制在应用上并不是绝对的，在实际工作中还可以有修正的权责发生制和修正的收付实现制。对各单位可以根据具体情况有选择地加以规范。权责发生制和收付实现制在一定条件下同时并用，是公共组织财务核算的一个特点。

上述公共组织财务核算的特点，总的说来具有一定的稳定性。但是随着财务核算环境的改变，这些特点会相应发生变化，而且不同单位的具体条件各异，这些特点的具体表现也会有一定的差别性。这是我们需要加以注意的。

2.4.4 公共组织财务核算的一般原则

财务核算的一般原则是对财务核算提供信息的基本要求，是处理具体财务核算业务的基本依据。财务核算原则既是财务核算理论的概括，又是财务核算实践经验的总结。它在财务核算准则中居于主导地位，指导着财务核算要素的确认计量和财务核算方法的选择，因此也就成为衡量财务核算信息质量的重要标准。

1. 财务核算信息质量要求

财务核算信息质量要求，是衡量信息质量的标准或控制信息质量的要求。在非企业财务核算和企业财务核算之间，具有一定的共性。

（1）相关性原则。相关性原则，又称有用性原则，是指财务核算所提供的经济信息应当有助于信息使用者正确作出经济决策，财务核算所提供的信息要同经济决策相关联。财务核算所提供的信息主要应满足以下三方面的需要：第一，符合国家宏观管理的要求；第二，满足上级主管部门和有关各方了解单位财务状况和收支情况的需要；第三，满足单位内部加强管理的需要。

（2）客观性原则。客观性原则是指财务核算所提供的信息应当以实际发生的经济业务为依据，如实反映财务状况和收支情况，做到内容真实、数字准确、资料可靠。核算的数字应为实际发生数，而不能是预计数、估计数，更不能是有意伪造数。

财务核算的客观性包括真实性、可靠性和可验证性。真实性是指反映的结果应同实际情况一致，不弄虚作假，隐瞒谎报。可靠性是指经济业务的记录和报告要以客观事实为依据，不受主观意念的支配，要求两位合格的财务核算人员根据相同的原始资料对同一业务进行处理时，应得出实质相同的结论。可验证性是指有可靠的合法的凭据来复查数据的来源及数据的加工过程。客观性是财务核算信息的生命。不真实、不可靠、不能验证的财务核算信息，只会导致错误的决策，不仅无益，反而有害。

（3）可比性原则。可比性原则是指财务核算应当按照规定的处理方法进行，财务核算指标应当口径一致、相互可比。不同的单位，尤其是同一行业的不同单位，处理同一业务问题要使用相同的程序和方法，以便相互比较，判断优劣。

财务核算信息的可比性，首先要求不同单位在重要问题上的核算口径一致，其次要求在所选择的处理方法上可以比较，以便分清先进落后。强调财务核算的可比性，并不意味着核算方法没有选择性，并不排斥具体核算处理上的因地制宜。

（4）一贯性原则。一贯性原则是指各个单位财务核算的方法和程序在不同的会计期间要保持前后一致，不能随意变更，以便于单位对前后各期的财务核算资料进行纵向比较。

实行一贯性原则，并不意味着一个单位的财务核算方法一旦实行以后就绝对不能变动。当发现原有核算方法不适应本单位经济活动或不足以反映变化了的经济业务时，可在下一财务核算年度进行变更，但必须对变更的情况、变更的原因及变动后对单位财务收支的影响在财务核算报表说明中表述清楚。

（5）及时性原则。及时性原则是指对财务事项的处理，必须在经济业务发生时及时进行，讲求时效，以便财务核算信息的及时利用。失去时效的财务核算信息便成了历史材料，对决策无任何作用。

及时性有两个要求：一是经济业务的财务核算处理应在当期内进行，不得跨期；二是财务核算报表应在财务核算期结束后按规定日期报告，不得拖延。

（6）清晰性原则。清晰性原则是指财务核算记录和财务核算报告应当清晰明了，便于理解和利用，数据记录和文字说明要能一目了然地反映经济活动的来龙去脉，对有些不易理解的问题，应在财务情况说明书中作出说明。

（7）重要性原则。重要性原则是指财务核算报告在全面反映单位财务收支情况的同时，对重要的经济业务要单独反映，详细核算，对不重要的经济业务可灵活处理。

重要的经济业务的标志，一是看发生的金额大小，二是看它对经济决策的影响程度。财务核算报告要充分反映一切重要的经济信息，对于一些非常事件和重大变动要充分揭示，以便作出决策。但是对于数额较小的经济业务，可与其他项目合并列示；对某些次要的经济业务，还可以采用简化的方法处理。

2. 财务核算确认计量要求

财务核算确认计量要求，是对财务核算信息处理方法和程序的要求，它规定对财务核算要素确认计量的基本原则，实际上也规范着财务核算报表列示的原则。财务核算要素确认计量要求，同各单位的经济业务和财务核算要素的具体内容有很紧密的联系，因而在企业和小企业之间，在财政机关、行政单位和事业单位之间，存在着较大的差别。

（1）收付实现制和权责发生制原则。政府财务核算原则上实行收付实现制，事业单位财务核算原则上实行权责发生制，民间非营利组织财务核算则一般以权责发生制为基础。不同单位实行不一样的收支确认原则，而且在执行中有程度上的差别，这是公共组织财务核算原则方面的一个重要特点，因而要灵活地应用这一原则。

（2）专款专用原则。专款专用原则是指对于有指定用途的资金应按照规定的用途使用，并单独反映。在公共组织中，出资者对所提供的资财不具有资本收益和资本回收的要求，但具有按预定用途使用的要求。这样在资金管理和核算上就要有限制性。行政、事业单位中的固定基金、留本基金、专用基金等具有指定用途，甚至是事业基金实际上也规定了具体的使用范围，不能挪作他用，特别是不能用于生产经营。政府财务核算方面的各项收入虽可由本级政府统筹分配使用，但在实行复式预算条件下，有关收入要分别按照规定用于经常性支出和建设性支出，具有一定的限制性。虽然专款专用使财务核算主体的资金使用权限有所减弱，但不失为控制资金使用的一种办法，是对不要求投资回报的非营利性资金使用的一种约束。按规定用途使用资金，是公共组织财务核算方面的又一个重要特点。

（3）历史成本原则。历史成本原则是指公共组织核算记录的财产物资应当按照取得或购建时的实际成本核算，而不论市场上有多少种不同价格，不采用现行市价、重置价值、变现价值等其他计价方法。

采用历史成本原则是以整个经济活动中的币值基本稳定为前提的，如果物价发生巨大波动，历史成本就不能确切反映单位财产物资的状况。虽然历史成本原则有这种局限性，但它依然是目前比较可行的办法。当物价变动时，除国家另有规定者外，不得调整账面价值。

（4）配比原则。配比原则是指在有业务收支活动的事业单位中，对一个财务核算期间的收入及与其相关的费用支出应当结合起来进行比较，在同一财务核算期间登记入账，以便计算收支结余，考核经济效益。应计入本期的收入和费用支出，不能脱节，也不能任意提前或错后。

配比是指有关收入和支出在同一财务核算期间（首先表现为在一个财务核算年度内）进行配比。之所以采用配比原则，是由于有关收入和支出的发生存在因果关系，即收入是因为支出一定的费用而产生的。但在行政单位，收入很少，且与支出无对应关系。在事业单位和民间非营利组织，业务收入和业务支出之间往往并无严格的因果关系，更无直接的比例关系，支出多的项目，收入可能多也可能并不多。因此，这种配比具有一定的相对性。

最后需要指出，在《企业财务核算制度》中，还规定有划分收益性支出与资本性支出原则、谨慎原则、实质重于形式原则等。这些原则对于公共组织财务核算也是适用的，只是在应用上没有企业财务核算那样经常，所以在财务核算制度中未作规定。

2.4.5 公共组织财务核算要素

财务核算的具体内容多种多样，为了对有关核算内容进行确认、计量、记录、报告，就需要对财务核算对象作一基本的带有规律性的科学分类，把财务核算对象分解为若干基本的构成要素。

公共组织的财务核算要素有资产、负债、基金、收入、支出、结余六项。公共组织不以营利为目的，其收支差额不具有经营成果的性质，只表示收入在使用以后的余存情况，所以不设“利润”要素，而设“结余”要素；与此相联系，公共组织的出资人不要求投资回报和投资回收，其所投入的资金不具有权益的性质，但要按规定用途使用，所以不设“所有者权益”要素，而设“基金”要素。与企业的所有者权益和利润两要素相区别，基金和结余是公共组织财务核算中特有的财务核算要素，其核算内容和处理程序都具有自己的特点。

在上述六个要素中，资产、负债、基金是单位财务状况的静态表现，也是资产负债表的要素；收入、支出、结余是财务收支的动态表现，也是收入支出情况表的要素。通过这六项财务核算要素，就可以从静态上和动态上系统地揭示出单位的财务状况和收支情况。

2.5 公共组织财务核算的方法

2.5.1 公共组织财务核算科目

财务核算科目是对财务核算要素进一步分类的项目，是对财务核算对象的具体内容按照一定原则进行科学分类的一种方法。

财务核算科目是设置账户、处理账务的依据。通过设置财务核算科目，可以把各项会计要素的增减变动分门别类地记在账上，清楚地为单位内部管理和外部有关方面提供一系列具体的分类核算指标。设置财务核算科目还有助于财务核算的合理分工。

财务核算科目的设置在很大程度上还决定着财务核算报表的内容和结构。财务核算报表中的数据是由按财务核算科目设置的各种账簿提供的，报表项目的分类方法和分类的详细程度，都依存于财务核算科目的设置。

1. 财务核算科目的设置原则

财务核算科目的设置对财务核算信息的质量有决定性的影响，必须认真对待。总结以往的经验，公共组织财务核算科目的设置应该遵循以下原则：

（1）财务核算科目的名称和核算内容应具有统一性。为了保证财务核算资料在各地区、各部门以及在全国范围内汇总、分析，特别是为了反映国家预算的执行情况，公共组织的财务核算科目应由财政部统一制定，各地区、各部门、各单位都要遵照执行。财务核算科目的名称，未经财政部同意，不得改变或合并，其核算内容和使用方法，亦不得改变。不需要的科目，可以不用。如有需要，各地区、各部门可以增设科目，但需报请财政部同意。至于明细科目，可由各地区、各部门和基层单位按一定要求自行规定。

（2）财务核算科目要适应各单位业务活动的特点，适应预算管理的要求。公共组织的业务活动与企业的生产经营活动不同，财务核算科目要充分考虑各单位业务活动的实际需要来设置。对于收入、支出全部或大部纳入预算管理的单位，则其收入支出类科目应按照国家预算收支的款、项、目、节来设置总账科目和明细科目。这样才便于将核算结果同政府预算进行对比分析，加强预算管理。

（3）财务核算科目要简明、实用、通俗易懂。财务核算科目应当让人一目了然。为了便于编制会计凭证，登记账簿，查阅账目，实行电算化，每一科目应有统一的固定编号。

2. 财务核算科目的分类

为了正确地掌握和运用财务核算科目，必须按一定的标准对财务核算科目进行分类。

（1）按提供指标的经济内容分类。财务核算科目按提供指标的经济内容进行分类，也就是按财务核算要素分类。实际工作中的财务核算科目表就是按这种分类排列的，它包括如下六大类：

1）资产类科目。这一类科目反映的是全部资产的状况。资产类科目按资产的流动性强弱，可分为“现金”、“银行存款”、“应收票据”、“应收账款”、“预付账款”、“材料”、“产成品”、“长期投资”、“固定资产”、“无形资产”等科目。

2）负债类科目。这一类科目反映的是全部负债的状况。负债类科目按不同的债权人和债务类型，可分为“短期借款”、“应付票据”、“应付账款”、“预收账款”、“其他应付款”、“应交税金”、“应缴预算款”等科目。

3）基金类科目。这一类科目反映的是全部基金的情况。基金类科目按基金的用途，可分为“事业基金”、“固定基金”、“留本基金”、“专用基金”等科目。

4）收入类科目。这一类科目反映的是全部收入的情况。收入类科目按收入的来源，可分为“财政补助收入”、“拨入专款”、“事业收入”、“经营收入”、“附属单位缴款”、“其他收入”等科目。

5）支出类科目。这一类科目反映的是全部费用支出的情况。支出类科目按支出的去向，可分为“拨出经费”、“拨出专款”、“专款支出”、“事业支出”、“经营支出”、“对附属单位补助”等科目。

6）结余类科目。通常可设“事业结余”、“经营结余”、“专项结余”、“基建结余”等科目，反映的是非指定用途资金的收支差额。在财务核算科目表中也可把此科目并入其他类别。

（2）按提供指标的详细程度分类。为了适应单位内部管理的需要，对财务核算科目要按照提供指标的详细程度，分为总分类科目和明细分类科目，通常称为总账科目和明细科目。

总账科目是对财务核算对象具体内容进行总括分类的科目，由国家财政部门统一制定。明细科目是对财务核算对象具体内容进行详细分类的科目，通常由主管部门和基层单位根据经济业务内容和内部管理要求自行确定。经济业务复杂、管理要求较高的单位，还可把明细科目细分为一级明细科目和二级明细科目。

公共组织财务核算科目汇总表如表 2—13 所示。

表 2—13　　公共组织财务核算科目汇总表

	行政单位会计科目	事业单位会计科目	民间非营利组织会计科目
	科目名称	科目名称	科目名称
资产类	现金 银行存款 零余额账户用款额度 有价证券 暂付款 库存材料 固定资产	现金 银行存款 财政应返还额度 应收票据 应收账款 预付账款 其他应收款 材料 产成品 对外投资 固定资产 无形资产	现金 银行存款 其他货币资金 短期投资 应收票据 应收账款 坏账准备 预付账款 其他应收款 存货 长期投资 固定资产 无形资产
负债类	应缴预算款 应缴财政专户款 暂存款	借入款项 应付票据 应付账款 预收账款 其他应付款 应缴预算款 应缴财政专户款 应交税金	短期借款 应付票据 应付账款 预收账款 应付工资 其他应付款 应交税金 预提费用 预计负债 长期借款 长期应付款

续前表

	行政单位会计科目	事业单位会计科目	民间非营利组织会计科目
	科目名称	科目名称	科目名称
净资产类	固定基金 结余	事业基金 固定基金 专用基金 事业结余 经营结余 结余分配	限定性净资产 非限定性净资产
收入类	拨入经费 预算外资金收入 其他收入	财政补助收入 上级补助收入 拨入专款 事业收入 经营收入 附属单位缴款 其他收入	捐赠收入 会费收入 提供服务收入 政府资助收入 投资收益 商品销售收入 其他收入
支出类	经费支出 拨出经费 结转自筹基建	拨出经费 拨出专款 专款支出 事业支出 经营支出 成本费用 销售税金 上缴上级支出 对附属单位补助 结转自筹基建	业务活动成本 管理费用 筹资费用 其他费用

3. 账户

账户是按照规定的财务核算科目在账簿中对核算要素的具体内容进行分类核算的工具。财务核算科目仅是对财务核算要素分类的项目，要有分类核算的具体数据，就要通过账户记录来取得。

财务核算科目与账户是既有联系又有区别的两个概念。其联系在于：核算科目是账户的名称，账户是根据核算科目开设的；设置财务核算科目和开设账户都是为了提供分类核算的财务核算信息；财务核算科目所反映的经济内容和账户所核算的经济内容是一致的。其区别在于：财务核算科目仅是分类的项目，没有具体的格式，不存在结构问题，而账户既有名称，又有具体的结构；从其作用来看，财务核算科目是进行分类核算的依据，而账户则是进行分类核算的载体和工具。在实际工作中财务核算科目和账户往往通用，不加区别。

在不同的记账方法下，账户的结构是不同的，即使在同一种记账方法下，不同性质账户的结构也是有差别的。但是，不论采用何种记账方法，也不论是何种性质的账户，其基本结构总是相同的。账户一般划分为左右两方，每一方再根据需要设置若干专栏，用来分别登记经济业务引起的财务核算要素的增加或减少，以及增减变动的结果。

账户左右两方记录的主要内容是：期初余额，本期增加额，本期减少额，期末余额。在某一具体账户中，哪一方记录增加额，哪一方记录减少额，期末余额在哪一方，则取决于所采用的记账方法和账户的类别。

2.5.2 借贷记账法

借贷记账法是以全部资金为记账主体，以“借”、“贷”为记账符号，记录财务核算要素增减变动的一种复式记账方法。其要点如下：

1. 财务核算等式和账户分类

借贷记账法下的财务核算等式为：

资产＝负债＋基金

或　　资产＝负债＋基金＋(收入－支出)

在借贷记账法下，财务核算科目按财务核算要素分为六类，即资产、负债、基金、收入、支出、结余。这六类财务核算科目可按其与基本财务核算等式的关系，概分为资产类科目和负债类科目。资产、支出账户为资产类账户；负债、基金、收入、结余账户为负债类账户。

2. 记账符号和账户结构

借贷记账法以“借”、“贷”作为记账符号。各个账户都分为“借方”和“贷方”，用来反映各财务核算要素的增减变动。“借方”在账户的左方，“贷方”在账户的右方。资产类账户和负债类账户中登记的事项不同，账户余额的方向也不同。

资产类账户，期初余额列在账户的借方，即左方，与在资产负债表中排列的方向一致。增加记在借方，即与余额相同的方向；减少记在贷方，即与余额相反的方向；期末余额在借方。

负债类账户，期初余额列在账户的贷方，即右方，与在资产负债表中排列的方向一致。增加记在贷方，即与余额相同的方向；减少记在借方，即与余额相反的方向；期末余额在贷方。

3. 记账规则

（1）运用借贷记账法登记经济业务，要按以下两个步骤来进行：

1）根据经济业务的内容，确定其涉及哪些资产类项目或负债类项目，这些项目是增加还是减少。

2）确定经济业务应记入哪些账户，记入这些账户的借方还是贷方。

（2）所发生的各种经济业务，引起资产和负债的增减变动有四种类型，因此，借贷记账法的记账有以下四种情况：

1）资产增加、资产减少的业务，分别记入资产类账户借方、资产类账户贷方。

2）负债增加、负债减少的业务，分别记入负债类账户贷方、负债类账户借方。

3）资产和负债同时增加的业务，分别记入资产类账户借方、负债类账户贷方。

4）资产和负债同时减少的业务，分别记入资产类账户贷方、负债类账户借方。

因此，借贷记账法的记账规则可概括为有借必有贷，借贷必相等。

借贷记账法是一种复式记账法，它与其他复式记账法比较具有明显的优点：一是记账规则单一，一项业务有借必有贷，没有同方向的记录，账户对应关系清楚，能够鲜明地表现资金运动的来龙去脉；二是账户不要求固定分类，可以使用资产类和负债类双重性质的账户，账户设置适应性强，使用也很方便；三是账户试算平衡通过借贷平衡来实现，因而使用的记账凭证简单清晰，账务记录的汇总和检查十分简便。这种记账方法目前已在我国各个行业中普遍推行。

2.5.3 财务核算凭证

财务核算凭证是记录经济业务、明确经济责任的书面证明，是登记账簿的依据。财务凭证按照填制程序和用途，分为原始凭证和记账凭证。原始凭证是在经济业务发生时取得或填制的书面证明，是表明经济业务执行和完成情况的唯一合法凭据，也是填制记账凭证的根据。记账凭证是财务核算人员根据审核后的原始凭证，按照会计制度要求确定财务核算分录的凭证，是登记账簿的依据。

1. 原始凭证

（1）原始凭证的设置。事业、行政等单位对不同的经济业务使用不同的原始凭证，主要有以下六类：

1）支出凭证。如直接用以报销经费的购货发货票、领料单、工资单、差旅费报销单等。它是各单位核算实际支出数的依据。从外单位取得的原始凭证，必须盖有填制单位的公章。自制原始凭证必须有经办单位负责人或指定负责人的签名或盖章，并注明支出的用途和理由。其中，付出款项的凭证要有收款单位和收款人的收款证明，购买实物的凭证要有本单位验收的签章。

对一些经常性的支出，如差旅费等，应填制统一格式的报销单，将其他原始凭证作为附件附上。对一些原始凭证较多的支出项目，如会议费、体育竞赛费等可填制支出报销凭证汇总单，将其他原始凭证作为附件附上。

从外单位取得的原始凭证如有遗失，应取得签发单位盖有公章的证明，并注明原来凭证的号码、金额、内容等，由经办单位负责人批准后才能代作原始凭证。如遗失的原始凭证确实无法取得证明的，如火车票、轮船票、飞机票、用餐单据等，则应由当事人写出详细情况，经单位领导签字批准，方可报销。

2）收款凭证。单位收到各种收入款项，都要开给对方收款收据。收款收据是开给交款单位或交款人的书面证明，是单位核算各项收入的依据。收款收据一式三联，第一联为入账依据，第二联为给交款单位或交款人的收据，第三联为存根，定期缴销，不得撕下。收款收据要加盖收款单位公章和经手人印章。

各单位对各种收款收据，要指定专人负责收发、保管和登记。收款收据要逐页、按编号顺序使用。如因填写错误需要作废，应全份保存注销，加盖“作废”戳记，不得撕毁。收据用完后的全部存根，应妥善保存，以备查考。各种专用收据，原则上由主管部门统一印发，并规定使用要求。

3）往来结算凭证。往来结算凭证包括暂存款、暂付款等结算凭证，是单位各项往来款项结算的书面证明。支付暂付款时，应由借款人出具借据（借款凭证），写明用途，由借款人签章和单位负责人或授权人审批签章。收回借款时，使用三联借据的，应退还副联代替收据；不使用三联借据的，应另开收据。某些特定项目的暂存款，如医院预收病人的住院费等，应使用专用的结算凭证；一般性的暂存款，可使用通用式的收款收据。

4）银行结算凭证。银行结算凭证包括向银行送存现金的送款单、现金支票、转账支票、信汇委托书、付款委托书等。银行结算凭证由银行统一印制，各单位向银行购用或领用，按银行规定的办法填制使用。

5）缴拨款凭证。缴拨款凭证是单位同主管部门或财政机关发生收入上缴或退回、经费投入或交还的书面证明。

应缴国家的各种预算收入，由单位填具“国库缴款书”上缴国库；应由主管部门集中缴库的，由单位上缴后通过银行汇结。误缴国库的款项，由收入机关填制“收入退还书”退库归还。“国库缴款书”和“收入退还书”由财政部门统一制定。

上级单位对所属财务核算单位办理各种预算拨款时，应填具银行印制的“付款委托书”或“信汇委托书”，通知银行转账；本单位如缴回经费拨款，则填具“付款委托书”或“信汇委托书”，通过银行从单位存款户转出。

6）财产物资收付凭证。财产物资收付凭证是指固定资产、材料等收进、付出的书面证明。固定资产调入、调出，应填制“固定资产调拨单”；购进材料，应填制“收料单”，办理入库手续；发出材料，应填制“发料单”，办理出库手续；材料发出业务较多的单位，可按期汇总编制“发出材料汇总表”，以便进行材料发出的核算。

（2）原始凭证的填制和审核。会计部门办理每一项经济业务，都必须取得或填制原始凭证，做到收支有据，责任分明。

原始凭证应具备下列基本要素：凭证名称；填制日期；凭证编号；接受凭证单位的名称；经济业务内容，包括品名、数量、单价、金额等；填制凭证单位的名称、经办人签章和单位财务公章。

原始凭证如确实无法取得的，应由经手人出具书面证明，经批准后，视同原始凭证。如属零星开支，由业务部门负责人批准；如果金额较大，应经单位领导批准。

原始凭证填制时如发生错误，不得涂抹、刮擦或挖补，可以画线更正。有关现金和银行存款收付的原始凭证如填写错误，则必须按规定手续报废并重新填制。

原始凭证要由业务部门和财务核算部门进行认真审核，主要是审核原始凭证的真实性、正确性、规范性和合法性。真实性是指凭证记录的经济业务是否符合实际情况；正确性是指凭证中有关项目数字的计算是否正确无误；规范性是指凭证中的项目是否填写齐全，必要的说明是否书写清楚，有关人员的签章手续是否齐全；合法性是指凭证中记录的经济业务是否符合有关政策、法令、制度和计划的规定，有无违反财经纪律的行为。原始凭证审核最终要保证经济业务的合法性，但如凭证中记录的经济业务不真实，也就谈不上其合法性。通常业务部门的负责人侧重审核真实性，以保证凭证中记录的经济业务完全符合实际情况。财务部门有关审核人员则在全面审核的基础上侧重审核合法性，以确保凭证中记录的经济业务符合有关政策、法令、制度和计划的要求。

原始凭证中的有关开支，凡是有计划、有预算、有开支标准制度的，可由会计主管人员或业务部门负责人审批；凡是临时性、特殊性、数额较大的，应由单位负责人审批。

财务核算人员在审核原始凭证时，对不真实、不合法的原始凭证，应拒绝受理；对记载不准确、不完整或不合要求的原始凭证，应予以退回，要求补充更正。

2. 记账凭证

（1）记账凭证的格式和填制。记账凭证是根据原始凭证填制的、用来确定会计分录的凭证，是登记账簿的根据。

记账凭证应具备下列基本要素：填制单位的名称；凭证名称；填制日期；凭证编号；经济业务的内容摘要；财务核算科目的名称和金额；所附原始凭证的张数；制单、复核、记账等人员的签章。

事业、行政单位采用借贷记账法所使用的记账凭证基本格式，如表 2—14 所示。

表 2—14　　**记账凭证**　　第 148 号

20××年×月×日　　附单据 2 张

摘要	科目名称		金额（元）
	借方	贷方	
购入仁和公司材料价款未付	材料	应付账款	6 000

会计主管：　　记账：　　复核：　　制单：

上列记账凭证的格式，是按照借贷记账法的记账规则设计的。在记账凭证的科目名称栏分设借方和贷方两个专栏，而金额栏只设一个，以体现“有借必有贷，借贷必相等”的要求。借贷记账法下的记账凭证，比资金收付记账法下的记账凭证，简单明了，篇幅紧凑，便于填制。

在业务较多的单位，也可采用收款凭证、付款凭证、转账凭证三种记账凭证。

记账凭证一般根据每项经济业务的原始凭证编制。对当天发生的同类经济业务，可以适当归并后编制一张记账凭证。但是，不同的经济业务不能合并编制一张记账凭证，不同日期的经济业务，也不能合在一起编制。

记账凭证必须附有所登记经济业务的原始凭证。如果一张原始凭证涉及几张记账凭证，可将原始凭证附在一张主要的记账凭证后面，在其他记账凭证上注明附有该原始凭证的记账凭证编号。如果一张原始凭证所列的费用应由几个单位共同负担，该原始凭证可由一方保存，保存原始凭证的单位应向其他付费单位开具分割单，作为对方的原始凭证。年终收支冲账的记账凭证和更正错账的记账凭证，可不附原始凭证。

总账科目以下的明细科目，如果需要列在记账凭证上，可把明细科目的名称和金额同时记在科目名称栏内，明细科目的金额不能填写在记账凭单的金额栏内。

财务人员填写记账凭证，字迹必须清晰、工整，不可潦草。用阿拉伯数字记录金额的，应一个一个地书写，不能连笔书写。金额一律写到角分，角位、分位无数字的，应写明“00”，或“0”，不能用“—”代替。

（2）总账科目汇总表的编制。经济业务较多的单位，可以把每天的记账凭证汇总编制成总账科目汇总表，作为登记总账的依据。总账科目汇总表是一种汇总记账凭证，编制方法如下：根据一定时期内记账凭证中的会计分录，对每一总账科目的借方和贷方，分别加计出发生额合计，填入总账科目汇总表内。然后计算出全部科目借方和贷方的本期发生额总计金额，如果借方和贷方总计金额相等，一般说明记账凭证发生额的汇总没有错误。核对无误以后，可根据每一科目借方和贷方本期发生额的合计来登记总账科目，并在“总账页数”栏注明，以备查考。

（3）记账凭证的审核和保管。为了加强预算收支管理，保证核算工作质量，对填制的记账凭证应由财务核算部门中指定的稽核人员进行审核。第一，审查记账凭证中的内容、日期、编号、摘要、财务核算科目、金额、原始凭证张数、有关人员签章等，是否真实、准确、完整；第二，审查记账凭证中的经济业务是否符合有关制度的规定，是否合法。重要经济业务的记账凭证还必须经主管财务核算人员的审核，在稽核人员或财务核算主管人员审核无误、签字盖章后，才能据以登记账簿。

记账凭证应按照填制的顺序，按月连续编号。月终将记账凭证连同所附原始凭证装订成册，加具封面，并在左上角装订处粘贴封签，由有关财务核算人员加盖骑缝印章，妥善保管。

对于不便随同记账凭证一起装订的原始凭证，可以抽出单独保管。但是应在有关记账凭证上注明抽出原始凭证的名称和数量，由保管人签章，年终随有关记账凭证一同归档。

2.5.4 账簿

账簿是以财务核算凭证为依据，序时、分类地登记全部经济业务的簿籍。设置和登记账簿是财务核算的中心环节。

1. 账簿的设置

（1）总分类账。总分类账是按照总账科目对单位全部财务核算要素进行总括分类登记的账簿，并控制各种日记账和明细账，简称总账。

总账按会计制度规定的总账会计科目设置账户，根据记账凭证或总账科目汇总表进行登记。总账的格式通常采用三栏式。

（2）明细分类账。明细分类账是按照明细科目对单位某项财务核算要素进行明细分类登记的账簿，是总账的详细说明，简称明细账。

明细账根据记账凭证及原始凭证或原始凭证汇总表进行登记。明细账的格式一般采用三栏式或多栏式。

1）支出明细账。支出明细账是反映具体开支项目的明细账。支出明细账格式一般采用多栏式，按预算支出的“目”级科目设账户，按主管部门或财政部门规定的“节”级科目设专栏。

各单位对事业支出、经营支出、专项资金支出、专用基金支出，应分别设置明细账，按开支用途设置账户，登记支出的明细内容。

2）收入明细账。收入明细账是反映具体收入项目的明细账。其格式一般采用多栏式，按主要收入项目或收入单位设置账户，按具体收入项目设置专栏。

各单位对事业收入、经营收入、其他收入和专用基金收入，应设置相应的收入明细账，按主要收入项目设置账户。

3）缴拨款项明细账。缴拨款项明细账是反映财政机关与主管单位、主管单位二级单位及基层单位之间，预算资金的拨入、拨出和专项资金的上缴、下拨情况的明细账，通常采用三栏式。

有所属会计单位的单位，一般应设置拨出经费和拨出专项款明细账，并按所属单位名称设置账户；也可只设总账，不设明细账。

上级单位对于下级单位上缴的资金和下拨的支出，应设置相应的明细账，按下级单位名称设置账户。下级单位对于上缴上级的收入和上级下拨的资金，只设总账，不设明细账。

4）往来款项明细账。往来款项明细账是用来反映债权、债务结算情况的明细账。各单位一般应对暂存款、暂付款、合同预收款、合同预付款、借入款、借出款等分别设置往来款项明细账，按往来的单位或个人名称设置账户。其格式可采用三栏式或多栏式。

5）固定资产明细账。固定资产明细账是具体核算各种固定资产增减变化和结存情况的明细账。按照固定资产的类别和名称分设账户。其格式一般可采用数量金额三栏式，根据原始凭证逐笔登记。

6）库存材料明细账。库存材料明细账是具体核算各种材料收发和结存情况的明细账。按照材料的类别和品名分设账户。其格式一般采用数量金额三栏式，根据原始凭证逐笔登记。

（3）日记账。日记账是按照经济业务发生的时间先后顺序，逐日逐笔登记经济业务的账簿。目前事业、行政、民间非营利组织等单位仅设置现金日记账和银行存款日记账这种反映特定经济业务的特种日记账，而不设置反映全部经济业务的普通日记账。

1）现金日记账。现金日记账是核算现金收付结存情况的账簿，又称现金出纳账，通常为三栏式，并设“对方财务核算科目名称”专栏，由出纳人员根据现金收付的原始凭证按照业务发生的先后顺序逐笔登记，每日结出余额与现金库存数核对，月末与总账“现金”科目核对。

2）银行存款日记账。银行存款日记账是核算银行存款收付结存情况的账簿，通常采用三栏式，由出纳人员根据银行存款收付的原始凭证按业务发生的先后顺序逐笔登记，定期与银行对账单进行核对。

此外，各单位还可根据需要设置备查账簿。

2. 账簿的启用和登记

（1）账簿的启用。账簿的启用要注意以下问题：

1）各种账簿的扉页，要附列“经管人员一览表”，内容包括账簿名称、启用日期、账簿页数（活页账在订本后填写）、记账人员姓名、财务核算主管人员签章等。记账人员调动时，应在表内注明交接日期、接办人员姓名，并由交接双方签章。总账和各种明细账的账首都应列示账户目录，以便查阅。

2）账簿的使用，以每一财务核算年度为期限。在新年度开始时，除财产物资管理部门的固定资产和库存材料明细账可在年终结账后转给下年度使用以外，其他各种账簿必须一律建立新账，不能连年使用旧账。

3）现金日记账和银行存款日记账必须采用订本式。总账和明细账可采用订本式或活页式。

4）使用活页式账页，应按每一账户分别编写，定期装订成册。年终账务结束后，另加目录，记明各种账户的名称和页数，以便查阅。

（2）账簿的登记。账簿的登记应遵守以下要求：

1）为了保证账簿记录的正确性，账簿必须根据审核无误的财务核算凭证进行登记。记账时，应将记账凭证的日期、编号、业务内容摘要、金额等逐项记入账内，同时在记账凭证上注明所记账簿的页数，或划“√”符号，表示已经入账，避免重记、漏记。

2）为了使账簿记录保持清晰、耐久，便于保存，防止涂改，记账必须用钢笔和蓝、黑墨水书写，不能用铅笔或圆珠笔，红色墨水只能在冲销错账、登记负数（发生额或余额）和画线（改错或结账）时使用。

3）为了保证账簿记录的严密性，防止涂改账目，各种账簿必须按编定的页次逐页、逐行顺序连续登记，不能隔页、跳行登记。如果发生隔页、跳行，应将空页、空行用红线对角划掉，加盖“作废”字样，并由记账人员签章。对订本式账簿，不得任意撕去账页；对活页式账簿，不得任意抽换账页。

4）为了保证账簿记录的连续性，每登满一张账页结转下页时，应结出发生额合计和余额，填入本页最末一行和下页第一行有关栏内，并在摘要栏内注明“过次页”和“承前页”字样，也可以只写在下页第一行有关栏内，并在摘要栏注明“承前页”字样。

5）登记账簿如发生错误，不能涂改、挖补、刮擦或用药水消除字迹，必须根据错误的具体情况，采用正确的错账更正法予以更正。

3. 账务处理程序

账务处理程序是指各种财务核算凭证和账簿之间的相互联系和登记程序。在不同的单位，设置不同的财务核算凭证和账簿，它们之间有着不同的相互联系和登记程序。目前，在事业、行政等单位，大多采用科目汇总表的账务处理程序。其程序如下：

（1）根据原始凭证（或原始凭证汇总表）填制记账凭证。

（2）根据有关货币资金的记账凭证及原始凭证登记现金日记账和银行存款日记账。

（3）根据记账凭证及原始凭证登记各种明细账。

（4）根据记账凭证编制总账科目汇总表。

（5）根据总账科目汇总表登记总账。

（6）各种日记账、明细账同总账的有关账户进行核对。

（7）根据总账和明细账编制财务核算报表。

科目汇总表的账务处理程序如图 2—2 所示。

经济业务较少的单位，可以采用记账凭证的账务处理程序，即直接根据记账凭证登记总账，不编制总账科目汇总表。

账务处理程序并不是固定不变的。各单位可根据本身经济业务繁简、人员分工等情况确定账务处理程序中的某些具体问题。合理组织账务处理程序，不但可以使财务核算工作有条不紊地进行，而且可以提高财务核算工作效率，保证财务核算质量。

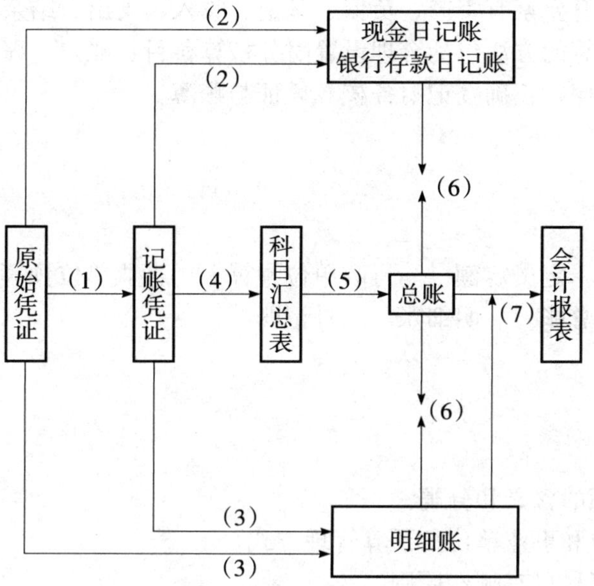

图 2—2　账务处理程序图

说明：图中序号为账务处理程序的各个步骤。

本章小结

公共组织预算是各公共组织根据国家的方针、政策，按照国家规定的工作任务和事业计划，依据定员定额和收支标准编制的计划期内的财务收支计划。它包括政府组织的预算（立法机关、行政机关、审判机关、检察机关）和非政府组织的预算（国有事业单位、接受国家经常性资助的非国有事业单位、社会团体和社会中介组织）两个组成部分，分别执行不同的预算制度。

行政单位实行“收支统一管理，定额、定项拨款，超支不补、结余留用”的预算管理办法。行政单位收入由财政预算拨款收入、预算外资收入和其他收入组成；支出由经常性支出、专项支出和自筹基本建设支出等项内容组成。

事业单位实行“核定收支、定额或者定项补助，超支不补、结余留用”的预算管理办法。事业单位收入预算由财政补助收入和非财政补助收入两部分组成；支出预算包括耗费性支出、调拨支出和基本建设支出等。

公共组织财务核算从总的方面来看由政府财务核算、公立非营利组织财务核算（事业单位财务核算）和民间非营利组织财务核算三部分组成，其主要特点是：核算业务收支，计算收支余超，财务核算以收支结余核算为中心。

公共组织财务核算的一般原则包括相关性原则、客观性原则、可比性原则、一贯性原则、及时性原则、清晰性原则、重要性原则、收付实现制和权责发生制原则、专款专用原则、历史成本原则、配比原则。

公共组织财务核算要素有资产、负债、基金、收入、支出、结余六项。

公共组织财务核算的方法包括合理设置财务核算科目、账户、账簿等，运用借贷记账法，按照账务处理程序，正确登记财务核算凭证与账簿。

关键术语

公共组织预算　定员定额　行政单位预算　事业单位预算　资产　负债　基金　结余　总账　明细账　日记账

复习思考题

1. 试述定员定额的含义和分类。
2. 试述行政单位和事业单位的预算管理方式。
3. 设置财务核算科目有哪些原则？
4. 试述公共组织财务核算的一般原则。
5. 试述借贷记账法的要点。
6. 在公共组织中，一般要采用哪些原始凭证和记账凭证？
7. 在公共组织中，一般使用哪些账簿？通常采用什么样的账务处理程序？

阅读材料

学校预算编制实例

假设某学校年初学生人数为2 500人，年度计划秋季毕业500人，招生800人，按规定，教职员工与学生的比例为1∶3.6。该校教职员工工资的预算定额确定为平均每人每月120元，根据历年开支规律，补助工资占工资总额的比例为15%，按照国家规定的福利费标准和历年开支规律，职工福利费约为工资总额的5%；离休人员费用年平均定额为2 600元，退休人员费用年平均定额为2 000元，离休人员20人，退休人员25人；该校学生享受助学金的比例为80%，每月标准为19.50元。公务费年人均定额为120元，业务费年人均定额为150元，设备购置费每个新生每年开支定额为600元，修缮费全年每个学生开支定额为160元，全年安排的其他费用为200 000元。

单位预算的编制步骤如下：

一、确定基本数字

学校的学生人数是确定教职员工人员编制，以及决定助学金和学校其他经费数额的基础，学校人数变动大，因此，需要求出计划年度平均在校学生人数。

计划年度平均在校学生人数

$$=\text{年初学生人数}+\frac{(\text{招生人数}-\text{毕业人数})\times\text{当年新生在校月数}}{12}$$

$$=2\,500+(800-500)\times\frac{4}{12}$$

$$=2\,600(\text{人})$$

确定教职员工编制人数的方法有两种：一种是按教职员工与学生的比例测算；另一种是按教职员工与班数的比例测算。

$$\text{教职员工数}=\frac{\text{计划年度平均在校学生人数}}{\text{学生与教职员工的比例}}$$

$$=\frac{2\,600}{3.6}$$

$$\approx 722(\text{人})$$

二、测算人员经费

（一）工资

根据教职员工平均人数和每人每月平均工资定额求出工资额。平均工资定额根据历年执行情况，考虑计划年度工资调整和增减人员等影响工资水平的因素，加以调整确定。

$$\text{计划年度工资总额}=\text{月平均工资定额}\times\text{教职员工人数}\times 12$$

$$=120\times 722\times 12$$

$$=1\,039\,680(\text{元})$$

（二）补助工资

补助工资一般在全年工资总额的基础上，根据补助工资占工资总额的比例测算。

$$\text{计划年度补助工资}=\text{计划年度工资总额}\times\text{补助工资占工资总额的比例}$$

$$=1\,039\,680\times 15\%$$

$$=155\,952(\text{元})$$

（三）职工福利费

职工福利费一般在全年工资总额的基础上，根据职工福利费占工资总额的比例测算。

$$\text{计划年度职工福利费}=\text{全年工资总额}\times\text{职工福利费占工资总额的比例}$$

$$=1\,039\,680\times 5\%$$

$$=51\,984(\text{元})$$

（四）离退休人员费

离退休人员费按离退休人数和全年费用定额测算。

$$\text{计划年度离退休人员费}=\text{计划年度费用定额}\times\text{离退休人数}$$

$$=2\,600\times 20+2\,000\times 25$$

$$=102\,000(\text{元})$$

（五）助学金

助学金按照学生人数和国家规定的享受比例、助学金标准及享受的时间进行测算。

计划年度助学金＝每月助学金标准×计划年度平均在校学生人数×助学金享受比例×全年享受月数
＝19.50×2 600×80%×12
＝486 720(元)

故：

该校计划年度人员经费＝1 039 680＋155 952＋51 984＋102 000＋486 720
＝1 836 336(元)

三、测算公用经费

公务费和业务费一般是根据计划年度平均在校学生人数和人均开支定额进行测算的；购置费和修缮费一般是根据实际需要和财力可能进行测算的。实行经费包干后，这部分费用根据需要，并参考历年开支规律确定开支额度；然后，设备购置费按新增学生人数、修缮费按原有学生人数计算经费数额。

（一）公务费

该项费用是根据计划年度平均在校学生人数和人均开支定额进行计算的。

计划年度公务费＝计划年度平均在校学生人数×公务费人均开支定额
＝2 600×120
＝312 000(元)

（二）业务费

高等学校的业务费是指为完成专业所需的消耗性费用开支。业务费的计算一般是按照计划年度平均在校学生人数和人均开支定额计算的。

计划年度业务费＝计划年度平均在校学生人数×业务费人均开支定额
＝150×2 600
＝390 000(元)

（三）设备购置费

该项费用的计算是按计划年度人均开支定额和计划年度新增加人数，即招生人数与毕业人数的差额计算的。

计划年度设备购置费＝设备购置费人均开支定额×(招生人数－毕业人数)
＝600×(800－500)
＝180 000(元)

（四）修缮费

该项费用的计算是按修缮费人均开支定额和原有的学生人数进行计算的。

计划年度修缮费＝修缮费人均开支定额×原有学生人数
＝160×2 500
＝400 000(元)

故：

该校计划年度公用经费＝312 000＋390 000＋180 000＋400 000＋200 000
＝1 482 000(元)

该校计划年度经费＝计划年度人员经费＋计划年度公用经费
＝1 836 336＋1 482 000
＝3 318 336(元)

资料来源：王金秀、陈志勇编著：《国家预算管理》，北京，中国人民大学出版社，2001。

第 2 篇

行政单位财务管理与核算

第 3 章 行政单位资产、负债和净资产的管理与核算

3.1 行政单位资产的管理与核算

行政单位是指行使国家权力、管理国家事务、维护社会公共秩序、进行各项行政管理工作的机关。行政单位的资产是指行政单位占有或使用的、能以货币计量的经济资源，包括各种财产、债权和其他权利。

3.1.1 行政单位资产管理与核算概述

行政单位的资产按其流动性和存在形态可分为流动资产和固定资产两大类。

会计上所核算的资产一般分为五类：流动资产、固定资产、对外投资、无形资产、递延资产。由于行政单位性质的特殊性，行政单位会计上所核算的资产在大类上没有无形资产和递延资产，在其他类别上科目设置较少，这些都是由行政单位是国家权力机构的延伸和行政单位的非营利性所决定的。

行政单位所核算的资产具有如下特点：

1. 流动资产的核算内容方面，科目设置较少，对债权类和存货类的核算是粗线条的

一般地，我们将流动资产的核算内容分为货币资金、暂付应收款等债权和存货等类别，货币资金项设有“现金”、“银行存款”、“其他货币资金”等科目；暂付应收款项设有“应收票据”、“应收账款”、“预付账款”和“其他应收款”科目，还有应收账款的备抵账户“坏账准备”，以及“待摊费用”等账户；存货类账户设有“材料”、“低值易耗品”、“产成品”、“燃料”等科目。但在行政单位会计中，货币资金只设置“现金”和“银行存款”科目，应收暂付款项类只设置了“暂付款”科目，存货类只有“库存材料”科目，没

达到固定资产标准的低值易耗品并入材料核算，没有应收款项的备抵账户，一旦发生坏账即作支出处理。

2. 在对外投资的核算中，行政单位会计只设置了“有价证券”科目

由于行政单位设立的目的是完成政府的行政任务，并不是为了追逐经济利益，不应该有对外投资的活动。但考虑到行政单位可以用结余经费购买国家发行的国库券等有价证券的现实需要，设置了一个“有价证券”会计科目。有价证券在管理上要视同货币资金管理，因此本书把有价证券的核算并到货币资金的核算中介绍。

3. 行政单位会计中没有无形资产和递延资产类的核算

这是由于行政单位作为国家权力机构，必须是为国家职能服务，而不能以营利为目的，在这些单位设立之初所发生的费用均由政府财政拨款解决，不需要在未来的年度摊销。

3.1.2 行政单位流动资产的管理与核算

流动资产是指可以在一年内变现或者耗用的资产，一般包括货币资金、暂付款和库存材料等内容。

1. 货币资金的管理与核算

与收支业务紧密相关的货币资金的核算是行政单位会计核算的一项重要内容。货币资金是指行政单位库存的现金和银行存款，以及按货币资金管理的有价证券。

（1）现金的管理与核算。

1）现金的管理。现金管理制度是国家金融管理的一项重要制度，也是行政单位会计工作的一个组成部分。根据《现金管理暂行条例》和《现金管理暂行条例实施细则》等有关规定，现金管理应做到以下几点：

第一，各单位所保存的现金，要核定一个库存限额。现金库存限额是指银行根据规定，对在银行开户的行政单位，核定一个保留库存现金的最高额度。这个额度内的库存现金主要用于开户单位日常零星现金支付和备用金的需要。

核定库存现金限额，一是既可减少单位经常提取现金的麻烦，又可防止由于存放大量现金所带来的弊端，有利于保证现金安全；二是可以减少现金流通，起到调节货币流通的作用。

第二，各单位收入的现金，必须及时送存银行，不得随意坐支。坐支是指有现金收入的开户单位，不通过银行，将自己收入的现金直接用于自身的现金支出。将现金收入送存银行（即不坐支），有利于银行了解现金的来源和去向，加强对现金的全面管理和监督，有利于保护现金安全，有利于防止贪污、挪用和不合理开支，有利于单位加强财务管理。

第三，明确规定现金的使用范围。各单位之间的经济往来，除零星小额可支付现金外，其他都必须通过银行转账结算。到外地采购物资，须通过银行转账结算，不得携带现金。《现金管理暂行条例》规定，现金的使用范围为：职工工资、津贴；个人劳务报酬；根据国家规定颁发给个人的各种科学技术、文化艺术、体育等各种奖金；各种劳保、福利费用以及国家规定的对个人的其他支付；向个人收购农副产品和其他物资的价款；出差人员必须随身携带的差旅费；结算起点以下的零星支出；中国人民银行确定需要支付现金的其他支出。

第四，向银行申请支取现金，必须如实写明现金用途，不得虚报现金用途。虚报、谎报现金用途是套取现金的非法行为，必须禁止。

第五，不得以“白条”抵库。所谓“白条”抵库，就是以不符合财务制度的凭证顶替库存现金。“白条”抵库容易造成财务混乱，给不法分子以可乘之机，必须禁止。

第六，单位之间不得相互借用现金。因为借用现金逃避了银行监督，给不正当使用现金行为开了方便之门。

第七，钱账分管。钱账分管是指钱物和账务分别管理的一种内部牵制制度。《会计基础工作规范》将会计工作岗位分为：会计机构负责人或会计主管人员，出纳，财产物资核算，工资核算，成本费用核算，财务成果核算，资金核算，往来结算，总账报表，稽核，档案管理等。并规定出纳人员不得兼管稽核、会计档案保管和收入、费用、债权债务账目的登记工作。行政单位的会计核算比较单一，没有分得那么细，所以一般归纳为：“会计管账不管钱，出纳管钱不管账”（现金出纳账和银行存款明细账除外）。这样做是为了明确职责，相互监督。

第八，对现金收付款凭证加强审核。出纳员付款时，必须取得合法的原始凭证，并加强对原始凭证的审核。审核原始凭证，可以从以下几方面进行：

- 真实性审核。审查该凭证是否反映了经济业务的本来面目，有无伪造、虚开，对缺乏真实性的凭证要进一步查明，确属虚假的要拒绝收受。
- 合法性审核。审查该凭证是否符合政策法规、财务制度的规定，有无违反预算（计划）和财经纪律，不清楚的要及时和会计主管人员取得联系。
- 完整性审核。审查该凭证的手续是否完备，应填项目是否填全，有关经办人员是否签章，领导是否批准等。
- 正确性审核。审查该凭证的摘要和数字是否填写清楚、正确，数量、单价、金额计算是否正确，金额大小写是否相符等。

2）现金的核算。为核算行政单位库存现金的增减结存情况，设置“现金”科目。其借方反映库存现金的增加数，贷方反映库存现金的减少数，本科目期末借方余额反映行政单位库存现金数额。

行政单位应设置“现金日记账”，由出纳人员根据原始凭证逐笔登记。每日终了，应计算当日现金收入合计数、现金支出合计数和结余数，并将结余数与实际库存数核对，做到账款相符，并编制“库存现金日报表”。

有外币现金的行政单位，应分别设置人民币、各种外币“现金日记账”进行明细核算。

行政单位收到现金时，借记“现金”科目，贷记“银行存款”等有关科目；支付现金时，借记“银行存款”等有关科目，贷记“现金”科目。

现举例说明“现金”的核算：

【例 3—1】某行政单位 10 月份发生如下现金收支业务：

- 10 月 1 日，开出现金支票从银行提取现金 600 元作为备用金。其会计分录为：

借：现金	600	
贷：银行存款		600

● 10月8日，本机关工作人员王欣因公出差预支现金200元。其会计分录为：

借：暂付款　200

　贷：现金　200

● 10月12日，用现金120元购买办公用品。其会计分录为：

借：经费支出——经常性支出——公务费　120

　贷：现金　120

● 10月15日，职工王欣报销差旅费150元，退回现金50元。其会计分录为：

借：经费支出——经常性支出——公务费　150

　现金　50

　贷：暂付款　200

● 10月25日，将本日超库存现金80元送存银行。其会计分录为：

借：银行存款　80

　贷：现金　80

在现金收付过程中，如发生长余或短款情况，应及时查明原因。在未查明原因之前，对长余现金，可先作暂存款处理，增加库存现金，若无法查明原因，作为预算收入缴库。对现金短款，可先作暂付款处理，减少库存现金，待查明原因后再按制度规定处理。

【例3—2】某行政单位盘点库存现金发生如下会计事项：

● 盘点库存现金，发现库存数比账面数短少18元，因暂时无法查明原因，先作暂付款处理。其会计分录为：

借：暂付款　18

　贷：现金　18

● 经查明分析，短少的现金是工作失误所致，经单位领导批准，同意作经费支出报销。其会计分录为：

借：经费支出——经常性支出——其他费用　18

　贷：暂付款　18

● 盘点库存现金，发现库存数比账面数多30元，暂时无法查明原因，先作暂存款处理。其会计分录为：

借：现金　30

　贷：暂存款　30

● 经查明，多余的现金不属于本单位所有，也没找到失主，经领导批准作无主款处理，转作应缴预算款。其会计分录为：

借：暂存款　30

　贷：应缴预算款　30

（2）银行存款的管理与核算。

1）银行存款的管理。按照国家现金管理的规定，行政单位的各项资金拨入、调出与使用都必须在国家银行开立“银行存款”账户，通过银行办理转账结算。有外币的单位，应在有关银行开立“外币存款”账户。行政单位的拨入资金不准以个人名义在银行开户存取，也不得作为“储蓄存款”存入储蓄所存取款项。

行政单位办理银行开户时，按银行规定的申请开户程序，送上级单位或同级财政部门审批后，再办理开户手续，未经审批同意不得自行到银行开户。

为了加强行政单位银行存款的管理，行政单位必须遵守下列银行账户的管理原则：严格遵守国家银行的各项结算制度和现金管理制度，接受银行的监督；银行账户只限本单位使用，不得出租、出借、套用或转让；单位各种收付款凭证，必须如实填写款项来源和用途，不得巧立名目、弄虚作假、套取现金、套购物资，严禁利用账户搞非法活动。

各单位应当严格管理支票，不得签发“空头支票”。空白支票必须严格领用和注销手续，支票存根应由领取人签章。支票存根不得散失。各单位应按月与开户银行核对账目，保证账账相符。平时开出的支票应尽量避免跨月支取，年终开出的支票一律不准跨年支取。

2）银行存款的核算。为了核算和反映行政单位银行存款的增减变动及其结存情况，需设置“银行存款”科目。该科目借方记因财政或上级主管部门拨入经费或其他原因使行政单位增加的银行存款数；贷方记行政单位因支取或转账结算而减少的银行存款数；余额在借方，反映行政单位银行存款结存数。

行政单位将款项存入银行或其他金融机构时，借记“银行存款”科目，贷记“现金”等有关科目；提取和支出存款时，借记“现金”等有关科目，贷记“银行存款”科目。

【例 3—3】某行政单位收到财政部门预拨经费 800 000 元。其会计分录为：

借：银行存款　　800 000
　贷：拨入经费——拨入经常性经费　　800 000

【例 3—4】某行政单位向其下属单位拨出经费 200 000 元。其会计分录为：

借：拨出经费——拨出经常性经费　　200 000
　贷：银行存款　　200 000

【例 3—5】某行政单位收到应缴预算款 80 000 元，存入银行。其会计分录为：

借：银行存款　　80 000
　贷：应缴预算款　　80 000

【例 3—6】某行政单位修缮房屋，按合同规定以转账支票方式支付预付款 60 000 元。其会计分录为：

借：暂付款　　60 000
　贷：银行存款　　60 000

【例 3—7】某行政单位收到外单位汇入的在本单位学习进修人员的工资 2 000 元。其会计分录为：

借：银行存款　　2 000

　贷：暂存款　　2 000

【例 3—8】某行政单位开出银行转账支票购买材料 2 000 元，一般办公用品 500 元。其会计分录为：

借：库存材料　　2 000

　　经费支出——经常性支出——公务费　　500

　贷：银行存款　　2 500

同现金核算一样，行政单位也应设置“银行存款日记账”，由出纳人员根据银行收付款凭证，按照业务发生的时间顺序逐日逐笔登记。每日终了，应计算当日银行存款收入合计数、银行存款支出合计数和银行存款结存数。有外币业务的行政单位，应在“银行存款”总账科目下分别按人民币和各种外币设置“银行存款日记账”，进行银行存款明细分类核算。收到银行的对账单时，应编制“银行存款余额调节表”，检查银行存款的记录是否有差错，如有差错，应及时查明原因。

行政单位发生外币银行存款业务时，应将外币金额折合为人民币金额记账，同时登记外币的金额和折合率。外国货币折合为人民币记账时，应按业务发生时的中国人民银行公布的人民币外汇汇率折算。年度终了（外币存款业务量大的行政单位可按季或按月结算），行政单位应将外币账户余额按照期末中国人民银行公布的人民币外汇汇率折合为人民币，作为外币账户的期末人民币余额。调整后的各外币账户人民币余额与原账面余额的差额，作为汇兑损益列入经费支出。

（3）零余额账户用款额度的管理与核算。

1）零余额账户用款额度的管理。

为适应社会主义市场经济体制下公共财政的发展要求，我国在近年来进行了财政国库管理制度改革，建立和完善了以国库单一账户体系为基础，资金缴拨以国库集中收付为主要形式的财政国库管理制度，逐步规范财政收支行为，加强财政监督，提高资金使用效益，更好地发挥财政在宏观调控中的作用。

财政国库管理制度改革的主要内容是建立国库单一账户体系，所有财政性资金全部纳入国库单一账户体系管理。财政收入通过国库单一账户体系直接缴入国库，财政支出通过国库单一账户体系采取直接支付方式或授权支付方式拨付到收款人（商品或劳务供应者）或用款单位。

国库集中支付方式，按照不同的支付主体，对不同类型的支出，分别实行财政直接支付和财政授权支付。财政直接支付，是指由财政部门开具支付令，通过国库单一支付账户体系，直接将财政资金支付到收款人或用款单位账户。具体包括工资支出、购买支出和转移支出。财政授权支付，是预算单位根据财政部门授权，自行开具支付令，通过国库单一账户体系将资金支付到收款人账户。实行财政授权支付的支出，包括未实行财政直接支付的购买支出和零星支出。财政直接支付和财政授权支付的具体支出项目，由财政部门在确定部门预算或制定的具体实施办法中列出，其余的零星支出都通过财政授权支付方式支出。

2）零余额账户用款额度的核算。

为核算行政单位财政授权支付方式下的资金收付业务，设置“零余额账户用款额度”会计总账科目。该科目用于借方反映财政核定给预算单位的用款额度和因特殊原因退回该账户的额度资金；贷方反映预算单位支用的额度和年终未用的注销额度。该账户每日资金结算后余额为零。

第一，行政单位收到代理银行盖章的《授权支付到账通知书》，与分月用款计划核对后记账，借记本科目，贷记“拨入经费——财政授权支付”。

【例 3—9】 某行政单位收到银行签章的《授权支付到账通知书》，财政部门为本单位核定的零余额账户用款额度为 100 000 元。其会计分录为：

借：零余额账户用款额度　　100 000

　贷：拨入经费——财政授权支付　　100 000

第二，行政单位从零余额账户转账支取使用时，借记“经费支出”、“库存材料”等科目，贷记本科目。

【例 3—10】 某行政单位从零余额账户转账支付购买材料款，金额为 20 000 元。其会计分录为：

借：库存材料　　20 000

　贷：零余额账户用款额度　　20 000

【例 3—11】 开出转账支票，从零余额账户中支付本月保洁费用 10 000 元。其会计分录为：

借：经费支出　　10 000

　贷：零余额账户用款额度　　10 000

【例 3—12】 开出转账支票，从零余额账户中支付欠 A 单位的款项 100 000 元。其会计分录为：

借：暂存款——A 单位　　100 000

　贷：零余额账户用款额度　　100 000

第三，行政单位会计从单位零余额账户提取现金和支用时，借记“现金”科目，贷记本科目。

【例 3—13】某行政单位从单位零余额账户提取现金 10 000 元。其会计分录为：

借：现金　　10 000

　贷：零余额账户用款额度　　10 000

【例 3—14】用现金支付邮电费用 50 元。其会计分录为：

借：经费支出　　50

　贷：现金　　50

第四，几点说明。实行国库集中支付制度后，在会计科目核算范围，决算报送关系及资产负债表编制等方面发生如下变化：一是预算单位原有的资产类“银行存款”科目，核算内容改变为预算单位的自筹资金收入，以前年度结余和各项往来款项等；二是年终决算仍由各预算单位负责编制并逐级汇总，由一级预算单位上报财政部门；三是实行财政直接支付和财政授权支付后，主管部门和上级单位在汇总资产负债表中，将所属预算单位的数字相加，不再将上级的“拨出经费”与下级的“拨入经费”进行抵冲处理。

（4）有价证券的管理与核算。

有价证券是由国家指定的证券发行部门依照法定程序发行的，约定在一定期限内还本付息的信用凭证。行政单位持有的有价证券是行政单位用结余资金购买的政府债券。政府债券一般分为中央政府债券和地方政府债券。中央政府债券主要指国库券。

1）有价证券的管理。行政单位购进有价证券，必须按国家有关规定办理。

第一，行政单位只能购买中央财政发行的国家公债，不能购买其他有价证券。

第二，行政单位购买有价证券的资金来源，只能是国家规定其有权自行支配的结余资金，不能因购买有价证券而影响履行行政职责的财力保证。

第三，行政单位购入的有价证券应列入资产核算，不得列为支出。

第四，购入的有价证券应作为货币资金妥善保管，保证账券相符。

2）有价证券的核算。为了正确地反映和监督各行政单位购入的有价证券及其到期兑付情况，需要设置“有价证券”科目。该科目借方记行政单位购入的各种有价证券的实际成本（取得有价证券的实际支出）；贷方记出售或到期兑付有价证券的实际成本（有价证券的利息及转让有价证券取得的收入与其账面成本的差额计入当期其他收入）；余额在借方，反映行政单位尚未到期兑付的有价证券本金数。

行政单位购入有价证券时，按照实际支付的款项，借记“有价证券”科目，贷记“银行存款”科目；兑付本息时，借记“银行存款”科目，贷记“有价证券”科目（原支付部分）和“其他收入”科目（本息大于原支付部分）；转让有价证券时，按实际收到的价款（卖价扣除手续费、税金等后的余额）借记“银行存款”科目，按证券的账面实际成本贷记“有价证券”科目，按实收价款与账面成本的差额，借记或贷记“其他收入”科目。

【例 3—15】某行政单位用结余资金购入国库券 200 000 元。其会计分录为：

借：有价证券　200 000

　贷：银行存款　200 000

【例 3—16】某行政单位收回到期的国库券本息 52 500 元。其中 50 000 元为本金，2 500 元为利息收入。其会计分录为：

借：银行存款　52 500

　贷：有价证券（原支付部分）　50 000

　　其他收入（本息大于原支付部分）　2 500

【例 3—17】某行政单位因急需用款，将以前年度购买的尚未到期的有价证券在流通市场上出售，实收价款 120 000 元，该项有价证券的账面金额为 110 000 元。其会计分录为：

借：银行存款　120 000

　贷：有价证券　110 000

　　其他收入　10 000

2. 暂付款的管理与核算

暂付款是指行政单位在业务活动中与其他单位、所属单位和本单位职工发生的临时性待结算款项，一般包括预付的材料、设备款，职工预借的差旅费，报销单位领用的备用金等。

（1）暂付款的管理。

各行政单位的暂付款项必须遵守预算资金管理的有关规定，严格管理，认真加以控制。暂付款根据收款单位或收款人的借款收据，经本单位负责人签批，会计主管人员审核后办理。有前借未清的款项，原则上不得办理第二次借款。单位财务部门应要求借款者及时办理结清手续，防止长期拖欠，占用单位资金。

行政单位所属报账单位的备用金，既要根据实际需要，又要压缩暂付款数额，定期结报。年终时，备用金原则上全部结清收回，下年初再另行办理。

（2）暂付款的核算。

为了反映和监督行政单位暂付款的增减变动及结存情况，设置“暂付款”科目。其借方登记暂付款的增加数，贷方登记结算收回或核销转列支出数，借方余额反映尚待结算的暂付款累计数。本科目应按债务单位或个人名称设置明细账，有些支出项目实行政府采购并需要单位自筹配套资金时，须在本科目下设“政府采购款”明细科目进行明细分类核算。

行政单位发生应收暂付款项时，借记“暂付款”科目，贷记“银行存款”、“现金”等有关科目；收回或核销时，借记“银行存款”、“现金”等有关科目，贷记“暂付款”科目。

【例 3—18】某行政单位职工张三出差预借差旅费 2 500 元，财务部门以现金支付。其会计分录为：

借：暂付款——张三　　2 500

　贷：现金　　2 500

【例 3—19】某行政单位下属部门从财务部门领取备用金 20 000 元，财务部门开出现金支票支付。其会计分录为：

借：暂付款——××部门　　20 000

　贷：银行存款　　20 000

【例 3—20】职工张三出差回单位报销差旅费 2 200 元，交回多余现金 300 元。其会计分录为：

借：现金　　300

　　经费支出——经常性支出——公务费　　2 200

　贷：暂付款　　2 500

【例 3—21】年终，某行政单位的下属部门到财务部门交回发票 23 000 元，补付 3 000 元现金。其会计分录为：

借：经费支出——经常性支出——公务费　　23 000

　贷：暂付款——××部门　　20 000

　　　现金　　3 000

【例 3—22】某行政单位为购买办公设备通过银行预付 50 000 元给供货方。其会计分录为：

借：暂付款——××单位　　50 000

　贷：银行存款　　50 000

假设 10 天后，收到供货单位发来的设备，已验收。发票上的货款为 80 000 元，通过银行补付差额款。其会计分录为：

借：固定资产　　80 000

　贷：固定基金　　80 000

借：经费支出——经常性支出——设备购置费　　80 000

　贷：暂付款——××单位　　50 000

　　　银行存款　　30 000

3. 库存材料的管理与核算

库存材料是指行政单位大宗购入进入库存，并陆续耗用的行政用物资材料，一般分为原材料、燃料、修理用备件、低值易耗品等。

（1）库存材料的管理。

行政单位对库存材料的管理应注意以下问题：

1）健全库存材料的管理机构。材料的管理通常由单位的后勤部门负责，各单位应配备专职或兼职的材料计划人员、采购人员和保管人员，做好材料的采购、入库、保管等工作。会计部门要对材料管理工作进行指导和监督，协助材料管理部门管理好材料。

2）建立严格的库存材料管理责任制度。各单位应建立、健全材料计划、采购、验收、保管、领发的责任制度，明确各自的权限和责任，各司其职，各负其责。

3）加强库存材料的清查盘点工作，最大限度地保证库存材料的安全和完整，做到账实相符。行政单位的库存材料每年至少应当清点一次。如发生盘亏、盘盈，应当查明原因，分清责任。

4）建立和完善库存材料的定额管理。为了促使单位合理储备、节约使用材料，各单位应当逐步建立材料的储备定额，有条件的单位还可建立重要材料的消耗定额。

（2）库存材料的核算。

为核算行政单位大宗购入、需要库存的物资材料，应设置“库存材料”科目，购入和增加时记借方，领用和损失时记贷方，借方余额反映库存未耗用的材料。库存材料应按材料类别及品种设置明细科目。

1）购入、调入材料的核算。行政单位购入材料，如果数量不大，随购随用，可在购进时直接列作经费支出，不通过“库存材料”科目核算反映。

行政单位购入的材料，数量大宗，并已验收入库时，按购入价或调入价入账。借记“库存材料”科目，贷记“银行存款”、“暂存款”或“拨入经费”等科目。对购入或调入材料过程中发生的差旅费或运杂费，不计入材料价格，可直接记入“经费支出”科目。

【例 3—23】某行政单位以银行存款购回用量较大的通用材料一批 30 000 元（含增值税价），以现金支付运费 500 元。其会计分录为：

借：库存材料	30 000	
贷：银行存款		30 000
借：经费支出——经常性支出——业务费	500	
贷：现金		500

【例 3—24】某行政单位收到政府统一采购的某材料一批，价值 25 000 元，材料已验收入库，根据财政部门开具的拨款通知书等入账。其会计分录为：

借：库存材料	25 000	
贷：拨入经费		25 000

2）材料领用出库的核算。行政单位领用材料时，应采用加权平均法或先进先出法计算出出库材料的价格，并据以登记入账。借记“经费支出”科目，贷记“库存材料”科目。

【例 3—25】 某行政单位用料部门领用材料一批，按加权平均成本计价 1 000 元。其会计分录为：

借：经费支出——经常性支出——业务费　　1 000
　贷：库存材料　　1 000

3）材料盘盈盘亏的核算。行政单位应定期盘点库存材料，对于发生的盘盈、盘亏等情况，应当查明原因，属于正常的溢出或损耗，作为减少或增加当期支出处理。发生盘盈时，借记“库存材料”科目，贷记“经费支出”科目；发生盘亏时，借记“经费支出”科目，贷记“库存材料”科目。属于非正常性的毁损，应按规定的程序报经批准后处理。

【例 3—26】 某行政单位期末盘点库存材料，结果盘盈甲材料 80 公斤，单价 20 元，价款合计 1 600 元；盘亏乙材料 50 公斤，单价 25 元，价款合计 1 250 元。经分析认为盘亏材料属自然损耗，经领导批准，盘盈、盘亏的材料分别减、增经费支出。其会计分录为：

借：库存材料——甲材料　　1 600
　贷：经费支出——经常性支出——业务费　　1 600
借：经费支出——经常性支出——业务费　　1 250
　贷：库存材料——乙材料　　1 250

4）库存材料变价处理的核算。为了节约材料资金占用，应注意减少材料库存，对于多余不用的材料应及时进行变价处理。根据库存材料变价处理时发生的损益，相应增减当期支出。

【例 3—27】 某行政单位将多余不用的材料变价处理，收到变价收入款 1 000 元。处理材料的实际成本为 1 400 元。其会计分录为：

借：现金　　1 000
　　经费支出——经常性支出——业务费　　400
　贷：库存材料　　1 400

3.1.3 行政单位固定资产的管理与核算

1. 固定资产的确定标准及分类

固定资产是指可供长期使用而不改变其实物形态的设备与设施。《行政单位会计制度》规定行政单位的固定资产是指一般设备单位价值在 500 元以上，专用设备单位价值在 800 元以上，使用期限在 1 年以上，并在使用过程中基本保持原有实物形态的资产。需要指出的是，在行政单位，有些单位价值虽未达到规定标准，但使用时间在 1 年以上的大批同类物资，也作为固定资产，如图书馆的图书等。

行政单位的固定资产可分为以下几类：

(1) 房屋建筑物。它包括行政单位拥有占用权和使用权的房屋、建筑物及其附属设施，还包括办公大楼、库房、职工宿舍、职工食堂、锅炉、围墙、水塔及房屋的附属设施。

(2) 专用设备。这是指行政单位根据业务工作的实际需要购置的各种具有专门性能和专门用途的设备，如公安消防用的专用设备、仪器等。

(3) 一般设备。这是指行政单位用于业务工作的通用性设备，包括办公用具、交通工具等。

(4) 文物及陈列品。这是指行政单位占有的或者使用的具有特别价值的文物和陈列品，如古物、纪念物品等。

(5) 图书。这是指行政单位统一管理使用的批量业务用书，如单位图书馆、阅览室的图书等。

(6) 其他固定资产。这是指不属于以上五项的其他固定资产。

2. 固定资产的管理

固定资产是行政机关完成行政管理工作所必需的物质条件。各单位应当建立必要的管理办法，切实管好、用好固定资产。行政单位对固定资产的管理应注意以下几个问题：

(1) 行政单位使用的固定资产应当根据业务工作的需要和单位财力的可能，根据合理、节约、有效的原则，按照国家有关规定进行配置。

(2) 行政单位应严格执行有关固定资产登记和处置的管理规定。固定资产增加时，应当及时登记入账；固定资产减少时，应当按照国有资产处置规定办理报批手续，进行账务处理。行政单位固定资产的处置、出租收入，应当首先用于单位固定资产的更新改造。

(3) 认真落实固定资产管理的组织分工。行政单位固定资产管理应实行“统一领导，归口管理”的办法。财务部门统一建账、核算，固定资产管理部门统一负责固定资产的采购、保管、维修等工作，同时负责固定资产的调拨、转让、报损、报废等报批手续。使用部门要实行分工负责制，指定人员管理，建立账卡，及时登记，科学使用，提高固定资产使用效率。

3. 固定资产的计价与核算

(1) 固定资产的计价。

固定资产的计价是指以货币表现固定资产的价值。行政单位的固定资产应当按照固定资产取得时的实际成本计价。为了如实地反映固定资产价值的增减变动，保证核算统一性，各行政单位应按国家规定的统一计价原则，对固定资产进行计价。

第一，购入和调入的固定资产应分别按购价和调拨价入账，包括买价、运费、包装费、安装费及购置车辆支付的附加费。

第二，自行建造的固定资产，按其实际耗用的料、工、费全部支出入账。

第三，在原有固定资产基础上进行改扩建的固定资产，按改扩建固定资产时发生的支出减去改扩建固定资产过程中的变价收入后的净增价值，增记固定资产原值。

第四，接受捐赠的固定资产，按照同类固定资产的市场价格或根据所提供的有关凭据记账。接受固定资产时发生的相关费用也应计入固定资产价值。

第五，无偿调入的固定资产，不能查明原价的，估价入账。

第六，盘盈的固定资产按重置完全价值入账。

第七，已投入使用但尚未办理移交手续的固定资产，可先按估计价值入账，待确定实际价值以后，再进行调整。购置固定资产过程中发生的差旅费，不计入固定资产价值。

已经入账的固定资产，除发生下列情况外，不得任意变动：

第一，根据国家规定对固定资产价值重新估价的。

第二，增加补充设备或改良装置的。

第三，将固定资产的一部分拆除的。

第四，根据实际价值调整原来暂估价值的。

第五，发现原来记录固定资产价值有错误的。

行政单位的固定资产，按规定不计提折旧，因此调出、变卖、报废固定资产时，都按其原值注销。

（2）固定资产的核算。

为了反映和监督行政单位固定资产的增减变动及结存情况，需设置“固定资产”和“固定基金”科目。行政单位的固定资产核算由会计部门和财产管理部门进行。会计部门设置“固定资产”和“固定基金”两个总账科目，并根据固定资产的分类设置二级账户，在账上只记金额，不记数量。财产管理部门设置固定资产明细账，按类别进行数量和金额的明细分类核算，并按照使用单位或个人设立固定资产领用登记簿。登记簿只记数量不记金额。对固定资产应定期进行核对，以保证账实相符。

“固定资产”科目用来核算和监督行政单位占有的全部固定资产的原始价值。该科目的借方记各种渠道增加的固定资产原值；贷方记调出、出售、报废固定资产的原值；余额在借方，反映行政单位期末占用的全部固定资产原值。

“固定基金”科目用来核算行政单位以各种渠道增加固定资产所形成的固定资金。该科目贷方记因增加固定资产而增加的固定基金；借方记因减少固定资产而减少的固定基金；余额在贷方，反映行政单位期末占用固定资产所形成的固定基金。

行政单位购买固定资产时，一方面要反映“固定资产”和“固定基金”同时增加；另一方面要反映增加该项固定资产所用的资金和形成的经费支出。其中，一部分用预算拨款购置的固定资产，直接列入“经费支出”；用上级拨入专款购入的固定资产，也记入“经费支出”的专款支出明细账。

行政单位购建、有偿调入固定资产时，借记“经费支出”科目，贷记“银行存款”或“拨入经费”、“暂付款——政府采购款”等科目；同时，借记“固定资产”科目，贷记“固定基金”科目。

接受捐赠的固定资产，按同类固定资产的市场价格或者有关凭据借记“固定资产”科目，贷记“固定基金”科目。对接受固定资产时发生的相关费用，记入“经费支出”科目，同时，应计入固定资产价值，记入“固定资产”和“固定基金”科目。

对于盘盈的固定资产，按重置完全价值及时补记入账，借记“固定资产”，贷记“固定基金”。

有偿调出、出售的固定资产，按其账面价值销账，借记“固定基金”科目，贷记“固定资产”科目。同时，按实际收到的价款，借记“银行存款”，贷记“其他收入”。

无偿调出、盘亏的固定资产，都要按减少固定资产的账面原值销账，借记“固定基金”科目，贷记“固定资产”科目。

毁损、报废的固定资产，按规定的程序报经批准后，按减少固定资产的账面原值销账。毁损、报废固定资产清理过程中发生的收入记入“其他收入”科目，清理过程中的费用，记入“经费支出”科目。

行政单位应设置“固定资产登记簿”或“固定资产卡片”，按固定资产类别进行明细核算。

【例3—28】某行政单位用预算拨款资金购入设备1台，买价100 000元，增值税17 000元，运杂费及安装费3 000元，贷款以银行存款支付。其会计分录为：

借：经费支出——经常性支出——设备购置费　120 000
　贷：银行存款　120 000
同时：
借：固定资产　120 000
　贷：固定基金　120 000

【例3—29】某行政单位用上级拨入专款购入汽车一辆，该汽车购价234 000元，发生与该汽车有关的费用10 000元，共计244 000元，均以银行存款支付。其会计分录为：

借：经费支出——专项支出——设备购置费　244 000
　贷：银行存款　244 000
同时：
借：固定资产　244 000
　贷：固定基金　244 000

【例3—30】某行政单位用专项拨款改扩建其办公楼。改扩建支出300 000元，改扩建过程中获得残料出售收入5 000元。其会计分录为：

借：经费支出——专款支出——设备购置费　295 000
　贷：银行存款　295 000
同时：
借：固定资产　295 000
　贷：固定基金　295 000

【例3—31】某行政单位接受外单位捐赠汽车一辆，价值350 000元，发生与该汽车有关的费用50 000元，均以银行存款支付。其会计分录为：

借：经费支出——经常性支出——设备购置费　50 000
　贷：银行存款　50 000
同时：
借：固定资产　400 000
　贷：固定基金　400 000

【例 3—32】 某行政单位经上级批准有偿出售旧固定资产一项，账面原值为500 000元，获出售收入70 000元，货款收妥并已存入银行。其会计分录为：

借：固定基金　　500 000
　贷：固定资产　　500 000

同时：

借：银行存款　　70 000
　贷：其他收入　　70 000

【例 3—33】 某行政单位经上级批准无偿调出已使用过、现不需用的设备一台给相关部门，该设备账面原值250 000元。其会计分录为：

借：固定基金　　250 000
　贷：固定资产　　250 000

【例 3—34】 某行政单位经上级批准报废已无法使用的固定资产一项，账面原值60 000元，其变现收入10 000元已收到并存入银行，以现金支付清理费1 000元。其会计分录为：

借：固定基金　　60 000
　贷：固定资产　　60 000

同时：

借：银行存款　　10 000
　贷：其他收入　　10 000

借：经费支出——经常性支出——其他费用　　1 000
　贷：现金　　1 000

【例 3—35】 某行政单位在固定资产清查过程中，盘亏设备一台，账面原值240 000元，现经有关部门批准后予以销账。其会计分录为：

借：固定基金　　240 000
　贷：固定资产　　240 000

【例 3—36】 某行政单位在固定资产清查中，发现未入账的设备一台，完全重置价值为30 000元。其会计分录为：

借：固定资产　　30 000
　贷：固定基金　　30 000

3.2 行政单位负债的管理与核算

3.2.1 行政单位负债概述

行政单位的负债是指行政单位承担的能以货币计量，需要以资产偿付的债务。它包括应缴预算款、应缴财政专户款、暂存款。行政单位的负债相对于一般企业来讲比较简单，不单独发行债券、不向银行借款、没有应缴税金、没有应付利润等。

行政单位负债具有一般负债的共性，表现在：一是负债是指已经发生，并在未来一定时期内必须偿付的经济义务；二是负债是可用货币计量的，有确切的或可预计的金额；三是负债有确切的债权人和偿还期限。

行政单位负债又有以下几个特点：一是行政单位负债的债权人主要是国家财政，如应缴预算款、应缴财政专户款；二是行政单位负债的偿付一般以货币的形式来实现；三是行政单位负债一般以国家财政法律、法规、规章约束为前提；四是行政单位负债一般不存在债权人放弃债权的情况。

3.2.2 行政单位应缴款项和暂存款的管理与核算

1. 应缴款项的管理与核算

(1) 应缴款项的内容。

应缴款项是指行政单位依法取得并应当上缴国家财政的预算资金和应当缴入财政专户的预算外资金等款项，包括应缴预算款和应缴财政专户款两项内容。

1) 应缴预算款，是指行政单位在业务活动中按规定取得的应缴财政预算的各种款项。这类款项主要有：

第一，纳入预算管理的政府性基金。

第二，行政性收费，指按照国家规定，行政管理部门为发放各种证照、簿册而向有关的个人和单位收取的工本费及手续费等。

第三，罚没收入，指国家各级司法、行政执法机关和经济管理部门依法查处，应上缴国库的各项罚没收入和没收物品的变价收入款。

第四，无主财物变价款。

第五，执法机关和单位追回的应上缴国库的赃款和赃物变价款。

第六，其他应缴预算的资金。

2) 应缴财政专户款。财政专户实际上是财政预算外资金专户的简称。将预算外资金缴入财政专户，是加强预算外资金管理的一个有效方法。应缴财政专户款是指行政单位按规定代收的应上缴财政专户的预算外资金，主要包括：

第一，法律、法规规定的未纳入预算管理的行政性收费、基金和附加收入等。

第二，国务院或省级人民政府及其财政、计划（物价）部门审批的行政性收费。

第三，国务院以及财政部审批建立的基金、附加收入。

第四，主管部门从所属单位集中的上缴资金。

第五，用于乡政府开支的乡自筹和乡统筹资金。

第六，其他未纳入预算管理的财政性资金。

（2）应缴款项的管理。

1）应缴预算款的管理要求。

第一，积极组织，存入银行。各种应缴预算款应按照国家规定及时、足额上缴国库。对于未达到缴款起点或需要定期清缴的，应及时存入银行存款账户，不得自行支用或转为单位的“小金库”。

第二，不得分成、提留、坐支。应上缴的行政性收费、罚没收入等均应全额上缴。

第三，及时、足额上缴。应缴预算款每月月末不论是否达到缴款额度，均应清理结缴。任何单位不得缓缴、截留、挪用或自行坐支应缴预算款项。年终必须将当年的应缴预算款项全部清缴入库。

2）应缴财政专户款的管理要求。预算外资金是国家财政性资金，不是部门和单位的自有资金，必须纳入财政管理。财政部门要在银行开设统一的专户，用于预算外资金的收入和支出管理。部门和单位的预算外收入必须上缴同级财政专户，支出由同级财政按预算外资金收支计划和单位财务收支计划统筹安排，从财政专户中拨付，实行收支两条线管理。对其中少数费用开支有特殊需要的预算外资金，经财政部门核定收支计划后，可按确定的比例或按收支结余的数额定期缴入同级财政专户。

行政单位预算外资金收入上缴财政专户的方式有三种类型：一是行政单位取得预算外资金收入时，全额缴入财政专户管理；二是按确定的比例缴入财政专户管理；三是按收支结余的数额上缴财政专户管理。

第一，全额上缴办法。实行预算外资金收入全额缴入财政专户管理办法的行政单位，在取得收入时并不能将其作为本单位的预算外资金收入，而是在收到从财政专户核拨的收入时方可作为本单位的预算外资金收入入账。

第二，比例上缴办法。实行按比例上缴财政专户办法的行政单位，在取得预算外资金收入时，要按确定比例分别计算出上缴财政专户管理的数额和直接留归本单位使用的数额，将应上缴财政专户的部分上缴财政专户，将直接留归本单位使用的部分作为预算外资金收入。

第三，结余上缴办法。实行按收支结余数额上缴财政专户办法的行政单位，在平时取得预算外资金时，作收入处理，到期末计算上缴时，按照应上缴的数额作冲减收入处理。

（3）应缴款项的核算。

1）应缴预算款的核算。为了核算和监督行政单位按规定取得并缴入政府预算的款项，设置“应缴预算款”总账科目。其贷方记应缴数，借方记已缴数。平时，贷方余额反映应缴未缴数；年终，本科目应无余额。本科目应按应缴预算款项的类别设置明细账。

行政单位收到应缴预算款项时，借记“银行存款”科目，贷记“应缴预算款”科目；上缴时，借记“应缴预算款”科目，贷记“银行存款”科目。

【例 3—37】某行政单位根据有关规定收到各种行政性收费 8 000 元存入银行。其会计分录为：

借：银行存款　8 000
　贷：应缴预算款——行政性收费　8 000

【例 3—38】某行政单位依法收得罚没收入 7 000 元存入银行。其会计分录为：

借：银行存款　7 000
　贷：应缴预算款——罚没款　7 000

【例 3—39】某行政单位将多年无人认领的多件财物出售，获得价款 4 500 元存入银行。其会计分录为：

借：银行存款　4 500
　贷：应缴预算款——无主财物变价款　4 500

【例 3—40】某行政单位将本月取得的罚没收入和规费收入等共计 800 000 元全数上缴财政。其会计分录为：

借：应缴预算款　800 000
　贷：银行存款　800 000

2）应缴财政专户款的核算。为了核算和监督行政单位按规定代收的应上缴财政专户的预算外资金的收取和上缴情况，行政单位应设置“应缴财政专户款”科目。其贷方记应上缴财政专户的预算外资金的收入数，借方记上缴财政专户数，贷方余额反映应缴未缴数。年终，本科目应无余额。本科目应按预算外资金的类别设置明细账。

行政单位收到应上缴财政专户的各项收入时，借记“银行存款”科目，贷记“应缴财政专户款”科目；上缴财政专户时，借记“应缴财政专户款”科目，贷记“银行存款”科目。实行预算外资金结余上缴财政专户办法的单位定期结算预算外资金结余时，应按结余数借记“预算外资金收入”科目，贷记“应缴财政专户款”科目；实行按比例上缴财政专户的行政单位收到预算外资金收入时，应分别记入“应缴财政专户款”和“预算外资金收入”科目，借记“银行存款”科目，贷记“预算外资金收入”科目，贷记“应缴财政专户款”科目。

【例 3—41】某行政单位收到未纳入财政预算管理的预算外收费 50 000 元存入银行。其会计分录为：

借：银行存款　50 000
　贷：应缴财政专户款——行政性收费　50 000

【例 3—42】某行政单位收到按确定比例上缴的预算外资金 80 000 元存入银行，其中上缴比例为 70%，分成留用 30%。其会计分录为：

借：银行存款　80 000
　贷：应缴财政专户款　56 000
　　预算外资金收入　24 000

【例 3—43】月末，某行政单位按规定上缴应缴预算外收入 106 000 元，以银行存款缴纳。其会计分录为：

借：应缴财政专户款　106 000
　贷：银行存款　106 000

【例 3—44】某行政单位的预算外资金收入实行结余上缴办法，本期预算外资金收入 120 000 元，本期预算外支出 90 000 元，年终结算将预算外资金结余上缴。其会计分录为：

- 取得预算外资金收入时：

借：银行存款　120 000
　贷：预算外资金收入　120 000

- 发生预算外资金支出时：

借：经费支出——预算外资金支出　90 000
　贷：银行存款　90 000

- 年终结算时：

借：预算外资金收入　90 000
　贷：结余　90 000
借：结余　90 000
　贷：经费支出——预算外资金支出　90 000

本期结余＝120 000－90 000＝30 000(元)

借：预算外资金收入　30 000
　贷：应缴财政专户款　30 000

- 将预算外资金结余上缴时：

借：应缴财政专户款　30 000
　贷：银行存款　30 000

2. 暂存款的管理与核算

暂存款是行政单位在业务活动中与其他单位或个人发生的预收、代管等待结算的款项。预收是指其他单位或个人存放于单位的一些款项，如存入的保证金、押金等；代管款项是指行政单位代为管理的不属于本单位所有的各项资金，包括接受其他单位委托代管的经费及单位内部有关机构的特定资金，如个人住房资金、工会经费等。

（1）暂存款的管理。行政单位要划清暂存款与应缴款项和其他收入的界限，分别按照有关规定核算和管理，不得将应属于收入或应缴款项的内容列入暂存款核算。行政单位的暂存款应及时清理，不得长期挂账。暂存款原则上应在年底全部结清，因特殊原因发生呆账无法结算时，应说明原因后上报主管单位和财政部门研究处理。对于代管款项，则应按委托单位及资金管理部门的要求进行管理，并向委托单位及时办理结报。

（2）暂存款的核算。为了反映和监督行政单位发生的临时性暂存款和应付款，需设置“暂存款”科目。该科目贷方记行政单位收到其他单位或个人的暂存款；借方记结算、退回的暂存款；余额在贷方，反映尚未结清的暂存款负债额。该科目应按债权单位或个人名称设置明细账。

行政单位收到暂存款时，借记“现金”、“银行存款”等有关科目，贷记“暂存款”科目；冲转或结算退还时，借记“暂存款”科目，贷记“银行存款”、“现金”等有关科目。

【例 3—45】某财政局财务部门收到其他单位预订统一账表资料的汇款 3 000 元。其会计分录为：

借：银行存款　　3 000

　贷：暂存款——××单位　　3 000

【例 3—46】假设某财政局印制账表时，通过“库存材料”科目核算入库，则发出账表时，应贷记“库存材料”科目。现已按订购对象发出账表价款 3 000 元。其会计分录为：

借：暂存款——××单位　　3 000

　贷：库存材料　　3 000

【例 3—47】假设某财政局印制账表时，未通过“库存材料”科目核算入库，而是直接作为经费支出开支了，则发出账表的价款应冲减经费支出。现已按订购对象发出账表价款 3 000 元。其会计分录为：

借：暂存款——××单位　　3 000

　贷：经费支出——经常性支出——业务费　　3 000

【例 3—48】某行政单位收到 A 公司租用的本单位房屋的押金 15 000 元存入银行。其会计分录为：

借：银行存款　　15 000

　贷：暂存款——A 公司　　15 000

【例 3—49】某行政单位收到某省考察团携带现金 80 000 元，暂存此处。其会计分录为：

借：现金　80 000

　贷：暂存款——××单位　80 000

【例 3—50】承上例，该考察团提走代管款 80 000 元。其会计分录为：

借：暂存款　80 000

　贷：现金　80 000

3.3 行政单位净资产的管理与核算

3.3.1 行政单位净资产概述

行政单位净资产是指行政单位的资产减去负债或收入再减去支出的差额。行政单位净资产反映国家和单位对资产的所有权。它包括固定基金和结余。

固定基金是行政单位固定资产所占用的基金，是固定资产的价值反映，它体现国家对固定资产的所有权。行政单位的固定资产不提折旧，所以，账面上固定基金的数额和固定资产的数额始终是相等的。结余是行政单位各项收入与各项支出相抵后的余额。结余越多，说明行政单位未被用于支出的货币资金越多。

严格地说，行政单位的净资产并不是一个独立的会计要素，而是资产要素与负债要素的差额，是由资产要素和负债要素派生出来的一个要素。

3.3.2 行政单位固定基金的管理与核算

1. 固定基金的管理

参见本章 3.1 节中固定资产的管理的相关内容。

2. 固定基金的核算

为了反映和监督行政单位固定基金的增减变动及其结存情况，行政单位需设置“固定基金”科目。该科目是“固定资产”的对应科目，其贷方记随固定资产的增加而形成的固定基金的增加数；借方记随固定资产的减少而形成的固定基金的减少数；余额在贷方，反映行政单位掌握的固定资产方面所占用的资金数。

固定基金增加的业务主要有固定资产的购入、调入、建造、接受捐赠等。行政单位增加固定资产时，借记“固定资产”科目，贷记“固定基金”科目。

固定基金减少的业务主要有出售、调出、毁损、报废、盘亏固定资产等。行政单位减少固定资产时，借记“固定基金”科目，贷记“固定资产”科目。

【例 3—51】某行政单位以预算拨款购置设备一台，价值 150 000 元，货款从银行支付。其会计分录为：

借：固定资产　150 000
　贷：固定基金　150 000

同时：

借：经费支出——经常性支出——设备购置费　150 000
　贷：银行存款　150 000

【例 3—52】某行政单位以专项拨款自购设备一台，价值 70 000 元，货款以支票支付。其会计分录为：

借：固定资产　70 000
　贷：固定基金　70 000

同时：

借：经费支出——专款支出——设备购置费　70 000
　贷：银行存款　70 000

【例 3—53】某行政单位经批准有偿出售不需用设备一台，账面原值 25 000 元，以 15 000 元出售。其会计分录为：

借：固定基金　25 000
　贷：固定资产　25 000

同时：

借：银行存款　15 000
　贷：其他收入　15 000

【例 3—54】某行政单位报废无法继续使用的房屋一幢，账面原值 200 000 元，收到残值收入 30 000 元，支付清理费 10 000 元。其会计分录为：

借：固定基金　200 000
　贷：固定资产　200 000

同时：

借：银行存款　30 000
　贷：其他收入　30 000

借：经费支出——经常性支出——其他费用　10 000
　贷：银行存款　10 000

3.3.3 行政单位结余的管理与核算

结余是行政单位各项收入与支出相抵后的余额。一年计算一次，是全年资金运行以后的余额。

1. 结余的管理

行政单位实行收支统一管理后，结余是行政单位全部收入与全部支出相抵后的余额。行政单位的结余不提取专用基金，全额结转下年使用。行政单位的结余按资金管理要求分为经常性结余和专项结余两类。经常性结余是无指定专门用途的资金收支产生的结余；专项结余是各种专项资金收支产生的余额。经常性结余可用于行政单位下年度的经常性开支；专项结余则应视特定项目完工与否或特殊工作完成与否区别对待。对于尚未完工或完成的特定项目或工作，专项结余应留待下年该项目继续使用，不得用于经常性支出；对于已完工或完成的特定项目或工作，专项结余需报经主管会计单位或财政部门批准，方可转为经常性结余，由单位在下年度统筹用于经常性开支。

2. 结余的核算

为了正确核算和监督行政单位年度各项收支相抵后的累计余额，行政单位应设置“结余”科目。本科目借方记年终各支出账户余额的转入数，贷方记年终各收入账户余额的转入数。其贷方余额为行政单位滚存结余。有专项资金的行政单位，应设置“经常性结余”和“专项结余”明细科目，进行明细核算。

年终，行政单位将“拨入经费”（不含预拨下年经费）、“预算外资金收入”和“其他收入”账户的余额转入“结余”账户的贷方，借记“拨入经费”、“预算外资金收入”、“其他收入”科目，贷记“结余”科目；将“经费支出”（不含预拨下年经费）、“拨出经费”和“结转自筹基建”账户的余额转入“结余”账户借方，借记“结余”科目，贷记“经费支出”、“拨出经费”等科目。

【例 3—55】 某行政单位年终将“拨入经费——经常性经费”贷方余额 967 000 元，“预算外资金收入——经常性收入”贷方余额 114 000 元，“其他收入”贷方余额 143 100 元，“经费支出——经常性支出”借方余额 638 338 元，“拨出经费——经常性经费”借方余额 470 000 元，“结转自筹基建”借方余额 4 000 000 元，转入“结余——经常性结余”。其会计分录为：

借：拨入经费——经常性经费	967 000	
预算外资金收入——经常性收入	114 000	
其他收入	143 100	
贷：结余——经常性结余		1 224 100

同时：

借：结余——经常性结余	5 108 338	
贷：经费支出——经常性支出		638 338
拨出经费——经常性经费		470 000
结转自筹基建		4 000 000

【例 3—56】某行政单位有专项资金收支，年末“拨入经费——专项经费”贷方余额 80 000 元，“经费支出——专项支出”借方余额 649 000 元，“拨出经费——专项经费”借方余额 25 000 元，将其余额转入“结余——专项结余”。其会计分录为：

借：拨入经费——专项经费　　80 000

　贷：结余——专项结余　　80 000

同时：

借：结余——专项结余　　674 000

　贷：经费支出——专项支出　　649 000

　　　拨出经费——专项经费　　25 000

本章小结

本章内容涉及行政单位资产、负债、净资产三个会计要素。

资产是行政单位占有或者使用的、能以货币计量的经济资源，包括流动资产和固定资产两大类。流动资产是可以在一年内变现或者耗用的资产，包括货币资金、暂付款、库存材料等。货币资金是指行政单位库存的现金和银行存款，以及按货币资金管理的有价证券。暂付款是行政单位在业务活动中与其他单位、所属单位或本单位职工发生的临时性待结算款项。库存材料是行政单位大宗购入进入库存，并陆续耗用的行政用物资材料。行政单位购入材料，如果数量不大，随买随用，可按购入数直接列为支出。固定资产是指使用年限在一年以上，单位价值在规定标准以上，并在使用过程中基本保持原有物质形态的资产，包括房屋建筑物、专用设备、一般设备、文物和陈列品、图书、其他固定资产。单价虽然不足规定标准，但使用时间在一年以上的大批同类财产也应视为固定资产。各行政单位设置“现金”、“库存材料”、“固定资产”等会计科目分别对资产进行核算。各项资产运用收付款按实际发生数额记账；库存材料按实际耗用数列支。行政单位的库存材料每年至少应当清点一次，如发生盘亏、盘盈，应当查明原因，作为增加或减少当期支出处理；有价证券作为流动资产管理，并按取得时的实际成本记账；固定资产应当按照取得时的实际成本记账；盘盈和接受捐赠的固定资产应按照同类资产的市场价格或者有关凭据确定固定资产价值。对固定资产进行改建、扩建，其净增值部分，应当计入固定资产价值。固定资产不提折旧，这是由于行政单位会计核算采用“持续运作”前提和“收付实现制”原则，而且行政单位会计不提取固定资产的修购基金。固定资产每年必须盘点一次。转让、毁损、报废及盘亏的固定资产，应当相应减少固定资产的账面价值。有偿转让、变卖固定资产取得的变价收入，作为其他收入处理；清理固定资产所发生的费用，作为当期支出。出租固定资产取得的价款，应当计入其他收入。

负债是行政单位承担的能以货币计量，需要以资产偿付的债务，内容包括应缴预算款、应缴财政专户款、暂存款。应缴预算款是指行政单位在业务活动中按规定取得的应缴财政预算的各项款项，主要包括纳入预算管理政府性基金、行政性收费、罚没收入、无主财物变价款、赃款和赃物变价款、其他应缴预算的资金等。应缴财政专户款是指行政单位按规定代收的应上缴财政专户的预算外资金。应缴财政专户的预算外资金范围及管理办法，按国家有关规定办理。暂存款是行政单位在业务活动中与其他单位及个人发生的预收、代管等待结算款项。各行政单位应设置“应缴预算款”、“应缴财政专户款”、“暂存款”等账户分别对各项负债进行核算。各项负债按收付实现制的原则确认。由于行政单位的负债较少，且多为短期债务，因此行政单位的各项负债均按发生数额记账。

净资产是行政单位资产减去负债或收入减去支出的差额。净资产包括固定基金和结余。固定基金是指行政单位固定资产所占用的基金。固定基金按实际发生额记账。结余是行政单位各项收入与支出相抵后的余额。行政单位的正常经费结余与专项资金结余应分别核算。

关键术语

资产　负债　净资产　流动资产　固定资产　固定基金　库存材料　有价证券　暂付款　应缴款项　暂存款　结余

复习思考题

1. 行政单位的资产有哪些？
2. 行政单位对现金管理的要求有哪些？
3. 什么是暂付款？如何核算？
4. 什么是有价证券？行政单位购买有价证券有哪些规定？如何进行会计处理？
5. 行政单位的固定资产如何确定？如何计价？如何进行会计处理？
6. 行政单位的负债包括哪些内容？
7. 应缴预算款和应缴财政专户款的管理要求有哪些？
8. 行政单位的净资产包括哪些内容？
9. 行政单位的固定资产与固定基金的关系如何？
10. 行政单位的结余包括哪些内容？如何进行会计处理？
11. 某市行政单位 2012 年发生以下部分经济业务：

（1）经上级主管部门批准，购入电脑 30 台，每台购买价 8 000 元，已验收交付使用，货款已通过银行转付。

（2）经上级主管部门批准将一辆小轿车作价出售，小轿车账面原值 350 000 元，售价 280 000 元，价款已由银行收讫。

（3）某月末，将应缴预算款项 15 000 元缴入国库。

（4）某月应拨缴工会经费 2 500 元。工会未在银行开户，工会经费由行政代管。

（5）用结余资金购入国库券 200 000 元，期限 5 年，年利率 8%。

（6）兑付前两年购入的 2 年期国库券，购入时按面值 100 000 元支付，年利率 10%。收到本金和利息存入银行。

(7) 所属部门暂借临时周转资金4 000元，财务部门以银行存款支付。

(8) 购入材料2 000公斤，含税单价10元，共计价款20 000元，材料已验收入库，货款以银行转账支票支付。

(9) 所属部门从仓库领用材料300元。

请为以上经济业务编制会计分录。

12. 某行政单位有甲材料如下：

4月1日	期初结存	840千克	单价10元
8	购进	400千克	单价11元
12	发出	400千克	
19	购进	1 000千克	单价12元
25	发出	600千克	
30	发出	400千克	

请根据以上资料，分别采用先进先出法和加权平均法计算发出甲材料和期末结存甲材料的实际成本。

阅读材料

预算管理制度改革对预算会计核算的影响

我国以加强和规范财政管理为中心，在财政预算管理制度方面进行了一系列改革，包括：改革预算编制方法，细化预算编制内容，实行零基预算和部门预算；逐步实施国库集中收付制度；积极推行政府采购制度；等等。改革的实施使预算会计制度在核算内容上出现了许多新情况，核算方法也需要进一步改革，以适应部门预算、国库单一账户、政府采购等改革的要求。

第一，部门预算要求反映部门所有的收入和支出，涵盖所有的预算资金，因此，反映预算执行情况的预算会计，也应以预算资金全貌为对象，应不再有遗漏。其中，基建资金也应和其他资金一样一起编入部门预算，即部门预算应当涵盖包括基建预算收支在内的所有收支，真正反映综合预算。然而，由于基本建设财务有一定的特殊性，在行政事业单位会计制度中应增加相应的会计科目进行核算。细化预算编制到项目，也就是收支要重新适当分类。因此，预算会计的会计科目应重新设计，明细核算应作相应调整。零基预算即预算一切从零开始，各类支出取消“基数加增长”的预算编制方法，按照预算年度所有因素和事项的轻重缓急程度重新测算每一科目和款项的支出需求。因此，采用零基预算方法，对预算会计信息提出了更高的要求，预算会计不仅要提供收支流量方面的信息，还要提供资产存量方面的信息，从而对会计核算提出了新的要求。

第二，国库单一账户制度的实行。现行财政总预算会计收到财政收入、总预算会计向行政单位拨出经费、行政单位收到总预算会计拨入经费、行政单位向财政总预算会计上缴预算内外收入、行政单位向下级行政事业单位转拨经费等业务的发生及其会计核算都将发生根本性的改变。现行行政单位会计的会计基础收付实现制将受到挑战。例如，行政单位的工资将由财政通过人民银行—商业银行—职工工资卡方式直接支付，此时，财政总预算会计根据拨款数做一笔支出。而行政单位在现行制度下，既要做一笔收入又要做一笔支出，这样做实际上不符合收付实现制原则。

第三，随着政府采购制度的展开，政府采购资金运动就成了预算会计的一个新的重要核算内容。行政事业单位的许多采购项目，既有财政预算资金，又有其他资金，这些采购资金，应集中到财政部门，由财政部门统一支付。因此，也就产生了资金从预算单位（部门）向财政部门流动的现象。由于政府采购货物的验收、项目的实施与货款的支付存在时点间隔，或者一些公共工程的大型采购尾款的支付需要在较长的工程保修期结束后才能支付，如按现行的单位预算会计制度处理，在采购和支付间隔跨年度时，对预算单位来说，会出现比较严重的账实不符，不能真实反映预算单位的经济业务的问题；对财政部门来说，会出现预算支出信息未能如实、完善地反映政府实际支出活动的问题。为此，要改革现行的行政事业单位的会计核算办法。

资料来源：冯静：《预算环境与预算会计改革》，载《北京财会》，2003（10）。

第4章

行政单位收入和支出的管理与核算

4.1 行政单位收入的管理与核算

4.1.1 行政单位收入概述

行政单位的收入是指行政单位为开展业务活动，依法取得的非偿还性资金，包括预算拨款资金、预算外资金收入和其他收入。

行政单位为了进行正常业务活动以及完成国家交给的行政任务，就必须有一定的财力作保证，由于行政单位不直接从事物质资料生产，因而其收入主要来源于财政部门核拨给行政单位的财政预算资金。在行政单位的日常业务活动中，行政单位为履行或代行政府职能，依据国家法律法规和具有法律效力的规章而收取、提取、募集和安排使用，未纳入财政预算管理的各种财政性资金，在经同级财政部门审核拨付后，构成单位的预算外资金收入。此外，行政单位还有按规定收取的各种收入以及其他来源形成的收入。

行政单位的收入是非偿还性资金。行政单位取得的各项收入，是不需要偿还的，可以用于开展各项业务活动和其他相关活动。行政单位取得的需要偿还的资金，应当作为负债处理，而不能作为单位的收入处理。行政单位依法取得的应当纳入财政预算的罚没收入、行政性收费和基金，以及应当缴入财政专户的预算外资金，不属于行政单位的收入，必须及时足额上缴。

4.1.2 预算拨款资金的管理与核算

行政单位的预算拨款资金，是指行政单位依照经费领拨关系，按照批准的经费预算和规定的手续，向财政部门或上级主管部门请领的经费。如有所属机构和单位，还应把请领的经费按规定拨付给其所属机构和单位，这就是行政单位的领拨关系。

1. 预算拨款资金的管理

预算拨款资金是行政单位的主要资金来源，是行政单位开展业务活动的基本财力保证。因此，行政单位必须加强对预算拨款资金的管理。

（1）预算拨款的方式。预算拨款的方式目前主要有两种：一种是传统的经费拨款方式；另一种是目前处于探索试行阶段的国库集中支付方式。

1）传统的经费拨款方式。传统的经费拨款方式是指行政单位按照经费领拨关系，由财政部门或上级单位拨入预算经费。一般由财政部门拨到主管会计单位，由主管会计单位拨到二级会计单位，再由二级会计单位拨到基层会计单位。

财政部门对主管部门或主管部门对所属单位拨入经费的方式是划拨资金。划拨资金又称实拨资金，是财政部门根据主管单位的申请，按月开出预算拨款凭证，通知国库将财政存款划转到申请单位在银行的存款户，由主管单位按规定用途办理转拨或支用，月末由用款单位编报单位预算支出报表的一种拨款办法。

划拨资金的具体程序是：财政部门根据主管单位的申请并经财政机关主管业务部门审查复核后，由部门领导签章，总预算会计据以填写预算拨款凭证一并送国库办理资金拨付手续。国库收到拨款凭证审核无误后，在凭证有关联次上签章，预算拨款凭证第一联凭以记账，第二、第三联转往申请单位开户行，第四联退财政机关，由总会计凭以记账。主管会计单位根据开户行的收款通知入账，并可在存款余额内直接支用或向下属单位逐级转拨经费。

2）国库集中支付方式。国库集中支付制度，也称国库单一账户制度，它要求所有的财政收入都要进入国库单一账户，所有的最终付款，都必须从国库单一账户的总账户或地区分账户中支付。从国库单一账户中提款，只能在要求政府付款的最终阶段才发生。总账户和分账户都由财政部门管理。

与传统的经费拨款方式相比，国库集中支付制度有如下变化：

第一，预算资金在各单位间层层转拨的情况将消失，代之以国库直接支付，国库资金从单一账户直接支付到劳务提供者和商品供应者账户上。

第二，各部门在银行的账户是零余额账户，财政资金在各部门沉淀的现象将消失。

第三，国库单一账户制度的推行，能够从制度上制止预算单位多头开户、逃避财政监督。

第四，操作简便，资金支付快速、准确，有利于强化对各部门的预算约束。

国库集中支付方式的主要内容和流程如下：

在财政部门的国库司（处）下设支付中心，在支付中心设立财政支付总账、分类账相结合的账册管理体系，统一账户，统一账簿，统一资金支付。支付方式又有两种：一种是高度的集中支付，各部门没有银行账户；另一种是分散支付，各部门在商业银行仍有账户，仍要自行支付各项支出，但必须每天都清算，清算后账户余额为零。

国库集中支付的流程是：一是预算单位提出预算申请；二是财政部门批复预算申请；三是财政部门分配预算并通知支付中心；四是预算单位向支付中心提出支付申请；五是如果支付申请不合格，支付中心拒绝支出，如果申请合格，支付中心就发出支付令到代理银行；六是支付令通过代理银行进入清算系统；七是清算系统自动与人民银行国库单一账户进行清算；八是国库资金从单一账户直接支付到劳务提供者和商品供应者账户；九是代理银行向预算单位和支付中心反馈信息，支付中心要将每天的支付情况向国库司（处）报告。

这种支付方式不改变部门、预算单位资金的所有权和使用权；不改变部门、单位财会人员的职责、职能；不改变人民银行国库局的职责、职能。

（2）预算拨款的依据。单位预算是各级行政单位根据国家的政策和要求，结合本单位的计划和任务，参照上年度单位预算的执行情况和预算年度的变化数据，编制的年度预算资金收支计划。单位预算中确定的各项经费支出的方向、范围和规定的项目开支标准，是实现会计控制、加强财政管理的基础，也是财政部门或上级主管部门向所属单位预算拨款的参考依据。

行政单位应当根据核定的年度预算指标和工作计划，在每个季度开始前，按照国家预算收支科目，按“款”分项编制“经费拨款申请单”，报同级财政部门或上级单位核定，作为领拨经费的依据。财政部门或主管单位收到所属单位的“季度（分月）用款计划”后，应根据工作计划进度以及单位资金结存情况，核定各月拨款数，据以及时拨款。“季度（分月）用款计划”如表 4—1 所示。

表 4—1　　**季度（分月）用款计划**

编表单位：　　××年第一季度　　单位：元

预算科目			全年预算数	分月用款计划							
				合计		1 月份		2 月份		3 月份	
款	项	名称		计划数	核定数	计划数	核定数	计划数	核定数	计划数	核定数

单位负责人：　　会计：　　制表：

（3）预算拨款的原则。预算拨款是执行国家预算的主要环节，是行政单位执行任务的财力保证。因此，各行政单位领拨经费时，应坚持“按计划领拨经费，按进度领拨经费，按用途领拨经费，按级次领拨经费”的原则。

1）按计划领拨经费。这是指行政单位按其预算和用款计划申请取得拨入经费。行政单位应当严格按照经批准的单位年度预算以及季度（分月）用款计划按月申请取得拨入经费，不得申请无预算、无计划或超预算、超计划的拨款。如果由于行政计划或任务发生变动而需要增加拨款，行政单位应编制追加预算请求，并经财政部门或上级单位审核批准后，方可申请增加拨款。

2）按进度领拨经费。这是指行政单位按其业务活动进度和资金结余情况申请取得拨入经费。行政单位除了应当严格按单位预算和用款计划申请取得拨入经费以外，还应结合各项业务活动的执行进度、资金的结余情况申请取得拨入经费。行政单位既要保证及时申请以取得预算和计划内供应的各项资金，又要防止或减少预算资金的积压，从而提高预算资金的使用效率。

3）按用途领拨经费。这是指行政单位按规定用途申请取得拨入经费。行政单位应当按照预算规定的用途申请取得拨入经费，未经财政部门同意，不得擅自改变拨入经费的用途。行政单位对于拨入的专项经费，应当与拨入的经常性经费分别核算，不得混淆，要执行专款专用的原则。

4）按级次领拨经费。这是指行政单位按预算级次申请取得拨入经费。行政单位应当按照预算级次逐级申请取得拨入经费，不得越级申请取得拨入经费。同级主管会计单位之间不能发生拨入经费的业务，没有预算关系的不同级别的行政单位之间也不能发生拨入经费的业务。行政单位的隶属关系如有改变，应在办理划转预算关系的同时，办理拨入经费的划转手续，并结清已经取得的拨入经费。

2. 预算拨款资金的核算

（1）核算使用的会计科目。

行政单位应设置“拨入经费”科目，核算行政单位按照经费领拨关系，由财政部门或上级单位拨入的预算经费。该科目属于收入类科目，贷方记拨来的预算经费数，借方记缴回经费数或核销数，平时贷方余额反映拨入经费累计数，年终结账时，将本科目贷方余额转入“结余”科目。年终转账后，本科目无余额。

“拨入经费”科目还应按拨入经费的资金管理要求分别设置“拨入经常性经费”和“拨入专项经费”两个二级科目。二级科目下按“政府预算收支科目”的“款”级科目设置明细账。行政单位收到非主管会计单位拨入的财政性资金（如公费医疗经费、住房基金等），应在“拨入专项经费”二级科目下按拨入的单位分别进行明细核算。

（2）主要的账务处理。

1）收到拨款时，借记“银行存款”、“经费支出”、“库存材料”等科目，贷记“拨入经费”科目。

【例 4—1】 某行政单位收到同级财政机关通过银行拨来的本月预算经费 60 000 元。其会计分录为：

借：银行存款	60 000	
贷：拨入经费——拨入经常性经费		60 000

【例 4—2】 某行政单位收到同级财政机关拨来的设备专款 60 000 元。其会计分录为：

借：银行存款	60 000	
贷：拨入经费——拨入专项经费		60 000

【例 4—3】 某行政单位职工工资由财政统发，本月单位职工工资总额 50 000 元，依据财政部门开具的拨款通知书、单位职工工资表等有关凭据记账。其会计分录为：

借：经费支出——经常性支出	50 000	
贷：拨入经费——拨入经常性经费		50 000

【例 4—4】 某行政单位所用某材料实行政府统一采购，按照协议该材料购买价款由单位自筹资金支付 20%，本次采购材料总金额 50 000 元。

- 单位将自筹资金 10 000 元划入政府采购资金专户。其会计分录为：

借：暂付款——政府采购款　　10 000
　贷：银行存款　　10 000

- 材料到货，验收入库。凭财政部门开具的拨款通知书等有关凭据记账。其会计分录为：

借：库存材料　　50 000
　贷：暂付款——政府采购款　　10 000
　　　拨入经费——拨入经常性经费　　40 000

【例 4—5】 收到政府采购专项任务所需设备一台，价款由财政预算资金全额支付，共计 20 000 元。其会计分录为：

借：经费支出——专项支出——设备购置费　　20 000
　贷：拨入经费——拨入专项经费　　20 000

同时：

借：固定资产　　20 000
　贷：固定基金　　20 000

2）缴回拨款时，借记“拨入经费”科目，贷记“银行存款”科目。

【例 4—6】 某行政单位将多拨的行政经费 8 000 元缴回财政机关。其会计分录为：

借：拨入经费——拨入经常性经费　　8 000
　贷：银行存款　　8 000

3）年终，将“拨入经费——拨入经常性经费”科目贷方余额转入“结余——经常性结余”；将“拨入经费——拨入专项经费”科目贷方余额转入“结余——专项结余”。借记“拨入经费”科目，贷记“结余”科目。

核算举例请参见 3.3.3“行政单位结余的管理与核算”。

4.1.3　预算外资金和其他收入的管理与核算

1. 预算外资金的管理与核算

预算外资金是指国家机关、事业单位和社会团体为履行或代行政府职能，依据国家法律、法规或具有法律效力的规章而收取、提取和安排使用的未纳入国家预算管理的各种财政性资金。

预算外资金收入是指财政部门按规定从财政专户核拨给行政单位的预算外资金，以及部分经财政部门核准不上缴预算外资金财政专户，而直接由行政单位按计划使用的预算外资金。

(1) 预算外资金的管理。行政单位应坚持以下预算外资金的管理原则：

1）收支两条线，收入上缴财政专户。根据国家规定，预算外资金必须纳入财政管理。财政部门要在银行开设统一的专户，用于预算外资金收入和支出的管理。行政单位的预算外资金收入必须上缴同级财政专户，支出由同级财政按预算外资金收支计划和单位财务收支计划统筹安排，从财政专户中核拨，实行收支两条线管理。单位应上缴财政专户的预算外资金，必须按财政部门规定的时间缴入财政部门在银行开设的预算外资金专户，不得拖欠、截留和坐收坐支。逾期未缴的，由银行从单位资金账户中直接划入财政专户。

2）预算外收入实行分类管理。行政单位的预算外资金，收入缴入同级财政专户，支出由本单位提出申请计划后，财政部门再结合预算内资金统筹安排核拨。单位收到由财政专户核拨的资金，作为预算外收入。对于经财政部门核准实行按确定的比例或收支结余的数额定期上缴财政专户管理办法的预算外资金，单位在收取该项预算外资金时，即按预算外资金收入处理。

3）预算外资金收入，需列入单位综合财政计划。行政单位要按规定编制预算外资金收支计划和单位财务收支计划，即编制包括预算内、预算外收支的综合财务计划，并及时报送同级财政部门，对预算内拨款和预算外收入统一核算、统一管理。

(2) 预算外资金的核算。为核算和监督行政单位的预算外资金收入，要设立收入类科目“预算外资金收入”，其贷方记收到从财政专户拨回的预算外资金及核准留用的预算外资金，借方记冲减数及年终转账转入“结余”账户的全年预算外资金收入累计数，平时余额在贷方，年终结转后本账户应无余额。

本账户按预算外资金项目设置明细账。

主管部门收到财政专户核拨的属于应返还所属单位的预算外资金及拨付所属单位，均通过“暂存款”账户核算，不通过本账户核算。

主要的账务处理如下：

1）全额上缴的预算外资金的账务处理：

- 取得预算外资金时：

借：银行存款

　贷：应缴财政专户款

- 上缴财政专户时：

借：应缴财政专户款

　贷：银行存款

- 收到财政按计划拨还的预算外资金时：

借：银行存款

　贷：预算外资金收入

2）主管部门转拨预算外资金收入的账务处理：

- 主管部门收到财政专户核拨的属于应返还所属单位的预算外资金时：

借：银行存款

　贷：暂存款

- 主管部门将暂存的预算外资金转拨给所属单位时：

借：暂存款

　贷：银行存款

3）按确定比例上缴预算外资金的账务处理：

- 收到时：

借：银行存款

　贷：应缴财政专户款（应缴部分）

　　　预算外资金收入（留用部分）

- 将应缴部分上缴时：

借：应缴财政专户款

　贷：银行存款

4）按收支结余上缴预算外资金的账务处理：

- 收到时：

借：银行存款

　贷：预算外资金收入（全额）

- 定期结算应缴预算外资金结余时：

借：预算外资金收入

　贷：应缴财政专户款

- 上缴时：

借：应缴财政专户款

　贷：银行存款

5）年终转账时的账务处理：

年终，将预算外资金收入转入“结余”账户时：

借：预算外资金收入

　贷：结余——经常性结余

关于“预算外资金收入”核算的详细内容及核算实例，请参见本书 3.2.2 节中的“应缴财政专户款的核算”。

2. 其他收入的管理与核算

其他收入是指行政单位按规定获得的，除预算拨款资金、预算外资金收入以外的各种收入，包括行政单位在业务活动中取得的不必上缴财政的零星杂项收入、有偿服务收入、有价证券及银行存款的利息收入等。

（1）其他收入的管理。为了防止可能出现的弊端，行政单位必须对其他收入有正确的认识，并加强对其他收入的管理。

首先，其他收入作为财政拨入资金的补充纳入单位预算，统筹使用，并不意味着国家鼓励行政单位自行组织收入。行政单位的支出来源主渠道仍应是国家财政拨款。

其次，其他收入的取得必须符合国家规定。严禁行政单位经商办企业。为分流人员而兴办的经济实体，必须坚持政企分开的原则，自主经营，独立核算，自负盈亏，在职能、人员、财务等方面与原机关彻底脱钩。

最后，行政单位的其他收入必须及时入账，严格银行存款账户的管理，防止私设“小金库”，要按预算管理的要求，对单位的其他收入如实按项进行填报，不得瞒报、少报和虚报。

（2）其他收入的核算。为了核算行政单位其他资金收入的情况，应设置“其他收入”科目。该科目属收入类科目，其贷方记收入的增加数，借方记冲销转出数。平时，本科目贷方余额反映其他收入累计数；年终结账时，本科目贷方余额全数转入“结余”科目；年终转账后，本科目无余额。

“其他收入”科目可按收入的主要类别设置明细账。

主要账务处理如下：

1）发生其他收入时，借记“银行存款”、“现金”等科目，贷记“其他收入”科目。

【例 4—7】某行政单位收到购买国库券的利息收入 6 000 元。其会计分录为：

借：银行存款	6 000	
贷：其他收入		6 000

【例 4—8】某行政单位出售废品，获得废品变价收入 200 元。其会计分录为：

借：现金	200	
贷：其他收入		200

2）冲销转出时，借记“其他收入”科目，贷记有关科目。

【例 4—9】某行政单位将多收的款项 600 元退还给原缴款单位。其会计分录为：

借：其他收入	600	
贷：银行存款		600

3）年终结账时，借记“其他收入”科目，贷记“结余”科目。

【例 4—10】年终，某行政单位将“其他收入”科目贷方余额 143 100 元转入“结余”科目。其会计分录为：

借：其他收入	143 100	
贷：结余——经常性结余		143 100

4.2 行政单位支出的管理与核算

4.2.1 行政单位支出概述

支出是指行政单位为开展业务活动所发生的各项资金耗费及损失，包括经费支出、拨出经费和自筹基本建设支出。

1. 经费支出

经费支出是行政单位取得了合法报销凭证后的实际支出数，是单位预算执行过程中实际消耗掉的资金和材料，是行政单位会计核算的主要内容，是考核行政单位预算执行情况的依据，也是行政单位向上级主管部门或财政部门办理支出报销的依据。

行政单位的经费支出根据资金管理要求分为经常性支出和专项支出两部分。经常性支出是指行政单位为维持正常运转和完成日常工作任务发生的支出；专项支出是指行政单位为完成专项或特定工作任务发生的支出。

2. 拨出经费

拨出经费是指主管部门或上级单位，即二级会计单位按核定的预算对所属单位转拨的经费。实行国库集中支付制度后，将不再需要通过上级会计单位向下级会计单位转拨资金。

3. 自筹基本建设支出

自筹基本建设支出是指行政单位经依法批准使用财政预算拨款以外的资金安排的基本建设支出。

4.2.2　行政单位经费支出的管理与核算

1. 经费支出的内容

经费支出是指行政单位在业务活动过程中发生的各项支出，是行政单位各项资金及材料物资取得了合法报销凭证后的实际支出数，是行政单位会计核算的重要内容。

经费支出的内容可按以下标准进行分类：

（1）按支出用途分类。

按经费支出的用途分类，也就是按照国家预算支出科目的“目”级科目分类，现行制度分为 12 个项目：基本工资，补助工资，其他工资，职工福利费，社会保障费，助学金，公务费，设备购置费，修缮费，业务费，业务招待费，其他费用。各个项目的详细内容如下：

1）基本工资：反映国家统一规定的基本工资，包括机关（指各级人大、政协、法院、检察院、政府、党派、人民团体）行政人员的基础工资、职务工资、级别工资、工龄工资，机关工作人员的岗位（技术等级）工资与国家规定比例的奖金等，事业单位工作人员的固定工资与国家规定比例的津贴，各类学校毕业生见习期间的临时待遇。

2）补助工资：反映国家统一规定的津贴、补贴，包括各项岗位津贴、价格补贴、地区性补贴、冬季取暖补贴、职工上下班交通费补贴等。

3）其他工资：反映在基本工资、补助工资以外，发给在职人员的属于国家规定工资总额组成范围内的各种津贴、补贴和奖金等。

4）职工福利费：反映缴拨的工会经费，按标准提取的工作人员福利费，独生子女保健费，未参加公费医疗单位的职工医疗费，因公负伤等住院治疗、住疗养院期间的伙食补助费，病假两个月以上期间的人员工资（不含符合离退休条件的在职人员工资），职工探亲旅费，由原单位支付的退职金，退职人员及其随行家属路费，职工死亡火葬费用，遗属生活困难补助费，长期赡养人员补助费等，以及由“结余”开支的集体福利支出。

5）社会保障费：反映公费医疗经费，离退休人员的离退休金、津贴、补贴，离退休人员开支的公用经费，按国家规定缴纳的各项社会保险费和职工住房公积金等支出。

6）助学金：反映各类学校学生助学金、奖学金、学生贷款、出国留学（实习）人员生活费、青少年业余体校学员的伙食补助费和生活补贴，按照协议由我方负担或者享受我方奖学金的来华留学生、进修生的生活费等。

7）公务费：反映办公费，邮电费，水电费，公用取暖费，工作人员的差旅费，调干旅费，调干家属旅费补助，驻外机构人员出国回国的旅费，器具设备车船保养修理费，机动车船燃料费、保险费和养路费，牧区办公用马、用车费，会议费，场地车船租赁费等。

8）设备购置费：反映行政单位不够基本建设投资额度，按固定资产管理的办公用一般设备、车辆等的购置费，车辆购置附加税，教学、科研医疗单位的专业设备购置费，专业图书馆、文化馆、文化站的图书购置费，以及一般行政单位的图书购置费、档案设备购置费等。行政事业费和基本建设投资的划分标准，按照国家计委、建委和财政部 1978《关于基本建设投资和各项费用划分的规定》和财政部、国家计委 1984《关于基本建设投资和行政事业单位费用划分问题的补充规定》办理。其中按规定由行政事业费列支的各种设备，符合固定资产标准的列入本目，不够固定资产标准的列入有关科目。

9）修缮费：反映行政单位的公用房屋、建筑物及附属设备的修缮费，公房租金；城建部门和房产管理部门经营的由国家预算拨款的房屋、建筑物、公共设施的维修养护费；文物保护单位的古建筑、革命纪念建筑物的维修费；按照国家有关部门的规定，不够基本建设投资额度的零星土建工程费用。

10）业务费：反映行政单位为完成专业所需的消耗性费用开支和购置低值易耗品的支出，包括：为进行防治防疫用的消耗性的医药卫生材料费；为进行科学实验购置的器具等低值易耗品、化学试剂、材料，以及专业资料印刷、科学考察研究费用；各级各类学校开支的教学实验费、生产实习费、资料讲义费、高等学校招生经费、毕业生调遣费、教材编审费、业务资料印刷费等；外事部门及其他行政事业单位的临时出国人员制装费、差旅费、国外生活补贴和外宾差旅费、招待费；财政、税务、统计、财务主管部门的大宗账簿、表册、票证、规章制度、资料、材料的印刷费等。地质勘探费也适用本科目。行政单位不属于专业业务的开支，列入“公务费”等有关科目，专业设备购置列入“设备购置费”，不适用本科目。

11）业务招待费：反映行政单位为执行公务或开展业务活动而开支的接待费用，包括交通费、用餐费、住宿费以及各级党委、政府接待办（接待处）用于接待的费用。

12）其他费用：反映外籍专家经费，驻外机构聘用外籍人员经费，出国实习人员生活费，来我国实习人员生活费，本单位职工教育经费，各种医疗减免经费，发给个人的抚恤费、救济费和烈军属、复员退伍军人安置费，民政部门收容人员的给养费，国家支援农业生产支出的各项生产事业费以及其他必要开支。

（2）按支出对象分类。

经费支出按支出对象分类，就是将以上各项目的费用直接按照编制单位的要求进行再分类，分为人员支出和公用支出两大部分。

这种分类方法有助于考核单位定员、定额的执行情况及行政工作效果。

1）人员支出，指用于职工人头方面的开支，主要包括基本工资、补助工资、其他工资、职工福利费、社会保障费和助学金。

2）公用支出，指为了完成行政工作任务，用于各项公共事务方面的开支，主要包括公务费、设备购置费、修缮费、业务费和业务招待费。

其他费用项目，细分起来既有属于人员支出的内容，也有属于公用支出的内容，但在实际工作中，一般将其归于公用支出。

（3）按支出与行政工作任务的关系分类。

经费支出按其与行政工作任务的关系分类，也是按资金管理的要求分类，分为经常性支出和专项支出。

1）经常性支出，是指行政单位为维持正常运转和完成日常工作任务发生的支出。人员支出一般属于经常性支出，大部分公用支出也属于经常性支出。

2）专项支出，是指行政单位为完成专项或者特定工作任务发生的支出。如大型专门会议的各项开支、大型设备购置费等。

2. 经费支出的管理

为了加强支出管理，行政单位在办理经费支出时，必须严格遵守国家有关财务制度的规定，具体包括：

（1）按批准的预算和计划用款。各单位的经费支出必须按照批准的预算和计划规定的用途和开支范围办理，不得办理无预算、超预算的支出，也不得以领代报、以拨作支。

（2）按财务制度和开支标准办理支出。各单位的经费支出必须遵守国家规定的各种财务制度、定员定额和费用开支标准，不得任意改变。开支标准是中央和地方财政根据办事需要和节约原则，对某些经常性支出项目的开支范围和额度所作出的规定，具有强制性。对于违反财经纪律的开支，不得报销支付。

（3）勤俭节约，讲究支出的经济效果。各单位办理经费支出必须勤俭节约，既保证行政任务的完成，又要合理节约地使用资金，特别要讲究支出的经济效果。

（4）按规定的渠道分别列支。属于基本建设支出、专项资金的支出等，不能列入经常性经费支出。

（5）支出的凭证合法。各单位办理经费支出必须取得合法的原始凭证，每一笔支出都要做到有根有据，对有关凭证经认真审查，符合规定要求的，才能付款、报销。

3. 经费支出的核算

（1）经费支出的列报口径。列报口径就是支出数的确认标准。行政单位的各项支出按实际支出数额列报，不能以拨作支、以领代报，也不能按预算数列报。为了正确地核算单位的经费支出，在列报各项经费支出时，应按下列口径办理：

1）对于发给个人的工资、津贴、补贴、福利补助等，必须根据实有人数和实发金额，取得本人签收的凭证列为经费支出，不能以编制定额或预算计划数额列支。

2）对于购入的办公用品和行政用材料，一般情况下可直接作为经费支出。但如果材料数额较大，则不能作为经费支出直接列支，而通过库存材料核算。领用时，凭领用单上的数额确定经费支出。

3）行政单位的工会经费和职工福利费等按规定提取的经费，按提取数列支。

4）拨付给下属单位的预算补助款和各项补助性质的支出，应按实际支出数及相关的原始凭证作为经费支出列支。

5）用“设备购置费”购入的固定资产，应在验收无误后列作经费支出。

6）其他各项费用均以实际报销的数额列作经费支出。

（2）经费支出的核算。为了核算行政单位在业务活动中发生的各项支出，应设置“经费支出”账户。该账户属于支出类账户，其借方记发生的经费支出数，贷方记支出收回或冲销转出数。平时，借方余额反映经费实际支出累计数；年终，“经费支出”账户借方余额应转入“结余”账户，转账后，该账户无余额。该账户应按“经常性支出”和“专项支出”分设二级账户，二级账户下按财政部门统一规定的“目”、“节”级支出科目设置明细账。

主要账务处理如下：

1）行政单位发生经费支出时，借记“经费支出”科目，贷记“银行存款”、“现金”、“库存材料”等科目。

【例 4—11】某行政单位从银行提取现金，发放职工的基本工资 20 000 元，津贴 10 000 元，奖金 8 000 元。其会计分录为：

借：现金	38 000	
贷：银行存款		38 000
借：经费支出——经常性支出——基本工资	20 000	
——补助工资	18 000	
贷：现金		38 000

【例 4—12】上例中的该单位实行由财政统发工资的办法，凭工资单和财政部门开具的拨款通知书等票据记账。其会计分录为：

借：经费支出——经常性支出——基本工资	20 000	
——补助工资	18 000	
贷：拨入经费——拨入经常性经费		38 000

【例 4—13】某行政单位开出转账支票，支付办公用房的维修费 5 500 元。其会计分录为：

借：经费支出——经常性支出——修缮费	5 500	
贷：银行存款		5 500

【例 4—14】某行政单位职工王新报销差旅费 500 元（原预借 400 元），补付现金 100 元。其会计分录为：

借：经费支出——经常性支出——公务费	500	
贷：暂付款——王新		400
现金		100

【例 4—15】某行政单位开出转账支票，购买一批办公用设备，价款 20 000 元，设备已到货。其会计分录为：

借：经费支出——经常性支出——设备购置费　20 000
　贷：银行存款　20 000
借：固定资产　20 000
　贷：固定基金　20 000

【例 4—16】某行政单位用专项资金支付 20 000 元的修理费。其会计分录为：

借：经费支出——专项支出——修缮费　20 000
　贷：银行存款　20 000

【例 4—17】某行政单位领用库存材料 300 元。其会计分录为：

借：经费支出——经常性支出——业务费　300
　贷：库存材料　300

2）行政单位支出收回或冲销转出时，借记“银行存款”等有关科目，贷记“经费支出”科目。

【例 4—18】某行政单位上月购买的一台办公用设备，价值 1 500 元，因无法使用，经与生产厂家联系，同意退货，现已收到退货款。其会计分录为：

借：银行存款　1 500
　贷：经费支出——经常性支出——设备购置费　1 500
同时：
借：固定基金　1 500
　贷：固定资产　1 500

【例 4—19】某行政单位对材料进行盘点，发现盘盈甲材料 3 000 元。其会计分录为：

借：库存材料——甲材料　3 000
　贷：经费支出——经常性支出——其他费用　3 000

3）年终结账时，将“经费支出——经常性支出”账户借方余额全数转入“结余——经常性结余”账户，将“经费支出——专项支出”账户借方余额全数转入“结余——专项结余”账户。借记“结余”账户，贷记“经费支出”账户。

【例 4—20】某行政单位“经费支出——经常性支出”账户借方余额 638 338 元，“经费支出——专项支出”账户借方余额 649 000 元，进行年末转账。其会计分录为：

借：结余——经常性结余　　638 338
　　　　——专项结余　　649 000
　贷：经费支出——经常性支出　　638 338
　　　　　　　——专项支出　　649 000

4.2.3 行政单位拨出经费和自筹基本建设支出的管理与核算

1. 拨出经费的管理与核算

拨出经费是在实拨经费方式下，行政单位按核定预算将财政或上级单位拨入的经费，按预算级次转拨给下属预算单位的资金。拨出经费应遵守经费管理的有关规定及原则，如按预算拨款、按核定的季度（分月）用款计划拨款、按用途拨款、专款专用、按行政级次逐级拨款等。

在国库集中支付制度下，各行政单位的经费用款额度经逐级申请财政批复后，由代理银行逐级通知各用款单位，拨出经费将取消。

为了正确地核算和监督对所属单位的预算资金拨付，行政单位会计应设置“拨出经费”科目，该科目属支出类科目，其借方记对所属单位转拨经费数，贷方记收回或冲销转出数。平时，借方余额反映拨出经费累计数；年终，该科目借方余额转入“结余”后应无余额。该科日应按“拨出经常性经费”和“拨出专项经费”分设二级科目，并按所属拨款单位设置明细账，进行明细分类核算。

行政单位对其所属单位转拨经费时，借记“拨出经费”科目，贷记“银行存款”科目；收回或冲销转出时，借记“银行存款”科目，贷记“拨出经费”科目。年终，将“拨出经费”账户借方余额转入“结余”账户，借记“结余”科目，贷记“拨出经费”科目。

【例 4—21】某行政单位发生如下拨出经费业务：

（1）向所属某单位拨付预算经费 300 000 元，其中，经常性经费 270 000 元，专项经费 30 000 元。其会计分录为：

借：拨出经费——拨出经常性经费——××单位　　270 000
　　　　　　——拨出专项经费——××单位　　30 000
　贷：银行存款　　300 000

（2）收到所属某单位缴回的多余专项经费 5 000 元，存入银行。其会计分录为：

借：银行存款　　5 000
　贷：拨出经费——拨出专项经费——××单位　　5 000

（3）年终，将“拨出经费”账户借方余额 495 000 元（其中，拨出经常性经费 470 000 元，拨出专项经费 25 000 元）转入“结余”账户。其会计分录为：

借：结余——经常性结余　470 000
　　——专项结余　25 000
　贷：拨出经费——拨出经常性经费　470 000
　　——拨出专项经费　25 000

2. 自筹基本建设支出的管理与核算

自筹基本建设支出，是指行政单位经依法批准使用财政预算拨款以外的资金安排的基本建设支出。行政单位对自筹基本建设支出的管理原则主要是：专款专用，专项核算，从严控制自筹基本建设支出，不得用财政预算拨款自行安排基本建设支出，对确需用预算外资金和其他收入安排的，也要严格控制，严格审批程序，未经批准，不得使用。批准后的自筹基本建设资金，应纳入基本建设财务管理，由基本建设会计组织会计核算。

行政单位应设置“结转自筹基建”科目，用于核算行政单位经批准用经费拨款以外的自筹资金安排基本建设，并转存建设银行的资金。“结转自筹基建”账户借方记自筹的基本建设资金转存建设银行的数额，贷方记年终转入“结余”账户的数额。结转后，“结转自筹基建”账户年终无余额。

将自筹的基本建设资金转存建设银行时，根据转存数借记“结转自筹基建”科目，贷记“银行存款”科目；年终结账时，应将该账户借方余额全数转入“结余”科目，借记“结余”科目，贷记“结转自筹基建”科目。

【例 4—22】某行政单位发生如下经济业务：

（1）将自筹基建资金 400 000 元转存建设银行，其会计分录为：

借：结转自筹基建　400 000
　贷：银行存款　400 000

（2）年终，“结转自筹基建”账户借方余额 400 000 元转入“结余”账户，其会计分录为：

借：结余　400 000
　贷：结转自筹基建　400 000

本章小结

本章内容涉及收入与支出两个会计要素。

行政单位的收入是指行政单位为开展业务活动，依法取得的非偿还性资金，包括预算拨款资金、预算外资金收入和其他收入。预算拨款资金是指行政单位依照经费领拨关系，按照批准的经费预算和规定的手续，向财政部门或上级主管部门请领的经费。预算外资金收入是指财政部门按规定从财政专户核拨给行政单位的预算外资金，以及部分经财政部门核准不上缴预算外资金财政专户，而直接由行政单位按计划使用的预算外资金。其他收入是指行政单位按规定收得的，除预算拨款资金、预算外资金收入以外的各种收入。各行政单位应设置“拨入经费”、“预算外资金收入”、“其他收入”等科目分别核算各项收入。收入的计量依赖于获得的资产价值，如果取得的资产是货币资产，可以直接按货币的实际数量计量；如果取得的是实物性资产，需要根据评估价计算资产的价值。行政单位收入核算的依据是收付实现制。从管理要求看，行政单位各项收入的取得，一定要符合国家规定，及时入账，并按照财务管理的要求，分项如实填报。行政单位依法取得的纳入财政预算的罚没收入、行政性收费和基金，以及应缴入财政专户的预算外资金，不属于行政单位的收入，必须足额上缴。

支出是指行政单位为开展业务活动所发生的各项资金耗费及损失，包括经费支出、拨出经费、自筹基本建设支出。经费支出是指行政单位在业务活动过程中发生的各项支出。拨出经费是在实拨经费方式下，行政单位按核定预算拨付所属单位的预算资金。自筹基本建设支出是指行政单位经依法批准使用财政预算拨款以外的资金安排的基本建设支出。行政单位的各项支出按实际支出数额记账。各行政单位应设置“经费支出”、“拨出经费”、“结转自筹基建”等科目分别核算各项支出。支出按照收付实现制的原则确认。从管理要求看，行政单位的支出，应当严格执行国家规定的开支范围及开支标准，保证人员经费和单位正常运转必需的开支，并对节约潜力大、管理薄弱的支出项目实行重点管理和控制。行政单位的专项支出，应当按照批准的项目和用途使用，并按照规定向主管部门报送支出情况表和书面报告，接受有关部门的检查、监督。行政单位应当严格控制自筹基本建设支出，确需安排支出的，应当按照规定程序履行报批手续。核批后的自筹基本建设资金，纳入基本建设财务管理。

关键术语

收入　支出　拨入经费　预算外资金收入　其他收入　经费支出　拨出经费　结转自筹基建　预算拨款　划拨资金　国库集中支付　列报口径

复习思考题

1. 行政单位的收入包括哪些内容？管理要求是什么？
2. 行政单位的支出包括哪些内容？管理要求是什么？
3. 请为某行政单位的下列业务编制会计分录：

（1）收到财政部门通过银行拨来的经常性经费 100 000 元。
（2）收到财政部门通过银行拨来的用于完成某项工作的专项经费 20 000 元。
（3）以银行存款 1 500 元支付电话费。
（4）以银行存款购入一台一般设备计 9 000 元。
（5）根据核定的预算向所属某单位拨付经常性经费 50 000 元。
（6）根据工作需要，向所属某单位拨出专项经费 5 000 元。
（7）将自筹的基本建设资金 3 000 000 元存入建设银行。
（8）以银行存款支付办公楼修理费 10 000 元。

(9) 将预算外资金 26 000 元上缴财政专户。

(10) 收到银行存款利息收入 350 元。

阅读材料

1. 国库集中支付制度与行政单位会计核算

国库集中支付是指由财政部门通过国库单一账户体系，采用财政直接支付或财政授权支付方式，将财政资金支付到收款人或用款单位账户，改变了财政性资金层层拨付的程序。

财政直接支付是指由财政部门向代理银行签发支付令，代理银行根据支付令通过国库单一账户体系将资金直接支付到收款人（即商品或劳务的供应者等）或用款单位（申请和使用财政性资金的单位）账户。

财政授权支付是指预算单位（用款单位）按照财政部门的授权，向代理银行签发支付令，代理银行根据支付令，在财政部门批准的用款额度内，通过国库单一账户体系将资金支付到收款人账户。

与国库集中支付制度相适应，行政单位会计核算也要作相应的调整，概括如下：

(1) 对财政直接支付的支出，预算单位根据支付中心委托代理银行转来的《财政直接支付入账通知书》及原始凭证入账，会计分录为：

借：经费支出、库存材料等（预算内/外）

　贷：拨入经费——财政直接支付

　　　预算外资金收入——财政直接支付

如财政直接支付部分的支出构成新增固定资产的，应同时登记固定资产账，会计分录为：

借：固定资产

　贷：固定基金

(2) 对财政授权支付，根据会计核算的特点和要求，在行政单位资产类会计科目增设“零余额账户用款额度”总账科目（行政单位编号 107）进行核算。

“零余额账户用款额度”科目用于核算行政单位在财政下达授权支付额度内办理的授权支付业务。本科目借方记收到财政部门下达的授权支付用款额度和因特殊原因退回该账户的额度资金，贷方记授权支付的支出数，余额在借方，反映行政单位未支用的授权支付额度。

增设“零余额账户用款额度”科目以后，原资产类“银行存款”科目核算内容改变为预算单位自筹资金收入、以前年度结余、上级拨付的补助资金和各项往来款项等。

1) 预算单位根据代理银行签章的《财政授权支付额度到账通知书》与《预算单位用款计划批复表》核对后记账，会计分录为：

借：零余额账户用款额度

　贷：拨入经费——财政授权支付

预算外资金收入——财政授权支付

2）预算单位从单位零余额账户支取资金并使用时，会计分录为：

借：经费支出、库存材料等（预算内/外）

贷：零余额账户用款额度

3）预算单位从单位零余额账户提取现金和支用时，会计分录为：

借：现金

贷：零余额账户用款额度

借：经费支出、库存材料等（预算内/外）

贷：现金

2. 政府采购与行政单位会计核算

政府采购，亦称公共采购，是指各级政府及其所属实体为了开展日常政务活动或为公众提供公共服务的需要，在财政的监督下，以法定的方式、方法和程序，从市场上为政府部门或公共部门统一购买商品或服务的行为。

我国现行预算按主管会计单位、二级会计单位、基层会计单位三个层次下拨经费，年度终了又层层上报经费使用情况，汇编决算。实行统一的政府采购制度后，采购资金不再层层下拨给用款单位，而是直接支付给供货商。所以，单位支出与财政总支出的核算方法也要发生变化。为此，需要对现行的预算会计制度进行改革，规定直接支付及其核算办法，以适应建立政府采购制度的需要。

现将行政单位相关业务的会计核算方法概括如下：

(1) 全额用财政拨款办理政府采购的账务处理。采购单位根据《政府采购支出转账通知书》等有关凭据列报支出，作如下账务处理：

借：经费支出——政府采购款

贷：拨入经费——政府采购款

属于固定资产项目的，同时记：

借：固定资产

贷：固定基金

(2) 用财政拨款加自筹资金办理政府采购的账务处理。

1）采购单位将自筹资金部分上划政府采购资金专户，作如下账务处理：

借：暂付款——政府采购款

贷：银行存款

2）采购单位根据《政府采购支出转账通知书》等有关凭据列报支出，作如下账务处理：

借：经费支出——政府采购款

贷：拨入经费——政府采购款（财政拨款部分）

暂付款——政府采购款（自筹资金部分）

属于固定资产项目的，同时记：

借：固定资产

　贷：固定基金

政府采购结余的资金，按其来源渠道予以返还，行政单位根据有关凭据进行账务处理：

借：银行存款

　贷：暂付款——政府采购款——××项目

资料来源：《新编预算会计》编写组编：《新编预算会计》，北京，经济科学出版社，2004；张菊良：《对我国现行政府采购制度的分析和思考》，载《湘潭工学院学报》，2004 (8)。

第 5 章

行政单位财务报告和财务分析

5.1 行政单位财务报告

5.1.1 行政单位财务报告概述

行政单位对经常的、大量的日常收支业务，运用会计账户、编审会计凭证、登记会计账簿及财产清查等专门的会计核算方法进行反映和监督。但是，日常的会计记录资料毕竟是比较分散的，不能用来直接、全面、综合地反映行政单位一定时期内的预算执行情况全貌。行政单位会计在此基础上将日常核算资料进行综合和整理，定期编制出的反映行政单位财务状况和预算执行结果的总结性书面文件就是行政单位财务报告。行政单位财务报告包括财务报表和财务情况说明书。行政单位财务报告的作用在于：

（1）各单位利用财务报告，可以分析、检查本单位预算的执行情况，发现本单位预算执行过程中存在的问题和潜力；也可以从中了解单位的财经纪律、财务制度的遵守情况；有利于总结经验，解决问题，不断提高本行政单位的预算管理水平。

（2）各级主管部门利用下级单位的财务报告，可以考核各单位执行国家有关方针政策的情况，督促各单位认真遵守财经制度与法规，维护财经纪律；可以了解、分析各单位预算的执行情况，通过对各所属单位的财务报告数据的比较，发现所属单位之间预算执行的差距，了解造成差距的原因，可作为本系统领导决策和进行综合平衡的重要依据。

（3）财政部门利用行政单位上报的财务报告或主管部门编制的汇总财务报告，便于检查、了解各行政单位应上缴的财政预算任务是否按时足额完成，预算收支是否按计划实现；可据以分析各单位预算资金收支的实际需要量，以便正确地核定预算拨款和调剂预算资金，作为下期编制和审核预算的重要参考依据。

5.1.2　行政单位财务报告的编制要求

编制财务报告的基本目的，是向财务报告的使用者提供有关财务方面的信息资料，保证财务报告提供的信息能及时、准确、完整地反映单位的财务状况。因此，行政单位编制财务报告时应遵循以下三项原则：

1. 真实性原则

行政单位财务报告应该是对各行政单位预算执行情况真实、正确的反映。因此，行政单位在编制财务报告前，所有应入账的预算资金的收支业务，要全部登记入账，并要切实做到账实相符、账证相符、账账相符、账表相符，要根据核对无误的账簿记录，编制财务报告。数字应有根有据，不能估计数字，更不准弄虚作假，要保证会计报表数字准确无误。

2. 完整性原则

财务报告应当全面反映单位的资金活动和经费收支的情况，反映单位经济活动的全貌。财务报告只有全面反映单位的财务状况，提供完整的财务信息资料，才能满足各方面对财务信息资料的需要。因此，财务报告要严格按照财政部门或上级主管部门统一规定的报表种类、格式、内容、计算方法和填制口径编报，以保证满足逐级分析和汇总的需要。财务报告中每一行次、项目均应一一填明。凡上级规定应加报的补充资料和要求作文字说明的，要分别报送，以保证财务报告的内容完整。

3. 及时性原则

财务报告的时间性很强，如果编报不及时，就会失去它应有的作用，且影响各单位报表的及时汇总上报，从而影响会计信息使用者作出正确的决策。所以，行政单位财务报告必须按照国家或上级主管部门规定的期限和程序，在保证报告信息真实、完整的前提下，在规定的期限内及时报送有关方面。

5.1.3　行政单位财务报告的主要内容及编制方法

1. 财务报告的主要内容

行政单位的财务报告，包括财务报表和财务情况说明书。财务报表包括资产负债表、收入支出总表、支出明细表以及基本数字表、预算外资金收支明细表、专项支出情况表等有关附表。财务情况说明书应当反映本期收入、支出、结余、专项经费使用及资产变动的情况，说明影响财务状况变化的重要事项，总结财务管理经验，对存在的问题提出改进意见等。

财务报表是行政单位财务报告的主要组成部分。财务报表按不同的标准有不同的分类。

（1）按报表内容分类。行政单位财务报表按其所反映的经济内容不同，可分为资产负债表、收入支出总表、经费支出明细表。除此之外，还有一些附表，即根据财政部门或主管部门的要求编制报送的补充性报表，如基本数字表、报表说明书。

（2）按编报时间分类。行政单位财务报表按照其编报时间，可分为月报、季报和年报。

1）月报是反映行政单位截至报告月度资金活动情况和经费收支情况的报表。月报要求编报资产负债表、收支明细表。

2）季报是行政单位报告其季度资金活动情况和经费收支情况的报表。季报应在月报的基础上较详细地反映单位经费收支的全貌。季报还要求加报基本数字表。

3）年报，也叫年度决算报表，是全面反映年度资金活动情况和经费收支预算执行情况的报表。

（3）按编报层次分类。行政单位财务报表按编报层次可分为本级报表和汇总报表。本级报表是反映各行政单位财务状况和经费收支预算执行情况的财务报表。汇总报表是各主管部门和二级单位对本级财务报表和经审查过的所属单位财务报表进行汇总后编制的报表。

2. 财务报告的编制方法

（1）资产负债表。资产负债表是反映行政单位在某一特定日期财务状况和经费收支情况的财务报表。它分为月度报表、季度报表和年度报表。通常，月度报表和季度报表的内容一致，年度报表则是在12月份报表的基础上，通过年终转账和会计处理以后生成的报表。资产负债表能够反映行政单位在某一时点占有或使用的经济资源和负担的债务情况，是一种静态报表。

资产负债表一般分为两部分：表首和正表。

表首由表名、编表单位、编制日期及表内金额单位组成。表名为资产负债表，编表单位表示该表反映的是哪一单位的财务状况，编制日期表示该表反映的是哪一特定日期的财务状况，表内金额单位是说明表内金额的单位是元，还是千元等。

正表是资产负债表的基本部分。该表分为左右两方，左方是资产部类，具体包括资产类和支出类科目，右方为负债部类，具体包括负债类、净资产类和收入类科目。左右两方总额平衡，正是基于“资产＋支出＝负债＋净资产＋收入”会计方程式的平衡原理。资产负债表（月报或季报）的参考格式如表5—1所示。

表5—1　　资产负债表（月报或季报）

编表单位：　　　　年　月　日　　　　单位：元

科目编号	资产部类	年初数	期末数	科目编号	负债部类	年初数	期末数
	一、资产类				二、负债类		
101	现金			201	应缴预算款		
102	银行存款			202	应缴财政专户款		
103	有价证券			203	暂存款		
104	暂付款						
105	库存材料						
106	固定资产				三、净资产类		
				301	固定基金		
				303	结余		

续前表

科目编号	资产部类	年初数	期末数	科目编号	负债部类	年初数	期末数
	五、支出类				其中：经常性结余		
501	经费支出				专项结余		
502	拨出经费						
505	结转自筹基建				四、收入类		
				401	拨入经费		
				404	预算外资金收入		
				407	其他收入		
	资产部类总计				负债部类总计		

年度终了，由于行政单位已将有关的收入和支出全部转入了相应的结余，因此，资产负债表的年报中就没有收入和支出这两个会计要素，而只有资产、负债和净资产这三个会计要素。因此，年度资产负债表是反映行政单位财务状况的会计报表。资产负债表（年报）的参考格式如表 5—2 所示。

表 5—2　　　　资产负债表（年报）

编表单位：　　　　年　月　日　　　　单位：元

科目编号	资产部类	年初数	期末数	科目编号	负债部类	年初数	期末数
	一、资产类				二、负债类		
101	现金			201	应缴预算款		
102	银行存款			202	应缴财政专户款		
103	有价证券			203	暂存款		
104	暂付款						
105	库存材料						
106	固定资产				三、净资产类		
				301	固定基金		
				303	结余		
					其中：经常性结余		
					专项结余		
	资产部类总计				负债部类总计		

资产负债表的项目，按会计要素的类别分别列示。表内各项目均按有关账户的余额数字填列。具体填列方法如下：

1）“年初数”按上年决算后结转本年的各账户期初数填列。“期末数”应根据不同时间报出的资产负债表区别对待。若是月报，则按截止报告月份各总账账户的期末余额填列；若是年报，则按年末转账后各总账账户的年末余额填列。

2）主管单位汇总该表时，必须把本级会计报表与所属单位会计报表之间的重复数字，即本单位“拨出经费”与所属单位报表内的“拨入经费”账户所列数字相互抵消。其余账户，都根据本级和所属单位的报表数字直接相加汇编。

通过编制资产负债表，可以全面地了解行政单位资产的总量及各项资产的分布状况，负债是否正常，年度内各项收入、支出累计完成情况如何。与预算数对比，还可以发现其预算执行情况。因此，资产负债表是财政部门、上级单位了解行政单位财政收支执行情况和预算管理的工具。

（2）收入支出总表。行政单位收入支出总表是反映本单位年度收支总的规模和结余情况的动态报表。它也由表首和正表组成。

表首也由表名、编表单位、编制日期和表内金额单位组成。

正表由收入、支出和结余三个部分构成。三部分之间的关系是：收入－支出＝结余。收入项目包括拨入经费、预算外资金收入和其他收入；支出项目包括拨出经费、经费支出和结转自筹基建；结余包括结转当年结余和以前年度结余。收入、支出项目都需列示“本月数”和“本年累计数”。“本月数”反映各项目的本月实际发生数，可按各有关账户的本月发生额填列。“本年累计数”反映各项目全年累计实际发生额，可按各有关账户的期末结账前的余额填列。收入支出总表的基本格式如表5—3所示。

表5—3　　收入支出总表

编表单位：　　　　年　月　日　　　　单位：元

收入			支出			结余
项目	本月数	本年累计	项目	本月数	本年累计	
拨入经费			拨出经费			结转当年结余
其中：专项经费			经费支出			其中：专项结余
预算外资金收入			其中：经常性支出			以前年度结余
其中：专项经费			专项支出			
其他收入						
			结转自筹基建			
收入总计			支出总计			累计结余

编表说明：主管会计单位汇总编制本表时，应将拨出经费与所属单位拨入经费汇总数对冲。

收入支出总表可以反映行政单位各项收入和支出的预算完成情况，还可以反映行政单位各项收入、支出的结构以及行政单位当年取得的结余和以前年度的累计结余。通过分析收入支出总表，有关方面可以及时评估行政单位在预算执行过程中的业绩和存在的问题，便于行政单位采取措施，加以改进。

（3）经费支出明细表。经费支出明细表是反映行政单位在一定时期内预算执行情况的报表。经费支出明细表的项目，应当按“政府预算支出科目”列示。对于用财政拨款和预算外资金收入安排的支出应按支出的用途分别列示。该表应于每月末、季末、年末报出，表内各项目的数据根据“经费支出明细账”中记录的数据填列。经费支出明细表的参考格式见表5—4。

通过阅读经费支出明细表，可以了解掌握行政单位各项支出的具体用途和支出水平，便于分析其支出的合理性，控制不合理的开支；可以了解行政单位预算支出的执行情况，从而对财政部门或上级主管部门加强预算管理、控制预算拨款数等均有重要意义。

表 5—4　　经费支出明细表（参考样式）

编表单位：　　年　月　日　　单位：元

款级科目：

项级科目：

目节	科目名称	合计		财政拨款支出		预算外资金支出		目节	科目名称	合计		财政拨款支出		预算外资金支出	
		本月	累计	本月	累计	本月	累计			本月	累计	本月	累计	本月	累计
	人员支出							8	会议费						
1	基本工资							9	培训费						
2	补助工资							10	招待费						
3	其他工资							11	福利费						
4	职工福利费							12	劳务费						
5	社会保障缴费							13	租赁费						
6	助学金							14	物业管理费						
	公用支出							15	维修费						
1	办公费							16	专用材料费						
2	印刷费							17	办公设备购置费						
3	水电费							18	专用设备购置费						
4	邮电费							19	交通工具购置费						
5	取暖费							20	图书资料购置费						
6	交通费							21	其他费用						
7	差旅费														

编表说明：

（1）财政拨款支出是指行政单位用财政拨款安排的支出；预算外资金支出是指行政单位用预算外资金收入安排的支出。

（2）行政单位在填列上述两项内容时应根据核定的预算和实际使用情况采用统计方法填列。

（4）基本数字表。基本数字表是行政单位财务报表的附表，是反映行政单位定员定额执行情况的报表。基本数字表应按财政部门和上级主管部门规定的项目列示。各行政单位应按照制度规定编制季度报表和年度报表。表中数据来源于人事部门和有关业务部门的统计资料。其报表格式如表 5—5 所示。

表 5—5　　基本数字表

编表单位：　　年　月　日

预算科目			国家职工		离退休人数	机动车辆数		房屋建筑物		…	…
款	项	名称	编制数	实有数		编制数	实有数	办公楼	宿舍		

(5) 报表说明书。报表说明书，是对财务报表的一种补充说明。行政单位在报送月报、季报、年报时都必须编写报表说明书，包括报表编制技术说明和报表分析说明。

报表编制技术说明主要包括：采用的主要会计处理方法，特殊事项的会计处理方法，会计处理方法的变更情况、变更原因，以及对预算收支情况和结果的影响等。

报表分析说明一般包括：基本情况，影响预算执行、资金活动的原因，经费支出、资金活动的趋势，管理中存在的问题和改进措施，对上级会计单位工作的意见和建议等。

5.1.4 行政单位年度财务报告的编报和审批

行政单位年度财务报告指行政单位在每个会计年度终了，根据财政部门决算编审工作要求，在日常会计核算的基础上编制的、综合反映本单位财务收支状况和各项资金管理状况的总结性文件。

通过编制行政单位年度财务报告，收集汇总行政单位财务收支、经费来源与运用、资产与负债、机构、人员与工资等方面的基本数据，可以全面、真实地反映行政单位财务状况和预算执行结果，为财政部门审查批复决算和编制后续年度财政预算提供基本依据，并满足国家财务会计监管、各项资金管理以及宏观经济决策等方面的信息需要。

1. 行政单位年度财务报告的编报

年终清理结算和结账，是行政单位编报年度决算的一个重要环节，也是保证单位决算报表数字准确、真实、完整的一项基础性工作。各行政单位在年度终了前，应根据财政部门或上级主管部门的决算编审工作要求，对各项收支项目、往来款项、货币资金及财产物资进行全面的年终清理结算，并在此基础上办理年度结账、编报决算。

(1) 年终清理结算。年终清理结算就是对单位全年预算资金和其他资金收支活动进行全面清理、核对、整理和结算的工作。其主要内容有：

1) 清理核对年度预算数字和预算领拨款数字。年终前，财政机关、上级单位和所属各单位之间，应当认真清理核对全年预算数字。同时，要逐笔清理核对上下级之间预算拨款和预算缴款数字，按核定的预算或调整的预算，该拨付的拨付，该缴回的缴回，保证上下级之间的年度预算数、领拨经费数和上缴、下拨数一致。

为了准确反映各项收支数额，凡属本年度的应拨款项，应当在 12 月 31 日前汇达对方。主管会计单位对所属各单位的预算拨款和预算外资金拨款，截至 12 月 25 日，逾期一般不再下拨。

2) 清理核对各项收支款项。本年度的各项收入要及时入账。本年度的各项应缴预算款和应缴财政专户的预算外资金，要在年终前全部上缴。本年度的各项支出要按规定的支出渠道如实列报。单位的年度支出决算，一律以基层用款单位截至 12 月 31 日的本年实际支出数为准，不得将年终前预拨下一年度的预算拨款列入本年的支出，也不得以上级会计单位的拨款数代替基层会计单位的实际支出数。

3) 清理债权债务等往来结算款项。行政单位的暂付款、暂存款等往来款项，年终前都要尽量清理完毕、严格控制。按有关规定应当转作各项收入或各项支出的往来款项，一定要及时转入有关收入、支出账户，编入本年决算，不得在往来账上长期挂账，以免收入、支出数字不实。主管单位收到财政专户核拨的预算外资金属于应返还所属单位的部分应及时转拨所属单位，不得在“暂存款”挂账。

4）清理财产物资。年终前，各行政单位应对各项财产物资进行清查盘点，发生盘盈、盘亏，要及时查明原因，按规定作出处理，并调整账务，做到账账相符、账实相符。由于年末会计事务很多，而盘点财产物资牵涉面又较广，所以，要事先计划，提早进行清查工作。

5）清理货币资金。年终前，行政单位要及时与开户银行对账，银行存款账面余额应与银行对账单的余额相符。现金账面余额应与库存现金相符。有价证券账面数应与实存的有价证券实际成本相符。

（2）年终结账。各行政单位在年终清理结算的基础上进行年终结账。年终结账工作，一般分为年终转账、结清旧账和记入新账三个环节。

1）年终转账。账目核对无误后，首先计算出各账户借方或贷方的 12 月份合计数和全年累计数，结出 12 月末的余额。然后，根据 12 月末的账户余额，编制结账前的“资产负债表”，经试算平衡无误后，再将应对冲结转的各个收支账户的余额按年终冲转办法，填制 12 月 31 日的记账凭证，办理冲账结转。现举例说明年终转账的过程：

首先，结出 12 月份的各账户余额，编制资产负债表。某行政单位年终结账前的资产负债表如表 5—6 所示。

表 5—6　　资产负债表（月度表）

编表单位：　　××××年 12 月 31 日　　单位：元

资产部类	年初数	期末数	负债部类	年初数	期末数
一、资产类			二、负债类		
现金	25 800	20 462	应缴预算款	17 000 000	16 299 530
银行存款	19 890 000	18 129 380	应缴财政专户款	0	0
有价证券	50 000	90 000	暂存款	2 500	19 500
暂付款	7 000	66 600	负债合计	17 002 500	16 319 030
库存材料	150 000	254 650	三、净资产类		
固定资产	700 000	852 500	固定基金	700 000	852 500
资产合计	20 822 800	19 413 592	结余	3 120 300	3 120 300
			净资产合计	3 820 300	3 972 800
五、支出类			四、收入类		
经费支出		1 287 338	拨入经费		1 047 000
拨出经费		495 000	预算外资金收入		114 000
结转自筹基建		400 000	其他收入		143 100
支出合计		2 182 338	收入合计		1 304 100
资产部类合计	20 822 800	21 595 930	负债部类合计	20 822 800	21 595 930

其次，将本年“经费支出”、“拨出经费”和“结转自筹基建”账户的借方余额转入“结余”账户的借方，作会计分录为：

借：结余　　2 182 338

　贷：经费支出　　1 287 338

　　　拨出经费　　495 000

结转自筹基建　　400 000

再次，将“拨入经费”、“预算外资金收入”和“其他收入”账户的贷方余额转入“结余”账户的贷方，作会计分录为：

借：拨入经费　　1 047 000

预算外资金收入　　114 000

其他收入　　143 100

贷：结余　　1 304 100

（说明：在实际工作中，应当将经常性行政经费的收入、支出，专项经费的收入、支出分开转账。）

最后，经过结转后，年末转账后的资产负债表，见表5—7。

表5—7　　资产负债表（年度）

编表单位：　　××××年12月31日　　单位：元

资产部类	年初数	期末数	负债部类	年初数	期末数
一、资产类			二、负债类		
现金		20 462	应缴预算款		16 299 530
银行存款		18 129 380	应缴财政专户款		0
有价证券		90 000	暂存款		19 500
暂付款		66 600	负债合计		16 319 030
库存材料		254 650	三、净资产类		
固定资产		852 500	固定基金		852 500
资产合计		19 413 529	结余		2 242 062
			净资产合计		3 094 562
五、支出类			四、收入类		
经费支出			拨入经费		
拨出经费			预算外资金收入		
结转自筹基建			其他收入		
支出合计			收入合计		
资产部类合计		19 413 592	负债部类合计		19 413 592

2）结清旧账。将结账后无余额的账户结出全年总累计数，然后在下面画双红线，表示本账户全部结清。对年终有余额的账户，在“全年累计数”下行的“摘要”栏内注明“结转下年”字样，再在下面画双红线，表示年终余额转入新账，旧账结束。

3）记入新账。根据本年度各个总账、明细账和日记账的账户余额，编制年终决算的资产负债表和有关明细表。将表中各账户的年终余额数（不编制记账凭证）直接记入新年度总账、明细账和日记账各账户预留空行的余额栏内，并在“摘要”栏注明“上年结转”字样，以区别新年度发生数。

行政单位的单位决算经财政部门或上级主管部门审核批复后，需调整上报决算数字时，还应当相应调整旧账，重新办理结账和过入新账手续。

年终清理和年终结账完毕，即可编制年终决算报表。年度决算报表的种类和要求，按财政部门和上级主管部门下达的有关决算编审规定组织执行，行政单位需要编报的年报通常有资产负债表、收入支出总表、支出明细表、基本数字表以及报表说明书。

年度财务报告应当层层汇总编制。基层单位的财务报告，应根据登记完整、核对无误的账簿记录和其他有关资料编制，切实做到账表相符，不得估列代编。主管会计单位和二级会计单位，应根据本级报表和经审核后的所属单位财务报表编制汇总财务报表，借以反映全系统的预算执行情况和资金活动情况。汇总财务报表的种类和内容、格式与基层财务报表相同。汇总编制时应将相同项目的金额加计总额后填列，但上下级单位之间对应的上缴、下拨数以及系统内部各单位之间的往来款项应相互冲销。如上级单位拨出经费与所属单位的拨入经费对冲，系统内部本单位的暂收款和所属单位的暂付款冲销等，以免重复计算。

2. 行政单位年度财务报告的审批

行政单位年度财务报告编好之后，要认真进行审核，确认无误之后才能上报。上级单位对所属单位上报的财务报表，要再一次进行审核，然后汇总。

(1) 政策性审核。政策性审核主要是审查行政单位的财务报表中反映的资金收支和预算执行情况是否符合国家的政策、法规、制度，有无违反财经纪律的现象。

1) 预算执行情况的审核。审核有无截留应拨给下属单位的经费；本单位经费支出是否严格控制，有无不合理支出。

2) 专项资金使用情况的审核。审核专项资金是否用到了指定的项目，是否做到了专款专用，是否单独建账，是否单独核算；项目进度如何，资金使用效益如何；结余资金是否按规定进行了处理；等等。

3) 其他各项收入、支出的审核。审核各种收费是否符合有关规定；应缴预算收入是否及时、足额上缴，有没有截留挪用情况；收取附属单位缴款是否按规定收取，有无乱摊派、乱收款现象；各项支出的安排是否合理；等等。

4) 其他方面的审核。债权债务等往来款项的管理是否严格，是否进行了及时清理结算；材料物资有无积压浪费现象；有价证券的购买是否符合规定，有无足够的资金来源，是否挪用了预算拨款或专项拨款购买有价证券，是否有违反规定炒买炒卖股票及企业债券情况；等等。

(2) 技术性审核。技术性审核主要是审核财务报表的数字是否正确，规定的报表是否齐全，表内项目是否按规定填报，有无漏报、错报情况，报送是否及时，报表上各项签章是否齐全等。

1) 审核上下级单位之间的上缴、下拨数是否一致；

2) 审核上下年度有关数字是否一致；

3) 审核各个报表之间的有关数字是否一致；

4) 审核各个报表中的数字计算是否正确；

5) 审核报表中的数字与业务部门提供的数字是否一致。

各行政单位只有对财务报表进行认真审核后，才能签章上报；上级主管部门只有对所属单位的财务报表进行了认真审核批复之后，才能进行汇总。

5.2 行政单位财务分析

5.2.1 行政单位财务分析概述

财务分析，是经济活动分析的一种形式，是财务管理的组成部分和重要手段。行政单位财务分析，是指以行政单位的工作计划和年度预算为依据，利用财务报表、统计数据和其他有关资料，对一定时期内单位财务活动过程及结果进行比较、分析和研究，作出正确评价的一种方法。

行政单位的财务报表，虽然反映了行政单位在一定时期内预算执行的结果和财务收支的状况，但由于预算收支错综复杂，涉及报告期内全部业务活动，财务报表数字还不能具体地说明预算执行结果的好坏及其形成原因。为了进一步弄清预算在执行过程中超支或结余的具体情况和原因，以肯定成绩、找出差距、揭露矛盾、改进工作，就需要对财务报表的数字资料、各项指标内在因素的相互关系进行全面分析研究，总结预算管理工作中的经验教训，寻找进一步增收节支、提高资金使用效益的途径，为编制下年预算提供线索和依据，不断提高预算管理水平。

行政单位财务制度规定的财务分析指标主要有：支出增长率，人均开支，专项支出占总支出比重，人员经费占总支出比重，人车比例等。这些指标是反映行政单位财务状况和工作成果的重要财务比率。

1. 支出增长率

支出增长率是反映行政单位支出增长情况的指标。其计算公式如下：

$$支出增长率=\left(\frac{本期支出总额}{上期支出总额}-1\right)\times 100\%$$

通过计算支出增长率，可以分析支出的增长是否与其行政职能的大小、人员编制的多少及业务规模和财政状况相适应。

2. 人均开支

人均开支是衡量行政单位人均年消耗经费水平的指标。其计算公式如下：

$$人均开支=\frac{本期支出总额}{本期工资目平均人数}$$

通过计算人均开支指标，可以反映行政单位费用支出定额的执行情况，反映行政单位费用开支的规模和水平；可以用于对比分析并找出人均开支增减的原因。

3. 专项支出占总支出比重

专项支出占总支出的比重，是反映行政单位专项支出与总支出两者之间比例关系的指标。其计算公式如下：

$$专项支出占总支出比重=\frac{本期专项支出数}{本期支出总额}\times 100\%$$

通过计算专项支出占总支出的比重，可以反映行政单位的支出结构及专项业务活动的规模，可以用于对比分析并找出专项支出增减的原因。

4. 人员经费占总支出比重

人员经费占总支出比重，是反映行政单位人员经费与总支出两者之间比例关系的指标。其计算公式如下：

$$人员经费占总支出比重=\frac{本期人员经费支出额}{本期经费支出总额}\times 100\%$$

通过计算人员经费占总支出的比重，可以反映行政单位经费支出结构和人员经费支出的规模，可用于对比分析并找出人员经费占总支出比重增减的原因。

5. 人车比例

人车比例是衡量行政单位小汽车占有情况的指标。其计算公式如下：

$$人车比例=\frac{期末工资目人数}{期末小汽车实有数}$$

通过计算人车比例，可以反映单位机动车的配备情况。通过对比分析，可以看出行政单位车辆配备的变化情况，与其他单位比较所存在的差异，并进一步找出变化的原因和差异产生的原因。

另外，各行政单位及其他分析主体还可以根据自身的实际情况，增加分析一些财务比率指标，比如计算分析经费支出与收入比率、结余与收入比率、资产负债率、固定资产占总资产的比重等。

5.2.2　行政单位财务分析的内容和形式

1. 行政单位财务分析的内容

行政单位财务分析的内容包括预算收支执行情况、开支水平、人员增减情况、固定资产利用情况等。

（1）预算收支执行情况的分析。主要分析行政单位实际收支与预算安排之间的差异及其产生的原因。行政单位的收入主要依靠国家财政拨款，因此，其预算执行情况的分析着重在预算支出执行情况的分析。而预算支出执行情况的分析，可以通过编制“预算支出执行情况分析表”进行，分别列示预算支出各项目的上年实际数、本年预算数、本年实际数，以及本年实际数占上年实际数的比重和占本年预算数的比重，并分析各项目本年实际数与预算数产生差异的原因。

（2）开支水平分析。主要分析各种支出是否按进度进行，是否按规定的用途、标准使用，开支水平和支出结构是否合理，各项费用定额的执行情况。通过与前期、与同类型单位相比，找出差距及其形成原因。

（3）人员增减情况分析。主要分析人员是否控制在国家核定的编制内，有无超编现象及超编原因，各类人员配备及其结构是否合理；人员数量和结构变化情况及其原因；人员增减变化对支出的影响及影响程度。

（4）固定资产利用情况分析。主要分析固定资产的增减变化及其资金来源是否正当、合理；新增固定资产中各类固定资产所占比重是否合理，重大的固定资产购置是否经过比较充分的可行性论证，业务急需的固定资产购置是否给予优先安排；减少的固定资产是否合理，有无合法的手续；现有固定资产利用状况如何，有无长期闲置积压现象等。

2. 行政单位财务分析的形式

行政单位财务分析根据财务管理的需要可分为全面分析和专题分析，定期分析和不定期分析，以及事前分析、事中分析和事后分析。行政单位财务分析的各项内容，均应编写成书面材料，随同决算和季度报表上报。

5.2.3 行政单位财务分析的程序和方法

1. 财务分析的程序

（1）总体分析。首先利用比较分析法对财务报表揭示出的单位一般情况进行总体分析，了解单位的财务状况、预算执行情况、经费支出及结余情况等。

（2）具体分析。在总体分析的基础上，可采用比率分析法进行具体分析，以说明单位某些经济指标构成的合理性、业务活动的业绩、业务活动及资金活动的发展趋势。

（3）深入分析。对上述分析中出现的一些重大差异进行深入分析，找出形成差异的原因及改进的措施。

2. 财务分析的方法

行政单位财务分析的方法通常有以下几种：

（1）比较分析法。比较分析法是将两个或两个以上相关指标进行对比，测算出相互间的差异，从中进行分析、比较，从而找出产生差异的主要原因的一种分析方法。比较分析法的主要应用有：本期实际数与本期预算数的比较；本期实际数与历史同期实际数的比较；本期实际数与同类单位先进水平的比较。第一种比较可以了解指标的预算执行情况；第二种比较可以了解指标的变动趋势；第三种比较可以发现本单位与其他单位之间存在的差距。

比较分析法要求对比的指标之间具备可比性，因而在分析前，必须对收集的资料进行必要的调整，使它们符合统一的口径。

（2）比率分析法。比率分析法是通过计算有关经济指标的比率来确定经济活动变化程度的一种分析方法，采用的比率通常有结构比率、效率比率、相关比率。如在《行政单位财务规则》中规定了支出增长率、人均开支水平、专项支出占总支出的比重、人员经费占总支出的比重、人车比例等相关指标比率。

（3）因素分析法。因素分析法又称连环替代法。它是在几个相互联系的因素中，以数值来测定各个因素的变动对总差异的影响程度的一种方法，是比较分析法的发展和深化。因素分析法一般是将其中的一个因素定为可变量，而将其他因素暂定为不变量，然后进行替换，以测定每个因素对该项指标影响的程度，最后根据构成指标诸因素的依存关系，逐一测定各因素的影响程度。

5.2.4 行政单位财务分析报告的编写

财务分析报告是在进行了财务分析之后，对单位的计划完成情况、预算执行情况以及财务状况所进行的综述。

编写财务分析报告的基本要求是：抓住主要矛盾，实事求是地反映问题；数字运用恰当、准确，观点和材料相统一；文字精练、准确。

财务分析报告的主要内容应包括以下方面：

（1）单位基本情况；

（2）总的预算执行情况和财务状况；

（3）财务报表分析，主要包括对经费支出明细表的分析和对资产负债表的分析；

（4）本单位财务管理、预算工作及其他管理工作中存在的问题及改进措施；

（5）对上级单位的意见、建议和要求。

本章小结

本章内容涉及行政单位的财务报告和财务分析两个方面。

行政单位的财务报告包括资产负债表、收入支出总表、支出明细表等财务报表和财务情况说明书。财务报告的编制应遵循真实性原则、完整性原则、及时性原则。行政单位财务报表按其编报的时间分为月报、季报和年报。月报要求编报资产负债表、支出明细表；季报应在月报的基础上加报基本数字表；年报，也称年度决算报表，是全面反映年度资金活动情况和经费收支执行情况的报表。行政单位财务报表按编报的层次可以分为本级报表和汇总报表。行政单位对已编好的本级报表应认真审核后上报，上级部门对所属单位的财务报表应认真进行审核，然后汇总。财务报表的审核包括政策性审核和技术性审核两个方面。

行政单位财务分析的内容包括预算支出执行情况、开支水平、人员增减情况、固定资产利用情况等。财务分析的指标主要有支出增长率、人均开支水平、专项支出占总支出比重、人员经费占总支出比重、人车比例等。可采用的财务分析方法有比较分析法、比率分析法、因素分析法等。行政单位要根据财务分析的结果编写财务分析报告，随同决算和季度报表上报。

关键术语

财务报告　　财务报表　　资产负债表　　支出明细表　　收入支出总表　　基本数字表　　月报　　季报　　年报　　支出增长率　　汇总报表　　财务分析

复习思考题

1. 行政单位财务报告的编制要求有哪些？
2. 行政单位财务报表有哪几种？
3. 行政单位月度资产负债表与年度资产负债表有何不同？
4. 什么是收入支出总表？行政单位应当如何编制收入支出总表？
5. 什么是经费支出明细表？行政单位应当如何编制经费支出明细表？

6. 行政单位财务分析应包括哪几方面的内容？分析指标有哪些？可以采用哪些分析方法？

阅读材料

某行政单位财务分析报告

本年度，我单位严格贯彻执行了上级单位下达的控制机构人员总数的指示，没有新增人员，且原有机关工作人员中有1名因到了国家规定的退休年龄，已办理了退休手续，因而我单位本年末在工资中开支的职工人数比上年减少1人，由机关开支的离退休人数增加1人，即我单位已完成了编制计划任务。

我单位本年度全年预算经费实际支出数为243 560元，比预算数253 000元节约9 440元，实际支出数为预算的96.27%，比预算节约了3.73%。本年度预算经费的节约是由设备购置费的大幅度节约和其他一些支出的相对小幅度增加共同作用的结果。具体地说，本年度设备购置费比预算节约了23 000元，实际支出数为预算的68.49%，节约了31.51%；而公务费比预算超支20 360元，超过预算33.82%；修缮费比预算超支200元，超过预算25%；业务费预算为1 500元，实际开支2 000元，超支500元，超过预算33.33%；其他费用预算为500元，实际开支1 000元，超过预算100%。经调查分析，发现设备购置费节约的原因，在于我单位严格执行了国家发布的控制社会集团购买力的指标，主要压缩了专控商品的购置；而公务费的超支则是因为当年物价上涨幅度较大，影响了费用开支，然而这并不是最主要的原因，主要原因是放松了对差旅费的审核，以致差旅费支出大大高于应有水平；修缮费的超支在于当年修缮用材料价格的上涨；业务费的超支在于放松了对业务费的管理；其他费用超支是因为本年度我单位加强了对职工的文化教育和爱国主义教育，购置了一批图书和音像制品。

本年度我单位增加固定资产50 000元，用于购置吉普车和摩托车，这些资产是执行工作任务所急需的。本年材料储备较上年增加2 000元，经查是材料购入计划执行不当、重复购买所致。本年度的暂付款较上年减少2 000元，这是因为在本年度我们对材料的购置坚持了货到付款的原则。我单位本年度的“应缴预算收入”已全额及时上缴。

从经费开支的趋势来看，随着工作的开展，经费支出有逐年增加的趋势，工资呈增长态势，公务费的开支也在增加。

通过对财务报表的分析，我们深入实际，对出现的不良情况进行了缜密细致的调查研究，发现某些经费支出的增加除物价上涨因素外，更多的是由于管理上存在一定的漏洞造成的。如由于放松了对差旅费的审核，某些工作人员出差住宿远远超标，还有些人借出差之机用公款旅游。对此，我们计划在下一年度严格差旅费的审核，重申差旅费报销标准，坚决杜绝公款旅游的现象。

我单位希望上级单位对我们进行严格监督，帮助我们以较小的开支完成工作任务。

资料来源：刘学华主编：《预算会计》，上海，立信会计出版社，2004。

第 3 篇

事业单位财务管理与核算

第 6 章

事业单位资产、负债和净资产的管理与核算

6.1 事业单位资产的管理与核算

6.1.1 事业单位资产管理与核算概述

1. 事业单位资产的概念

资产是指事业单位占有或者使用的能以货币计量的经济资源，包括各种财产、债权和其他权利。

(1) 资产必须是一种经济资源。这种经济资源具有为事业单位开展业务及其他活动提供或创造客观条件的某种经济权利或经济潜能。换言之，这种经济资源必须有用，必须具有使用价值，必须能够为事业单位创造社会效益和经济效益。只有具备这种条件的经济资源才能够作为资产存在和确认，如果这种经济资源已经消耗殆尽，丧失了使用价值，那么它就不能作为资产来存在和确认了。

(2) 资产必须能用货币来计量。事业单位开展业务或其他活动所拥有的各种经济资源，如房屋、设备、仪器、材料、燃料、低值易耗品等，其实物形态各不相同，所采取的计量方式也是多种多样的，如重量、长度、容积等。财务会计管理显然不能用各种实物计量单位进行计量。在商品经济条件下，货币是一般等价物，以各种实物形态存在的资产价值，都可以通过货币这个一般等价物获得统一的表现和计量。货币计量构成了会计核算的一个基本前提。因此，一种经济资源如果不能用货币来计量，事业单位就难以确认和计量这种经济资源的价值，这种不能确认和计量价值的经济资源也就不能被确认为资产。

(3) 资产必须为事业单位所占有或者使用。一项资产如果被确认为是一个事业单位的

资产，这个事业单位必须对其拥有占有权或使用权。就国有事业单位而言，其占有或者使用的资产基本上是国家通过不同方式拨入形成的；事业单位组织收入形成的那部分资产，由于组织收入过程中基本上是运用国有资产进行的，也应属于国家所有。因此，一般讲，事业单位对本单位的资产并没有所有权，只有占有权或者使用权。

所以，一项资产如果不为一个事业单位所占有或者使用，就不能被确认为这个事业单位的资产。

（4）资产包括财产、债权和其他权利。资产所包含的内容十分广泛。其中，有的资产是以实物形态存在的，如固定资产、存货等；有的资产不是以实物形态存在的，如无形资产等。但对资产的确认不是以资产的存在形式为标准的。凡是有助于事业单位开展业务及其他各项活动，能够为事业单位创造社会效益和经济效益，事业单位享有占有权或使用权，并能够用货币来计量的经济资源，无论其存在形式如何，都应当作为事业单位的资产予以确认。

2. 事业单位资产的主要内容

根据事业单位资产的性质、特点和使用的实际情况，事业单位资产的内容主要包括四个方面：流动资产、固定资产、对外投资和无形资产。

事业单位资产内容的划分同企业资产内容的划分不同，主要表现在两个方面：第一，事业单位资产内容中没有递延资产。递延资产是指不能全部计入当前损益，需要在以后年度分期摊销的费用，企业的开办费就是比较典型的递延资产。事业单位与企业不同，事业单位的开办费基本由国家财政支付，而且事业单位的非营利性特点，使这种开办费无须进行摊销。第二，事业单位的对外投资也与企业不同，事业单位对外投资没有区分为长期投资和短期投资，事业单位流动资产中也不包含短期投资的内容。

6.1.2 事业单位流动资产的管理与核算

流动资产是指可以在一年以内变现或者耗用的资产，包括现金、各种存款、应收款项、预付款项和存货等。资产按其流动性可分为流动资产和固定资产。流动资产与固定资产是相对的概念，其一般特征是流动性大，周转期限短，不断改变形态，其价值一次消耗、转移或实现。

1. 现金和银行存款的管理与核算

（1）现金的管理。现金是指事业单位的库存现金。事业单位的库存现金主要用于事业单位的日常零星开支。现金是流动资产及其他所有资产中最富流动性的一种资产，是立即可以投入流通的交换媒介，因此事业单位必须严格遵守国家关于现金管理的各项规定，加强和健全对现金的内部控制制度，确保现金的安全，提高现金的使用效益，防止发生不必要的损失和浪费。

国家银行是现金管理制度的执行和监督机关，事业单位在办理现金收付业务时应坚持以下原则：

1）遵守现金的使用范围。现金的使用范围，按国务院颁发的《现金管理暂行条例》，限于：职工工资、津贴；个人劳动报酬；根据国家规定颁发给个人的科学技术、文化艺术、体育等各种奖金；各种劳保、福利费用以及国家规定对个人的其他支出；向个人收购农副产品和其他物资的价款；出差人员必须随身携带的差旅费；结算起点（1 000 元）以下的零星支出；中国人民银行确定需要支付现金的其他支出。

2）遵守库存现金限额。为了方便各单位零星现金开支的需要，各单位应提出申请，报开户银行审批，核定库存现金限额，原则上以 3～5 天的日常开支量为准，超过限额的应及时送存银行。

3）不得坐支现金。单位支出现金，应从库存现金限额中支取，或者从银行提取，不得从本单位的现金收入中直接支付。

4）会计、出纳要分开。为了保证现金的安全，防止各种错误、弊病的发生，会计管账不能管钱，出纳管钱不能管账，以加强内部控制。

5）现金收支业务必须根据合法凭证办理。任何现金收支，都必须以合法的原始凭证为依据。出纳员付出现金后，应当在原始单据上加盖“现金付讫”戳记，并在当天入账，不准以借据抵现金入账。收到现金后，属于各项收入的现金，都应当开给对方合法收款凭据。

6）如实反映现金库存。

（2）现金的核算。为了核算事业单位库存现金的收入、支出和结存情况，应设置“现金”（资产类）总账账户。其借方记收到现金数，贷方记支出现金数，借方余额反映库存现金数额。

事业单位除了进行现金总分类核算外，还应设置“现金日记账”，由出纳人员根据原始凭证逐笔顺序登记。每日业务终了，应计算当日现金收入合计数、现金支出数和结余数，并将结余数与实际库存数核对，做到账款相符，并编制“库存现金日报表”。

现金收入业务较多，单独设有收款部门的单位，收款部门的收款员应将每天所收现金连同收款收据副联编制“现金收入日报表”，送会计部门的出纳员核收；或者将所收现金直接送存开户银行后，将收款收据副联、“现金收入日报表”和向银行送存现金的凭证一并交会计部门的会计员核收记账。

有外币现金的事业单位，应分别按人民币、各种外币设置“现金日记账”进行明细核算。

现将现金的核算方法举例说明如下：

【例 6—1】某事业单位开出现金支票，向银行提取 1 000 元现金备用。根据现金支票存根，填制记账凭证。会计分录如下：

借：现金　　1 000

　贷：银行存款　　1 000

【例 6—2】用现金 180 元支付购买办公用品款，根据有关凭证，填制记账凭证。会计分录如下：

借：事业支出　　180

　贷：现金　　180

（3）银行存款的管理。事业单位的银行存款是指事业单位存入银行和其他非银行金融机构的存款。国家规定，一切企事业单位和行政机关的货币资金除了保留少量的备用金外，都必须存入国家银行，事业单位必须严格按照国家有关规定开立银行存款账户，据以办理有关存款、取款和转账结算等业务。事业单位在银行开户时要特别注意以下几个问题：

第一，事业单位的各项收支，由单位财务部门统一管理。事业单位内部各部门取得的事业收入、经营收入等，都要纳入单位财务部门的统一监管之下。并且原则上应由单位财务部门开立账户，单位所属非独立核算部门不得另设账户。

第二，事业单位要本着相对集中、有利于管理的原则开立账户，防止和杜绝开立账户过多、过滥的现象。

第三，事业单位必须在经国家有关部门正式批准的银行或非银行金融机构开立账户及办理有关存款、取款和转账结算等业务。

根据有关规定，事业单位必须遵守下列银行账户管理原则：

第一，严格遵守国家银行的各项结算制度和现金管理制度，接受银行监督。

第二，银行账户只限本单位使用，不得出借、出租、套用或转让给其他单位或个人使用。

第三，各单位应当严格管理支票，不准签发空头支票。空白支票必须严格领用注销手续，支票存根应由领取人签章。各单位按月与开户银行对账，保证账账相符。

为了保证全国企事业单位、机关单位之间结算工作的顺利进行，国家银行对结算方式、程序、手续都作了统一规定。根据中国人民银行现行结算办法的规定，银行的结算方式分为：银行汇票、商业汇票、银行本票、支票、汇兑、委托收款（同城、异地）和托收承付（异地）等结算方式。

（4）银行存款的核算。为了核算事业单位存入银行和其他金融机构的各种存款，应设置“银行存款”（资产类）总账账户。其借方记存入银行或其他金融机构的存款数，贷方记提取和支出存款数，借方余额反映事业单位银行存款数额。

现将“银行存款”的核算方法举例说明如下：

【例 6—3】某事业单位收到主管部门拨来本月经费 200 000 元。根据银行转来的收款通知，填制记账凭证。会计分录如下：

借：银行存款	200 000	
贷：财政补助收入		200 000

【例 6—4】接银行通知，支付水电费 5 400 元。根据有关凭证，填制记账凭证。会计分录如下：

借：事业支出	5 400	
贷：银行存款		5 400

【例 6—5】 将超过库存限额的现金 300 元送存银行。凭银行签章的回单，填制记账凭证。会计分录如下：

借：银行存款　　300

　贷：现金　　300

事业单位除了进行银行存款总分类核算外，还应按开户银行和其他金融机构的名称，以及存款种类等，分别设置“银行存款日记账”，由出纳人员根据收付款凭证逐笔顺序登记，每日终了应结出余额。

有外币存款的事业单位，应在本账户下分别按人民币和各种外币设置“银行存款日记账”进行明细核算。

事业单位发生的外币银行存款业务，应按当日中国人民银行颁布的人民币外汇汇率，将外币金额折合为人民币记账，并登记外国货币金额和折合率。年度终了（外币存款业务量大的单位可按季或月结算），事业单位应将外币账户余额按照期末中国人民银行颁布的人民币外汇汇率折合为人民币，作为外币账户期末人民币余额。调整后的各种外币账户人民币余额与原账面余额的差额，作为汇兑损益列入事业支出账户。

【例 6—6】 某事业单位年初美元存款 30 000 美元，汇率为 1∶8.40，账面人民币余额为 252 000 元。年末，美元存款余额为25 000美元，账面人民币余额为207 500元。12 月 31 日中国人民银行颁布的汇率为 1∶8.20，年终进行调账。

调整后的人民币余额为 25 000（美元）×8.2＝205 000（元）。

应调整人民币余额的差额为 207 500－205 000＝2 500（元）。

应计汇兑损失为 2 500（元）。

据此作会计分录如下：

借：事业支出　　2 500

　贷：银行存款——外币存款　　2 500

银行存款的对账工作：事业单位的银行存款日记账必须定期与银行对账单核对，至少每月核对一次。核对相符后即将对账单的回执联加盖单位公章和会计印章退还银行。如核对不符，应及时查找原因，凡属记账造成的，由银行划转款项进行纠正；凡属“未达账项”，必须认真查明原因，并编制“银行存款余额调节表”调节相符。未达账项是指结算双方，一方已登记入账，而另一方尚未登记入账的款项。未达账项的原因一般有以下四种情况：

第一，银行已收款入账，而单位尚未入账的款项；

第二，银行已付款入账，而单位尚未入账的款项；

第三，单位已收款入账，而银行尚未入账的款项；

第四，单位已付款入账，而银行尚未入账的款项。

下面举例说明“银行存款余额调节表”的编制方法。

【例 6—7】某事业单位月终“银行存款”账面余额为155 000元，而银行送来的对账单余额为 153 000元，经过逐笔核对发现有以下几笔未达账项：

- 单位委托银行收款 4 000 元，银行已办理收款入账，但单位尚未收到收款收据，尚未入账。
- 单位委托银行支付水电费 9 000 元，银行已付款入账，但单位尚未接到银行通知，尚未入账。
- 单位收到转账支票一张计 2 000 元，单位已入账，而银行尚未接到通知，尚未入账。
- 单位已签发转账支票一张计 5 000 元，已付款入账，而持票人尚未到银行办理转账手续，银行尚未入账。

未达账项进行调节的方法，是在本单位的“银行存款”的余额和“银行对账单”的余额中，各自加进对方已收而本单位未收的未达账项，减去对方已付而本单位未付的未达账项后，检查两方面余额是否相等。

根据例 6—7 的资料编制银行存款余额调节表，其格式见表 6—1。

银行存款余额调节表

表 6—1 20××年 6 月 30 日

项目	金额（元）	项目	金额（元）
单位银行存款月末余额	155 000	银行对账单月末余额	153 000
加：银行已收单位未收	4 000	加：单位已收银行未收	2 000
减：银行已付单位未付	9 000	减：单位已付银行未付	5 000
调节后余额	150 000	调节后余额	150 000

这里应注意的是：银行存款双方账面余额经调节相符后，还不能据以调整账面记录，必须等到未达账项变成“已达账项”时，才能根据银行转来的有关凭证进行账务处理。

2. 财政应返还额度的管理与核算

实行国库集中支付制度后，事业单位的经费包干结余没能体现在单位的资金账户上，虽为单位可以自行支配使用的资金，但仍然存在国库。为核算事业单位存在财政尚未支用的资金，应设置“财政应返还额度”科目。处理财政直接支付年终结余资金时，借方登记单位本年度财政支付预算指标数与财政直接支付实际支出数的差额，贷方登记下年度实际支付的冲减数；处理财政授权支付年终结余资金时，借方登记单位零余额账户注销额度数，贷方登记下年度恢复额度数（如单位本年度财政授权支付预算指标数大于零余额账户用款额度下达数，借方需同时登记两者差额，贷方登记下年度单位零余额账户用款额度下达数）。

事业单位年终结余资金账务处理分财政直接支付和财政授权支付两种方式。

（1）财政直接支付年终结余资金账务处理。

事业单位年终依据本年度财政直接支付预算指标数与当年财政直接支付实际支出数的差额做相关会计账务处理。借记“财政应返还额度——财政直接支付”科目，贷记“财政补助收入——财政直接支付”；下年度恢复财政直接支付额度后，事业单位发生实际支出时，借记支出类科目，贷记“财政应返还额度——财政直接支付”科目。

【例 6—8】某事业单位本年度的财政直接支付预算指标为 13 000 000 元，截至年底时，该单位当年财政直接支付实际支出数为 12 700 000 元，会同财政部门确认结余资金 300 000 元。会计分录如下：

借：财政应返还额度——财政直接支付　300 000
　贷：财政补助收入——财政直接支付　300 000

【例 6—9】事业单位支用上年度结余资金 180 000 元购买设备一台，以财政直接支付方式付款。会计分录如下：

借：事业支出　180 000
　贷：财政应返还额度——财政直接支付　180 000

同时记：

借：固定资产　180 000
　贷：固定基金　180 000

（2）财政授权支付年终结余资金账务处理。

依据国库支付制度规定，事业单位的财政授权支付额度要在年底注销，第二年初再予以恢复。

1）注销授权支付额度账务处理。

年底，事业单位注销其授权支付额度时，依据代理银行提供的对账单进行相关注销额度的会计账务处理。借记“财政应返还额度——财政授权支付”科目，贷记“零余额账户用款额度”；如单位本年度财政授权支付预算指标数大于零余额账户用款额度下达数，根据两者间的差额记“财政应返还额度——财政授权支付”科目，贷记“财政补助收入——财政授权支付”科目。

【例 6—10】某事业单位至年度终了时，尚未支用的授权支付额度为 350 000 元，年终结余资金根据规定予以注销，依据代理银行提供的对账单作相关注销额度的会计账务处理。会计分录如下：

借：财政应返还额度——财政授权支付　350 000
　贷：零余额账户用款额度　350 000

【例 6—11】接上例，单位至年终尚未使用的授权支付额度为 350 000 元，但本单位年终结余资金为 1 000 000 元，根据财政部门的确认通知，和代理银行提供的对账单作相关注销额度的会计账务处理。会计分录如下：

借：财政应返还额度——财政授权支付 1000 000
　贷：零余额账户用款额度 350 000
　　财政补助收入——财政授权支付 650 000

2）恢复授权支付额度账务处理。

下年初，代理银行将为事业单位恢复财政授权支付额度。事业单位依据下年度年初代理银行额度恢复到账通知书作相关恢复额度的会计账务处理，借记“零余额账户用款额度”科目，贷记“财政应返还额度——财政授权支付”科目。如下年度单位收到财政部门批复的上年末下达零余额账户用款额度，作相关会计分录，借记“零余额账户用款额度”科目，贷记“财政应返还额度——财政授权支付”科目。

【例 6—12】 年初，某事业单位收到代理银行的“财政授权支付额度恢复到账通知书”，恢复本单位的授权支付额度 350 000 元。会计分录如下：

借：零余额账户用款额度 350 000
　贷：财政应返还额度——财政授权支付 350 000

【例 6—13】 某事业单位收到财政部门批复的上年末下达零余额账户用款额度 120 000元。会计分录如下：

借：零余额账户用款额度 120 000
　贷：财政应返还额度——财政授权支付 120 000

单位在使用年终结余时，其手续与核算同正常经费支出。

3. 应收及预付款项的管理与核算

应收款项及预付款项是事业单位应收未收、暂时垫付或预付给有关单位或个人而形成的一种停留在结算过程中的资金，体现为事业单位对有关单位或个人的一种债权。包括应收票据、应收账款、预付账款、其他应收款等内容。

（1）应收及预付款项的管理。事业单位应加强对各种应收、预付款项的管理。具体是指：

1）严格控制各种应收、预付款项的额度。

2）按照提供劳务或有偿服务的合同协议，指定专人做好结算和催收工作，制订工作计划，按期足额回收，防止可能的意外和损失发生。

3）对各种应收、预付款项，应督促有关经办人员或单位，及时办理结账和结报手续。

4）对各种应收、预付款项，应按照购货或劳务合同的规定，按单位名称分科目设置有关的明细账，详细记载。

5）通过加强对应收、预付账款的管理，加速资金的周转，提高资产的使用效益。

（2）应收票据的核算。应收票据是指事业单位因销售商品或者提供劳务时采用商业汇票方式进行结算而收到的商业汇票。所谓商业汇票是指收款人或者付款人（或承兑申请人）签发，由承兑人承兑并于到期日向收款人或背书人支付款项的票据。

商业汇票按承兑人的不同，分为商业承兑汇票和银行承兑汇票。商业承兑汇票是指由收款人签发，经付款人承兑，或由付款人签发并承兑的票据。银行承兑汇票是指由收款人或承兑申请人签发，并由承兑申请人向银行申请，经银行审查同意承兑的票据。商业票据的持票人可以将票据转让他人，转让时须在票据背面背书。经过背书的票据如果出票人或付款人到期不能兑付，背书人员负有连带责任。

为了核算事业单位因从事经营活动或提供劳务而收到的商业汇票，应设置“应收票据”（资产类）总账账户。其借方记事业单位收到应收票据的票面金额，贷方记应收票据到期收回的金额，借方余额反映应收票据未到期数额。

事业单位除了进行应收票据总分类核算外，还应设置“应收票据备查簿”，逐笔登记每张应收票据的种类、号数、出票日期、票面金额、付款人、承兑人、背书人的姓名或单位名称、到期日、收款日和收回金额等资料。

事业单位收到应收票据，借记“应收票据”账户，贷记“经营收入”等有关账户。应收票据到期收回的票面金额，借记“银行存款”账户，贷记“应收票据”账户。单位持未到期的应收票据向银行贴现，应按实际收到的金额（面值扣除贴现息后的净额），借记“银行存款”等账户，按贴现息部分，借记“经营支出”账户，按应收票据的票面金额，贷记“应收票据”账户。

1）应收票据发生的核算。

【例 6—14】某事业单位销售产品一批，货款共计 120 000 元，经双方协商，采用商业汇票结算方式结算货款。该单位收到 90 天到期面额为120 000元的商业汇票一张。凭有关凭证，填制记账凭证。会计分录如下：

收到商业汇票时：

借：应收票据	120 000	
贷：经营收入		120 000

期满收回货款时：

借：银行存款	120 000	
贷：应收票据		120 000

假设外单位无力支付票据款 120 000 元，会计分录如下：

借：应收账款	120 000	
贷：应收票据		120 000

2）应收票据贴现的核算。如果事业单位在持有的应收票据到期前出现资金紧缺，可以持未到期的票据向银行申请贴现，以便得到所需要的资金。“贴现”就是票据持有人将未到期的票据在背书后送交银行，银行受理后从票据到期值中扣除按银行贴现率计算确定的贴息，然后将余款付给持票人。

票据贴现实际上是单位融通资金的一种形式，银行要按照一定的利率从票据价值中扣除自贴现日起至到期日止的贴现利息。

应收票据的背书是指持票人在票据背面签字，签字人称为背书人，银行贴现所扣的利息称为银行贴现息，银行贴现时所用利率称为贴现率。

应收票据贴现的计算公式如下：

贴现利息＝票据到期值×贴现率×贴现期

贴现净额＝票据到期值－贴现利息

式中，贴现期为贴现日至到期日的间隔时间。

【例 6—15】 某事业单位将一张期限为 180 天，面值为 30 000 元，已持有 60 天的商业汇票向银行贴现，年贴现率为 10%。

票据到期值＝30 000(元)

贴现利息＝30 000×10%×120/360＝1 000(元)

贴现净额＝30 000－1 000＝29 000(元)

根据银行转来的收款通知，单位应编制会计分录如下：

借：银行存款	29 000	
经营支出	1 000	
贷：应收票据		30 000

(3) 应收账款的核算。应收账款是指事业单位因提供、开展有偿服务及销售产品等业务而收取的款项。如学校学生欠交的学杂费、医院病人欠交的医药费等。

为了核算事业单位的应收账款，应设置“应收账款”（资产类）总账账户。其借方记发生的应收账款额，贷方记应收账款的收回额，借方余额反映待结算应收账款的累计数。应收账款应按债务单位或个人名称设置明细账。

发生应收账款时，借记“应收账款”账户，贷记“经营收入”、“其他收入”等账户；收到款项时，借记“银行存款”账户，贷记“应收账款”账户。

【例 6—16】 某事业单位向外提供劳务，应收劳务费 5 000 元，款项尚未收到。根据有关凭证，填制记账凭证。会计分录如下：

借：应收账款	5 000	
贷：经营收入		5 000

外单位来还欠款时：

借：银行存款	5 000	
贷：应收账款		5 000

(4) 预付账款的核算。预付账款是指事业单位按照购货、劳务合同规定预付给供应单位的款项。

为了核算事业单位的预付账款，应设置“预付账款”（资产类）总账账户。其借方记预付款项发生数，贷方记收到所购物品或劳务结算数及退回多付的款项数，借方余额反映尚未结算的预付款项。本账户应按供应单位名称设置明细账，进行明细核算。

预付款项业务不多的单位也可以将预付的账款直接记入“应收账款”账户的借方，不设本账户。

【例 6—17】 某事业单位为采购一批紧俏物资材料而预付货款53 600元。根据银行付款通知单，填制记账凭证。会计分录如下：

借：预付账款　　53 600

　贷：银行存款　　53 600

【例 6—18】 上述预付货款的物资材料已运到，实际货款为 54 000 元，材料已验收入库，不足款尚未支付。根据发票账单等有关凭证，填制记账凭证。会计分录如下：

借：材料　　54 000

　贷：预付账款　　53 600

　　　应付账款　　400

(5) 其他应收款的核算。其他应收款是指事业单位除应收票据、应收账款、预付账款以外的其他应收、暂付款项，包括借出款、备用金、应向职工收取的各种垫付款项等。

为了核算其他各种应收款项，应设置“其他应收款”（资产类）总账账户。其借方记发生的其他应收款，贷方记收回的其他应收款，借方余额反映尚未结算的其他应收款。本账户应按其他应收款的项目和债务人设置明细账，进行明细核算。

现以备用金为例说明其他应收款的核算。

备用金也称零用现金。为了使频繁的日常小额零星支出摆脱常规的逐级审批及逐项签发支票的过繁手续，对那些零星开支、零星采购或小额差旅费用等需要的现金，建立定额备用金制度加以控制。

定额备用金制度主要包括以下内容：

第一，由会计部门根据实际情况核定，拨出一笔固定数额的现金，并规定其使用范围。

第二，必须设立专人经管定额备用金。

第三，支付零用现金时，必须由指定的负责人签发同意。

第四，备用金经管人员必须妥善保存支付备用金的收据、发票以及各种报销凭证，并设置备用金登记簿，记录各项零星支出。

第五，经管人员按规定的间隔日期或在备用金不够周转时，凭有关凭证向会计部门报销，补足备用金的规定金额。

【例 6—19】 某事业单位签发一张现金支票，拨出备用金 1 000 元备用。根据现金支票存根，填制记账凭证。会计分录如下：

借：其他应收款——备用金　　1 000

　贷：银行存款　　1 000

【例 6—20】备用金经管人员持报销凭证 800 元到财务部门报销，财务部门以现金补足定额。会计分录如下：

借：事业支出　　800

　贷：现金　　800

4. 存货的管理与核算

存货是指事业单位在业务及其他活动过程中为耗用或者为销售而储存的各种资产，包括材料、产成品及低值易耗品等。

事业单位的存货处于经常性的不断耗用或者重置之中，是流动资产十分重要的组成部分，其金额往往占流动资产的相当比例。需要指出的是，只要占有权或者使用权属于事业单位的材料、产成品和低值易耗品等，无论存放在什么地方，都应视为该事业单位的存货；相反，如果上述物品的占有权或者使用权已经转移，即使这些物品还放置在该事业单位的仓库内，也不能作为该事业单位的存货予以统计。

（1）存货的管理。

1）由于各事业单位的业务性质和特点不同，在存货的核算和管理上可以采取不同的方式：存货品种多、数量大、价值较高的事业单位，应对存货进行细类划分，使用存货账户进行核算；存货品种少、数量小、价值较低的事业单位，不一定对存货进行细类划分，也不一定使用存货账户进行核算，其购入和耗用可以直接列作支出。

2）事业单位应建立、健全存货的购买、验收、进出库、保管、领用等管理制度，明确责任，严格管理，并尽可能降低存货的库存和消耗，保证存货的安全，提高存货的使用效益。

3）加强对存货的清查盘点工作。存货的清查盘点是指事业单位通过查点数量、测量过磅等方法，确定存货的实际库存数量，并与存货账面数量进行核对，进而确定存货长余或者短缺及其原因的一种方法，也是事业单位财务管理的一项基础性工作。由于对存货的验收、计量、核算、管理中可能发生的疏漏，以及存货的自然耗损和发生的其他意外事故等原因，有时会发生存货的盘盈或者盘亏，造成存货的账实不符。因此，为了及时发现问题、堵塞漏洞、加强管理、健全制度、最大限度地保证存货的安全和完整，做到账实相符，事业单位必须对存货进行定期或者不定期的清查盘点，进而核实存货的实际库存数，并与存货的账面记录进行核对；分清责任，按规定的程序报经单位有关部门批准后，计入当期收支，并进行相应的账务处理，使存货的账面记录与库存实物相符。

（2）存货的核算。

1）材料的核算。材料是指事业单位库存的物资材料，以及达不到固定资产标准的工具、器具、低值易耗品等。

第一，材料的计价。

材料入账价格的确认，应遵守以下规定：

- 购入材料，应以购价、运杂费作为材料入账价格。

单位购入的自用材料，按实际支付的含税价格计算。

事业单位按《中华人民共和国增值税暂行条例》规定属于小规模纳税人的，其购进材料应按实际支付的含税价格计算。

事业单位按《中华人民共和国增值税暂行条例》规定属于一般纳税人的，其购进的材料非自用部分按不含税价格计算。

● 材料出库可以根据实际情况选择先进先出法或加权平均法确定其实际成本。

第二，材料的核算。

为了核算事业单位的材料，应设置“材料”（资产类）总账账户。其借方记材料的入库数，贷方记材料的出库数，借方余额反映材料的实际库存数。

事业单位除了进行材料的总分类核算外，还应按材料的保管地点、种类和规格设置明细账，并根据材料的收发凭证逐笔登记。

事业单位随买随用的零星办公用品，可在购进时直接列作支出，不适用本账户。

材料的核算包括材料购入、发出及盘盈、盘亏等核算。

● 材料购入的核算。事业单位购入的材料，分别在会计部门和材料管理部门核算。会计部门只记金额，不记数量；材料管理部门既要记金额，又要记数量。

为了加强材料的管理与核算，事业单位应建立健全材料的入库手续。材料入库应取得银行结算凭证、销货单位发票、运杂费单据以及运输单位的货物运单等，单位应根据这些发票和单据办理付款手续，并填制“收料单”。

现将材料收入的核算方法举例说明如下：

一是购入自用材料并已验收入库的，借记“材料”账户，贷记“银行存款”等账户。

【例 6—21】某事业单位购入自用材料一批，材料价款 146 000 元，增值税税款 24 820 元，运杂费 3 480 元，用银行存款支付，材料已验收入库。根据有关凭证，填制记账凭证。会计分录如下：

借：材料	174 300	
贷：银行存款		174 300

二是属于小规模纳税人的事业单位购进材料并已验收入库的，借记“材料”账户，贷记“银行存款”等账户。

【例 6—22】某事业单位（小规模纳税人）购进材料一批，增值税专用发票上的材料款为 23 000 元，增值税税额为 3 910 元。双方商定采用商业承兑汇票结算方式支付贷款，付款期限为 3 个月，材料已验收入库。根据有关凭证，填制记账凭证。会计分录如下：

借：材料	26 910	
贷：应付票据		26 910

三是属于一般纳税人的事业单位购入非自用材料并已验收入库的，按照采购材料专用发票上注明的增值税税额，借记“应交税金——应交增值税（进项税额）”账户，按专用发票上记载的应计入采购成本的金额，借记“材料”账户，按实际支付的金额，贷记“银

行存款”、“应付账款”等账户。

【例 6—23】某事业单位（一般纳税人）购入非自用材料一批，增值税专用发票上注明的价款为490 000元，增值税税额为83 300元，材料已验收入库，货款尚未支付。同时以银行存款500元支付运费。根据有关凭证，填制记账凭证。会计分录如下：

借：应交税金——应交增值税（进项税额） 83 300
　　材料 490 000
　贷：应付账款 573 300
借：材料 500
　贷：银行存款 500

● 材料发出的核算。材料发出是指领用材料和售出材料。发出材料时，由用料部门根据用料计划填制领料单，领料单必须由领料单位负责人审核，查明该项目用料是否符合用料计划，或者有无超过部门计划的控制数，经签章后，方能作为发出材料的依据。

材料保管员对于用料部门填制的领料单进行审核后，核定实发数量，并且将实发数量填写在领料单内的实发栏，在凭单上加盖“发讫”戳记，及时登记材料明细账。

平时，材料管理部门发料后，在领料单上加盖“发讫”戳记，并在明细账上进行登记，只记发出的数量，不记单价和金额。月终，材料保管员计算出材料的单价及发出材料的总金额，登入材料明细账，并作材料发出的账务处理。

事业单位购进材料时，每批材料的实际成本不同，因此，发出材料核算的关键是如何确定发出材料的实际成本，它关系到事业单位资产价值和收支结余的真实性。事业单位可以根据实际情况选择用先进先出法或加权平均法确定其发出材料的实际成本。

事业单位领用自用材料出库时，借记“事业支出”等账户，贷记“材料”账户；属于小规模纳税人的事业单位领用材料出库，借记“事业支出”、“经营支出”等账户，贷记“材料”账户；属于一般纳税人的事业单位非自用材料出库，按采购成本（不含税）借记“事业支出”、“经营支出”等账户，贷记“材料”账户。

现将材料发出的核算方法举例说明如下：

一是先进先出法。先进先出法是以先购进的材料先发出为假定前提，领用或者出售材料的价值，按材料入库的先后顺序计价，即先入库的先出库。

【例 6—24】某事业单位自用 A 材料的资料见表 6—2。

表 6—2　A 材料明细账　单位：元

年		凭证	摘要	收入			发出			结存		
月	日			数量	单价	金额	数量	单价	金额	数量	单价	金额
1	1		期初结存							100	10	1 000
	10		购入	200	10.5	2 100				100 200	10 10.5	1 000 2 100

续前表

年		凭证	摘要	收入			发出			结存		
月	日			数量	单价	金额	数量	单价	金额	数量	单价	金额
	11		发出				100 100	10 10.5	1 000 1 050	100	10.5	1 050
	18		购入	400	11	4 400				100 400	10.5 11	1 050 4 400
	20		发出				100 100	10.5 11	1 050 1 100	300	11	3 300
	23		发出				200	11	2 200	100	11	1 100
1	31		本期发生额及金额	600		6 500	600		6 400	100	11	1 100

月末，根据上述资料，填制记账凭证。会计分录如下：

借：事业支出　　6 400

　贷：材料　　6 400

二是加权平均法。加权平均法是以加权平均计算的单位成本为依据计算期末结存材料和发出材料实际成本的方法。其计算公式为：

$$加权平均单价=\frac{期初结存材料成本+本期购入材料成本}{期初结存材料数量+本期购入材料数量}$$

$$发出材料实际成本=发出材料数量\times加权平均单价$$

【例 6—25】某事业单位采用加权平均法确定其发出材料的实际成本，有关资料见表 6—3。

表 6—3　　**A 材料明细账**　　单位：元

年		凭证	摘要	收入			发出			结存		
月	日			数量	单价	金额	数量	单价	金额	数量	单价	金额
1	1		期初结存							100	10	1 000
	10		购入	200	10.5	2 100				300		
	11		发出				200			100		
	18		购入	400	11	4 400				500		
	20		发出				200			300		
	23		发出				200			100		
1	31		本期发生额及金额	600		6 500	600	10.71	6 426	100	10.71	1 071

注：材料加权平均单价$=\frac{1\,000+6\,500}{100+600}=10.71$（元）；发出材料实际成本$=10.71\times600=6\,426$（元）。

月末，根据上述材料，填制记账凭证。会计分录如下：

借：事业支出　　6 426

　贷：材料　　6 426

● 材料盘盈、盘亏的核算。事业单位的材料，每年至少盘点一次，发现盘盈、盘亏等情况，按照实际成本，作增加或减少材料处理。其中属于经营用材料应冲减或增加“经营支出”，属于事业用材料应冲减或增加“事业支出”。

现将材料盘盈、盘亏的核算方法，举例说明如下：

【例 6—26】 某事业单位月末对材料进行盘点，发现经营用 A 材料盘盈 30 公斤，每公斤 11 元，事业用 B 材料盘亏 60 公斤，每公斤 15 元。根据“材料盘盈、盘亏表”，填制记账凭证。会计分录如下：

借：材料　330

　贷：经营支出　330

借：事业支出　900

　贷：材料　900

2）产成品的核算。产成品是指事业单位生产并已验收入库产品的实际成本。从事劳务活动的单位，其劳动成果可视同产成品核算。

为了核算事业单位的产成品，应设置“产成品”（资产类）总账账户。其借方记生产完成验收入库的产成品，贷方记产品出库销售额，借方余额反映库存产成品的实际成本。本账户应按产成品的种类、品种和规格设置明细账。

生产完成验收入库的产成品，借记“产成品”账户，贷记“成本费用”账户。产品出库销售时，按先进先出法或加权平均法计算成本价，借记“事业支出”或“经营支出”账户，贷记“产成品”账户。清查盘点出现产成品盘盈或盘亏，作增加或减少产成品处理。盘盈时，借记“产成品”账户，贷记“事业支出”或“经营支出”账户；盘亏时，借记“事业支出”或“经营支出”账户，贷记“产成品”账户。

现举例说明产成品的核算如下：

【例 6—27】 某事业单位（小规模纳税人）生产的甲产品完工已验收入库，共 500 件，每件单位成本为 310 元。根据有关凭证，填制记账凭证。会计分录如下：

借：产成品　155 000

　贷：成本费用　155 000

【例 6—28】 该单位领用甲产品 200 件，按先进先出法计算的单位成本为 320 元，结转其成本。根据有关凭证，填制记账凭证。会计分录如下：

借：事业支出　64 000

　贷：产成品　64 000

【例 6—29】 该单位销售甲产品 100 件，每件售价 390 元，收到转账支票。已售产品实际成本为 31 000 元。根据有关凭证，填制记账凭证。会计分录如下：

销售产品取得收入时：

借：银行存款　39 000

　　贷：经营收入　　39 000
　结转成本时：
　借：经营支出　　31 000
　　贷：产成品　　31 000

6.1.3　事业单位固定资产的管理与核算

1. 固定资产的概念及核算范围

事业单位的固定资产，是指使用期限在一年以上，单位价值在规定标准以上，并在使用过程中基本保持原有物质形态的资产。《事业单位财务规则》规定：事业单位的一般设备单位价值在500元以上、专用设备单位价值在800元以上，使用期限在一年以上，并在使用过程中基本保持原有物质形态的资产都属于固定资产。单位价值虽未达到规定标准，但是耐用时间在一年以上的大批同类物资，应作为事业单位固定资产管理。

2. 固定资产的分类

事业单位的固定资产是事业单位开展业务及其他活动的重要物质条件，其品种繁多、规格不一，为了加强固定资产管理，正确进行固定资产核算，必须对固定资产进行科学、合理的分类。固定资产按自然属性和用途一般可分为六类：房屋和建筑物，专用设备，一般设备，文物和陈列品，图书，其他固定资产。

(1) 房屋和建筑物。房屋和建筑物是指事业单位拥有占有权和使用权的房屋、建筑物及其附属设施。其中，房屋包括办公用房、业务用房、库房、职工宿舍用房、职工食堂、锅炉房等，建筑物包括道路、围墙、水塔等，附属设备包括房屋、建筑物内的电梯、通信线路、输电线路、水气管道等。

(2) 专用设备。专用设备是指事业单位根据业务工作的实际需要购置的各种具有专门性能和专门用途的设备，如学校的教学仪器、科研单位的科研仪器、医院的医疗器械等。

(3) 一般设备。一般设备是指事业单位用于业务工作的通用性设备，如办公用的家具、交通工具等。

(4) 文物和陈列品。文物和陈列品是指博物馆、展览馆、纪念馆等文化事业单位的各种文物和陈列品，如古物、字画、纪念物品等。

(5) 图书。图书是指专业用图书馆、文化馆收藏的书籍，以及事业单位收藏的统一管理使用的业务用书，如单位图书馆（室）、阅览室的图书等。

(6) 其他固定资产。其他固定资产是指以上各类未包括的固定资产。

事业单位固定资产种类繁多、规格不一，特别是不同类型的事业单位占有和使用的相当一部分固定资产的性质差异较大，因此，其管理上的侧重点和要求也各有不同。各主管部门可根据本系统的具体情况制定各类固定资产明细目录。

3. 固定资产的计价

事业单位的固定资产按下列规定的价值记账：

(1) 购入、调入的固定资产，按照实际支出的买价或调拨价、运杂费、安装费等记账。购置车辆按规定支付的车辆购置附加费计入购价之内。购建的固定资产应当按照取得时的实际成本记账。固定资产借款利息和有关费用，以及外币借款的汇兑差额，在固定资产办理竣工决算之前发生的，应当计入固定资产价值，在竣工决算之后发生的，计入当期支出或费用。

（2）自制的固定资产，按开支的工、料、费记账。

（3）在原有固定资产基础上进行改建、扩建的固定资产，按改建、扩建发生的支出减去改建、扩建过程中的变价收入后的净增加值，增记固定资产。

（4）融资租入的固定资产，按租赁协议确定的设备价款、运杂费、安装费等记账。

（5）接受捐赠的固定资产，按照同类固定资产的市场价格或根据所提供的有关凭证记账。接受固定资产时发生的相关费用，应当计入固定资产价值。

（6）盘盈的固定资产，按重置完全价值入账。

（7）已投入使用但尚未办理移交手续的固定资产，可先按估计价值入账，待确定实际价值后，再进行调整；对固定资产进行改建、扩建，其净增值部分应当计入固定资产价值。

购置固定资产过程中发生的差旅费不计入固定资产价值。

4. 固定资产的核算

为了核算事业单位的固定资产的原价，应设置“固定资产”（资产类）总账账户。其借方记增加的固定资产原值，贷方记减少的固定资产原值，借方余额反映现有固定资产的原值总值。

事业单位除了进行固定资产的总分类核算外，还应按固定资产分类设备明细账和固定资产卡片进行明细核算。

事业单位应根据规定的固定资产标准和分类，结合本单位情况，制定固定资产目录，作为核算依据。

固定资产的核算分为增加、减少及盘盈、盘亏的核算。

（1）固定资产增加的核算。事业单位固定资产的增加一般包括：购入、调入或自制的固定资产；融资租入的固定资产；接受捐赠的固定资产；基本建设竣工移交的房屋、建筑物；其他单位投资转入的固定资产及盘盈的固定资产等。一切增加的固定资产，都应有一定的验收制度和会计凭证。

1）购入、调入固定资产的核算。事业单位购入、调入固定资产时，应按资金来源分别借记“专用基金——修购基金”、“事业支出”、“专款支出”等账户，贷记“银行存款”账户，同时借记“固定资产”账户，贷记“固定基金”账户。

【例 6—30】 某事业单位用事业经费购买专业用仪器一台，价款 84 000 元，运杂费 650 元，安装费 200 元，以银行存款支付。根据有关凭证，填制记账凭证。会计分录如下：

借：事业支出	84 850	
贷：银行存款		84 850
同时：		
借：固定资产	84 850	
贷：固定基金		84 850

【例 6—31】某事业单位用修购基金改建办公楼，实际发生支出 370 000 元，改建中取得变价收入 28 000 元，已交付使用。根据有关凭证，填制记账凭证。会计分录如下：

借：专用基金——修购基金　342 000
　贷：银行存款　342 000

同时：

借：固定资产　342 000
　贷：固定基金　342 000

2）融资租入的固定资产的核算。融资租赁是指事业单位向经营融资租赁业务的公司租入的固定资产。这种租赁方式与临时性租赁相比，具有以下特点：租赁期限较长；租赁费用包括设备的价款、租赁费、借款利息等；在租赁期满后，设备产权一般要转给承租方等。

事业单位融资租入的固定资产，借记“固定资产”账户，贷记“其他应付款”账户；支付租金时，借记有关支出账户，贷记“固定基金”账户，同时，借记“其他应付款”账户，贷记“银行存款”账户。

【例 6—32】某事业单位采用融资租赁方式租入一台专用设备，双方协商设备价款为 180 000 元，每年付租金 20 000 元，分 9 年付清。当付清最后一笔租金后，可以 5 000 元优惠价格购买设备。该设备发生的运输费、安装费等 3 600 元，用银行存款付讫。根据有关凭证，填制记账凭证。会计分录如下：

借：固定资产　188 600
　贷：其他应付款　185 000
　　　固定基金　3 600

借：事业支出　3 600
　贷：银行存款　3 600

每年支付租金时：

借：事业支出　20 000
　贷：固定基金　20 000

同时：

借：其他应付款　20 000
　贷：银行存款　20 000

最后一年支付租金及购价时：

借：事业支出　25 000
　贷：固定基金　25 000

同时：

借：其他应付款　25 000
　贷：银行存款　25 000

3）接受捐赠的固定资产的核算。接受捐赠的固定资产，应借记“固定资产”账户，贷记“固定基金”账户。

【例 6—33】 某事业单位接受外单位捐赠的专用设备一台，按同类设备的市场价格确定其价值为 36 000 元，运杂费 210 元。根据有关凭证，填制记账凭证。会计分录如下：

借：固定资产	36 210	
贷：固定基金		36 210

（2）固定资产减少的核算。事业单位固定资产减少，是指固定资产的报废、毁损、盘亏、对外出售、投资转出等。事业单位发生固定资产减少时，财务部门应认真审核有关凭证，严格手续，对不符合规定手续的应拒绝办理，并及时报请领导处理。

1）固定资产报废、毁损的核算。固定资产由于磨损、陈旧或其他原因毁损，不能继续使用的，应办理报废手续。事业单位固定资产报废，一般经本单位负责人批准后核销，大型、精密贵重的设备、仪器报废，应当经过有关部门的鉴定，经主管部门或者国有资产管理部门、财政部门批准。事业单位报废的固定资产，单位要凭核准部门的《事业单位国有资产处理批复书》，调整有关账目。

因报废减少的固定资产，按减少固定资产的原值，借记“固定基金”账户，贷记“固定资产”账户。

报废、毁损固定资产的残值变价收入和清理费用列入专用基金账户中的修购基金。

【例 6—34】 某事业单位的仪器设备一台，因科学技术进步等原因经批准报废。该设备原价 93 000 元，收回残值收入 850 元，支付清理费用 1 200 元。根据有关凭证，填制记账凭证。会计分录如下：

借：固定基金	93 000	
贷：固定资产		93 000
借：银行存款	850	
贷：专用基金——修购基金		850
借：专用基金——修购基金	1 200	
贷：银行存款		1 200

2）固定资产出售的核算。事业单位可以将不需用的固定资产出售给需用的单位。出售固定资产时，按实际收到的价款借记“银行存款”账户，贷记“专用基金——修购基金”账户，同时按原值借记“固定基金”账户，贷记“固定资产”账户。

【例 6—35】 某事业单位出售专用设备一台，其账面原值 12 000 元，出售时双方协商作价 10 500 元，款项存入银行。根据有关凭证，填制记账凭证。会计分录如下：

借：银行存款　　10 500
　贷：专用基金——修购基金　　10 500
借：固定基金　　12 000
　贷：固定资产　　12 000

3）固定资产盘亏的核算。事业单位对固定资产应定期或者不定期地进行清查盘点，尤其是在年度终了前必须进行一次全面的清查盘点，包括：查明固定资产的实有数与账面结存数是否相等，固定资产的保管、使用、维修等情况是否正常，等等。通过清查盘点，及时发现和堵塞管理中的漏洞，妥善处理和解决出现的各种问题，制定相应的改进措施，保证固定资产的安全和完整，做到固定资产的账实相符。

事业单位根据清查结果编制“固定资产盘亏表”，并按规定及时报请有关部门审批、处理。

盘亏的固定资产，按原值借记“固定基金”账户，贷记“固定资产”账户。

【例 6—36】 某事业单位盘亏电视机一台，其账面价值 7 500 元，根据盘亏表，填制记账凭证。会计分录如下：

借：固定基金　　7 500
　贷：固定资产　　7 500

除会计部门进行固定资产总账核算外，财产管理部门也应设置一套固定资产明细账，根据固定资产的类别和财产品名设户，进行各种固定资产的收进、发出、余存的数量和金额的明细核算。

6.1.4 事业单位对外投资的管理与核算

1. 对外投资的概念

对外投资是指事业单位利用货币资金、实物和无形资产等方式向其他单位进行的投资，包括债券投资和其他投资。事业单位对外投资一般是为了取得投资回报。这种投资可以是对其他事业单位的投资，也可以是对企业的投资。

2. 对外投资的类型

事业单位对外投资的类型和企业有所不同，企业财务会计制度将对外投资划分为长期投资和短期投资，事业单位不这样划分，这是因为事业单位与企业在性质和运营目的上有很大的不同，事业单位主要是从事非营利性的活动，以社会效益为最高准则，其资金来源从总体上看主要依靠财政拨款，对外投资并不构成其经济活动的主要内容，其实际发生的对外投资并不多。企业财务会计制度将对外投资划分为长期投资和短期投资，其主要标准并不是投资期限的长短，而是看对外投资的主要目的是仅仅为了取得投资收益，还是为了控制其他企业的重大经营决策。因此，事业单位没有必要按投资期限将对外投资划分为短期投资和长期投资，而只按对外投资的内容进行划分就可以了。

按对外投资的内容，事业单位对外投资可以分为经营投资和债券投资两类。经营投资，是指事业单位与其他单位共同出资组成合资或者联营实体的对外投资等；债券投资，是指事业单位以购买各种债券的形式进行的对外投资，包括认购国库券和其他各种债券等。

3. 事业单位对外投资应注意的几个问题

（1）对外投资要按照规定的程序报批。事业单位对外投资，应当按照国家有关规定报经主管部门、国有资产管理部门和财政部门批准或者备案。对外投资属于将非经营性资产转作经营性资产的投资，应由单位申报，主管部门审核，国有资产管理部门批准，如果一次性转作经营性投资的资产价值量是巨大的，由国有资产管理部门送同级财政部门征求意见后审批，并将批准文件报财政部门备案。

（2）事业单位以实物、无形资产对外投资的，要按照有关规定进行资产评估。

（3）事业单位对外投资所利用的货币资金、实物和无形资产等，遵循的总的原则应当是以不影响本单位完成正常的事业计划为前提，特别是将非经营性资产用于经营性的投资活动的，则不能包括财政补助收入、上级补助收入和为维持事业正常发展、保证事业计划完成的各项资产。

（4）事业单位利用国有资产对外投资的，资产的国家所有性质不变。

（5）事业单位对外投资的对象，包括其他事业单位、企业及事业单位兴办的独立核算的生产经营单位等；不包括事业单位依法兴办的附属的非独立核算的生产经营单位。事业单位对外投资也不包括事业单位对外出租、出借有关资产的行为。

4. 对外投资的计价

事业单位的对外投资应按以下规定计价：

（1）事业单位以货币资金方式对外投资，应当以实际支付的款项记账，投资期内取得的利息、红利等各项投资收益应当计入当期收入。

（2）事业单位以实物或无形资产方式对外投资，应当按评估价或合同协议确定的价值记账。

（3）转让债券取得的价款或债券到期收回的本息与其账面成本的差额，计入当期收入。

5. 对外投资的核算

为了核算事业单位以自有资产通过各种方式向其他单位的投资，应设置“对外投资”（资产类）总账账户。其借方记对外投资增加数，贷方记对外投资减少数，借方余额反映尚未收回的对外投资数额。本账户应按债券种类和投资对象进行明细核算。

（1）债券投资的核算。事业单位购入各种债券形成的对外投资，应按实际支付的款项，借记“对外投资”账户，贷记“银行存款”等账户；同时借记“事业基金——一般基金”账户，贷记“事业基金——投资基金”账户。转让债券以及到期兑付的债券本息，按实际收到的金额，借记“银行存款”账户，按实际成本贷记“对外投资”账户。实收金额与账面金额的差额，借记或贷记“其他收入”账户，同时调整事业基金的明细账户。

【例6—37】 某事业单位于2007年2月8日购入债券500张，每张面值100元，票面利率8.5%，期限一年，另付佣金、税金等200元。根据有关凭证，填制记账凭证。会计分录如下：

借：对外投资　　50 200
　贷：银行存款　　50 200
同时：
借：事业基金——一般基金　　50 200
　贷：事业基金——投资基金　　50 200

【例6—38】 2008年2月8日，上述债券到期，收到债券本息共54 250元。根据有关凭证，填制记账凭证。会计分录如下：

借：银行存款　　54 250
　贷：对外投资　　50 200
　　其他收入　　4 050
同时：
借：事业基金——投资基金　　50 200
　贷：事业基金——一般基金　　50 200

(2) 固定资产投资的核算。事业单位以固定资产对外投资，应按评估价或合同协议确定的价值借记“对外投资”账户，贷记“事业基金——投资基金”账户，按账面原价，借记“固定基金”，贷记“固定资产”账户。

【例6—39】 某事业单位向另一单位投资已使用过的机器设备一台，评估价168 000元，该机器原价150 000元。根据有关凭证，填制记账凭证。会计分录如下：

借：对外投资　　168 000
　贷：事业基金——投资基金　　168 000
借：固定基金　　150 000
　贷：固定资产　　150 000

(3) 材料投资的核算。属于一般纳税人的事业单位向其他单位投出材料，按合同协议确定的价值，借记“对外投资”账户，按材料账面价值（不含增值税），贷记“材料”账户、“应交税金——应交增值税（销项税额）”账户，按合同协议确定的价值扣除材料账面价值与应交增值税（销项税额）的差额，借记或贷记“事业基金——投资基金”账户；同时，按材料的账面价值，借记“事业基金——一般基金”账户，贷记“事业基金——投资基金”账户。

属于小规模纳税人的事业单位对外投出材料，按合同协议确定的价值，借记“对外投资”账户，按材料账面价值（含税）贷记“材料”账户，按合同协议确定的价值与材料账面价值的差额，借记或贷记“事业基金——投资基金”账户；同时，按材料账面价值，借记“事业基金——一般基金”账户，贷记“事业基金——投资基金”账户。

【例 6—40】 某事业单位（一般纳税人）向另一单位投出材料一批，合同协议确定此批材料为 136 000 元，材料账面价值（不含增值税）为 110 000 元，应交增值税额 23 120 元。根据有关凭证，填制记账凭证。会计分录如下：

借：对外投资	136 000	
贷：材料		110 000
应交税金——应交增值税（销项税额）		23 120
事业基金——投资基金		2 880
同时：		
借：事业基金——一般基金	110 000	
贷：事业基金——投资基金		110 000

【例 6—41】 某事业单位（小规模纳税人）向其他单位投出材料，评估价为59 000元，材料账面价值为 67 000 元。根据有关凭证，填制记账凭证。会计分录如下：

借：对外投资	59 000	
事业基金——投资基金	8 000	
贷：材料		67 000
同时：		
借：事业基金——一般基金	67 000	
贷：事业基金——投资基金		67 000

（4）无形资产投资的核算。事业单位向其他单位投入的无形资产，按双方确定的价值，借记“对外投资”账户，按账面原价，贷记“无形资产”账户，按其差额，借记或贷记“事业基金——投资基金”账户；同时，按资产账面价值，借记“事业基金——一般基金”账户，贷记“事业基金——投资基金”账户。

【例 6—42】 某事业单位用无形资产进行投资，双方协商价值为 145 000 元，无形资产的账面价值为 128 000 元。根据有关凭证，填制记账凭证。会计分录如下：

借：对外投资	145 000	
贷：无形资产		128 000
事业基金——投资基金		17 000
同时：		
借：事业基金——一般基金	128 000	
贷：事业基金——投资基金		128 000

（5）货币资金投资的核算。事业单位以货币资金对外投资，借记“对外投资”账户，贷记“银行存款”账户；同时借记“事业基金——一般基金”账户，贷记“事业基金——投资基金”账户。

【例 6—43】某事业单位以银行存款 100 000 元向另一单位投资。根据有关凭证，填制记账凭证。会计分录如下：

借：对外投资　　100 000
　贷：银行存款　　100 000

同时：

借：事业基金——一般基金　　100 000
　贷：事业基金——投资基金　　100 000

6.1.5　事业单位无形资产的管理与核算

1. 无形资产的概念

无形资产是指不具有实物形态而能为事业单位提供某种权利的资产，包括专利权、商标权、土地使用权、商誉、非专利技术、著作权及其他财产权利。

无形资产是一种非物质性资产，但并不是所有的非物质性资产都是无形资产，只有那些事业单位拥有某种独占权利，并能供事业单位长期使用，抑或能带来一定收益的非物质性资产才是无形资产。

2. 无形资产的内容及计价

专利权是指对发明者在某一产品的造型、配方、结构、制造工艺或程序的发明上给予其制造、使用和出售等方面的专门权利。专利权人拥有的专利受专利法保护。事业单位不应将其所拥有的一切专利权都予以本金化，作为无形资产核算，只有那些能够给事业单位带来较大经济价值的，并且事业单位为此作了支出的专利，才能作为无形资产进行核算。专利权如果是购买的，其记账成本价值除买价外，还应包括有关部门收取的相关费用等；如果是自行开发的，它的成本应包括创造该项专利的试验费用、申请专利登记费用以及聘请律师费用等。

商标权是指专门在某类指定的商品或产品上使用特定的名称或图案的权利。商标经过注册登记，就获得了法律上的保护。单位自创的商标，其注册登记费用不高，不一定作为无形资产来核算。受让商标，一次性支出费用较大的，可以将其本金作为无形资产入账核算。其记账价值包括买价、支付的手续费以及其他因受让商标而发生的费用等。

土地使用权是指事业单位依法取得在一定时期内对国有土地进行开发、利用、经营等活动的权利。事业单位拥有并入账的土地使用权，不能作为无形资产核算；花了较大的代价取得的土地使用权，应予以本金化，将取得时所发生的一切支出，作为土地使用权成本，记入无形资产科目。这里有两种情况：一是事业单位向土地管理部门申请土地使用权时支付的出让金，要作为无形资产入账；二是事业单位原先通过行政划拨方式取得的土地使用权，没有入账核算，但其在将土地使用权有偿转让、出租、抵押、作价入股和投资时按规定要补缴土地出让金，要作为无形资产入账。

商誉通常是指企业由于所处地理位置优越，或由于信誉好而赢得了客户的信任，或由于组织得当等原因而形成的一种无形价值。这一概念是随着企业产权有偿转让行为的发生，才在企业财务会计中出现的。商誉可以是自己建立的，也可以是外购的，但是只有向外购入时，才能作为无形资产核算。商誉的计价方法很多，也很复杂。通常，商誉的价值可以按买者付给卖者的价款总额与买进单位所有净资产总额之间的差额计算。

非专利技术是指先进的、未公开的、未申请专利的，且可以带来经济效益的技术或者资料，又称“专有技术”、“技术秘密”、“技术诀窍”。事业单位的非专利技术一般是指在组织事业收入或经营收入过程中取得的有关生产、经营和管理方面未获得专利权的知识、经验和技巧。非专利技术不受专利法的保护，但却是一种事实上的专利，它可以进行转让和投资。

著作权又称版权，是指文学、艺术和科学作品等著作权人依法对其作品所拥有的专有权利。著作权一般包括发表权、署名权、修改权、保护作品完整权、使用权和获得报酬权，著作权受国家法律保护。

3. 无形资产的管理

一般而言，事业单位的无形资产大多是自创和转让的。因此，事业单位必须高度重视、依法保护、合理运用无形资产，加强无形资产的管理，促进事业的更快发展。在对无形资产的管理上主要应注意以下三个问题：

（1）要增强无形资产管理的意识。无形资产虽然是一种看不见、摸不着的资产，但却是一种客观存在着的权利，这种权利本身具有内在的价值，尤其是当无形资产进行转让或投资时，这种价值就会得到确认和实现。因此，事业单位要提高认识，转变观念，充分认识到无形资产是一种“无形”但又具有实实在在价值的资产。

（2）要重视对无形资产的保护。事业单位要充分运用国家颁布的有关法律、法规，加强对所拥有的无形资产的保护，发明创造要及时申请专利，产品使用的商标要及时注册，还要注意对各种非专利技术的自我保护，等等。同时，对各种侵权行为，事业单位要利用法律武器，保护自己拥有的合法权利不受侵犯。

（3）要依法合理利用无形资产。事业单位转让无形资产要进行合理计价，有的还要经过法定资产评估机构的评估。事业单位在进行对外投资时要注意将其中的无形资产进行评估、计价等。

4. 无形资产的核算

为了核算事业单位的专利权、非专利技术、商标权、土地使用权、商誉等各种无形资产的价值，应设置“无形资产”（资产类）总账账户。其借方记投资者投入、购入或自创并按法律程序申请取得的各种无形资产的价值，贷方记无形资产转出的实际成本及无形资产摊销额，借方余额反映尚未摊销的无形资产的价值。本账户应按无形资产类别设明细账。

（1）无形资产取得的核算。事业单位无形资产取得的途径主要有购入、自创、接受捐赠等，取得的方式有两种：一是取得所有权；二是取得使用权。事业单位无论是取得无形资产的所有权还是使用权，所发生的支出均计入事业支出。

事业单位购入、自行开发或接受捐赠并按法律程序取得的无形资产，应按实际支出数，借记“无形资产”账户，贷记“银行存款”等有关账户。

【例 6—44】 某事业单位购买一项商标权，价款 210 000 元，款项已由银行支付。根据有关凭证，填制记账凭证。会计分录如下：

借：无形资产　　210 000

　贷：银行存款　　210 000

【例 6—45】 某事业单位试制一种新产品，用银行存款支付试验费用 97 200 元，支付申请专利登记费及聘请律师费 2 300 元。根据有关凭证，填制记账凭证。会计分录如下：

借：事业支出　　99 500

　贷：银行存款　　99 500

【例 6—46】 上述新产品试验成功申请专利，结转其实际成本。根据有关凭证，填制记账凭证。会计分录如下：

借：无形资产　　99 500

　贷：事业支出　　99 500

（2）无形资产的转让。事业单位的无形资产可以依法进行转让，转让无形资产的方式有两种：一是转让所有权；二是转让使用权。其取得的收入除国家另有规定外，均计入事业收入。

单位向外转让已入账的无形资产的所有权，其转让收入，借记“银行存款”账户，贷记“事业收入”账户；结转转让无形资产的成本，借记“事业支出——其他费用”或“经营支出——其他费用”账户，贷记“无形资产”账户。对外投资转出无形资产的核算参见本章对外投资的核算。

【例 6—47】 某不实行内部成本核算的事业单位向外转让一项专利权，其实际成本为 180 000 元；经双方协商，转让价格为 200 000 元，款项已入银行。根据有关凭证，填制记账凭证。会计分录如下：

借：银行存款　　200 000

　贷：事业收入　　200 000

结转成本时：

借：事业支出——其他费用　　180 000

　贷：无形资产　　180 000

（3）无形资产的摊销。无形资产有一定的有效期限，因为无形资产所具有的价值权利终会终结或消失，但这种权利总会持续一个阶段，在这个阶段内，其价值应逐步转移到受益期内的产品价值中。因此，无形资产的成本应在其有效期内摊销。有的无形资产的有效期限有规定，如商标权为10年等；有的没有规定，没有规定期限的，按照预计使用期限或者不少于10年期限分期摊销。

各种无形资产应合理摊销。不实行内部成本核算的事业单位，其购入和自行开发的无形资产摊销时，应一次记入“事业支出”账户，借记“事业支出”账户，贷记“无形资产”账户。对于实行内部成本核算的事业单位，其无形资产应在受益期内分期摊销，摊销时借记“经营支出”账户，贷记“无形资产”账户。

无形资产没有残值，一般采用直线法在其有效期内逐年进行摊销。其计算公式如下：

$$某项无形资产年摊销额=\frac{该项无形资产原价}{该项无形资产的有效期限}$$

$$某项无形资产月摊销额=\frac{该项无形资产年摊销额}{12}$$

【例6—48】 某实行内部成本核算的事业单位购买一项专利权，其价值为300 000元，按规定摊销期限为15年。该单位购买4年后转让给另一单位，取得转让收入250 000元。根据有关凭证，填制记账凭证。会计分录如下：

$$年摊销额=\frac{300\,000}{15}=20\,000(元)$$

每年摊销时应作如下会计分录：

借：经营支出　　20 000

　贷：无形资产　　20 000

取得转让收入时：

借：银行存款　　250 000

　贷：事业收入　　250 000

结转转让无形资产的成本（摊余价值计算为220 000元）时：

借：事业支出　　220 000

　贷：无形资产　　220 000

6.2　事业单位负债的管理与核算

6.2.1　事业单位负债概述

1. 事业单位负债的概念

事业单位负债是指事业单位所承担的能以货币计量，需要以资产或者劳务偿付的债务。换句话讲，负债是指事业单位资产总额中属于债权人的那部分权益或利益，它代表的是事业单位对其债权人所应承担的全部经济责任。

负债具有以下几个特点：

（1）负债是指已经发生的，并在未来一定时期内必须偿付的经济义务，这种偿付可以用货币、物品、劳务、再负债等债权人所能接受的形式来实现。

（2）负债是可计量的，有确切的或要预计的金额。

（3）负债在一般情况下有确切的债权人和到期日。

（4）大部分负债是交易的结果，而这种交易一般是以契约、合同、协议或者法律约束为前提的。

（5）负债只有在偿还，或债权人放弃债权，或情况发生变化以后才能消失。

2. 事业单位负债的内容

事业单位的负债主要包括借入款项、应付款项、预收款项、应缴款项等。

（1）借入款项。借入款项是指事业单位借入的有偿使用的各种款项，包括向财政部门、上级单位、金融机构借入的有偿使用的各种款项。

（2）应付款项。应付款项是指事业单位应当支付而尚未支付的各种款项，是事业单位在结算中发生的一种负债。如事业单位在购买商品或者接受劳务时，应支付而未支付给供货单位的款项；应付、暂收其他单位或个人的款项等。

（3）预收款项。预收款项是指事业单位预先收到其他单位因购货或接受劳务而预交的款项。

（4）应缴款项。应缴款项是指事业单位按照有关规定应当缴纳的各种款项，包括按财政部门规定应缴预算的资金、应缴财政专户的预算外资金、应缴税金以及其他按上级单位规定应上缴的款项。

事业单位负债均以实际发生数计价入账。对已经发生而价款尚需确定的负债应当合理预计价格入账，待实际价款正式确定后再按实际数额进行调整。各种应付款项和应缴款项应及时清理并按规定办理结算，不得长期挂账。

3. 负债管理的要求

事业单位应当对不同性质的负债分别管理，及时清理并按照规定办理结算，保证各项负债在规定期限内归还。在负债管理上应注意以下两个问题：

（1）要严格控制负债规模。事业单位主要从事培养人才、提高科学技术水平、增强人民体质、丰富人民文化生活、增进社会福利事业等各项社会主义精神文明建设活动，其资金来源主要依靠国家财政补助。当前，一部分有条件的事业单位依法开展了组织事业收入和经营收入的活动，随着经济体制改革和各项事业体制改革的深化，这一活动还会不断增加。由于事业单位资金短缺问题的客观存在，一些事业单位在一定条件下需向有关部门和机构借款来开展组织事业收入或经营收入活动。但是，事业单位毕竟不同于企业，它不是生产物质产品的纯经营单位，因此，事业单位利用借款来开展组织事业收入和经营收入活动应格外慎重，应严格控制其规模。同时，当前事业单位没有破产的有关规定，因此，它不能像企业那样在经营失败、资不抵债的情况下，可以按照《企业破产法》进行破产申请，并以净存资产抵还部分负债。如果事业单位借款超过了一定的限度，经营效益又不佳，其借款归还实际上无法得到保证，既影响债权人的利益，又可能影响事业单位正常业务工作的开展。

（2）要对负债进行及时清理，按规定办理有关结算。对往来中属于负债性质的款项，如应付款项、预收款项等，事业单位要及时组织清理，保证按时进行结算，对有关借入款和应缴款要保证在规定的期限内偿还和缴纳。

6.2.2 事业单位借入款项和预收账款的管理与核算

1. 借入款项的管理与核算

为了核算事业单位从财政部门、上级主管部门、金融机构借入的有偿使用的款项，应设置“借入款项”（负债类）总账账户。其贷方记借入的款项数，借方记归还的本金数，贷方余额反映尚未归还的借款。本账户应按债权单位设置明细账。

借入款项时，借记“银行存款”等账户，贷记“借入款项”账户；归还本金时，借记“借入款项”等账户，贷记“银行存款”账户；支付借款利息时，借记“事业支出”、“经营支出”账户，贷记“银行存款”账户。

【例 6—49】 某事业单位向银行借款 800 000 元，并已转入存款账户，同时，以 300 000 元用于购买材料，500 000 元用于购置仪器设备。根据有关凭证，填制记账凭证。会计分录如下：

借：银行存款	800 000	
贷：借入款项		800 000
借：材料	300 000	
事业支出——设备购置费	500 000	
贷：银行存款		800 000
同时：		
借：固定资产	500 000	
贷：固定基金		500 000

【例 6—50】 上述借款到期，归还借款并支付利息共计 860 000 元。根据有关凭证，填制记账凭证。会计分录如下：

借：借入款项	800 000	
贷：银行存款		800 000
借：事业支出	60 000	
贷：银行存款		60 000

2. 预收账款的管理与核算

预收账款是指事业单位按照合同规定向购货单位或接受劳务单位预收的款项。

为了核算事业单位的预收账款，应设置“预收账款”（负债类）总账账户。其贷方记单位按规定预收账款数，借方记货物销售实现（劳务兑现）数，贷方余额反映尚未结清的预收款项。本账户应按购买单位设置明细账。

单位收到账款时，借记“银行存款”或“现金”账户，贷记“预收账款”账户；货物销售实现（劳务兑现）时，借记“预收账款”账户，贷记有关收入账户。退回多付的款项，作相反会计分录。

预收账款业务不多的单位，也可将预收的账款直接记入“应付账款”账户的贷方，不设“预收账款”账户。

【例6—51】 某事业单位接受一项订货合同，按合同规定，货款总计148 000元，预计6个月完成。订货方预付货款50%，款项已入银行，另50%待产品完工发出后再支付。根据有关凭证，填制记账凭证。会计分录如下：

收到预收的货款时：

借：银行存款	74 000	
贷：预收账款		74 000

6个月后发出产品尚未收到补付货款时：

借：预收账款	74 000	
应收账款	74 000	
贷：经营收入		148 000

6.2.3 事业单位应付款项的管理与核算

应付款项包括应付票据、应付账款和其他应付款。

1. 应付票据的管理与核算

应付票据是指事业单位对外发生债务时所开出的、承兑的商业汇票，分为商业承兑汇票和银行承兑汇票。

为了核算事业单位对外发生债务时所开出的、承兑的商业汇票，应设置“应付票据”（负债类）总账账户。其贷方记开出、承兑汇票或以汇票抵押贷款数，借方记到期支付票面金额数，贷方余额反映已经开出承兑而尚未付款的应付票据数额。

事业单位除应设置应付票据总账外，还应设置“应付票据备查簿”，详细登记每一应付票据的种类、号数、签发日期、到期日、票面金额、收款人姓名或单位名称，以及付款日期和金额等详细资料。应付票据到期付清时，应在备查簿内逐笔注销。

单位开出、承兑汇票或以汇票抵付货款时，借记“材料”、“应付账款”等账户，贷记“应付票据”账户。支付银行承兑汇票手续费时，借记有关支出或费用账户，贷记“银行存款”账户。收到银行支付本息通知时，借记“应付票据”账户和有关支出账户，贷记“银行存款”账户。

【例6—52】 某事业单位（一般纳税人）按合同规定开出面值为140 000元、期限为6个月的银行承兑汇票一张，以购买材料，材料已验收入库，材料价款为119 658.12元，增值税税款为20 341.88元。向银行支付面值1‰的承兑手续费。根据有关凭证，填制记账凭证。会计分录如下：

开出票据时：

借：材料　119 658.12

　应交税金——应交增值税（进项税额）　20 341.88

　贷：应付票据　140 000

支付银行承兑手续费时：

借：经营支出　140

　贷：银行存款　140

【例 6—53】上述票据到期，支付票面金额。根据有关凭证，填制记账凭证。会计分录如下：

借：应付票据　140 000

　贷：银行存款　14 000

2. 应付账款的管理与核算

应付账款是指事业单位发生的，除应付票据以外的应付购货款及接受劳务的应付款项。

为了核算事业单位因购买材料、物资和接受劳务供应而应付给供应单位的款项，应设置“应付账款”（负债类）总账账户。其贷方记应付账款的数额，借方记偿还账款的数额，贷方余额反映应付而尚未支付的账款。本账户应按供应单位设明细账，主要适用于实行内部成本核算的事业单位。

单位购入材料、物资等已验收入库，但货款尚未支付时，借记“材料”等有关账户，贷记“应付账款”账户；单位接受其他单位提供的劳务而发生的应付未付款，应根据供应单位提供的发票账单，借记有关支出（费用）账户，贷记“应付账款”账户；单位偿付应付账款时，借记“应付账款”账户，贷记“银行存款”等账户。单位开出、承兑商业汇票冲抵应付账款时，借记“应付账款”账户，贷记“应付票据”账户。

【例 6—54】某实行内部成本核算的事业单位接受外单位提供的劳务，发票账单列明应付 7 400 元。根据发票账单，填制记账凭证。会计分录如下：

借：经营支出　7 400

　贷：应付账款　7 400

3. 其他应付款的管理与核算

其他应付款是指事业单位应付、暂收其他单位或个人的款项。如租入固定资产的租金、存入保证金、应付统筹退休金、个人交存的住房公积金及应付给投资者的收益等。

为了核算事业单位发生的应付、暂收的款项，应设置“其他应付款”（负债类）总账账户。其贷方记发生的各种应付、暂收款项，借方记应付暂收款的支付数，贷方余额反映尚未偿付的应付、暂收款。本账户应按应付、暂收款项的类别或单位、个人设置明细账。

【例 6—55】某事业单位租入固定资产，租金为 1 200 元，尚未付款。根据有关凭证，填制记账凭证。会计分录如下：

借：事业支出　　1 200

　贷：其他应付款　　1 200

6.2.4　事业单位应缴款项的管理与核算

应缴款项包括应缴预算款、应缴财政专户款和应交税金。

1. 应缴预算款的管理与核算

应缴预算款是事业单位按规定应缴入国家预算的收入。

（1）应缴预算款的内容。事业单位的应缴预算款，主要包括：

1）事业单位代收的纳入预算管理的基金。

2）行政性收费收入，指公安、司法、民政、工商行政管理等部门所发各种证照、簿册，向有关个人和单位收取的工本费和手续费、商标注册费、企业登记费、公证费等。

3）罚没收入，指行政、工商、公安、司法、海关、税务等部门依法处理的罚没收入和没收物品的变价收入等。

4）无主财物变价收入。

5）追回的赃款、赃物变价收入。

6）其他按预算管理规定应上缴预算的款项。

应缴预算收入，属于国家财政性资金，事业单位应依法积极组织，并按时足额上缴，不得列入暂存不缴，不得挪用，不得误入预算外资金“财政专户”，也不得以任何借口截留、坐支。各单位收到的应缴预算款，应及时存入银行存款账户，并逐级上缴。应缴预算款原则上按月清缴，年终必须将当年的应缴预算款全部清缴入库。

（2）应缴预算款的核算。为了核算按规定应上缴国家预算的收入，应设置“应缴预算款”（负债类）总账账户。其贷方记取得的应缴预算的各项收入数，借方记上缴数，贷方余额反映应缴未缴数，年终本账户应无余额。本账户应按应缴预算款项类别设置明细账，进行明细核算。

【例 6—56】某事业单位收到罚没收入 3 800 元。根据有关凭证，填制记账凭证。会计分录如下：

借：银行存款　　3 800

　贷：应缴预算款　　3 800

【例 6—57】月末，将本月应缴预算款 3 800 元缴入国库。根据有关凭证，填制记账凭证。会计分录如下：

借：应缴预算款　　3 800

　贷：银行存款　　3 800

2. 应缴财政专户款的管理与核算

（1）应缴财政专户款的含义及内容。应缴财政专户款是指事业单位按规定代收的应上缴财政专户储存的预算外资金。预算外资金是指国家机关、事业单位、社会团体、具有行政管理职能的企业主管部门和政府委托的其他机构，为履行或代行政府职能，依据国家法律、法规和具有法律效力的规章而收取、提取募集和安排使用的，未纳入国家预算管理的各种财政性资金。主要包括：法律、法规规定的行政事业性收费、基金和附加收入等；国务院或省级人民政府及其财政、计划（物价）部门审批的行政事业性收费；国务院以及财政部审批建立的基金、附加收入等；主管部门从属单位集中的上缴资金；用于乡镇政府开支的乡自筹和乡统筹资金；其他未纳入预算管理的财政性资金。

社会保障基金在国家财政建立社会保障预算制度以前，先按预算外资金管理制度进行管理，专款专用，同时加强财政、审计监督。

事业单位和社会团体通过市场取得的不体现政府职能的经营、服务性收入，不作为预算外资金管理，收入可不上缴财政专户，但必须依法纳税，并纳入单位财务收支计划，实行收支统一核算。

预算外资金是国家财政性资金，不是部门和单位的自有资金，必须纳入财政管理。财政部门要在银行开设统一的专户，用于预算外资金收入和支出管理。部门和单位的预算外收入必须上缴同级财政专户，支出由同级财政按预算外资金收支计划和单位收支计划统筹安排，从财政专户中拨付，实行收支两条线管理。

对部门和单位预算外资金的收支按不同性质实行分类管理。国家机关和受政府委托的部门、单位统一收取和使用的用于公共工程和社会事业的专项基金、收费，以及以政府信誉强制建立的社会保障基金等，收入全额上缴同级财政专户，支出按计划和规定用途专用，不得挪作他用，收支结余可结转下年度专项使用；各部门和各单位的其他预算外资金，收入上缴同级财政专户，支出由财政结合预算内资金统筹安排，其中少数费用开支有特殊需要的预算外资金，经财政部门核定收支计划后，可按确定的比例或按收支结余的数额定期缴入同级财政专户。

（2）应缴财政专户款的核算。为了核算事业单位按规定代收的应上缴财政专户的预算外资金，应设置“应缴财政专户款”（负债类）总账账户。其贷方记收到应缴财政专户的各项收入，借方记上缴财政专户数，贷方余额反映应缴未缴数，年终本账户无余额。本账户应按预算外资金的类别设置明细账。

收到应缴财政专户的各项收入时，借记“银行存款”等账户，贷记“应缴财政专户款”账户；上缴财政专户时，作相反会计分录。实行预算外资金结余上缴办法的单位定期结算预算外资金结余时，借记“事业收入”账户，贷记“应缴财政专户款”账户。

【例6—58】某事业单位收到应缴财政专户的事业性收费4 200元，款项已入银行。根据有关凭证，填制记账凭证。会计分录如下：

借：银行存款	4 200	
贷：应缴财政专户款		4 200

【例 6—59】 将上述款项上缴财政专户。根据有关凭证，填制记账凭证。会计分录如下：

借：应缴财政专户款　　4 200

　贷：银行存款　　4 200

【例 6—60】 收到财政专户拨款 3 000 元。根据有关凭证，填制记账凭证。会计分录如下：

借：银行存款　　3 000

　贷：事业收入　　3 000

3. 应交税金的管理与核算

应交税金是指事业单位按税法规定应缴纳的各种税金，主要包括：属于一般纳税人的事业单位应交的增值税，事业单位提供劳务或销售产品应缴纳的税金（包括营业税、城市维护建设税、资源税等），有所得税业务的事业单位应缴纳的所得税等。应交税金在上交前暂时停留在事业单位中，形成一笔短期负债；上交后，在一定期限内还要同国家进行清算，多交的退回，少交的要补交。事业单位要按规定及时足额地上交各种税金，以维护国家利益。

为了核算事业单位应缴纳的各种税金，应设置"应交税金"（负债类）总账账户。其贷方记计算出的应缴纳的税金数，借方记缴纳的税金数，贷方余额反映应缴未缴的税金数，期末如为借方余额，反映多缴的税金数。各单位应按所缴纳的税金种类进行明细核算。其中属于一般纳税人的事业单位，其应交增值税明细账中应设置"进项税额"、"已交税金"、"销项税额"等专栏，事业单位一般在月份终了，计算出应缴纳的税金（除一般纳税人缴纳的增值税）时，借记"销售税金"、"结余分配"等账户，贷记"应交税金"账户；缴纳税金时，借记"应交税金"账户，贷记"银行存款"等账户。

【例 6—61】 某事业单位月末计算出应交营业税 250 元，应交增值税 5 220 元。根据有关凭证，填制记账凭证。会计分录如下：

借：销售税金　　6 017

　贷：应交税金——应交营业税　　250

　　　　　　——应交增值税　　5 220

　　　　　　——应交城建税　　382.9

　　其他应付款——教育费附加　　164.1

【例 6—62】 某事业单位月末计算出应交所得税 3 700 元。根据有关凭证，填制记账凭证。会计分录如下：

借：结余分配　　3 700

　贷：应交税金——应交所得税　　3 700

缴纳税金时：

借：应交税金——应交所得税 3 700

　贷：银行存款 3 700

6.3 事业单位净资产的管理与核算

6.3.1 事业单位结余的管理与核算

1. 事业单位结余的概念

事业单位的净资产是指资产减去负债的差额，包括事业基金、固定基金、专用基金、结余等。事业单位结余是指事业单位在一定期间各项收入与支出相抵后的余额，包括事业结余和经营结余两部分。

各项收入包括财政补助收入、上级补助收入、事业收入、经营收入、附属单位缴款、其他收入等。

各项支出包括事业支出、经营支出、对附属单位补助、上缴上级支出、拨出款项、销售税金、结转自筹基建等。

事业结余是指事业单位各项非经营收支相抵后的余额。

经营结余是指事业单位经营收支相抵后的余额。

2. 结余及其分配

(1) 事业单位结余分配的办法。

事业单位的结余（不含实行预算外资金结余上缴办法的预算外资金结余），除专项资金按照国家规定结转下一年度继续使用外，可以按照国家有关规定提取职工福利基金，剩余部分作为事业基金用于弥补以后年度单位收支差额；国家另有规定的，从其规定。

按照这一规定，事业单位结余分配需做两项扣除：一是根据《国务院关于加强预算外资金管理的决定》，事业单位的预算外资金，对其中少数费用开支有特殊需要的，经财政部门核定收支计划后，可按收支结余数额缴入同级财政专户。实行这种上缴办法的预算外资金，其收支结余，应当缴入同级财政专户，不应参与结余分配。二是专项资金结存不参与结余分配。专项资金结存是指事业单位从财政部门和主管部门取得并需结转下年继续使用的资金。扣除上述内容以后，事业单位的结余按一定比例提取职工福利基金，提取比例由主管部门会同同级财政部门确定。提取职工福利基金以后，剩余部分作为事业基金用于弥补以后年度单位收支差额。

(2) 结余分配的要求。

1) 正确计算提取结余。事业单位应当按照规定的计算方法和计算内容，对单位全年的收支活动进行全面的清查、核对、整理和结算，凡属本年的各项收入，都要及时入账，凡属本年的各项支出，都要按规定的支出渠道列报，正确计算、如实反映全年收支结余情况。需要强调的是，经营收入要与经营支出对应进行结算，以正确反映经营收支结余，其他各项收入之和要与支出之和对应进行结算，以正确反映事业收支结余，二者不能混淆。

2）按规定分配结余。结余的分配，包括预算外资金结余的处理、专项资金结存的处理、职工福利基金的提取等，要严格按照上述分配办法的规定办理。

3. 事业单位结余的核算

（1）事业结余的核算。事业结余是指事业单位在一定期间除经营收支外的各项收支相抵后的余额（不含实行预算外资金结余上缴办法的预算外资金结余）。在这里，“一定期间”通常是指一年，起讫日期采用公历日期，即公历的 1 月 1 日至 12 月 31 日。各项收入包括财政补助收入、上级补助收入、事业收入、附属单位缴款及其他收入。各项支出包括拨出经费、事业支出、上缴上级支出、对附属单位补助、销售税金（不包括进行成本核算的销售税金）及结转自筹基建等。

为了核算事业结余，事业单位会计应设置“事业结余”总账账户。

“事业结余”（净资产类）账户，贷方记从有关收入账户转入数，借方记从有关支出账户转入数，余额一般在贷方，反映事业单位当年收入大于支出的结余数，如果余额在借方，则表示事业单位当年支出大于收入的亏损数。

1）年终将各项收入转入“事业结余”的贷方，转账时，借记“财政补助收入”、“上级补助收入”、“附属单位缴款”、“事业收入”及“其他收入”账户，贷记“事业结余”账户。

2）将各项支出转入事业结余的借方，转账时，借记“事业结余”账户，贷记“拨出经费”、“事业支出”、“上缴上级支出”、“销售税金”、“对附属单位补助”、“结转自筹基建”等账户。

3）年终，应将当年实现的事业结余全部转入“结余分配”账户，结账后，本账户无余额。转账时，借记“事业结余”账户，贷记“结余分配”账户。

现将“事业结余”的核算方法，举例说明如下：

【例 6—63】某事业单位年终各收入类、支出类账户余额（不含经营收支）见表 6—4。

表 6—4　　单位：元

账户名称	借方余额	贷方余额
财政补助收入		750 000
上级补助收入		100 000
附属单位缴款		5 000
事业收入		103 000
其他收入		4 050
拨出经费	50 000	
事业支出	528 306	
上缴上级支出	25 750	
对附属单位补助	50 000	
结转自筹基建	150 000	

期末作转账会计分录如下：

● 结转各项非经营性收入：

借：财政补助收入　750 000
　　上级补助收入　100 000
　　附属单位缴款　5 000
　　事业收入　103 000
　　其他收入　4 050
　贷：事业结余　962 050

● 结转各项非经营支出：

借：事业结余　804 056
　贷：拨出经费　50 000
　　　事业支出　528 306
　　　上缴上级支出　25 750
　　　对附属单位补助　50 000
　　　结转自筹基建　150 000

通过上述结账处理，各项非经营性收支账户全部结清。“事业结余”账户的贷方余额即为当期实现的结余 157 994 元。“事业结余”账户如下：

借　事业结余　贷

借	贷
50 000	750 000
528 306	100 000
25 750	5 000
50 000	103 000
150 000	4 050
本期发生额 804 056	本期发生额 962 050
	期末结余 157 994

（2）经营结余的核算。经营结余是指事业单位在一定期间（通常为一年）各项经营收入与经营支出相抵后的余额。

为了核算经营结余，事业单位会计应设置“经营结余”账户。

“经营结余”（净资产类）账户，贷方记经营收入账户的转入数，借方记经营支出和属于经营收入应负担的销售税金的转入数，余额一般在贷方，反映事业单位当年经营收入大于支出的结余数，如果余额在借方，则表示事业单位当年经营支出大于收入的亏损数。其会计分录如下：

1）期末计算经营结余时，将“经营收入”账户余额转入“经营结余”账户的贷方。转账时，借记“经营收入”账户，贷记“经营结余”账户。

2）将“经营支出”、“销售税金”（指经营业务的销售税金）账户的余额转入“经营结余”的借方。转账时，借记“经营结余”账户，贷记“经营支出”、“销售税金”账户。

3）年终，“经营结余”账户如为贷方余额，表示当期盈余，将其全数转入“结余分配”账户，结转后本账户无余额；如为借方余额，则表示当年经营亏损，年终不予结转，等待以后年度用盈余弥补。

盈余转账时：借记“经营结余”账户，贷记“结余分配”账户。

现将“经营结余”的核算方法，举例说明如下：

【例 6—64】某事业单位年终经营收入余额 200 000 元，经营支出余额 107 970 元，销售税金余额 6 017 元。

期末，结转经营收支，会计分录如下：

借：经营收入　200 000

　贷：经营结余　200 000

借：经营结余　113 987

　贷：经营支出　107 970

　　　销售税金　6 017

“经营结余”账户的贷方余额为 86 013 元，即当期该事业单位实现的经营结余。“经营结余”账户如下：

借　　经营结余　　贷

借	贷
107 970 6 017	200 000
本期发生额　113 987	本期发生额　200 000
	期末结余　86 013

(3) 结余分配的核算。结余分配是指事业单位当年结余分配的情况和结果。

为了对结余分配进行核算，事业单位会计应设置“结余分配”总账账户。

“结余分配”(净资产类) 账户，一般应设置“应交所得税”、“提取专用基金”等明细账户。

有所得税缴纳业务的单位计算出应缴纳的所得税，借记“结余分配”(应交所得税)，贷记“应交税金”账户；单位计算出应提取的专用基金，借记“结余分配”(提取专用基金)，贷记“专用基金”账户。

年终，应将当年事业结余和经营结余全数转入“结余分配”账户，借记“事业结余”、“经营结余”账户，贷记“结余分配”账户。“结余分配”账户贷方余额，为未分配结余。

分配后，单位应将当年未分配结余全数转入“事业基金——一般基金”账户，借记“结余分配”账户，贷记“事业基金——一般基金”账户。结转后，“结余分配”账户应无余额。

单位年终结账后发生以前年度会计事项的调整或变更，涉及以前年度结余的，凡国家有规定的，从其规定；没有规定的，应直接通过“事业基金”账户进行核算，并在财务报表上加以注明。

现将“结余分配”的核算方法，举例说明如下：

【例 6—65】例 6—63、例 6—64 中事业结余和经营结余全数转入“结余分配”账户。会计分录如下：

借：事业结余　157 994
　　经营结余　86 013
　贷：结余分配　244 007

假定该单位没有所得税缴纳业务，职工福利基金的提取比例为结余的 30%。

职工福利基金的提取额＝244 007×30%
≈73 202（元）

借：结余分配——提取专用基金　73 202
　贷：专用基金——职工福利基金　73 202

分配后，单位将当年未分配结余 170 805 元（244 007−73 202），全数转入事业基金。

借：结余分配　170 805
　贷：事业基金——一般基金　170 805

“结余分配”账户如下：

借　结余分配　贷

借	贷
73 202	157 994 86 013
发生额 73 202	发生额 244 007
170 805	余额（未分配结余）170 805

6.3.2 事业单位基金的管理与核算

1. 固定基金的管理与核算

固定基金指事业单位固定资产占用的基金。固定基金应按实际发生数额记账。

为了对固定基金进行核算，事业单位会计应设置“固定基金”总账账户。

“固定基金”（净资产类）账户，用来核算事业单位因购入、自制、调入、融资租入（有所有权的）、接受捐赠以及盘盈固定资产所形成的基金。

（1）新建、购入固定资产时，借记有关支出账户，贷记“银行存款”等账户，同时借记“固定资产”账户，贷记“固定基金”账户。

（2）融资租入固定资产时，按实际支付的租金，借记有关支出账户，贷记“固定基金”账户。

（3）接受捐赠固定资产时，借记“固定资产”账户，贷记“固定基金”账户。

（4）盘盈的固定资产，按重置完全价值，借记“固定资产”账户，贷记“固定基金”账户。

（5）盘亏的固定资产，按账面原值借记“固定基金”账户，贷记“固定资产”账户。

（6）出售、对外投资转出固定资产时，在作有关账务处理的同时借记“固定基金”账户，贷记有关账户。

有关“固定基金”账户的核算举例，固定资产部分已有详述，此处不再赘述。

2. 专用基金的管理与核算

专用基金是指事业单位按照规定提取或者设置的有专门用途的资金，主要包括修购基金、职工福利基金、医疗基金和住房基金等。

(1) 专用基金管理的特点、原则与方法。专用基金一般不直接参加业务经营活动，其运动过程具有相对独立的特点：一是专用基金的取得一般都有专门的规定。如修购基金是根据事业收入和经营收入的一定比例提取，职工福利基金是根据结余的一定比例提取转入；其他基金的提取也有专门的规定。二是各项专用基金都规定有专门的用途和使用范围，专用基金一般不得占用或挪作他用。三是专用基金的使用，均属一次性消耗，没有循环周转，不可能通过专用基金支出直接取得补偿。

专用基金的管理应遵循“先提后用，专设账户，专款专用”的原则。“先提后用”是指各项专用基金必须根据规定的来源渠道，在取得资金以后，方能安排使用；“专设账户”是指各项专用基金应单设账户进行管理和核算（应该注意的是，这里所指的账户是会计核算上的账户，并不是要求在银行开设专户）；“专款专用”是指各种专用基金都要按照规定的用途和使用范围安排开支，支出不得超出资金规模，保证专用基金使用的合理、合法。

专用基金管理的方法主要是指取得和使用专用基金的具体办法、手段或规定。事业单位专用基金的管理主要采取以下办法：

1）按比例提取。《事业单位财务规则》对事业单位各项专用基金提取的比例作了原则规定：专用基金的提取，国家有统一规定的，要按统一规定执行；国家没有统一规定，按照财务管理权限，由财政部门和事业主管部门依据相关因素协商确定，如修购基金提取比例，要根据事业单位的收入规模和单位修缮购置的需要确定；职工福利基金提取比例，要依据单位收支结余数额和经费自给率确定。

2）按规定支出。对事业单位各项专用基金，都规定了专门的用途，在使用中要注意划清各项专用基金的界限。如修购基金，按照财务制度规定，只能用于单位固定资产的修缮和购置，不能用于发奖金、搞福利。专用基金因特殊情况发生临时占用的，要及时清还。

3）收支有计划。事业单位对各项专用基金，要编制收支计划，收支计划不能打赤字。事业单位要根据专用基金来源的额度安排支出项目，量入为出，并应注意专用基金的积累。

(2) 设置专用基金的意义。事业单位设置专用基金具有重要的现实意义：

1）专用基金是事业单位客观存在的一种资金形态。事业单位的资金类型多样，对各种资金的管理要求也有所不同。在开展业务经营过程中，一部分资金的运用是根据事业单位正常业务支出的需要，同时也客观存在着另一类资金，其支出范围及额度受到了严格限制，需要必要的积累，以满足某方面支出的需要，如事业单位提取的国家工作人员福利费，只能用于职工的福利开支，其支出范围受到严格的限制。事业单位本身的性质，决定了它不可能像企业一样通过市场取得全部价值的补偿。

2）设置专用基金符合事业单位的特点，符合改革和加强财务管理的要求。专用基金具有控制、专用等性能，如果管理和使用得当，将对事业的发展发挥积极作用。制度规定事业单位设置专用基金，并对其项目进行必要的调整，是符合事业单位特点和加强事业单位财务管理要求的。如根据社会主义市场经济体制的要求，结合当前大多数事业单位自身都能组织一定收入，但还不能完全满足经常性支出，无法按折旧办法提取折旧的现实情况，为保证事业单位固定资产更新和维护有一个相对稳定的来源，统一规定了事业单位应按事业收入和经营收入的一定比例提取修购基金，用于事业单位的设备购置和房屋修缮。

3）设置专用基金有利于正确处理国家、集体和个人三者的利益关系，对事业单位的发展具有积极的促进作用。制度规定事业单位提取修购基金，使国家和事业单位的利益得到了保证，有利于事业单位持续健康发展；设立职工福利基金和医疗基金，保障了职工的正常权益，有利于消除职工的后顾之忧、增强事业单位职工的凝聚力、调动职工的工作积极性。

（3）专用基金的核算。为了对专用基金进行核算，事业单位会计应设置“专用基金”总账账户。

“专用基金”（净资产类）账户，用来核算事业单位按规定提取、设置的有专门用途的资金收入、支出及结存情况，主要包括修购基金、职工福利基金、医疗基金、住房基金等。

1）修购基金。修购基金是按事业收入和经营收入的一定比例在事业支出和经营支出的设备购置费和修缮费中列支（各列50%）后转入以及按其他规定（按规定，固定资产变价收入应转入修购基金）转入，用于事业单位固定资产维修和购置的资金。

提取修购基金时，借记“事业支出——修缮费、设备购置费”或“经营支出——修缮费、设备购置费”账户，贷记“专用基金——修购基金”账户；清理报废固定资产残值变价收入转入时，借记“银行存款”账户，贷记“专用基金——修购基金”账户；支付清理报废固定资产所发生的清理费用时，借记“专用基金——修购基金”账户，贷记“银行存款”账户。

【例6—66】某事业单位年度事业收入为103 000元，经营收入为200 000元，修购基金的提取比例均为5%。年终根据提取比例增设修购基金。

提取额＝(103 000×5%)＋(200 000×5%)
＝5 150＋10 000＝15 150（元）

会计分录如下：

借：事业支出——修缮费	2 575	
——设备购置费	2 575	
经营支出——修缮费	5 000	
——设备购置费	5 000	
贷：专用基金——修购基金		15 150

【例6—67】某事业单位报废仪器一台，原价100 000元，固定资产残值变价收入为10 000元，支付清理报废固定资产发生的清理费用为2 000元。根据规定，固定资产变价收入转入修购基金。

会计分录如下：

借：固定基金	100 000	
贷：固定资产		100 000
借：银行存款	10 000	
贷：专用基金——修购基金		10 000
借：专用基金——修购基金	2 000	
贷：银行存款		2 000

2）职工福利基金。职工福利基金是按结余的一定比例提取转入，用于单位职工的集体福利设施、集体福利待遇等的资金。

年终，事业单位按规定比例从当年结余计提职工福利基金时，借记“结余分配——提取专用基金”账户，贷记本账户。

【例6—68】某单位年终“事业结余”157 994元，“经营结余”86 013元，按25%税率计算缴纳所得税，按税后30%比例提取职工福利基金。

应交所得税额＝86 013×25%
＝21 503.25(元)

应提职工福利基金额＝[157 994＋(86 013－21 503.25)]×30%
＝66 751.13(元)

根据提取额，作会计分录如下：

借：结余分配——应交所得税	21 503.25	
贷：应交税金——应交所得税		21 503.25
借：结余分配——提取专用基金	66 751.13	
贷：专用基金——职工福利基金		66 751.13

按规定用途使用时：

借：专用基金——职工福利基金
　贷：银行存款（现金）

3）医疗基金。医疗基金是指未纳入公费医疗经费开支范围的事业单位，按当地财政部门规定的公费医疗经费开支标准从收入中提取，并参照公费医疗制度有关规定用于职工公费医疗开支的资金。

提取医疗基金时，借记“事业支出——社会保障费”、“经营支出——社会保障费”等账户，贷记“专用基金——医疗基金”账户。

【例 6—69】某事业单位未纳入公费医疗经费开支范围。从事专业业务及其辅助活动的人员计 500 人，从事生产经营活动的人员计 100 人。按当地财政部门确定的公费医疗经费人均年度预算定额标准 300 元提取医疗基金。

事业支出中应提医疗基金额＝500×300＝150 000(元)

经营支出中应提医疗基金额＝100×300＝30 000(元)

根据提取额，作会计分录如下：

借：事业支出——社会保障费	150 000
经营支出——社会保障费	30 000
贷：专用基金——医疗基金	180 000

医疗基金的管理主要是参照当地公费医疗经费管理的有关规定，确定其开支项目和支出标准。按规定使用时记：

借：专用基金——医疗基金

　贷：银行存款

4）住房基金。住房基金是指按照国务院规定的住房公积金制度，由单位按照职工工资总额的一定比例提取的住房公积金，不包括个人缴纳的住房公积金。

提取职工住房基金时记：

借：事业支出（经营支出）——社会保障费

　贷：专用基金——住房基金

使用住房基金时记：

借：专用基金——住房基金

　贷：银行存款

对于个人住房公积金缴存情况，单位应设置辅助账进行登记并核算其缴纳、使用及余存情况。

3. 事业基金的管理与核算

事业基金是指事业单位拥有的非限定用途的净资产，主要包括滚存结余资金和投资产权等。事业基金应按当期实际发生数额和年终转入数记账。

滚存结余资金是指事业单位历年的未分配结余和损失，以及历年的专项资金结余。

投资产权是指事业单位以固定资产投资而形成的产权，以及以无形资产、材料等投资，其评估确认价高于或低于原账面价值而增加或减少的净资产。

为了核算事业基金，事业单位会计应设置“事业基金”总账账户。

“事业基金”（净资产类）账户，应按核算的业务内容下设“一般基金”和“投资基金”两个明细科目。“一般基金”主要核算滚存结余资金；“投资基金”用以核算对外投资部分的基金。

年终，单位应将当期未分配结余转入本账户，借记“结余分配”账户，贷记“事业基金——一般基金”账户。对于项目已经完成的拨入专款结余，按规定留归本单位使用的，转入本账户核算，借记“拨入专款”账户，贷记“事业基金——一般基金”账户。

用固定资产对外投资时，应按评估价或合同协议确定的价值，借记“对外投资”账户，贷记“事业基金——投资基金”账户；同时按固定资产账面原值，借记“固定基金”账户，贷记“固定资产”账户。

用材料、无形资产对外投资，按“对外投资”账户的有关规定处理。

现将“事业基金”的核算方法，举例说明如下：

【例 6—70】 假设某事业单位年终确定的未分配结余为 155 752.62 元，将其转“事业基金”账户。会计分录如下：

借：结余分配　　155 752.62

　贷：事业基金——一般基金　　155 752.62

【例 6—71】 某事业单位承担一项“十五”重点项目，现已通过专家鉴定。原拨入专项资金 50 000 元，总计发生支出 45 000 元，结余按规定留归本单位使用，转入“事业基金”账户。

拨入专款结余＝50 000－45 000＝5 000(元)

结转时作会计分录：

借：拨入专款　　5 000

　贷：事业基金——一般基金　　5 000

【例 6—72】 某事业单位将一台闲置的仪器提供给外单位作为投资。该仪器原价 20 000 元，评估价为 16 000 元。会计分录如下：

借：对外投资　　16 000

　贷：事业基金——投资基金　　16 000

同时：

借：固定基金　　20 000

　贷：固定资产　　20 000

本章小结

资产是指事业单位占有或者使用的能以货币计量的经济资源，主要包括流动资产、固定资产、无形资产和对外投资。

流动资产是指可以在一年内变现或者耗用的资产。要加强对现金、各项存款、应收款项和存货的管理。

对外投资是指事业单位利用货币资金、实物和无形资产等方式向其他单位进行的投资，包括债券投资和其他投资。

固定资产的概念、分类和计价，无形资产的内容等，都应作为重点内容予以掌握。

事业单位的负债主要包括借入款项、应付款项、预收款项、应缴款项等。要严格控制负债规模。

事业单位的结余是指事业单位在一定期间各项收入与支出相抵后的余额，包括事业结余和经营结余两部分。

事业基金是事业单位拥有的非限定用途的净资产。

关键术语

资产　现金　银行存款　材料　固定资产　对外投资　无形资产　负债　借入款项　应缴预算款　应缴财政专户款　净资产　事业结余　结余分配　专用基金　事业基金　职工福利基金　医疗基金

复习思考题

1. 什么是资产？资产具有哪些特征？
2. 什么是未达账项？为什么会产生未达账项？对未达账项应如何调整？
3. 事业单位的材料核算通常采用哪几种计价方法？
4. 什么是固定资产？对固定资产是如何计价的？
5. 对外投资核算应注意哪些问题？
6. 事业单位的负债在核算和管理中应注意哪些问题？
7. 事业基金的构成是怎样的？来源有哪几个？
8. 专用基金主要有哪些项目？
9. 事业单位的结余由哪几部分构成？

阅读材料

车改节约额度该怎样计算？

据报道，某市进行公车改革，在媒体上公开了车改补贴的具体标准：副厅级官员月补助 1 800 元；正处级实职官员月补助 1 500 元；副处级实职官员月补助1 300元；正科级实职官员月补助 1 000 元；副科级实职官员月补助 800 元；科员、办事员月补助 500 元；工勤人员月补助 300 元。关于公车改革的效果，报道举例说，该市经济技术开发区 33 辆车上年的养车费是 130 多万元，车改以后发放补贴 80 多万元，可以省下 50 万元左右。

这样计算公车改革的节约额度合理吗？

2005 年全国“两会”期间，全国政协委员孙继业指出，公车私用现象严重，在公车使用中，有的地方办公事占 1/3，领导干部及其亲属私用占 1/3，司机私用占 1/3；公车使用效率低下，浪费惊人。也就是说，在以往的公务车使用中，公车费用支出有 67%左右是不合理的，是被私人占用的。任何公车改革的方案，都理应将这67%的水分挤出去，然后再比较改革前后的费用支出是否降低，这样确定的改革方案，才能得到公众的认可。在上述报道中，130万元的67%约是87万元，也就是说，必须先挤去87万元的水分才能制订出合理的车改方案，才能真正计算出到底节约了多少万元。

按照报道中的计算方法，实际上是将改革前“公车私用”的不合理消耗，“合理”地转付给了个人，这也就等于承认了以往的“公车私用”的合理性。这同时还意味着该市公务用车货币化改革后发放的交通补贴，实际超出了工作中必需的交通费用，这样，交通补贴的一部分，实际上变成了私人福利。这显然是不合理的。

公务用车货币化改革是一个利益调整的问题，如果改革政策完全由利益相关者制定，利益相关者既当裁判员又当运动员，则很难避免公车改革中的福利化倾向。改革者当然要制定规则，但当自己制定的规则关乎自身利益的时候，如果没有一个有力的制衡机制（比如人大的监督和舆论的监督），这种改革就会损害社会的公平和正义，最终难以被公众认可。

病人“蒸发”伤了医生心

据某市一医院院长介绍，一名受机器挤压导致两个手指完全离断的病人被送到医院抢救，入院时病人出血不止，医生对他进行了输血、补液等紧急抢救，随后又对病人进行了长达5个小时的断指再植手术，帮病人成功接活了断指。医院从人道主义出发，没有预收病人押金和手术费用。凌晨3点，又累又困的医务人员才下班休息，结果早晨上班时，却发现病人偷偷从医院溜走了，欠下5 000多元的手术费和医药费等各项费用。

其实，病人从医院悄悄“蒸发”的事在该医院发生过不止一次。某天一名外科病人在手术后也偷偷走了，欠下医院2 000多元费用。医院财务部张主任告诉记者，今年以来病人偷偷从医院溜走的事共发生了十多起，欠下手术等各项费用1.5万元。

在该市“120”急救中心，类似的事情也屡见不鲜。“120”急救中心护士长无奈地说，该中心每个月都发生近10起病人欠费后偷偷溜走的事，还有很多病人连急诊接诊费、抢救费等费用也不付就离开医院。

据律师介绍，欠账病人从医院“蒸发”并不等于不承担责任，此类欠费事件违背《民法》有关条款，医院可通过法院诉讼，以挽回损失，追回所欠医疗费用。

资料来源：《齐鲁晚报》，2005-05-26。

第 7 章

事业单位收入和支出的管理与核算

7.1 事业单位收入的管理与核算

7.1.1 事业单位收入概述

1. 事业单位收入的概念

事业单位的收入是指事业单位为开展业务及其他活动依法取得的非偿还性资金。它包括财政补助收入、上级补助收入、拨入专款、事业收入（含预算外收入）、经营收入、附属单位上缴收入，以及其他收入等。它包括以下几层含义：

(1) 事业单位的收入是开展业务及其他活动取得的。事业单位一般不直接从事物质资料的生产、交通运输和商品流通的活动，具有非生产性的特点，因此，其开展业务活动的费用消耗，需要从财政部门获得财政补助收入、从主管部门或上级单位获得上级补助收入予以补偿。事业单位还可以通过开展有偿服务活动和生产经营活动获得事业收入和经营收入，以补偿业务活动的费用消耗。

(2) 事业单位的收入是依法取得的。事业单位取得收入，必须符合国家有关法律、法规和规章制度的规定。比如，财政补助收入，事业单位必须按照国家有关规定，经过法定程序报批后方可取得；事业收入的项目和标准，必须按照规定程序经过政府有关部门批准后才能向服务对象收取；经营收入，也要按照国家有关规定方可取得。

(3) 事业单位的收入是通过多种形式、多种渠道取得的。在社会主义市场经济条件下，事业单位收入来源形式和渠道呈多元化趋势，既有财政补助收入，也有上级补助收入、拨入专款、事业收入、经营收入、附属单位上缴收入、投资收益、利息收入、捐赠收入等。

(4) 事业单位的收入是非偿还性资金。事业单位取得的各项收入，是不需要偿还的，可以安排用于开展业务活动及其他活动。事业单位取得的需要偿还的资金，应当作为“负债”处理，不能作为单位的收入处理。

2. 事业单位收入的分类

事业单位类型复杂，收入项目较多，为分析各项收入的范围、内容和特点，必须对收入进行科学分类。事业单位的收入可分为财政补助收入、上级补助收入、拨入专款、事业收入、经营收入、附属单位上缴收入和其他收入等。

(1) 财政补助收入。财政补助收入是指事业单位直接从财政部门或通过主管部门从财政部门取得的各类事业经费，不包括国家对事业单位的基本建设投资。

(2) 上级补助收入。上级补助收入是指事业单位从主管部门和上级单位取得的非财政补助收入，即事业单位的主管部门或上级单位用自身组织的收入和集中下级单位的收入拨给事业单位的资金。

(3) 拨入专款。拨入专款是财政部门、上级单位或其他单位拨入的指定用途并需要单独报账的专项资金。

(4) 事业收入。事业收入是指事业单位通过开展专业业务活动及其辅助活动取得的收入。所谓专业业务活动，是指事业单位根据本单位专业特点所从事或开展的主要业务活动，如教育事业单位的教学活动、卫生事业单位的医疗保健活动等。辅助活动是指与专业业务活动相关，直接为专业业务活动服务的单位行政管理活动、后勤服务活动及其他有关活动。通过开展上述活动取得的收入，均作为事业收入处理。按照国家有关规定应当上缴财政预算的资金和应当缴入财政专户的预算外资金，不计入事业收入；从财政专户核拨的预算外资金和部分经核准不上缴财政专户管理的预算外资金，应计入事业收入。

(5) 经营收入。经营收入是指事业单位在专业业务活动及其辅助活动之外开展非独立核算经营活动取得的收入。一般来说，事业单位的经营收入，必须同时具备以下两个特征：

第一，经营收入是经营活动取得的收入，而不是专业业务活动及其辅助活动取得的收入。比如，事业单位对社会开展服务活动，将闲置的固定资产出租、出借取得的收入，都属于经营活动取得的收入，但诸如学校向学生收取的学费和杂费，属于专业业务活动及其辅助活动取得的收入，只能作为事业收入，不能作为经营收入处理。

第二，经营收入是非独立核算的经营活动取得的收入，而不是独立核算的经营活动取得的收入。单位对其经济活动过程及其结果，独立、完整地进行会计核算，称为独立核算。比如，学校的校办企业，要单独设置财会机构或配备财会人员，单独设置账目，单独计算盈亏，属于独立核算的经营活动。校办企业将纯收入的一部分上缴学校，学校应当作为“附属单位上缴收入”，不能作为经营收入处理。单位从上级单位领取一定数额的物资、款项从事业务活动，不独立计算盈亏，把日常发生的经济业务资料，报由上级集中进行会计核算，称为非独立核算。比如，学校的车队、食堂等后勤单位，财务上不实行独立核算，其对社会服务取得的收入，报由学校集中进行会计核算，应当作为经营收入处理。

(6) 附属单位上缴收入。附属单位上缴收入是指事业单位附属独立核算单位按有关规定上缴的收入，包括附属事业单位上缴的收入和附属企业上缴的利润等。附属单位补偿事业单位在支出中垫支的各种费用，应当相应冲减支出，不能作为上缴收入处理。

（7）其他收入。其他收入是指上述范围以外的各项收入，如投资收益、利息收入、捐赠收入等。

7.1.2 事业单位收入管理的要求

1. 实行收入统管

《事业单位财务规则》的核心内容之一是实行事业单位的“收支统管”，即事业单位所有的收支活动都必须归口到单位财务部门，实行统一核算、统一管理。根据这个要求，事业单位在银行开户要规范，所有资金都要通过银行账户，对财政补助收入，要严格按规定的程序进行申报、领拨、使用、核销，并按规定的预算级次和预算科目进行明细反映；各部门、各单位在组织收入时，属于行政事业性收费的，必须使用省级以上财政部门统一监制的票据，属于经营收入的，应使用税务发票，并按章纳税。

2. 正确划分各项收入，依法缴纳各种税费

事业单位应做好事业收入与经营收入的划分、事业收入中预算外资金的划分、预算外资金中应当上缴财政专户资金的划分等。对按规定应缴预算款要及时上缴，应上缴财政专户的预算外资金要及时上缴财政专户，不能直接作事业收入处理。对经营性收入，要依法缴纳各项税费。

3. 充分利用现有条件积极组织收入

随着国民经济和社会的发展，各项事业需要较快发展，以满足人们不断增长的物质文化生活需要。在社会主义市场经济条件下，各项事业若要获得较快发展，除了政府财政部门积极给予支持外，有条件的事业单位要按照市场经济的客观要求，充分利用现有的人、财、物等资源和设备，拓宽服务范围，扩大财源，增强自我发展能力。

4. 保证收入的合法性与合理性

在收入管理中，要特别强调收入的合法性和合理性，将事业单位组织收入活动纳入正确轨道。所谓合法性，就是要依法办事。比如，对于各种事业性收费，单位必须严格遵守国家规定的收费政策和管理制度，制定和调整收费标准，必须按照规定程序报经国家有关部门批准，非经批准不得自立章程乱收费。所谓合理性，就是要从我国的实际出发，取之得当，用之合理。

5. 正确处理社会效益与经济效益的关系

事业单位开展各种组织收入的活动，必须将社会效益放在首位，必须有利于事业发展，有利于丰富人民群众的物质文化生活，有利于社会主义精神文明建设。同时，事业单位组织收入活动又要按照市场经济规律办事，要讲求经济效益。但事业单位要把经济效益与社会效益统一起来，不能片面追求经济效益，要在获得社会效益的同时获得较好的经济效益。

7.1.3 事业单位收入的核算

1. 财政补助收入的核算

财政补助收入是指事业单位直接从财政部门或通过主管部门从财政部门取得的各类事

业经费。

为加强预算资金的核算管理，主管会计单位应编报季度（分月）用款计划。在申请当期财政补助时，应分“款”、“项”填写“预算经费请拨单”，报同级财政部门。事业单位在使用财政补助时，应按计划控制用款，不得随意改变资金用途。“款”、“项”用途如需调整，应填写“科目流用申请书”，报经同级财政部门批准后使用。

为核算财政补助收入，事业单位会计应设置“财政补助收入”总账账户。

“财政补助收入”（收入类）账户，用来核算事业单位按照核定的预算和经费领报关系，收到的由财政部门或上级单位拨入的各类事业经费。其贷方记财政部门或上级单位拨入的事业经费数，借方记缴回财政部门或上级单位的经费数。平时贷方余额反映财政补助收入的累计数。年终转账时，将“财政补助收入”账户的贷方余额全数转入“事业结余”账户。转账后，“财政补助收入”账户无余额。

现将“财政补助收入”的核算方法，举例说明如下：

【例 7—1】 某事业单位接到银行通知，财政部门拨入本期经费 550 000 元，已入账。根据有关凭证，填制记账凭证。会计分录如下：

借：银行存款	550 000	
贷：财政补助收入		550 000

【例 7—2】 该单位通过银行缴回财政部门多余经费 50 000 元。根据有关凭证，填制记账凭证。会计分录如下：

借：财政补助收入	50 000	
贷：银行存款		50 000

【例 7—3】 年终结账时，将“财政补助收入”账户余额转入“事业结余”账户。会计分录如下：

借：财政补助收入	500 000	
贷：事业结余		500 000

“财政补助收入”账户除按上述方法进行总账核算外，还应按“政府预算收支科目”的“款”、“项”级科目设置明细账，进行明细核算。

2. 上级补助收入的核算

上级补助收入是指事业单位从主管部门和上级单位取得的非财政补助收入。

为了核算上级补助收入，事业单位会计应设置“上级补助收入”总账账户。

“上级补助收入”（收入类）账户，用来核算事业单位收到上级单位拨入的非财政补助资金。其贷方记上级单位拨入的补助收入数，借方平时无发生额。年终，应将“上级补助收入”账户余额全数转入“事业结余”账户。结账后，“上级补助收入”账户无余额。

现将“上级补助收入”的核算方法，举例说明如下：

【例 7—4】某事业单位收到上级单位用自身组织的收入拨入的补助资金100 000元，已入账。根据有关凭证，填制记账凭证。会计分录如下：

借：银行存款　　100 000

　贷：上级补助收入　　100 000

【例 7—5】年终，将"上级补助收入"账户余额转入"事业结余"账户。会计分录如下：

借：上级补助收入　　100 000

　贷：事业结余　　100 000

3. 拨入专款的核算

拨入专款是指事业单位收到财政部门、上级单位或其他单位拨入的指定用途的并需要单独报账的专项资金。

专项资金应遵循专款专用的原则，要按照指定的用途使用，不能随意改变用途挪作他用；还应遵循单独报账的原则，即根据拨款单位的要求，及时报送资金使用情况和事业成果报表。事后，要单独办理报销手续，将余款缴回或由用款单位按拨款单位的规定处理。

为核算拨入专款，事业单位会计应设置"拨入专款"总账账户。

"拨入专款"（收入类）账户，用来核算事业单位收到财政部门、上级单位或其他单位拨入的指定用途并需要单独报账的专项资金。其贷方记财政部门、上级单位或其他单位拨入的专项资金数，借方记事业单位缴回数。平时，贷方余额反映拨入专款的累计数。年终转账时，对已完工的项目，将本账户与"拨出专款"、"专款支出"账户对冲，其余额按拨款单位规定办理。

现将"拨入专款"的核算方法，举例说明如下：

【例 7—6】某事业单位收到某项重点课题研究专款 8 000 元，系主管部门拨入，已入账。根据有关凭证，填制记账凭证。会计分录如下：

借：银行存款　　8 000

　贷：拨入专款　　8 000

【例 7—7】该单位通过银行向主管部门退回 500 元。会计分录如下：

借：拨入专款　　500

　贷：银行存款　　500

本账户除按上述方法进行总账核算外，还应按资金来源和项目设明细账，进行明细核算。

4. 事业收入的核算

事业收入是指事业单位通过开展专业业务活动及其辅助活动取得的收入。按规定应上缴财政预算的资金和应缴财政专户的预算外资金不计入事业收入；从财政专户核拨的预算外资金和部分经财政部门核准不上缴财政专户管理的预算外资金，计入事业收入。

事业收入一般应当在收到款项时予以确认。

为了核算事业收入，事业单位会计应设置“事业收入”总账账户。

“事业收入”（收入类）账户，用来核算事业单位开展专业业务活动及其辅助活动所取得的收入。单位收到的从财政专户核拨的预算外资金（不含用于自筹基建部分）和部分经财政部门核准不上缴财政专户管理的预算外资金，也在本账户核算。但收到应返还所属单位的预算外资金，主管部门要通过“其他应付款”账户核算。本账户贷方记事业收入的增加数，借方记减少数，余额在贷方，平时贷方余额反映当年事业收入累计数。具体核算方法如下：

（1）取得事业收入时，首先要确认应计入事业收入的数额。事业收入数额的确定一般分两种情况：

1）属于一般收入和属于小规模纳税人单位的收入，按实际收到的价款借记“银行存款”、“应收账款”等账户；贷记“事业收入”账户。

2）属于一般纳税人的单位，按实际收到的价款借记“银行存款”账户，按实际收到的价款扣除增值税销项税额，贷记“事业收入”账户，按计算出的应交增值税的销项税额，贷记“应交税金——应交增值税（销项税额）”。

【例 7—8】 某事业单位通过开展专业业务活动取得收入 100 000 元，存入银行。根据有关凭证，填制记账凭证。会计分录如下：

如果该单位属于小规模纳税人，则：

借：银行存款	100 000	
贷：事业收入		100 000

如果该单位属于一般纳税人，则：

借：银行存款	100 000	
贷：事业收入		85 470
应交税金——应交增值税（销项税额）		14 530

（2）预算外资金实行按比例上缴财政专户办法的单位取得收入时，应按核定的比例，借记“银行存款”账户，贷记“应缴财政专户款”、“事业收入”账户；实行预算外资金结余上缴财政专户办法的单位，平时取得收入时，先全额通过本账户核算，定期结算出应缴财政专户资金结余时，再将应上缴财政专户部分扣除，借记“事业收入”账户，贷记“应缴财政专户款”账户。

【例 7—9】 某事业单位通过开展业务活动取得收入 50 000 元，该项收入属于预算外资金，按规定 60%上缴财政专户，款已入账。会计分录如下：

借：银行存款	50 000	
贷：应缴财政专户款		30 000
事业收入		20 000

如果该单位实行预算外资金结余上缴财政专户的办法，平时取得收入时，会计分录如下：

借：银行存款　　50 000

　贷：事业收入　　50 000

期末结算出应缴财政专户资金结余为 30 000 元，会计分录如下：

借：事业收入　　30 000

　贷：应缴财政专户款　　30 000

（3）年终结账时，将“事业收入”账户贷方余额转入“事业结余”账户。结账后，“事业收入”账户无余额。

【例 7—10】 期末时，将“事业收入”账户的贷方余额 570 000 元转入“事业结余”账户。会计分录如下：

借：事业收入　　570 000

　贷：事业结余　　570 000

本账户除按上述方法进行总账核算外，还应按事业收入种类或来源，设置明细账，进行明细核算。

5. 经营收入的核算

经营收入是指事业单位在专业业务活动及辅助活动之外开展非独立核算经营活动取得的收入。

事业单位经营活动的全部收入，也就是毛收入，要全部纳入单位预算统一核算，统一管理。

经营收入应当在提供劳务或发出商品，同时收讫价款或者取得索取价款的凭证时予以确认。

为核算经营收入，事业单位会计应设置“经营收入”总账账户。

“经营收入”（收入类）账户，用来核算事业单位在专业业务活动及辅助活动之外开展非独立核算经营活动取得的收入。其贷方记经营收入的增加数，借方记减少数，余额在贷方，平时贷方余额反映当年经营收入累计数。具体核算方法如下：

（1）单位取得经营收入时，首先要确认应计入经营收入的数额。经营收入数额的确定一般分两种情况：属于小规模纳税人的单位，按实际收到的价款记账；属于一般纳税人的单位，按实际收到的价款扣除增值税销项税额记账。

【例 7—11】 某事业单位销售产品 300 件，每件售价 100 元，购货单位以支票支付，该事业单位已将提货单和发票账单交给购货单位。该事业单位为小规模纳税人，适用的增值税税率为 6%，不抵扣进项税额。会计分录如下：

借：银行存款　　30 000

　贷：经营收入　　30 000

【例7—12】某事业单位销售产品40件，每件售价（不含税）500元，单位成本300元，购货单位以支票付款，该事业单位已将提货单和发票联交给购货单位，该事业单位为一般纳税人，适用的增值税税率为17%。会计分录如下：

借：银行存款	23 400	
贷：经营收入		20 000
应交税金——应交增值税（销项税额）		3 400

结转该产品销售成本时：

借：经营支出	12 000	
贷：产成品		12 000

（2）事业单位为取得经营收入而发生的折让和折扣，相应地作冲减经营收入处理。

【例7—13】假定例7—12中其他条件不变，事业单位尚未收到货款。会计分录如下：

借：应收账款	23 400	
贷：经营收入		20 000
应交税金——应交增值税（销项税额）		3 400

该单位为使货款及时入账，承诺购货单位如在10日内付款，则给予2%的折扣。第5日该单位收到货款。则会计分录为：

借：银行存款	22 932	
经营收入	468	
贷：应收账款		23 400

（3）发生销货退回，不论是否属于本期（本年度）销售收入，均作冲减本期的经营收入处理。

1）属于小规模纳税人的单位，借记“经营收入”账户，贷记“银行存款”账户。

2）属于一般纳税人的单位，按不含税价格借记“经营收入”账户，按销售时计算出的应交增值税的销项税额，借记“应交税金——应交增值税（销项税额）”账户，贷记“银行存款”账户。

（4）期末结账时，将“经营收入”账户贷方余额全数转入“经营结余”账户。结转后，“经营收入”账户无余额。转账时，借记“经营收入”账户，贷记“经营结余”账户。

事业单位可根据经营收入种类设置明细科目，也可以同时设若干总账科目。

6. 附属单位上缴收入的核算

附属单位上缴收入是指事业单位附属独立核算单位按有关规定上缴的收入，包括附属的事业单位上缴的收入和附属企业上缴的利润等。

为了核算附属单位缴款，事业单位会计应设置“附属单位缴款”总账账户。

“附属单位缴款”（收入类）账户，用来核算事业单位收到附属单位按规定缴来的款项。其贷方记单位实际收到的附属单位缴款数，借方记缴款的退回数。年终，将本账户贷方余额全数转入“事业结余”账户后，本账户无余额。

现将“附属单位缴款”的核算方法，举例说明如下：

【例 7—14】 某事业单位收到下属企业单位缴来本月利润 5 000 元，款已入账。会计分录如下：

借：银行存款　　5 000

　贷：附属单位缴款　　5 000

【例 7—15】 年终，该单位退回下属单位多缴利润 2 000 元。会计分录如下：

借：附属单位缴款　　2 000

　贷：银行存款　　2 000

【例 7—16】 年终，该单位将“附属单位缴款”账户贷方余额 50 000 元全数转入“事业结余”账户。会计分录如下：

借：附属单位缴款　　50 000

　贷：事业结余　　50 000

本账户除按上述方法进行总账核算外，还应按缴款单位设置明细账，进行明细核算。

7. 其他收入的核算

其他收入是指事业单位除上述范围以外取得的各项收入，如投资收益、利息收入、捐赠收入等。

为核算其他收入，事业单位会计应设置“其他收入”总账账户。

“其他收入”（收入类）账户，用来核算事业单位除上述各项收入以外的收入，如对外投资收益、固定资产出租、外单位捐赠未限定用途的财物、其他单位对本单位的补助以及其他零星杂项收入等。其贷方记单位实际收到的其他收入数，借方记收入退还数。年末，将本账户贷方余额全数转入“事业结余”账户后，本账户应无余额。

现将“其他收入”的核算方法，举例说明如下：

【例 7—17】 某事业单位接受外单位捐赠货币资金，通过银行收款 50 000 元。会计分录如下：

借：银行存款　　50 000

　贷：其他收入　　50 000

【例 7—18】 年终，将上项收入转入“事业结余”账户。会计分录如下：

借：其他收入　　50 000

　贷：事业结余　　50 000

本账户除按上述方法进行总账核算外，还应按收入种类，如“投资收益”、“固定资产出租”、“捐赠收入”等设置明细账，进行明细核算。

7.2 事业单位支出的管理与核算

7.2.1 事业单位支出概述

事业单位支出是指事业单位开展业务及其他活动所发生的各项资金耗费和损失。它包括事业支出、经营支出、拨出款项和其他支出等。

(1) 事业支出。事业支出是指事业单位开展专业业务活动及其辅助活动发生的支出，包括：人员经费支出，指用于个人方面的开支，如工资、补助工资、职工福利费、社会保障费、助学金；公用经费支出，指为了完成事业计划，用于单位公务、业务活动方面的开支，如公务费、业务费、设备购置费、修缮费和其他费用。

(2) 经营支出。经营支出是指事业单位在专业业务活动及其辅助活动之外开展非独立核算经营活动发生的支出。经营支出的具体科目，按照事业支出的相应科目执行。事业单位非独立核算的经营活动，所发生的全部支出，都应纳入经营支出核算反映，经营支出与经营收入要配比。对独立核算的经营活动，应当按照企业财务制度单独进行核算，不在经营支出中反映。

(3) 拨出款项。拨出款项是指事业单位拨付给所属单位的预算资金及需要单独报账的专项资金，包括拨出经费和拨出专款。

(4) 其他支出。其他支出主要包括专款支出、结转自筹基建支出、销售税金、上缴上级支出、对附属单位补助支出。

7.2.2 事业单位支出管理的要求

1. 严格执行国家财政财务制度和财经纪律

国家规定的各项财政财务规章制度和财经纪律，是支出管理的行为规范，事业单位必须严格执行，不得违反。比如，国家统一规定的各项支出的开支范围和开支标准，单位职工的工资、津贴、补助和各种福利待遇等，事业单位均应严格按照国家统一规定执行，不得擅自违反。对国家有关财务规章制度没有统一规定的，可由事业单位作出规定，报主管部门和财政部门备案。需要强调的是，一方面，事业单位制定的支出报主管部门和财政部门备案，绝不是备案了事，主管部门和财政部门还应进行审查，如果发现事业单位作出的规定违反法律和国家政策，主管部门和财政部门应当责令其改正。另一方面，这一规定是结合新形势的要求，赋予单位在支出管理上一定的自主权，使单位既有动力，又有压力，增强单位对自身行为的约束能力，进一步规范和提高单位财务管理水平。

2. 节约支出，提高资金使用效益

在支出管理中，事业单位要精打细算、勤俭节约，反对铺张浪费、花钱大手大脚的做法。要加强经济核算，采取切实可行的措施，不断提高资金的使用效益。

3. 对各项支出实行分类管理

事业单位的支出包括事业支出、经营支出、拨出款项和其他支出等。由于后两项支出属调剂性支出、往来性支出，不是单位开展业务及其他活动的开支，因此，单位支出管理的重点是事业支出和经营支出。

（1）事业支出是事业单位支出的主要内容，是考核事业成果和资金使用效益的重要依据。因此，事业单位必须着重抓好事业支出的管理。事业单位的事业支出应当根据财政补助收入、上级补助收入、事业收入和其他收入等的情况统筹安排，上述收入原则上不得用于经营支出。事业单位要注意保持支出结构的合理，尤其是使人员经费支出与公用经费支出保持一个合理的比例。控制人员经费支出，相对增加公用经费支出，促进事业发展。

（2）经营支出是指事业单位在专业业务及其辅助活动之外开展非独立核算经营活动发生的支出。事业单位在经营活动中，应正确归集实际发生的各项费用数，无法直接归集的，应按规定的比例合理分摊。经营支出要与经营收入配比。直接用于经营活动消耗的材料、工资等的费用，直接计入经营支出。由单位在事业支出中统一垫支的各项费用，应当按规定比例合理分摊，在经营支出中列支，冲减事业支出。

4. 要划清支出界限

（1）划清基建支出与事业支出的界限。凡是达到基本建设额度的支出，应报请计划部门从基建投资中安排，不得挤占事业经费。

（2）划清单位支出与个人支出的界限。应由个人负担的支出，不得由单位负担。

（3）划清事业支出与经营支出的界限。应当列入事业支出的项目，不得列入经营支出。应当列入经营支出的项目，也不得列入事业支出。

（4）划清事业支出与对附属单位补助支出和上缴上级支出的界限。对附属单位补助支出和上缴上级支出，属于本系统内部调剂性质的支出，这部分支出最终将体现在本系统内部其他单位，不能计入本单位的事业支出，以免虚增事业支出。

总之，事业单位要正确归集有关费用，防止出现基建挤占事业、个人挤占国家、经营挤占事业以及虚增事业支出等情况的发生。

7.2.3 事业单位事业支出的核算

事业支出是指事业单位开展各项专业业务活动及其辅助活动发生的支出。它是事业单位会计的主要核算对象，也是财政部门和上级单位考核事业单位支出预算执行情况的根据。有财政补助收入的事业单位，其财政补助资金必须按拟定的用途使用，不得自行改变资金用途。

1. 事业支出的内容

事业支出按用途划分，主要包括：

（1）基本工资。基本工资是指国家统一规定的基本工资，包括：事业单位工作人员的固定工资与国家规定比例的津贴，各类学校毕业生见习期间的临时待遇。

（2）补助工资。补助工资是指国家统一规定的津贴、补贴，包括各项岗位津贴、价格补贴、地区性补贴、冬季取暖补贴、职工上下班交通费补贴等。

（3）其他工资。其他工资是指在基本工资、补助工资之外，发给在职人员的属于国家规定工资总额组成范围内的各种津贴、补贴、奖金等。

（4）职工福利费。职工福利费是指拨缴的工会经费，按标准提取的工作人员福利费，独生子女保健费，公费医疗经费，未参加公费医疗单位的职工医疗费，因公负伤等住院治疗、住疗养院期间的伙食补助费，病假两个月以上期间的人员工资（不含符合离休条件的在职人员），职工探亲旅费，由原单位支付的退职金，退职人员及其随行家属路费，职工死亡火葬及费用，遗属生活困难补助费，长期赡养人员补助费等，由“预算包干结余”开支的集体福利支出。

（5）社会保障费。社会保障费指按规定支付给离退休人员的离退休金和缴纳的各项社会保险费、住房公积金等支出。

（6）助学金。助学金是指各类学校学生助学金、奖学金、学生贷款、出国留学（实习）人员生活费、青少年业余体校学员伙食补助费和生活费补贴，按照协议由我方负担或享受我方奖学金的来华留学生、进修生生活费等。

（7）公务费。公务费是指办公费，邮电费，水电费，公用取暖费，工作人员差旅费，调干旅费，调干家属旅费补助，驻外机构人员出国回国旅费，器具设备车船保养修理费，机动车船燃料费、保险费和养路费，牧区办公用马、用车费，会议费，场地车船租赁费等。

（8）设备购置费。设备购置费指事业单位不够基本建设投资额度，按固定资产管理的办公用一般设备、车辆等的购置费，车辆购置附加费，教学、科研医疗单位的专业设备购置费，专业图书馆、文化馆、文化站的图书购置费，以及一般事业单位的图书购置费、档案设备购置费等。

（9）修缮费。修缮费指事业单位的公用房屋、建筑物及附属设备的修缮费，公房租金；城建部门和房产管理部门经营的由国家预算拨款的房屋、建筑物、公共设施的维修养护费；文物保护单位的古建筑、革命纪念建筑物的维修费；按照国家有关部门的规定，不够基本建设投资额度的零星土建工程费用。

（10）业务费。业务费是指事业单位为完成专业所需的消耗性费用开支和购置的低值易耗品的支出，包括：为进行防治防疫用的消耗性的医药卫生材料费；为进行科学实验购置的工器具等低值易耗品、化学试剂、材料，以及专业资料印刷、科学考察研究费用；各级各类学校开支的教学实验费、生产实习费、资料讲义费、高等学校招生经费、毕业生调遣费、教材编审费、业务资料印刷费等；外事部门及其他事业单位的临时出国人员制装费、差旅费、国外生活费补贴和外宾差旅费、招待费。

（11）其他费用。其他费用指外籍专家经费、驻外机构聘用外籍人员经费，出国实习人员生活费，来我国实习人员生活费，本单位职工教育经费，各种医疗减免经费，发给个人的抚恤费、救济费和烈军属、复员退伍军人安置费，民政事业单位休养、收养人员的生活费、服装费等。

2. 事业支出的报销口径

事业支出是事业单位会计核算的重要内容，为了正确核算单位的事业支出，事业支出应按下列口径列报：

（1）对于发给个人的工资、津贴、补贴和抚恤救济费等，应根据实有人数和实发金额，取得本人签收的凭证后列报支出。

（2）购入办公用品可直接列报支出。购入其他各种材料可以在领用时列报支出。

（3）社会保障费、职工福利费和管理部门支付的工会经费，按照规定标准和实有人数每月计算提取，直接列报支出。

（4）固定资产修购基金按核定的比例提取，直接列报支出。

（5）购入固定资产，经验收后列报支出，同时记入“固定资产”和“固定基金”账户。

（6）其他各项费用，均以实际报销数列报支出。

3. 事业支出的核算

为了核算事业支出，事业单位会计应设置“事业支出”总账账户。

“事业支出”（支出类）账户，用来核算事业单位开展各项专业业务活动及其辅助活动发生的实际支出。其借方记发生的事业支出数，以及实行内部成本核算的事业单位结转已销业务成果或产品成本数；贷方记当年的支出收回数。年终，将本账户借方余额全数转入“事业结余”账户。转账后本账户无余额。

现将“事业支出”的核算方法，举例说明如下：

【例7—19】5月2日，某事业单位用现金购置办公用品，计50元。会计分录如下：

借：事业支出——公务费	50	
贷：现金		50

【例7—20】5月3日，该单位开出转账支票，支付房屋修缮费1 500元，根据规定，直接列支。会计分录如下：

借：事业支出——修缮费	1 500	
贷：银行存款		1 500

【例7—21】5月5日，接银行通知，支付自来水公司水费3 000元，会计分录如下：

借：事业支出——公务费	3 000	
贷：银行存款		3 000

【例7—22】5月6日，该单位根据实有人数和工资标准计算本月应付工资198 000元。从中按工资总额的5%扣收个人缴存的住房公积金，转入单设的辅助账中。扣回水电费1 000元。按照实发数，向银行提现后并于当天发放完毕。会计分录如下：

（1）实发工资部分：

提现：借：现金	187 100	
贷：银行存款		187 100

发放：借：事业支出——基本工资　　187 100
　　　　贷：现金　　187 100

(2) 扣收的住房公积金转入单设辅助账：

扣收：借：事业支出——基本工资　　9 900
　　　　贷：其他应付款——个人住房公积金　　9 900

转有关部门时：

借：其他应付款——个人住房公积金　　9 900
　贷：银行存款　　9 900

(3) 扣回的水电费，作支出收回处理：

借：事业支出——基本工资　　1 000
　贷：事业支出——公务费　　1 000

【例 7—23】 5 月 10 日，该事业单位为资料室购买图书一批，计 15 000 元。会计分录如下：

借：事业支出——设备购置费　　15 000
　贷：银行存款　　15 000

同时：

借：固定资产——图书　　15 000
　贷：固定基金　　15 000

【例 7—24】 5 月 15 日，该单位职工夏明出差归来，报销差旅费 980 元，原预借 1 000 元，余款退回。会计分录如下：

借：事业支出——公务费　　980
　　现金　　20
　贷：其他应收款——夏明　　1 000

“事业支出”账户除按上述方法进行总账核算外，还要采用多栏式明细账，按国家预算支出科目的“项”或“目”设户，按“目”或“节”设专栏，进行明细核算。

现以上述各例“事业支出”中的公务费为例，登记下列多栏式明细账，如表 7—1 所示。

表 7—1　　事业支出明细账　　单位：元

年		凭证号	摘要	借方	贷方	余额	借方余额分析				
月	日						办公费	水电费	差旅费	邮电费	燃料费
4	30		本月止累计	180 000	8 000	172 000	6 000	75 000	80 000	5 000	6 000

续前表

年		凭证号	摘要	借方	贷方	余额	借方余额分析				
月	日						办公费	水电费	差旅费	邮电费	燃料费
5	2	例 25	购办公用品	50		172 050	50				
	5	例 27	支付水费	3 000		175 050		3 000			
	6	例 28	扣收水电费		1 000	174 050		−1 000			
	15	例 30	报销差旅费	980		175 030			980		
			⋮	⋮	⋮	⋮	⋮	⋮	⋮	⋮	⋮

7.2.4 事业单位经营支出的核算

经营支出是指事业单位在专业业务活动及其辅助活动之外开展非独立核算经营活动发生的支出。

为了对经营支出进行核算，事业单位会计应设置“经营支出”总账账户。

“经营支出”（支出类）账户，用来核算事业单位在专业业务活动及其辅助活动之外开展非独立核算经营活动发生的各项支出以及实行内部成本核算单位已销产品实际成本。其借方记事业单位发生的各项经营支出数，以及实行内部成本核算的事业单位结转已销经营性劳务成果或产品的实际成本，贷记“产成品”科目，期末应将本账户借方余额全部转入“经营结余”账户。转账后，本账户无余额。

现将“经营支出”的核算方法，举例说明如下：

【例 7—25】 某事业单位职工食堂，未实行独立核算。本月共发生副食品采购等支出 5 000 元。会计分录如下：

借：经营支出　　5 000

　贷：银行存款　　5 000

【例 7—26】 该单位月末将“经营支出”账户的借方余额 5 000 元转入“经营结余”账户。会计分录如下：

借：经营结余　　5 000

　贷：经营支出　　5 000

经营支出一般应按以下项目进行明细核算：基本工资、补助工资、其他工资、职工福利费、社会保障费、助学金、公务费、业务费、设备购置费、修缮费和其他费用等。经营业务种类较多的单位，应按经营业务的主要类别进行二级明细核算。

7.2.5 事业单位拨出款项的核算

拨出款项是指事业单位拨付给所属单位的预算资金及需要单独报账的专项资金，包括拨出经费和拨出专款。

1. 拨出经费的核算

拨出经费是指事业单位根据核定的预算拨付所属单位的预算资金。

为了对拨出经费进行核算，事业单位会计应设置“拨出经费”总账账户。

“拨出经费”（支出类）账户，用来核算事业单位按规定预算拨付所属单位的预算资金。其借方记事业单位拨出的经费数，贷方记拨出经费的收回数，平时借方余额反映拨出经费的累计数。年终，将本账户借方余额全数转入“事业结余”账户。结转后，本账户无余额。

现将“拨出经费”的核算方法，举例说明如下：

【例 7—27】 某事业单位向所属会计单位通过银行转拨本月经费 50 000 元。会计分录如下：

借：拨出经费	50 000	
贷：银行存款		50 000

【例 7—28】 某事业单位收到所属单位缴回的上月多余经费 6 000 元，已入账。会计分录如下：

借：银行存款	6 000	
贷：拨出经费		6 000

【例 7—29】 某事业单位在年终将“拨出经费”账户借方余额 200 000 元全数转入“事业结余”账户。会计分录如下：

借：事业结余	200 000	
贷：拨出经费		200 000

对附属单位拨付的非财政性补助资金或专项资金不通过“拨出经费”核算。

本账户除按上述方法进行总账核算外，还应按所属单位名称设置明细科目，进行明细核算。

2. 拨出专款的核算

拨出专款是指主管部门或上级单位拨给所属单位的需要单独报账的专项资金。

主管部门或上级单位既可以将从财政部门或上级单位拨入的专款转拨给所属单位，也可以将本单位用自有资金设置的专款拨给所属单位。所属单位此项专款可以用于专项工程或专项工作。工程完工时，应该核销此项专款；如果有剩余，应缴回上级单位。

为了核算拨出专款，事业单位会计应设置“拨出专款”总账账户。

“拨出专款”（支出类）账户，用来核算主管部门或上级单位拨给所属单位的需要单独报账的专项资金。其借方记主管部门或上级单位拨出的专项资金数，贷方记拨出专项资金的收回数，借方余额反映所属单位尚未报销数。

所属单位报销专款支出时，应区别情况处理：

其一，专项资金如系上级单位拨入的，则借记“拨入专款”账户，贷记“拨出专款”账户。

其二，属于本单位用自有资金设置对所属单位的专项拨款，按资金渠道借记有关账户，贷记“拨出专款”账户。

现将“拨出专款”的核算方法，举例说明如下：

【例 7—30】 某事业单位收到财政部门拨来的重点课题研究费 50 000 元，存入银行。会计分录如下：

借：银行存款　　50 000

　贷：拨入专款　　50 000

【例 7—31】 该单位将重点课题研究费 50 000 元转拨给所属科研单位。款已通过银行转账，会计分录如下：

借：拨出专款　　50 000

　贷：银行存款　　50 000

【例 7—32】 年终，该单位接到所属科研单位单独结报的重点课题研究专款支出共计 45 000 元，余款退回。会计分录如下：

借：拨入专款　　45 000

　贷：拨出专款　　45 000

收到退回余款时，会计分录如下：

借：银行存款　　5 000

　贷：拨出专款　　5 000

本账户除按上述方法进行总账核算外，还应按附属单位名称或项目设置明细账进行明细核算。

7.2.6 事业单位其他支出的核算

1. 专款支出的核算

专款支出是指由财政部门、上级单位和其他单位拨入的指定用途并需要单独报账的专项资金的实际支出数。

为了对专款支出进行核算，事业单位会计应设置“专款支出”总账账户。“专款支出”（支出类）账户，用来核算由财政部门、上级单位和其他单位拨入的指定用途并需要单独报账的专项资金的实际支出数，主要有科研课题经费、挖潜改造资金、科技三项费用等指定项目或用途的支出。其借方记事业单位按指定的项目或用途所开支的工费、料费，贷方记项目完工时向有关部门的单独列报数。

现将“专款支出”的核算方法，举例说明如下：

【例 7—33】 某科研单位收到上级单位拨入的科研课题经费 50 000 元。会计分录如下：

借：银行存款　　50 000
　贷：拨入专款　　50 000

【例 7—34】 该单位为进行本项课题研究购买仪器设备一台计 20 000 元，购买实验用材料、支付差旅费等计 25 000 元。款已通过银行支付。会计分录如下：

（1）购买仪器时：

借：专款支出　　20 000
　贷：银行存款　　20 000

同时：

借：固定资产　　20 000
　贷：固定基金　　20 000

（2）其他支出：

借：专款支出　　25 000
　贷：银行存款　　25 000

【例 7—35】 项目完成通过鉴定后，按实际支出数向上级单位单独列报。余款退回。会计分录如下：

借：拨入专款　　50 000
　贷：专款支出　　45 000
　　　银行存款　　5 000

本账户除按上述方法进行总账核算外，还应按专款的项目设置明细账，进行明细核算。

2. 结转自筹基建支出的核算

自筹基建是指事业单位经批准用财政补助收入以外的资金安排的基本建设项目。按规定，这部分资金应转存建设银行。

事业单位自筹资金安排基本建设，应先落实资金来源，并按审批权限，报经有关部门列入基本建设计划。事业单位应在保证正常事业支出需要，保证正常预算平衡的基础上，统筹安排自筹基本建设支出，并报主管部门和财政部门核批。核定的自筹基本建设资金纳入基本建设财务管理。

为了对自筹基本建设资金进行核算，事业单位会计应设置“结转自筹基建”总账账户。

“结转自筹基建”（支出类）账户，用来核算事业单位经批准用财政补助收入以外的资金安排自筹基本建设，其所筹集并转存建设银行的资金。其借方记将自筹的基本建设资金转存建设银行数，贷记“银行存款”科目。年终结账时，应将本账户借方余额全数转入“事业结余”账户。结转后，本账户年终无余额。

现将“结转自筹基建”的核算方法，举例说明如下：

【例 7—36】 某事业单位经批准自筹资金建设职工活动中心。计划工期 2 年，每年筹资 150 000 元。会计分录如下：

第一年结转时：

借：结转自筹基建　　150 000

　贷：银行存款　　150 000

年终转账时：

借：事业结余　　150 000

　贷：结转自筹基建　　150 000

第二年结转时：

借：结转自筹基建　　150 000

　贷：银行存款　　150 000

年终转账时：

借：事业结余　　150 000

　贷：结转自筹基建　　150 000

工程竣工移交时：

借：固定资产——房屋和建筑物　　300 000

　贷：固定基金　　300 000

3. 销售税金的核算

销售税金是指事业单位在提供劳务或销售产品时应负担的税金及附加，包括营业税、城市维护建设税、资源税和教育费附加等。

为了对销售税金进行核算，事业单位会计应设置“销售税金”总账账户。

“销售税金”（支出类）账户，用来核算事业单位提供劳务或销售产品时应负担的税金及附加。其借方记月末事业单位按照规定计算出应负担的销售税金及附加数；期末，应将本账户借方余额转入“经营结余”或“事业结余”账户。转账后，本账户应无余额。

现将“销售税金”的核算方法，举例说明如下：

【例 7—37】 某事业单位体育馆对外开展有偿服务，取得营业收入 15 000 元。按照税法规定，全部收入应按 5%的税率计算缴纳营业税；按应纳营业税额的 7%和 3%分别缴纳城市维护建设税和教育费附加。会计分录如下：

计算缴纳时：

借：销售税金　　825

　贷：应交税金——应交营业税　　750

——应交城建税　　52.50

其他应付款——教育费附加　　22.50

实际缴纳时：

借：应交税金——应交营业税　　750

——应交城建税　　52.50

其他应付款——教育费附加　　22.50

贷：银行存款　　825

期末，将“销售税金”账户的借方余额转入“经营结余”账户。

借：经营结余　　825

贷：销售税金　　825

本账户还应按产品（商品）类别或品种设置明细账，进行明细核算。

4. 上缴上级支出的核算

上缴上级支出是指事业单位按规定标准或比例上缴上级单位的支出。它和上级单位的附属单位缴款对应。

为了对上缴上级支出进行核算，事业单位会计应设置“上缴上级支出”总账账户。

“上缴上级支出”（支出类）账户，用来核算附属于上级单位的独立核算单位按规定的标准或比例上缴上级单位的支出。其借方记对上级单位的上缴数，贷方记年终转入“事业结余”数。结账后，本账户无余额。

现将“上缴上级支出”的核算方法，举例说明如下：

【例7—38】 某事业单位按规定将其事业收入的25%上缴上级单位。该单位本期共取得事业收入103 000元。

应上缴上级单位数＝103 000×25%＝25 750(元)

会计分录如下：

上缴时：

借：上缴上级支出　　25 750

贷：银行存款　　25 750

年终转账时：

借：事业结余　　25 750

贷：上缴上级支出　　25 750

5. 对附属单位补助支出的核算

对附属单位补助支出是指事业单位用财政补助收入之外的收入对附属单位补助发生的支出。它和下级单位的上级补助收入对应。

为了对附属单位补助进行核算，事业单位会计应设置“对附属单位补助”总账账户。

“对附属单位补助”（支出类）账户，用来核算事业单位用非财政预算资金对附属单位补助发生的支出。其借方记对附属单位的补助数，贷方记收回数。年终结账时，将本账户的借方余额全额转入“事业结余”账户。结转后本账户无余额。

现将“对附属单位补助”的核算方法，举例说明如下：

【例 7—39】某事业单位用自有资金对下属单位进行补助，共计 50 000 元。会计分录如下：

对下属单位补助时：

借：对附属单位补助　　50 000

　贷：银行存款　　50 000

年终转账时：

借：事业结余　　50 000

　贷：对附属单位补助　　50 000

本账户还应按接受补助的附属单位名称设置明细账，进行明细核算。

7.2.7　事业单位的内部成本核算

《事业单位财务规则》规定，事业单位可以根据开展业务活动及其他活动的实际需要，实行内部成本核算办法。

1. 内部成本核算的含义及要求

内部成本核算办法，可以从以下几个方面来理解：

（1）所谓“内部成本核算办法”，是指对内部管理使用的，对外既不计算也不报告成本的办法。但是，事业单位实行内部成本核算，必须符合事业单位财务管理的基本要求，保证事业单位财务管理体制的统一性和完整性，其成本费用支出必须与事业支出科目相衔接。在进行成本项目设计时，既要满足内部成本核算的要求，又要与国家统一规定的事业支出科目相衔接。实行企业化管理的事业单位，其业务运行是按照取得经济效益的原则进行的，具备实行完全成本核算的条件，可以执行企业会计制度。

（2）事业单位实行内部成本核算，目的是提高事业单位经济业务管理水平，提高资金的使用效益。有许多事业单位，如科研所、医院、农业事业单位等都已进行成本核算，有的高等学校也在试行人才成本核算。这种成本核算，虽然不是为了计算盈亏，但能够为考核业务成果、制定收费标准、筹划资金来源、进行经济决策提供真实的会计信息。从这个意义上讲，实行内部成本核算，是推行经济责任制的需要，是加强预算管理、提高资金使用效益的需要。

（3）与企业成本核算相比，它是不完全的成本核算。新的企业财务制度规定，企业实行制造成本法，把企业生产经营过程中的全部成本费用划分为直接材料、直接工资、其他直接支出、制造费用、销售费用、管理费用和财务费用，成本核算的内容是完整的。而事业单位的内部成本核算，内容没有那么完整，有的费用项目可能没有发生，有的费用项目发生了但又无法进行准确的成本核算。

（4）与企业成本核算相比，它是不严格的成本核算。企业的成本核算，要求按照权责发生制的原则确定成本费用的开支，严格划分本期成本费用和下期成本费用的界限、在产品成本和产成品成本的界限、各种产品之间的成本界限，各项成本费用的计算分配方法是非常严格的。而事业单位一般不具备真正意义上的成本核算条件，各种成本费用的界限无法划分，计算分配方法也难以严格掌握。

至于哪些事业单位实行内部成本核算，哪些事业单位不实行内部成本核算，主要由财政部门与主管部门共同商定。

2. 事业单位进行内部成本核算的方法

实行内部成本核算的事业单位，其成本项目的确定和计算分配成本的方法，必须做到在一定时期内具有统一性和完整性，其成本费用开支项目必须与事业支出科目相衔接。在成本核算程度和制度方面，可有两种选择：

（1）单设成本账户。有关成本的支出经分配直接或间接记入成本账户，然后再将成本按要求的支出种类分解列示于收入支出表。在具体操作上，事业单位成本费用的一级明细科目可以参照企业财务制度设计为直接费用（直接材料、直接工资、其他直接支出）、制造费用、管理费用、财务费用和销售费用等，也可以根据本单位的实际情况进行适当的简化合并；二级明细科目可按照事业支出的“目”级科目设计。这样，既满足了内部成本核算的需要，又能与国家统一规定的事业支出科目相衔接，有关成本费用也就能够还原到国家统一规定的支出科目中去。

（2）不单设成本账户。有关支出直接记入相应的支出账户，而另以成本计算表计算有关产品的成本。

3. 实行内部成本核算的事业单位各项费用的归集

事业单位从事多项业务活动发生的支出，应正确予以归集，无法直接归集的，应按标准和一定的比例在事业支出和经营支出中进行合理分摊。

（1）材料费用的归集与分配。用于产品生产的原料及主要材料，通常按照产品分别领用的，属于直接费用，应根据领料凭证直接记入各类产品成本的“直接材料”项目；共同领用的，通常采用按产品的材料定额消耗量与实际消耗量的比例进行分配。其计算公式如下：

$$分配率=\frac{材料实际总消耗量(或实际成本)}{各种产品材料定额消耗量(或定额成本)之和}$$

$$某种产品应分配的材料(费用)=该种产品的材料定额消耗量(或定额成本)\times 分配率$$

辅助材料费用计入产品成本的方法，与主要材料基本相同。

（2）工资及提取福利费的归集与分配。在计件工资制度下，生产工人工资通常是根据产量凭证计算工资并直接计入产品成本；在计时工资制度下，如果只生产一种产品，生产工人工资属于直接费用，可直接计入该产品成本；如果生产多种产品，需要用一定的分配方法在多种产品之间进行分配。一般采用工时分配法，其计算公式如下：

$$分配率=\frac{生产工人工资总额}{各种产品实耗工时之和}$$

$$某种产品应分配的工资(福利)费用=该产品的实耗工时\times 分配率$$

按照规定的工资总额的一定比例从产品成本中提取的职工福利费可与工资费用一起分配。

(3) 外购动力费的归集与分配。外购动力（如电力、蒸汽），有的直接用于产品生产，有的用于照明、取暖及其他用途。动力费应按用途和使用部门进行分配。

(4) 购置与修理费的归集与分配。购置与修理费，通常是按其使用地点归集，分别记入“制造费用”、“管理费用”科目。

(5) 制造费用的归集与分配。制造费用是指生产单位为组织和管理生产而发生的各项间接费用。包括工资和福利费、折旧费、修理费、办公费、水电费、劳动保护费、租赁费、保险费、排污费等。制造费用不能按照产品制定定额，只能按照部门和费用项目编造费用计划加以控制，然后按产品进行分配。

4. 成本费用的核算

为了对成本费用进行核算，事业单位会计应设置“成本费用”总账账户。

“成本费用”（支出类）账户，用来核算实行内部成本核算的事业单位应列入劳务（产品、商品）成本的各项费用。其借方记业务活动或经营过程中发生的各项费用，贷方记产品的验收入库数。

对于成本核算业务比较复杂的单位，可根据需要自行设置必要的成本核算账户。

现以某实行内部成本核算的事业单位为例，说明“成本费用”的核算方法。

【例 7—40】 该单位某月份生产 A 产品 400 件，B 产品 200 件，共同耗用甲材料 5 500 公斤，甲材料单价 10 元。单件 A 产品材料消耗定额为 5 公斤，单件 B 产品材料消耗定额为 15 公斤。

甲材料费用分配计算如下：

(1) A 产品材料定额消耗量＝400×5＝2 000（公斤）

B 产品材料定额消耗量＝200×15＝3 000（公斤）

(2) 材料消耗量分配率$=\frac{5\,500}{5\,000}=1.1$

(3) A 产品应分摊的材料数量＝2 000×1.1＝2 200（公斤）

B 产品应分摊的材料数量＝3 000×1.1＝3 300（公斤）

(4) A 产品应分摊的材料费用＝2 200×10＝22 000（元）

B 产品应分摊的材料费用＝3 300×10＝33 000（元）

则会计分录如下：

借：成本费用——A 产品	22 000	
——B 产品	33 000	
贷：材料——甲材料		55 000

【例 7—41】 该单位本月份发放工资 12 000 元，其中 A 产品实耗工时 4 000 小时，B 产品实耗工时 3 500 小时。

$$工资费用分配率=\frac{12\,000}{4\,000+3\,500}=1.6$$

A 产品应分摊的工资费用=4 000×1.6=6 400（元）

B 产品应分摊的工资费用=3 500×1.6=5 600（元）

则会计分录如下：

提现：借：现金　12 000

贷：银行存款　12 000

借：成本费用——A 产品　6 400

——B 产品　5 600

贷：现金　12 000

【例 7—42】假定本月份生产的 A、B 两种产品全部完工，并已验收入库。则会计分录如下：

借：产成品——A 产品　28 400

——B 产品　38 600

贷：成本费用——A 产品　28 400

——B 产品　38 600

【例 7—43】假如本月生产的 A 产品销售 300 件，B 产品 200 件全部售出。A 产品单价 90 元，B 产品单价 240 元。该单位为小规模纳税人，货款已通过银行收讫。会计分录如下：

借：银行存款　79 500

贷：经营收入　75 000

应交税金——应缴增值税　4 500

结转已销产品实际成本时：

借：经营支出　59 900

贷：产成品——A 产品　21 300

——B 产品　38 600

本章小结

事业单位的收入是指事业单位为开展业务及其他活动依法取得的非偿还性资金，包括财政补助收入、上级补助收入、拨入专款、事业收入、经营收入、附属单位上缴收入和其他收入等。

事业单位收入管理要求：实行收入统管；正确划分各项收入，依法缴纳各种税费；充分利用现有条件积极组织收入；保证收入的合法性与合理性；正确处理社会效益与经济效益的关系。

按资金运用性质，将事业单位支出分为事业支出、经营支出、拨出款项和其他支出等。

事业单位支出管理要求：严格执行国家财政财务制度和财经纪律；节约支出，提高资金使用效益；对各项支出实行分类管理；要划清支出界限。

关键术语

收入　财政补助收入　事业收入　收入统管　支出　事业支出　自筹基建　内部成本核算

复习思考题

1. 如何对事业单位收入进行分类？
2. 事业单位的收入管理应该注意哪些问题？
3. 拨入专款的年终转账如何进行核算？试举例说明。
4. 事业单位的支出管理有什么要求？
5. 成本核算有哪些作用？
6. 如何理解事业单位的内部成本核算？
7. 事业单位的支出管理应做好哪些工作？

阅读材料

大学收费究竟是依据什么标准计算出来的？

教育部有关领导认为，高等教育的成本核算目前还是一个大难题。对教育成本通行的计算方式有两种：一种是实付制，即当年搞项目所花的钱都要算在教育培养成本里面；还有一种是权责制，即要把所有用于支持高校发展，所有与学校有关的费用统统计算在里面。实际操作起来非常复杂。

——譬如投资一个项目，建教学楼、科研楼或学生宿舍，是要长期使用的，这个成本当然不能集中在新入学的这一两届学生身上，由他们来全部承担，但具体如何来分解？按多少年折旧比较合理，还没有一个比较科学的统一标准；另外，还有校园征地的费用、水电网的铺设、大型科研仪器设备的投入等等，这些基础设施的建设费用应该算谁的？怎么分摊？

——现有的几千所高校不是今天才平地而起的，它们是历史的产物。学校建设历年的累计投入，如何偿还？人民币币值的变动，能否计算精确？还有，中国高校目前还没有像企业那样对离退休人员进行剥离，走社会化的保障之路。有些高校离退休教职员工的人数目前已超过了在职职工人数，学校的包袱很重，能够扔给谁？这个成本也不能不算。

——学生培养的成本不一。现在活跃在校园里的，有本科生、硕士生、博士生、成教生，各自的培养成本是不一样的；专业不同，学生的培养成本也差别很大。一般来说，医科、艺术、工科学生的培养成本高，文科学生相对低一些。学校与学校的差别就更大。清华大学一名本科生一年的培养成本大约为5.2万元，而一般院校的学生，培养费用可能只需2万元左右……

2005年5月30—31日在武汉华中科技大学召开的“高校教育财政：成本、入学与学生资助”的国际会议上，北京师范大学首都教育经济研究院王教授作了题为“高等学校学生培养成本计量方法探讨”的专题报告，教育部财务司副司长、学生贷款中心主任也是这一课题的直接参与者。

教育部有关领导介绍，对学费有两种核收方法：一种是按实际成本核算；另一种是按日常的运行成本核算。考虑到中国的国情和成本计算的复杂性，我们选取了后一种方法。我们对高校生均年日常的运行经费进行过充分调研，高的超过1.4万元，低的在1万元左右，综合一下，按25%提取，每个学生每学年的学费定为3 500元，现行的学费标准就是这样计算出来的。

资料来源：根据新华网财经综合报道2005年9月8日的相关文章改编。

第8章 事业单位财务报告和财务分析

8.1 事业单位财务报告

8.1.1 事业单位财务报告概述

事业单位财务报告是反映事业单位财务状况和收支情况的书面文件，是财政部门和上级单位了解情况、掌握政策、指导单位预算执行工作的重要资料，也是编制下年度单位财务收支计划的基础。事业单位应定期向主管部门、财政部门和有关部门提供财务报告。事业单位会计报表主要包括：资产负债表、收入支出表、附表及会计报表附注和收支情况说明书等。对有专款收支业务的单位应根据财政部门或主管部门的要求编制专款资金收支情况。

8.1.2 事业单位财务报告的编制要求

事业单位财务报告是主管部门和财政部门以及其他报表使用者了解事业单位财务状况和运营业绩的主要信息来源，也是事业单位加强内部管理、进行管理决策的主要依据。因此，事业单位编制财务报告应当根据登记完整、核对无误的账簿记录和其他有关资料进行编制，做到数字准确、内容完整、报送及时。事业单位编制财务报告，必须做到以下几点：

（1）各单位应当加强日常会计核算工作，财务报告的数字要根据经审核无误的会计账簿记录汇总，切实做到账表相符，有根有据。

（2）财务报告要层层汇总，上级单位要在编制本级会计报表的基础上，根据本级会计报表和已经审查过的所属单位会计报表，编制汇总会计报表，并将上下级之间的对应账户数字冲销后，逐级汇总上报。上报上级单位和同级财政部门的会计报表必须经会计主管人员和单位负责人审阅签章并加盖公章。

（3）国有事业单位应按事业单位会计制度规定的格式、内容和期限向财政部门或主管单位报送会计报表，中央各部门、各省（市）自治区财政厅（局）可根据工作需要增设会计报表。事业单位内部管理需要的特殊会计报表，由单位自行规定。

（4）会计报表分月报、季报和年报（决算）三种。月份会计报表应于月份终了后 3 日内报出；季度会计报表应于季度终了后 5 日内报出；年度会计报表应按财政部决算通知规定及主管部门要求的格式和期限报出。年报应抄报同级国有资产管理部门。

8.1.3　事业单位财务报告的主要内容及编制方法

1. 月报及其编制方法

月报是反映事业单位截至报告月份的财务状况和收支情况的报表。月报包括资产负债表和收入支出表及附表。

（1）资产负债表。资产负债表是反映事业单位截至报告月份的财务状况的报表。它能够反映事业单位在截至报告月份的经济资源和负担的债务状况，以及事业单位的偿债能力和财务前景。资产负债表是世界各国通用的财务报表。

资产负债表向有关方面提供以下几个方面的信息资料：第一，事业单位所掌握的经济资源及这些资源的分布和结构；第二，事业单位债务状况；第三，事业单位基金情况；第四，通过对该表的分析，可以了解事业单位的财务实力、短期偿债能力和支付能力，若把前后期的资产负债表加以对照分析，还可以看出事业单位资产变化情况及财务状况的发展趋势。

资产负债表的格式见表 8—1。

表 8—1　　**资产负债表**　　事表 01

编表单位：　　××××年 12 月 31 日（结账前）　　单位：元

科目编号	资产部类	年初数	期末数	科目编号	负债部类	年初数	期末数
	一、资产类				二、负债类		
				201	借入款项	210 000	270 000
101	现金	1 800	2 400	202	应付票据	4 200	5 700
102	银行存款	183 000	216 000	203	应付账款	4 300	7 400
105	应收票据	6 000	3 900	204	预收账款	—	—
106	应收账款	24 000	15 000	207	其他应付款	2 400	1 300
108	预付账款	—	—	208	应缴预算款	—	—
110	其他应收款	1 700	350 000	209	应缴财政专户款	—	—
115	材料	320 000	4 000	210	应交税金	—	—
117	对外投资	7 000	500 000		负债合计	220 900	284 400
120	固定资产	5 090 000	5 300 000				
124	无形资产	—	—		三、净资产类		
	资产合计	5 633 500	6 391 300	310	事业基金	533 820	620 000
					其中：一般基金		
					投资基金		
				302	固定基金	4 650 000	5 300 000
				303	专用基金	228 780	154 200
				306	事业结余		

续前表

科目编号	资产部类	年初数	期末数	科目编号	负债部类	年初数	期末数
				307	经营结余		
	五、支出类				净资产合计	5 412 600	6 074 200
501	拨出经费		980 000				
502	拨出专款		156 000		四、收入类		
503	专款支出		204 000	401	财政补助收入		2 000 000
504	事业支出		1 610 000	403	上级补助收入		106 000
505	经营支出		362 000	404	拨入专款		370 000
509	成本费用			405	事业收入		689 000
512	销售税金		15 400	409	经营收入		396 000
516	上缴上级支出		173 000	412	附属单位缴款		72 000
517	对附属单位补助		118 000	413	其他收入		18 100
520	结转自筹基建						
	支出合计		3 618 400		收入合计		3 651 100
	资产部类总计		10 009 700		负债部类总计		10 009 700

资产负债表按照“资产＋支出＝负债＋净资产＋收入”的平衡公式设置。左方为资产部类，右方为负债部类，左右两方总计数相等。“年初数”按事业单位上年末资产负债表期末数字填列；“期末数”按事业单位月末各总账账户余额填列。

事业单位应事先编出本单位的资产负债表，然后将审核无误的所属下级单位的资产负债表汇总，编制成本部门汇总的资产负债表。

（2）收入支出表。收入支出表是反映事业单位截至报告月份的收支结余及其分配情况的报表。它由收入、支出、结余及其分配三部分内容组成。收入支出表的项目按收支的构成和结余分配情况分别列示，通过收入支出表，可以判断事业单位的经营成果、评价业绩、预测未来事业发展方向。

收入支出表包括收入支出表及其附表。

收入支出表的格式见表8—2。

表8—2　收入支出表

编表单位：　　　　年　月　日　　　　单位：元

收入		支出		结余	
项目	累计数	项目	累计数	项目	累计数
财政补助收入		拨出经费		事业结余	
上级补助收入		上缴上级支出		1. 经常收支结余	
附属单位缴款		对附属单位补助		2. 收回以前年度事业支出	
事业收入		事业支出			
其中：预算外资金收入		其中：财政补助支出			
其他收入		预算外资金支出			
		结转自筹基建			
小计		小计			

续前表

收入		支出		结余	
项目	累计数	项目	累计数	项目	累计数
经营收入		经营支出 销售税金		经营结余 以前年度经营亏损	
小计		小计			
拨入专款		拨出专款 专款支出		结余分配 1. 应交所得税 2. 提取专用基金 3. 转入事业基金 4. 其他	
小计		小计			
总计		总计			

收入支出表的附表主要是事业支出明细表和经营支出明细表。支出明细表的项目应按“政府预算支出科目”列示。在事业支出明细表中，对于用财政拨款和预算外资金收入安排的支出应按财政部门的要求分别列示。

事业支出明细表的格式见表 8—3。

表 8—3　　**事业支出明细表**　　事表 02—附 1

编表单位：　　年　月　日　　单位：元

项目	合计	基本工资	补助工资	其他工资	职工福利费	社会保障费	助学金	公务费	设备购置费	修缮费	业务费	其他费用	备注
列次	1	2	3	4	5	6	7	8	9	10	11	12	13
事业支出													
1. 财政补助支出													
2. 预算外资金支出													
合计													

编表说明：

(1) “财政拨款支出”是指事业单位用财政补助收入安排的支出。

(2) “预算外资金支出”是指事业单位用预算外资金收入安排的支出。

(3) 在“财政拨款支出”和“预算外资金支出”中对于财政部门指定用途的，应按指定的用途填列；对于没有指定用途的，则按本表所列项目分别列示。

(4) 各事业单位对于上述两项支出可根据核定预算和实际使用情况，采用统计方法填列。

经营支出明细表的格式见表 8—4。

2. 季报及其编制方法

季报是反映事业单位截至报告季度末的财务状况和收支情况的报表。季报的编制方法与月报基本相同。详见月报的编制方法。

表 8—4　　经营支出明细表

编表单位：　　年　月　日　　单位：元

项目	合计	基本工资	补助工资	其他工资	职工福利费	社会保障费	助学金	公务费	设备购置费	修缮费	业务费	其他费用	备注
列次	1	2	3	4	5	6	7	8	9	10	11	12	13
经营支出													
1.													
2.													
合计													

补充资料：
实行内部成本核算的单位应填列以下成本费用的补充资料：
已结转到经营支出的成本费用：
其中：基本工资：　　职工福利费：　　设备购置费：
　　　补助工资：　　社会保障费：　　修缮费：
　　　其他工资：　　公务费：　　业务费：
　　　其他费用：
编表说明：本表经营支出栏下可按经营业务的种类分类填列。

3. 年报及其编制方法

年报是全面反映事业单位年度财务状况和收支情况的报表，包括资产负债表、收入支出表、附表及会计报表附注和收支情况说明书等。

事业单位在年度终了前，应根据财政部门或主管部门的决算编制工作要求，对各项收支账目、往来款项、货币资金和财产物资进行全面的清理结算，在此基础上办理年终结账，编报决算。

（1）年终清理结算。年终清理结算是指对事业单位收支及其有关财务活动进行全面清查、整顿、结算和核对等工作的总称。它是编制年报的重要环节，各单位在年终前应按规定认真做好此项工作。其主要事项包括：

1）清理、核对年度预算收支数字和各项缴拨款项数字。年终前，对财政部门、上级单位和所属各单位之间的全年预算（包括追加追减和上划、下划数字）以及应上缴、拨补的款项等，都要按规定逐笔进行清理结算，保证上下级之间的年度预算数、领拨经费数和上缴、下拨数字一致。

为了准确反映各项收支数额，凡属本年度的应拨应缴款项，应当在 12 月 31 日前汇达对方。主管会计单位对所属各单位拨款应截至 12 月 25 日，逾期一般不再下拨。

凡属本年的各项收入都要及时入账，本年度的各项应缴预算款和应缴财政专户的预算外资金收入，要在年终前全部上缴。属于本年的各项支出，要按规定的支出用途如实列报。

年度单位支出决算，一律以基层用款单位截至 12 月 31 日的本年实际支出数为准，不得将年终前预拨下年预算拨款列入本年的支出，也不得以上级会计单位的拨款数代替基层会计单位的实际支出数。

2）清理各项往来款项。年终前尽量将各项往来款项清理完毕。按照有关规定转作各项收入或各项支出的往来款项要及时转入各有关账户，编入本年决算。

3）清理货币资金。事业单位年终要及时同开户银行对账，银行存款日记账余额要同银行对账单的余额核对相符。现金账面余额要同库存现金核对相符。有价证券账面数字，一般要同实存的有价证券核对相符。

4）清理财产物资。年终前，应对各项财产物资进行清理、盘点，发生盘盈、盘亏的，要及时查明原因，按规定作出处理，调整账务，做到账实相符、账账相符。

（2）年终结账。事业单位在年终清理结算的基础上进行年终结账，年终结账包括年终转账、结清旧账和记入新账。

1）年终转账。账目核对无误后，首先计算出各账户借方或贷方的 12 月份合计数和全年累计数，结出 12 月末的余额。然后编制结账前的“资产负债表”，试算平衡后，再将应对冲结转的各个收支账户的余额按年终冲转办法填制 12 月 31 日的记账凭证，办理结账冲转。

现根据表 8—1 将年终转账业务，举例说明如下：

【例 8—1】将“财政补助收入”账户的年末贷方余额 2 000 000 元，全部转入“事业结余”账户。会计分录如下：

借：财政补助收入　　2 000 000

　贷：事业结余　　2 000 000

【例 8—2】将“上级补助收入”账户的年末贷方余额 106 000 元，全部转入“事业结余”账户。会计分录如下：

借：上级补助收入　　106 000

　贷：事业结余　　106 000

【例 8—3】将“拨入专款”账户已完工的项目的拨出款 156 000 元，转入“拨出专款”账户。会计分录如下：

借：拨入专款　　156 000

　贷：拨出专款　　156 000

【例 8—4】 将“拨入专款”账户已完工的项目的支出数 204 000 元，转入“专款支出”账户。会计分录如下：

借：拨入专款 204 000

贷：专款支出 204 000

【例 8—5】 将“拨入专款”账户项目已经完成的结余款，按规定留归本单位使用的 10 000 元，转入“事业基金”账户。会计分录如下：

借：拨入专款 10 000

贷：事业基金——一般基金 10 000

【例 8—6】 将“事业收入”账户的年末贷方余额 689 000 元，全部转入“事业结余”账户。会计分录如下：

借：事业收入 689 000

贷：事业结余 689 000

【例 8—7】 将“经营收入”账户的年末贷方余额 396 000 元，全部转入“经营结余”账户。会计分录如下：

借：经营收入 396 000

贷：经营结余 396 000

【例 8—8】 将“附属单位缴款”账户的年末贷方余额 72 000 元，全部转入“事业结余”账户。会计分录如下：

借：附属单位缴款 72 000

贷：事业结余 72 000

【例 8—9】 将“其他收入”账户的年末贷方余额 18 100 元，全部转入“事业结余”账户。会计分录如下：

借：其他收入 18 100

贷：事业结余 18 100

【例 8—10】 将“拨出经费”账户的借方余额 980 000 元，全部转入“事业结余”账户。会计分录如下：

借：事业结余 980 000

贷：拨出经费 980 000

【例 8—11】将“事业支出”账户的年末借方余额 1 610 000 元，全部转入“事业结余”账户，会计分录如下：

借：事业结余　　1 610 000

　贷：事业支出　　1 610 000

【例 8—12】将“经营支出”账户的年末借方余额 362 000 元，全部转入“经营结余”账户。会计分录如下：

借：经营结余　　362 000

　贷：经营支出　　362 000

【例 8—13】将“销售税金”账户的年末借方余额 15 400 元，全部转入“经营结余”或“事业结余”账户。会计分录如下：

借：经营结余（或事业结余）　　15 400

　贷：销售税金　　15 400

【例 8—14】将“上缴上级支出”账户的年末借方余额 173 000 元，全部转入“事业结余”账户。会计分录如下：

借：事业结余　　173 000

　贷：上缴上级支出　　173 000

【例 8—15】将“对附属单位补助”账户的年末借方余额 118 000 元，全部转入“事业结余”账户。会计分录如下：

借：事业结余　　118 000

　贷：对附属单位补助　　118 000

【例 8—16】将当年实现的“事业结余”账户的贷方结余数 4 100 元，全部转入“结余分配”账户。会计分录如下：

借：事业结余　　4 100

　贷：结余分配　　4 100

【例 8—17】将单位实现的“经营结余”账户的贷方结余数 18 600 元，全部转入“结余分配”账户。会计分录如下：

借：经营结余　　18 600

　贷：结余分配　　18 600

【例 8—18】年终，将事业单位按规定比例从当年结余计提职工福利基金6 810元，转入“专用基金”账户。会计分录如下：

借：结余分配　6 810

　贷：专用基金——职工福利基金　6 810

【例 8—19】将当期未分配结余 15 890 元，转入“事业基金”账户。会计分录如下：

借：结余分配　15 890

　贷：事业基金——一般基金　15 890

2）结清旧账。将转账后无余额的账户结出全年总累计数，然后在下面画双红线，表示本账户全部结清。对年终有余额的账户，在“全年累计数”下行的“摘要”栏内注明“结转下年”字样，再在下面画双红线，表示年终余额转入新账，旧账结束。

3）记入新账。根据本年度各账户余额，编制年终决算的“资产负债表”和有关明细账。将表中各账户的年终余额数（不编制记账凭证），直接记入新年度相应的各有关账户，并在“摘要”栏注明“上年结余”字样，以区别于新年度发生数。

（3）编制年报。

1）资产负债表。资产负债表是反映事业单位年度财务状况的报表，反映事业单位年度资产、负债、收入、支出、净资产类各账户的年末余额。其格式与内容见表 8—5。

表 8—5　**资产负债表**　事表 01

编表单位：　××××年 12 月 31 日（结账后）　单位：元

科目编号	资产部类	年初数	期末数	科目编号	负债部类	年初数	期末数
	一、资产类				二、负债类		
				201	借入款项	210 000	270 000
101	现金	1 800	2 400	202	应付票据	4 200	5 700
102	银行存款	183 000	216 000	203	应付账款	4 300	7 400
105	应收票据	6 000	3 900	204	预收账款	—	—
106	应收账款	24 000	15 000	207	其他应付款	2 400	1 300
108	预付账款	—	—	208	应缴预算款	—	—
110	其他应收款	1 700	350 000	209	应缴财政专户款	—	—
115	材料	320 000	4 000	210	应交税金	—	—
117	对外投资	7 000	500 000		负债合计	220 900	284 400
120	固定资产	5 090 000	5 300 000				
124	无形资产	—	—		三、净资产类		
	资产合计	5 633 500	6 391 300	310	事业基金	533 820	645 890
					其中：一般基金		
					投资基金		

续前表

科目编号	资产部类	年初数	期末数	科目编号	负债部类	年初数	期末数
				302	固定基金	4 650 000	5 300 000
				303	专用基金	228 780	161 010
				306	事业结余		
				307	经营结余		
	五、支出类				净资产合计	5 412 600	6 106 900
501	拨出经费						
502	拨出专款				四、收入类		
503	专款支出			401	财政补助收入		
504	事业支出			403	上级补助收入		
505	经营支出			404	拨入专款		
509	成本费用			405	事业收入		
512	上缴上级支出			409	经营收入		
516	销售税金			412	附属单位缴款		
517	对附属单位补助			413	其他收入		
520	结转自筹基建						
	支出合计				收入合计		
	资产部类总计	5 633 500	6 391 300		负债部类总计	5 633 500	6 391 300

资产负债表内各项目的数据应根据审核无误的账簿记录来填列。“年初数”按上年末资产负债表期末数填列；“期末数”根据年终转账冲销后各账户余额填列。

2）收入支出表。收入支出表是反映事业单位年度收支结余及其分配情况的报表。“累计数”栏按全年的累计实际发生数填列。其格式与内容见表 8—6。

表 8—6 收入支出表

编表单位： ××××年 12 月 31 日 单位：元

收入		支出		结余	
项目	累计数	项目	累计数	项目	累计数
财政补助收入	2 000 000	拨出经费	980 000	事业结余	4 100
上级补助收入	106 000	上缴上级支出	173 000	1. 经常收支结余	
附属单位缴款	72 000	对附属单位补助	118 000	2. 收回以前年度事业支出	
事业收入	689 000	事业支出	1 610 000		
其中：预算外资金收入	260 000	其中：财政补助支出	1 350 000		
其他收入	18 100	预算外资金支出	260 000		
		结转自筹基建			
小计	2 885 100	小计	2 881 000		
经营收入	396 000	经营支出	362 000	经营结余	18 600
		销售税金	15 400	以前年度经营亏损	

续前表

收入		支出		结余	
项目	累计数	项目	累计数	项目	累计数
小计	396 000	小计	377 400		
拨入专款	370 000	拨出专款 专款支出	156 000 204 000	结余分配 1. 应交所得税 2. 提取专用基金 3. 转入事业基金 4. 其他	22 700 6 810 15 890
小计	370 000	小计	360 000		
总计	3 651 100	总计	3 618 400		

事业单位的决算经财政部门或上级单位审批后，需调整决算数字时，应作相应调整。

8.1.4 会计报表的审核和汇总

会计报表应当根据登记完整、核对无误的账簿记录和其他有关资料编制，并经认真审核后上报。主管部门应根据同级财政部门的要求在认真审核的基础上，编制汇总所属事业单位会计报表。

1. 会计报表的审核

会计报表的审核是各单位对编制完毕的会计报表以及所属单位报来的会计报表进行的审核与复核，包括技术性审核和政策性审核两个方面。

（1）技术性审核。技术性审核，主要是审核会计报表的数字是否正确，表内有关项目是否完整，有无漏报和错报的情况，会计报表的报送是否及时等。技术性审核的具体要求如下：

1）审核上下年度有关数字是否一致。

2）审核上下级单位间的上缴下拨数是否一致，如主管部门“拨出经费”、“拨出专款”和所属单位的“财政补助收入”、“拨入专款”等是否一致。

3）审核会计报表中的有关数字和业务部门提供的数字是否一致。

4）审核会计报表之间的有关数字是否一致。如“资产负债表”中的事业支出、经营支出数与“事业支出明细表”和“经营支出明细表”的数字是否一致。

5）审核制表、复核、会计主管、单位负责人签章是否齐全。单位负责人应本人签章，不得以印鉴代替；单位公章不得以办公室章代替。

（2）政策性审核。政策性审核，主要是指审核会计报表中反映的各项资金收支是否符合政策、制度，有无违反财经纪律的现象。其具体要求如下：

1）收入方面。审核各项收入是否符合政策和有关规定；应当上缴的预算收入是否及时、足额地上缴国库；其他收入的来源渠道和收费标准是否符合有关规定等。

2）支出方面。应重点审查各项支出是否按预算和计划执行；有没有违反国家规定的开支范围、开支标准；是否有乱拉资金、乱上项目等违反财经法纪的事项等。

2. 会计报表的汇总

会计报表的汇总是指上级主管部门将所属事业单位会计报表经审核汇总，并上报同级财政部门，即上级会计单位根据本级报表和审核后的所属单位会计报表编制出汇总会计报表，并将汇总的会计报表上报主管单位或财政部门，从而全面反映本单位的财务状况和收支情况的总体状况。

汇总会计报表的种类、内容和格式与一般单位的会计报表相同，其编制方法为：上下级之间的缴拨事项及往来款项相互冲销，以避免金额的重复计算。如在编制汇总的收入支出表时，应将拨出经费、拨出专款与所属单位财政补助收入和拨入专款科目汇总数对冲，将附属单位缴款、对附属单位补助与所属单位的上缴上级支出、上级补助收入科目汇总数对冲。在此基础上，再将其他单列的各项目金额合计加总，求出本系统的汇总数额，完成汇总报表的编制。

8.2 事业单位财务分析

事业单位会计报表总括地反映了各单位在一定时期内的预算管理执行情况，但为进一步了解单位预算执行的好坏及其原因，以便肯定成绩，找出差距，查明原因，采取措施，促进单位任务的圆满完成，还应该对会计报表作进一步的分析。

事业单位的财务分析，就是根据事业单位会计报表提供的资料，结合在对实际情况进行的调查研究中的有关统计资料，通过对比、分析、解剖等，查明预算的执行情况，研究完成或没有完成预算的原因，总结预算管理工作中取得的经验，找出存在的问题和缺点，提出相应的整改措施和意见，以便指导和改进工作。

8.2.1 财务分析的内容

事业单位财务分析的内容很多，可以说涉及事业单位财务管理及相关性经济活动的各个方面。概括起来主要有以下几个方面：

1. 分析单位预算的编制和执行情况

主要分析单位的预算编制是否符合党和国家有关路线、方针、政策、财务制度、事业计划和工作任务的要求，是否贯彻了“量力而行，尽力而为”的原则，预算编制的计算依据是否正确可靠；在预算执行过程中，则要分析预算执行进度与事业计划是否一致，与以前各期相比，有无特殊变化及其变化的原因。

2. 分析资产、负债的构成及资产使用情况

主要分析单位的资产构成是否合理，固定资产的保管和使用是否得当，账实是否相符，各种材料有无超额储备，有无资产流失等问题；分析单位房屋建筑物和设备利用情况；分析流动资产周转情况；分析负债来源是否符合有关规定，负债水平是否合理以及负债构成等。负债水平可用资产负债率来衡量。资产负债率衡量事业单位利用债权人提供的资金开展业务活动的能力，以及反映债权人提供资金的安全保障程度。其计算公式为：

$$资产负债率=\frac{负债总额}{资产总额}\times 100\%$$

通过分析，可以及时发现存在的问题，有针对性地采取措施，保证资产的合理有效使用。

3. 分析收入、支出情况及经费自给水平

首先，要了解掌握单位的各项收入是否符合有关规定，是否执行了国家规定的收费标准，是否完成了核定的收入计划，各项应缴收入是否及时足额上缴，以发现超收或短收的主客观因素，及时采取措施，增加收入。

其次，要了解掌握各项支出是否按进度进行，是否按规定的用途、标准使用，支出结构是否合理等，找出支出管理中存在的问题，提出加强管理的措施，以节约开支，提高资金使用效益。

在分析收入、支出有关情况的同时，还要分析单位经费自给水平，即单位组织收入的能力和满足经常性支出的程度，分析经费自给率的变化情况和原因。经费自给率是衡量事业单位组织收入的能力和收入满足经常性支出程度的指标。它既是国家有关部门对事业单位制定相关政策的重要指标，也是财政部门确定财政补助数额的依据，同时是财政部门和主管部门确定事业单位收支结余提取职工福利基金比例的依据。其计算公式为：

$$经费自给率=\frac{事业收入+经营收入+附属单位上缴收入+其他收入}{事业支出+经营支出}\times 100\%$$

4. 分析定员定额情况

主要分析单位人员是否控制在国家核定的编制以内，有无超编人员，超编的原因是什么，内部人员安排是否合理；分析单位各项支出定额是否完善合理，定额执行情况如何等。支出的分析，可以用人员支出比率和公用支出比率来分析。人员支出包括工资、补助工资、其他工资、职工福利费、社会保障费和助学金。公用支出包括公务费、业务费、设备购置费、修缮费和其他费用。其公式如下：

$$人员支出比率=\frac{人员支出}{事业支出}\times 100\%$$

$$公用支出比率=\frac{公用支出}{事业支出}\times 100\%$$

5. 分析财务管理情况

主要分析单位各项财务管理制度是否健全，具体管理是否符合国家有关规定和单位的实际情况，各项管理措施的落实情况如何。同时，要找出存在的问题，进一步健全和完善各项规章制度和管理措施，提高财务管理水平。

8.2.2 事业单位的财务分析方法

1. 比较分析法

比较分析法是将两个或两个以上的相关指标（可比指标）进行对比，测算出相互间的差异，从中进行分析、比较，找出产生差异的主要原因的一种方法。主要用于以下三个方面；一是本期实际执行与本期计划进行比较；二是本期实际执行与同类单位先进水平进行比较；三是本期实际执行与历史同期进行比较。

2. 因素分析法

因素分析法又称连环替代法，就是在几个相互联系的因素中，以数值来测定各个因素的变化对总差异的影响程度的一种方法，是比较分析法的发展和深化。因素分析法一般是将其中的一个因素定为可变量，而将其他因素暂时定为不变量，二者进行替换，以测定每个因素对该项指标影响的程度，然后根据构成指标诸因素的依存关系，再逐一测定各因素影响的程度。

3. 差额分析法

差额分析法是以各个因素实际数与计划数之间的差额为基础，按照因素分析法的排列和替换顺序直接计算各个因素对经济指标影响程度的一种分析方法。

本章小结

事业单位的财务报告由资产负债表、收入支出表、附表、会计报表附注和收支情况说明书组成。

会计报表的审核有技术性审核和政策性审核两个方面。

会计报表的汇总是上级主管部门将所属事业单位会计报表经审核汇总，并上报同级财政部门。

财务分析的方法主要有三种。比较分析法是财务分析常用的方法，此外还有因素分析法和差额分析法。

关键术语

财务报告　会计报表　年终清理　年终结账　技术性审核　政策性审核
会计报表汇总　财务分析　经费自给率　比较分析法

复习思考题

1. 试述事业单位财务报告的组成。
2. 事业单位会计报表怎样进行分类?
3. 事业单位年终清理要进行哪些工作?
4. 事业单位年终结账要进行哪些工作? 年终转账如何进行?
5. 怎样进行事业计划完成情况的分析?

阅读材料

某高等学校某年度简化的事业支出决算表列示如下。试分析该单位全年预算的执行情况。

事业支出决算表

编表单位： ××××年12月31日 单位：元

科目编号		预算科目名称	全年预算数	本年累计数
款	项目			
	225	教育事业费	18 300 000	18 355 500
	2	高等学校经费	18 300 000	18 355 500
	1	基本工资	3 963 000	3 977 025
	3	补助工资	1 290 000	1 321 596
	4	其他工资	825 000	825 993
	5	职工福利费	294 000	379 209
	6	社会保障费	460 000	458 887
	7	助学金	1 538 000	1 376 663
	8	公务费	2 600 000	2 753 325
	9	设备购置费	1 500 000	1 284 885
	10	修缮费	1 350 000	1 468 440
	11	业务费	3 800 000	3 867 030
	12	其他费用	680 000	642 447

分析内容：从该决算表可以看出，该单位全年预算实际支出数为18 355 500元，比预算数18 300 000元超支55 500元，实际支出数为预算的100.303%，比预算超支0.303%，超支部分是以经过批准的预算外资金收入来补充的。进一步分析发现，节约额较大的是设备购置费、助学金、其他费用，分别比预算节约了215 115元、161 337元、37 553元。其中，设备购置费比预算节约了14.341%，主要是因为财政部门实施了政府采购以后，设备的集中采购成本下降，使单位在保证完成事业任务的前提下节约了大笔开支。助学金实际支出比预算节约10.490%，这主要是因为学生申请贷学金人数减少，少计提了奖贷基金，这在编制下年度预算时应作出相应调整。其他费用比预算节约了5.523%，主要是当年外籍专家减少较多等原因造成的。（因篇幅所限，该单位的有关基本数字和背景资料从略。）

另外，还有几项费用增加较多。如公务费预算为2 600 000元，实际开支为2 753 325元，比预算超支153 325元，超过预算5.897%，这主要是某些办公用品当年的物价涨幅较大，增加了费用开支，同时在管理上也可能存在漏洞，对此，应进一步找出原因，堵住漏洞，节约开支。修缮费开支1 468 440元，比预算1 350 000元超支118 440元，超支了8.773%，这主要是因为当年的台风、暴雨等自然灾害较往年频繁，房屋和建筑物破损较多，增加了修缮任务等。但同时还应进一步查清，是否存在以零星基建的名义盲目扩大基本建设规模等问题。业务费预算为3 800 000元，实际开支3 867 030元，超支67 030元，比预算增长了1.764%，经分析发现，这主要是放松了业务费管理的结果，应认真总结经验教训，加强对业务费的管理。补助工资预算为1 290 000元，实际开支1 321 596元，超支

31 596元，超过预算2.449%，这主要是当年多聘用临时工造成的，应尽量减少临时工的聘用，节约费用开支。职工福利费预算为294 000元，实际开支379 209元，超支85 209元，超过预算28.983%，这主要是职工福利费标准提高、超过计划预计数的退职金、抚恤费等支出造成的，下期应适当调整计划数。

第 4 篇

民间非营利组织财务管理与核算

第9章 民间非营利组织资产、负债和净资产的管理与核算

9.1 民间非营利组织资产的管理与核算

9.1.1 民间非营利组织资产概述

2004年8月18日，财政部发布的《民间非营利组织会计制度》，对资产进行了严格定义。民间非营利组织资产是指过去的交易或者事项形成并由民间非营利组织拥有或者控制的资源，该资源预期会给民间非营利组织带来经济利益或者服务潜力。

民间非营利组织的资产具有以下特征：

（1）资产预期能够给民间非营利组织带来经济利益或者服务潜力。所谓经济利益，是指直接或间接地流入民间非营利组织的现金或最终能转化为现金的非现金资产。在民间非营利组织中，对外投资是为了获得增值或回报，应当作为资产予以确认；持有一些存货是为了对外出售换取现金，应当作为资产予以确认。与企业不同的是，民间非营利组织持有许多资产并非是为了获取经济利益，而是为了向服务对象提供服务。因此，对于民间非营利组织而言，是否具备服务潜力是衡量一项经济资源是否应当作为资产予以确认和计量的重要标志。

（2）资产是民间非营利组织所拥有的，或者即使不为民间非营利组织所拥有，也是民间非营利组织所控制的。民间非营利组织拥有资产，就能够排他性地从资产中获得经济利益或服务潜力。有些资产虽然不为民间非营利组织所拥有，但是民间非营利组织能够支配这些资产，因此同样能够排他性地从资产中获得经济利益或服务潜力。如果民间非营利组织不能拥有或控制资产所能带来的经济利益或服务潜力，那么该资产就不能作为民间非营

利组织的资产。

（3）资产是由过去的交易或事项形成的。资产必须是现实的资产，而不是预期的资产。只有过去发生的交易或事项才能增加或减少民间非营利组织的资产，而不能根据谈判中的交易或计划中的经济业务来确认资产。

在民间非营利组织中，按照流动性对资产进行分类，可分为流动资产和非流动资产。流动资产主要包括货币资金、短期投资、应收款项与预付款项、存货等。除流动资产以外的其他资产，都属于非流动资产，主要包括长期投资、固定资产、无形资产、受托代理资产等。

9.1.2 民间非营利组织流动资产的管理与核算

民间非营利组织流动资产是指可以在一年或者超过一年的一个营业周期内变现或耗用的资产，包括货币资金、短期投资、应收款项与预付款项、存货等。

1. 货币资金的管理与核算

货币资金是指民间非营利组织中以货币形态表现的那部分资产，包括现金、银行存款、其他货币资金。

（1）现金的管理与核算。

1）现金的管理。

现金是流动性最强的一种货币，民间非营利组织必须对现金进行严格的管理和控制，使现金能在经营过程中合理地、通畅地流转，提高现金的使用效益，保证现金的安全。

现金管理应遵循以下几点：

第一，民间非营利组织应当设置“现金日记账”，以加强对现金的管理与核算。所发生的现金收支业务必须通过出纳人员，由其根据审核无误的收付款凭证，按照业务发生的顺序，逐日逐笔登记。每日终了，应当结算当天的现金收入合计数、现金支出合计数和余额，做到日清月结、款账相符，每月月终，“现金日记账”的月末余额必须与“现金”科目的余额核对相符。

第二，民间非营利组织应当根据业务需要正确核定库存现金限额，库存现金限额一经核定，必须按限额控制库存现金。

第三，除零星开支外，一切付款均应由支票付款。

第四，民间非营利组织不得“坐支”现金。

第五，库存现金定期或不定期地由内部审计人员查核。

2）现金的核算。

根据《民间非营利组织会计制度》的规定，民间非营利组织为了总括地反映库存现金的收支和结存情况，应当设置“现金”总账科目。该科目属于资产类账户，其借方反映民间非营利组织现金的增加数，贷方反映现金的减少数，期末余额在借方，期末借方余额反映库存现金的余额。

“现金”科目可以根据现金收付款凭证和银行付款凭证直接登记。

民间非营利组织收到现金时，借记“现金”科目，贷记相关科目；支出现金时，借记相关科目，贷记“现金”科目。

对于现金、银行存款和其他货币资金之间的收付业务（亦称相互划转业务），如从银行提取现金、把现金送存银行、开设外埠存款账户等，为了避免重复记账，一般只编制付款凭证，而不再编制收款凭证。

【例 9—1】 2011 年 12 月 2 日，鸿泰私立学院从银行提取现金 2 000 元，以备零用。根据有关凭证，填制记账凭证。会计分录如下：

借：现金　2 000

　贷：银行存款　2 000

【例 9—2】 2011 年 12 月 3 日，鸿泰私立学院支付水管维修费 850 元，以现金支付。根据有关凭证，填制记账凭证。会计分录如下：

借：管理费用——修理费　850

　贷：现金　850

每日终了，结算和清查时发现现金短缺或溢余，应当及时查明原因，进行处理。

如为现金短缺，属于应由责任人或保险公司赔偿的部分，借记“其他应收款”科目，贷记“现金”科；属于无法查明的其他原因部分，经领导批准，借记“管理费用”科目，贷记“现金”科目。

如为现金溢余，属于应支付给有关人员或单位的部分，借记“现金”科目，贷记“其他应付款”科目；属于无法查明的其他原因部分，借记“现金”科目，贷记“其他收入”科目。

【例 9—3】 2011 年 12 月 4 日，鸿泰私立学院清点库存现金时，发现现金短款 80 元。根据有关凭证，填制记账凭证。会计分录如下：

批准前：

借：其他应收款——责任人　80

　贷：现金　80

【例 9—4】 经反复核查，属于责任人造成短款，由责任人赔偿。根据有关凭证，填制记账凭证。会计分录如下：

批准后：

借：现金　80

　贷：其他应收款——责任人　80

（2）银行存款的管理与核算。

1）银行存款的管理。

民间非营利组织应当按开户银行和其他金融机构、存款种类等，分别设置“银行存款日记账”，由出纳人员根据收付款凭证，按照业务发生的顺序逐笔登记，每日终了应结出余额。“银行存款日记账”应定期与“银行对账单”核对，至少每月一次。月度终了，民间非营利组织“银行存款”账面余额与银行对账单余额之间如有差额，必须逐笔查明原因进行处理，并按月编制“银行存款余额调节表”调节相符。

2）银行存款的核算。

根据《民间非营利组织会计制度》的规定，民间非营利组织为了总括地反映银行存款的收支和结存情况，应当设置“银行存款”总账科目。该科目属于资产类账户，其借方反映民间非营利组织银行存款的增加数，贷方反映银行存款的减少数，期末余额在借方，期末借方余额反映实际存在银行或其他金融机构的款项。

银行存款收支及其他相关事项的主要账务处理如下：

第一，民间非营利组织将款项存入银行和其他金融机构时，应当借记“银行存款”科目，贷记“现金”、“应收账款”、“捐赠收入”、“会费收入”、“提供服务收入”等有关科目。

第二，民间非营利组织提取和支出存款时，应当借记“现金”、“应付账款”、“业务活动成本”、“管理费用”等有关科目，贷记“银行存款”科目。

第三，民间非营利组织收到存款利息时，应当借记“银行存款”科目，贷记“其他应收款”、“筹资费用”、“其他收入”等科目。但是收到的属于在借款费用应予资本化的期间内发生的与购建固定资产专门借款有关的存款利息，借记“银行存款”科目、贷记“其他应收款”或者“在建工程”科目。

第四，民间非营利组织应当定期对银行存款进行检查，如果有确凿证据表明存在银行或其他金融机构的款项已经部分或者全部不能收回的，应当将不能收回的金额确认为当期损失，冲减银行存款，借记“管理费用”科目，贷记“银行存款”科目。

【例 9—5】2011 年 12 月 5 日，鸿泰私立学院预定 2012 年度的教材，支付教材费 13 950 元，以银行存款转账支付。根据有关凭证，填制记账凭证。会计分录如下：

借：业务活动成本　　13 950
　贷：银行存款　　13 950

【例 9—6】2011 年 12 月 6 日，鸿泰私立学院通过转账，收到学生补缴学费 15 000 元。根据有关凭证，填制记账凭证。会计分录如下：

借：银行存款　　15 000
　贷：提供服务收入　　15 000

（3）其他货币资金的管理与核算。

1）其他货币资金的管理。

《民间非营利组织会计制度》规定，对于民间非营利组织的外埠存款、银行汇票存款、银行本票存款、信用卡存款、信用证保证金存款和存出投资款（或者存入其他金融机构）

等，应当单独设置“其他货币资金”科目进行核算。

外埠存款，是指民间非营利组织到外地进行临时或零星采购时，汇往采购地银行开立采购专户的款项。民间非营利组织将款项委托当地银行汇往采购地开立专户时，借记“其他货币资金”科目，贷记“银行存款”科目。收到采购员交来供应单位发票账单等报销凭证时，借记“存货”等科目，贷记“其他货币资金”科目。将多余的外埠存款转回当地银行时，根据银行的收账通知，借记“银行存款”科目，贷记“其他货币资金”科目。

银行汇票存款，是指民间非营利组织为取得银行汇票按规定存入银行的款项。民间非营利组织在填送“银行汇票申请书”并将款项交存银行，取得银行汇票后，根据银行盖章退回的申请书存根联，借记“其他货币资金”科目，贷记“银行存款”科目。民间非营利组织使用银行汇票后，根据发票账单等有关凭证，借记“存货”等科目，贷记“其他货币资金”科目；如有多余款或因汇票超过付款期等原因而退回款项，根据开户行转来的银行汇票第四联（多余款收账通知），借记“银行存款”科目，贷记“其他货币资金”科目。

银行本票存款，是指民间非营利组织为取得银行本票按规定存入银行的款项。民间非营利组织向银行提交“银行本票申请书”并将款项交存银行，取得银行本票后，根据银行盖章退回的申请书存根联，借记“其他货币资金”科目，贷记“银行存款”科目。民间非营利组织使用银行本票后，根据发票账单的有关凭证，借记“存货”等科目，贷记“其他货币资金”科目。因本票超过付款期等原因而要求退款时，应当填制进账单一式两联，连同本票一并送交银行，根据银行盖章退回的进账单第一联，借记“银行存款”科目，贷记“其他货币资金”科目。

信用卡存款，是指民间非营利组织为取得信用卡按照规定存入银行的款项。民间非营利组织应按规定填制申请表，连同支票和有关资料一并送交发卡银行，根据银行盖章退回的进账单第一联，借记“其他货币资金”科目，贷记“银行存款”科目。民间非营利组织用信用卡购物或支付有关费用，借记有关科目，贷记“其他货币资金”科目。民间非营利组织信用卡在使用过程中，需向其账户续存资金的，借记“其他货币资金”科目，贷记“银行存款”科目。

信用证保证金存款，是指民间非营利组织为取得信用证按规定存入银行的保证金。民间非营利组织向银行缴纳保证金，根据银行退回的进账单第一联，借记“其他货币资金”科目，贷记“银行存款”科目。根据开证行交来的信用证来单通知书及有关单据列明的金额，借记“存货”等科目，贷记“其他货币资金”科目和“银行存款”科目。

存出投资款，是指民间非营利组织存入证券公司但尚未进行投资的现金。民间非营利组织向证券公司划出资金时，应按实际划出的金额，借记“其他货币资金”科目，贷记“银行存款”科目；购买股票、债券等时，按实际发生的金额，借记“短期投资”等科目，贷记“其他货币资金”科目。

为了便于对其他货币资金的管理，民间非营利组织应当在“其他货币资金”科目下设置“外埠存款”、“银行汇票”、“银行本票”、“信用卡存款”、“信用证保证金存款”、“存出投资款”等明细科目，并按外埠存款的开户银行、银行汇票或本票的收款单位等设置明细账进行核算。与此同时，对于逾期尚未办理结算的银行汇票、银行本票等，应按规定及时转回，借记“银行存款”科目，贷记“其他货币资金”科目。

2）其他货币资金的核算。

根据《民间非营利组织会计制度》的规定，民间非营利组织为了总括地反映其他货币资金的收支和结存情况，应当设置“其他货币资金”总账科目，科目下设置“外埠存款”、“银行汇票”、“银行本票”、“信用卡存款”、“信用证保证金存款”、“存出投资款”等明细科目，并按外埠存款的开户银行、银行汇票或银行本票的收款单位等设置明细账，进行明细核算。该科目属于资产类账户，其借方反映民间非营利组织其他货币资金的增加数，贷方反映其他货币资金的减少数，期末余额在借方，期末借方余额反映民间非营利组织实际持有的其他货币资金。

民间非营利组织其他货币资金增加时，借记“其他货币资金”科目，贷记“银行存款”；其他货币资金减少时，借记“存货”，贷记“其他货币资金”科目；对于逾期未办理结算的银行汇票、银行本票等，应按规定及时转会，借记“银行存款”科目，贷记“其他货币资金”科目。

2. 短期投资的管理与核算

（1）短期投资的管理。

《民间非营利组织会计制度》规定，短期投资，是指能够随时变现并且持有时间不准备超过1年的投资。这种投资在很大程度上是为了暂时存放剩余资金，并通过这种投资取得高于银行存款利率的利息收入或价差收入，待需要使用现金时即可兑换成现金，如民间非营利组织购买的可上市交易的股票、债券、基金等。

本科目应当按照短期投资种类设置明细账，进行明细核算。

1）短期投资的初始计量。短期投资应在取得时以投资成本计价。以现金购入的短期投资，按实际支付的全部款项，包括税金、手续费等相关费用作为其投资成本。如果实际支付的款项中包括已经宣告但尚未领取的现金股利或已到支付期但尚未领取的债券利息，则按照实际支付的全部价款减去其中已经宣告但尚未领取的现金股利或已到支付期但尚未领取的债券利息后的金额作为短期投资的成本。

接受捐赠的短期投资成本，如果捐赠者能够提供有关凭证，应当以凭证上注明的金额作为短期投资成本，如果凭证上注明的金额与公允价值相差较大，应以公允价值为实际成本；如果捐赠者不能提供有关凭证，应以公允价值作为短期投资成本。

非货币性交易取得短期投资的，如果发生非货币性交易，进行会计处理时应区分是否涉及补价。

第一，如果没有涉及补价，则以换出资产的账面价值，加上应支付的相关税费，作为换入资产的入账价值。

第二，发生补价的，应区别情况处理：支付补价的，所取得的存货成本应以换出资产的账面价值加上补价和应支付的相关税费，作为换入资产的入账价值；收到补价的，所取得的存货成本应按公式确定换入资产的入账价值和应确认的收入或费用。其公式为：

$$\text{换入资产入账价值}=\text{换出资产账面价值}-(\text{补价}/\text{换出资产公允价值})\times\text{换出资产账面价值}-(\text{补价}/\text{换出资产公允价值})\times\text{应交税金}+\text{应支付的相关税费}$$

或：

换入资产入账价值＝换出资产账面价值－补价＋收益(或减损失)＋应支付的相关税费

应确认的收入或费用＝补价×[1－(换出资产账面价值＋应交税金)/换出资产公允价值]

第三，在非货币性交易中，如果同时换入多项资产，应按换入各项资产的公允价值占换入资产公允价值总额的比例，对换出资产的账面价值总额和应支付的相关税费等进行分配，以确定各项换入资产的入账价值。

2）短期投资收益。短期投资的利息或现金股利应相当于实际收到的冲减投资的账面价值，但在购买时已计入应收款项的利息或现金股利除外。

3）短期投资的期末计价。短期投资的期末计价是指按照一定的方法确定期末持有的短期投资在资产负债表上反映的价值，并进行相关账务处理的过程。

短期投资计价采用成本与市价孰低法，要求在成本和市价之间选择较低者作为账面价值反映在资产负债表上，并把成本和市价之间的差额作为当期损失。它只确认市价下跌的损失，不考虑市价上涨的收益。

短期投资跌价准备可以按单项投资计提跌价准备，即按单项投资逐一检查计提跌价准备。

4）短期投资的处置。处置短期投资时，应将所收到的处置收入与短期投资账面价值的差额确认为当前投资收益。

（2）短期投资的核算。

根据《民间非营利组织会计制度》的规定，民间非营利组织为了总括地反映短期投资的收支和结存情况，应当设置“短期投资”科目。该科目属于资产类账户，其借方反映民间非营利组织取得的短期投资，贷方反映处置短期投资的账面成本，本账户期末为借方余额，反映民间非营利组织持有的各种股票、债券等短期投资的成本。

1）短期投资的初始计量。以现金购入的短期投资，按实际投资成本入账，借记“短期投资”科目，贷记“银行存款”科目；接受捐赠的短期投资，按确定的投资成本，借记“短期投资”科目，贷记“捐赠收入”科目。

对以现金购入的短期投资，如果实际支付的款项中包括已经宣告但尚未领取的现金股利，应将该部分股利记入“其他应收款——应收股利”科目；若包含已到支付期但尚未领取的债券利息，应将其记入“其他应收款——应收利息”科目。

【例 9—7】某民间非营利组织于 2011 年 1 月 1 日购入甲公司股票 20 000 股，每股成交价 5.2 元（甲公司已宣告分派但尚未发放的现金股利每股 0.2 元，股权截止日为 2 月 19 日），另付手续费及佣金共计 800 元，所有款项均以银行存款支付。根据有关凭证，填制记账凭证。会计分录如下：

计算投资成本：

成交价：20 000×5.2＝104 000

加：税费 800

减：已宣告现金股利＝20 000×0.2＝4 000

投资成本：100 800
会计处理：
借：短期投资——甲公司股票　　100 800
　其他应收款——甲公司　　4 000
　贷：银行存款　　104 800

2）投资收益。取得的收益除取得时已记入“其他应收款”的部分外，以实际收到时作为投资成本收回，冲减短期投资账面价值。投资成本中包括的已经宣告但尚未领取的现金股利，或已到支付期但尚未领取的债券利息，实际收到时冲减已记入的“其他应收款”，不冲减短期投资的账面价值。

3）短期投资的期末计价。如果短期投资的市价低于其账面价值，则应确认跌价损失并计入当期费用，借记“管理费用——短期投资跌价损失”科目，贷记“短期投资跌价准备”科目；若短期投资的市价高于其账面价值，则借记“短期投资跌价准备”科目，贷记“管理费用——短期投资跌价损失”科目。

【例 9—8】某民间非营利组织 2011 年 12 月 31 日持有甲、乙、丙三种股票，其账面余额分别为 6 000 元、9 000 元、7 700 元；当日的市价分别为 8 000 元、8 500 元、7 000 元。假定以前各期未提取过跌价准备。由此可见，该民间非营利组织持有的乙公司和丙公司的股票市价已低于其账面价值。因此，对于这两部分短期投资股票应当计提跌价准备，应提取的跌价准备为 1 200 元［(9 000－8 500)＋(7 700－7 000)］。2011 年 12 月 31 日，会计分录如下：
借：管理费用——短期投资跌价损失　　1 200
　贷：短期投资跌价准备　　1 200

4）短期投资处置。出售短期投资，按照其实际收到的金额，借记“银行存款”科目；按已计提的减值准备，借记“短期投资跌价准备”科目；按未领取的现金股利或利息，贷记“其他应收款”科目；按差额，借记或贷记“投资收益”科目。

3. 应收款项与预付款项的管理与核算

（1）应收款项和预付款项概述。

应收款项和预付款项是民间非营利组织的一项重要的流动资产。《民间非营利组织会计制度》规定，应收款项是指民间非营利组织在日常业务活动过程中发生的各项应收未收债务，包括应收票据、应收账款和其他应收款等。对于应收款项，民间非营利组织应当按照实际发生额入账，并按照往来单位或个人等设置明细账，进行明细核算。在期末，应当分析应收款项的可收回性，对预计可能产生的坏账损失计提坏账准备，确认坏账损失并计入当期费用。

预付账款是指民间非营利组织预付给商品供应单位或者服务提供单位的款项。对于预付账款，民间非营利组织应当按照其实际发生额入账并按照往来单位或个人等设置明细账，进行明细核算。

（2）应收票据的管理与核算。

1）应收票据的管理。应收票据是指民间非营利组织因销售商品、提供服务等已收到的且未到期的商业汇票，包括银行承兑汇票和商业承兑汇票。商业汇票按是否计息分为带息票据和不带息票据。民间非营利组织在收到应收票据时，按票据的票面价值或票面金额入账。民间非营利组织可将持有的商业汇票背书转让，也可将其贴现。

2）应收票据的核算。根据《民间非营利组织会计制度》的规定，民间非营利组织为了总括地反映商业汇票（应收票据）的收支和结存情况，应当设置"应收票据"总账账户。该科目属于资产类账户，其借方反映民间非营利组织商业汇票的增加数，贷方反映商业汇票的减少数，期末借方余额反映应收票据的余额。

第一，不带息应收票据。

在收到开出、承兑的商业汇票时，按商业汇票的面值，借记"应收票据"科目，按实际收入，贷记"商品销售收入"、"提供服务收入"等科目。

收到用以抵偿应收账款的应收票据时，借记"应收票据"科目，贷记"应收账款"科目。

应收票据到期收回时，按票面金额，借记"银行存款"科目，贷记"应收票据"科目。

承兑人拒付或无力支付票款时，将到期票据的票面金额转入"应收账款"科目时，借记"应收账款"科目，贷记"应收票据"科目。

第二，带息应收票据。

按应收票据的票面价值和确定的利率计算票据利息，并增加应收票据的账面余额，借记"应收票据"科目，贷记"筹资费用"科目。

到期不能收回的带息应收票据，应按其账面余额转入"应收账款"科目，期末不再计提利息，其所包含的利息，在有关备查簿中进行登记，待实际收到时再冲减收到的当期的筹资费用，借记"银行存款"科目，贷记"筹资费用"科目。

带息应收票据收回款项时，按应收到的利息，借记"银行存款"科目，按账面余额，贷记"应收票据"科目，按其差额，贷记"筹资费用"科目。

第三，应收票据转让。

应收票据转让，取得所需物资时，按其所取得物资应确认的成本，借记"存货"科目；按应收票据的账面余额，贷记"应收票据"科目；按实际收到或者支付的银行存款等，借记或贷记"银行存款"等科目。如为带息应收票据，还应按尚未计提的利息，贷记"筹资费用"科目。

第四，应收票据的贴现。

如果贴现的商业汇票到期，承兑人的银行账户不足支付，银行即将已贴现的票据退回申请贴现的民间非营利组织，同时从贴现民间非营利组织的账户中将票据款划回。此时，民间非营利组织应按所付票据本息转作"应收账款"，借记"应收账款"科目，贷记"银行存款"科目。如果申请贴现民间非营利组织的银行存款账户余额不足，银行将作为逾期贷款处理，民间非营利组织应按转作贷款的本息，借记"应收账款"科目，贷记"短期借款"科目。

【例 9—9】2011 年 11 月 1 日，鸿泰私立学院销售一批不需用材料给 B 单位，货已发出，价款合计为 50 000 元，当日，收到 B 单位签发的不带息商业承兑汇票一张，该票据的期限为 2 个月。材料购进成本为 45 000 元。根据有关凭证，填制记账凭证。会计分录如下：

2011 年 11 月 1 日，鸿泰私立学院的账务处理如下：

收到商业承兑汇票时：

借：应收票据——B 单位　50 000

　贷：商品销售收入——非限定性收入　50 000

借：业务活动成本——商品销售成本　45 000

　贷：存货　45 000

2012 年 1 月 1 日，应收票据到期：

如果鸿泰私立学院收到票款 50 000 元，存入银行。根据有关凭证，填制记账凭证。会计分录如下：

借：银行存款　50 000

　贷：应收票据——B 单位　50 000

如果 B 单位无力偿还票款，A 民间非营利组织应当将到期票据的票面金额转入“应收账款”科目。

借：应收账款——B 单位　50 000

　贷：应收票据——B 单位　50 000

(3) 应收账款的管理与核算。

1) 应收账款的管理。应收账款是指民间非营利组织因销售商品、提供服务等业务活动，应当向会员、购买单位或接受服务单位等收取的但未实际收到的款项。它是民间非营利组织因销售商品、提供服务等业务活动所形成的债权。

应收账款应按其实际发生额入账，应收账款确认时点及金额，应当依据相对应的收入确认时点及金额而定。

2) 应收账款的核算。根据《民间非营利组织会计制度》的规定，民间非营利组织为了总括地反映应收账款的收支和结存情况，应当设置“应收账款”科目。该科目属于资产类账户，其借方反映民间非营利组织应收账款的增加数，贷方反映应收账款的减少数，期末借方余额反映应收账款的余额。

第一，发生应收账款时，按照应收未收金额，借记“应收账款”科目，贷记“商品销售收入”、“提供服务收入”、“会费收入”等科目。

第二，收回应收账款时，按照实际收到的款项金额，借记“银行存款”等科目，贷记“应收账款”科目。

第三，如果应收账款改用商业汇票结算，在收到承兑的商业汇票时，按照票面价值，借记“应收票据”科目，贷记“应收账款”科目。

【例9—10】2011年12月7日，假如鸿泰私立学院销售一批以前购进材料，货已发出，价款合计为10 000元，当日，款项尚未收到。材料购进成本为9 000元。根据有关凭证，填制记账凭证。会计分录如下：

借：应收账款	10 000	
贷：商品销售收入——非限定性收入		10 000
借：业务活动成本——商品销售成本	9 000	
贷：存货		9 000

（4）其他应收款的管理与核算。

1）其他应收款的管理。其他应收款是指除应收票据、应收账款以外的其他各项应收、暂付款项，包括应收股利、应收利息、应向职工收取的各项垫付款项、职工借款、应收保险公司赔款等。

2）其他应收款的核算。根据《民间非营利组织会计制度》的规定，为了核算除应收票据、应收账款以外的其他应收及暂付款项，民间非营利组织应当设置“其他应收款”总账科目。该科目属于资产类账户，其借方反映民间非营利组织其他应收款的增加数，贷方反映其他应收款的减少数，期末余额在借方，期末借方余额反映其他应收款的余额。在核算过程中，为便于管理，民间非营利组织应当按其他应收款的具体项目进行分类，并按不同的债务人设置明细账，进行明细核算。

第一，在按规定购入股票或债券对外投资时，如果实际支付的价款中包含已宣告但尚未领取的现金股利或债券利息，按照实际支付的全部价款减去其中已宣告但尚未领取的现金股利或债券利息后的金额，借记“短期投资”、“长期股权投资”或“长期债权投资”科目，按照应当领取的现金股利，借记“其他应收款”科目，按照实际支付的价款，贷记“银行存款”科目。

第二，被投资单位宣告发放现金股利或利润时，借记“其他应收款”科目，贷记“投资收益”或“长期股权投资”科目。

第三，对于已到付息期应收而未收的利息，应于确认投资收益时，按应获得利息，借记“银行存款”科目，贷记“其他应收款”科目。

第四，实际收到现金股利、利息或利润时，应当按照实际收到的金额，借记“银行存款”科目，贷记“其他应收款”科目。

第五，对发生的其他各项应收、暂付款项，应当根据其发生额，借记“其他应收款”科目，贷记“现金”、“银行存款”科目；收回上述各项款项时，借记相关科目，贷记“其他应收款”科目。

【例9—11】2011年12月8日，鸿泰私立学院王强老师，外出学习考察预借差旅费用8 000元，以现金支付。根据有关凭证，填制记账凭证。会计分录如下：

借：其他应收款——王强	8 000	
贷：现金		8 000

【例 9—12】接上题，2011 年 12 月 18 日，王强老师出差回来，报销差旅费 7 650 元，退回现金 350 元。

借：管理费用　　7 650
　　现金　　350
　贷：其他应收款——王强　　8 000

假如，王强老师出差回来，报销差旅费 8 650 元，当即退给王强老师现金 650 元。

借：管理费用　　8 650
　贷：其他应收款——王强　　8 000
　　　现金　　650

（5）应收款项坏账准备的管理与核算。

1）应收款项坏账准备的管理。坏账是指民间非营利组织无法收回或回收的可能性极小的应收款项。由于发生坏账造成的损失，称为坏账损失。《民间非营利组织会计制度》规定，民间非营利组织在会计末期，应当分析应收款项的可回收性，对预计可能产生的坏账损失计提坏账准备，确认坏账损失分别计入当期费用。

民间非营利组织在判断坏账时，应当具体分析各应收款项的特性、金额的大小。信用期限、债务人的信誉和当时的财务状况等因素。一般来讲，民间非营利组织对有确凿证据表明无法回收的应收款项，如债务人撤销、破产、资不抵债、现金流量严重不足等，根据民间非营利组织管理权限，经民间非营利组织董事会、经理会或者类似权力机构批准后作为坏账损失。

民间非营利组织采用备抵法核算坏账损失，计提坏账准备的范围包括应收款项和其他应收款。

坏账准备的计提方法由民间非营利组织自行确定。民间非营利组织应当制定计提坏账准备的政策，明确计提坏账准备的范围、提取方法、账龄的划分和提取比例等。坏账准备的计提方法通常有个别认证法、账龄分析法、应收款项余额百分比法等。在确定坏账准备的计提比例或者应计提的坏账准备金额时，民间非营利组织应当根据以往经验和债务人的资信状况、财务状况、现金流量状况等相关信息给予合理估计。民间非营利组织应当根据应收款项的实际可回收情况合理计提坏账准备，不得多提或少提。

2）应收款项坏账准备的核算。根据《民间非营利组织会计制度》的规定，为了总括地反映民间非营利组织应收款项的可收回性，应当设置“坏账准备”科目。核算预计可能发生的坏账损失。该科目属于资产类账户，属于应收账款的备抵账户，其贷方反映坏账的应提取数，借方反映坏账的冲减数和发生数，期末余额在贷方。

主要账务处理：

第一，根据计算的当期应提取的坏账准备金额，借记“管理费用——坏账损失”科目，贷记“坏账准备”科目。

第二，根据计算的当期应冲减的坏账准备金额，借记“坏账准备”科目，贷记“管理费用——坏账损失”科目。

第三，对于确定无法收回的应收款项，按无法收回的金额，借记“坏账准备”科目，贷记“应收账款”、“其他应收款”科目。

第四，如果已确认并转销的应收款项在以后期间有收回，按照实际收回的金额，借记“应收账款”、“其他应收款”科目，贷记“坏账准备”科目；同时，借记“银行存款”科目，贷记“应收账款”、“其他应收款”科目。

【例 9—13】 鸿泰私立学院 2010 年 12 月 31 日，年末应收账款余额为 100 000 元，坏账准备的计提比例为应收款项余额的 5%。

鸿泰私立学院 2010 年 12 月 31 日应计提坏账准备的金额为：

应计提的坏账准备金额＝100 000×5%＝5 000（元）

会计分录如下：

借：管理费用　　5 000

　贷：坏账准备　　5 000

2011 年 10 月，鸿泰私立学院发现有 3 000 元的应收款项确实无法收回，将其确认为坏账损失。会计分录如下：

借：坏账准备　　3 000

　贷：应收款项　　3 000

2011 年 12 月 31 日，鸿泰私立学院应收账款余额为 46 350 元。假定坏账准备的计提比例仍然为年末应收款项余额的 5%，则按照应计提的坏账准备金额（即坏账准备的余额）为：

46 350×5%＝2 317.50(元)

年末计提坏账准备前，“坏账准备”科目的贷方余额为：

5 000－3 000＝2 000(元)

2011 年 12 月 31 日，应补提的坏账准备金额为：

2 317.50－2 000＝317.50(元)

会计分录如下：

借：管理费用　　317.50

　贷：坏账准备　　317.50

(6) 预付账款的管理与核算。

1) 预付账款的管理。预付款项是民间非营利组织预付给商品供应单位或服务提供单位的款项。对于预付账款，应按照实际发生额入账，并按照往来单位或个人设置明细账，进行明细核算。

2) 预付账款的核算。根据《民间非营利组织会计制度》的规定，民间非营利组织为了总括地反映预付账款的收支和结存情况，应当设置“预付账款”科目。该科目属于资产类账户，其借方反映民间非营利组织预付账款的增加数，贷方反映预付账款的减少数，期末余额在借方，期末借方余额反映预付账款的余额。在资产负债表中单独反映。

3）预付账款的账务处理：

第一，因购货而预付款项时，应按实际预付的金额，借记“预付账款”科目，贷记“银行存款”科目。

第二，收到所购货物时，按购货成本，借记“存货”科目，按预付金额，贷记“预付账款”科目，按退回或补付的款项，借记或贷记“银行存款”科目。

第三，如果预付账款并不符合预付款项性质或无法收到所购货物，按预付账款账面余额，借记“其他应收款”科目，贷记“预付账款”科目。

民间非营利组织对其预付账款，一般不计提坏账准备。如果有确凿证据表明预付账款并不符合预付款项性质，或者因供货单位破产、撤销等原因已无望再收到所购货物的，应当先将其转入其他应收款项，然后再按规定计提坏账准备。

4. 存货的管理与核算

（1）存货的管理。

存货是指民间非营利组织在日常业务活动中持有以备出售或捐赠的，或者为了出售或捐赠仍处在生产过程中的，或者是将在生产、提供服务或日常管理过程中耗用的材料、物资、商品等。

1）存货的取得。存货在取得时，应当以其实际成本入账。从不同渠道取得的存货其实际成本的构成不同。

第一，外购存货。外购存货按采购成本入账，包括实际支付的采购价格、运杂费用（包括运输费、装卸费、保险费、包装费以及其他可以直接归属于存货采购的费用）、相关税金。

第二，自制和委托加工存货。按采购成本、加工成本和其他成本入账。加工成本包括直接人工以及按照合理方法分配的与存货加工相关的间接费用。其他成本是指除了采购成本、加工成本以外的，使存货到达目的场所和状态所发生的其他支出。

第三，接受捐赠的存货。如果捐赠者能够提供有关凭证，应当以凭证上注明的金额加上应支付的相关税费为实际成本入账，如果凭证上注明的金额与公允价值相差较大，应以公允价值入账；如果捐赠者不能提供有关凭证，也应以公允价值入账。

第四，非货币性交易取得的存货。同短期投资中非货币性交易取得的相关处理方法。

2）存货的发出。发出存货的实际成本，可按加权平均法、先进先出法、个别计价法确定。

3）存货的后续计量。在会计期末，应对存货是否发生了减值进行检查。如果存货的可变现净值低于其账面价值，应当按照可变现净值低于其账面价值的差额计提存货跌价准备，确认存货跌价损失，并计入当期费用。如果存货的可变现净值高于其账面价值，应当在该存货期初已计提跌价准备的范围内转回可变现净值高于其账面价值的差额，冲减当期费用。

（2）存货的核算。

根据《民间非营利组织会计制度》的规定，民间非营利组织为了总括地反映存货的收支和结存情况，应当设置“存货”科目。“存货”属于资产类账户，其借方反映民间非营利组织存货的增加数，贷方反映存货的减少数，期末余额在借方，期末借方余额反映存货的结存数。

1）存货取得的核算。

第一，外购存货：按确定的成本，借记“存货”科目，贷记“银行存款”、“应付账款”科目。可根据需要在“存货”科目下设置“材料”、“库存商品”等明细科目。

第二，自加工：借记“存货”科目，贷记“银行存款”、“应付账款”、“应付工资”科目。

第三，捐赠：借记“存货”科目，贷记“捐赠收入”科目。

第四，非货币性交易。

【例 9—14】2011 年 12 月 10 日，鸿泰私立学院以银行存款支付，购入钢笔、笔记本、打印纸、硒鼓等办公用品，共计 2 075 元，款项已于当日支付。会计分录如下：

借：存货——材料　2 075

　贷：银行存款　2 075

【例 9—15】2011 年 12 月 12 日，鸿泰私立学院购入床垫等用品，共计 5 000 元，发票等结算凭证已收到，款项尚未支付。会计分录如下：

借：存货——库存商品　5 000

　贷：应付账款——××单位　5 000

【例 9—16】2011 年 12 月 14 日，鸿泰私立学院通过银行转账支付了上述 5 000 元的货款。会计分录如下：

借：应付账款——××单位　5 000

　贷：银行存款　5 000

2）存货发出。

第一，对领用材料生产产品的，将材料成本转入生产成本，借记“存货——生产成本”科目，贷记“存货——材料”科目；待生产完成后，再由“存货——生产成本”科目转入“存货——产成品”科目。

第二，对于在管理和日常活动中耗用的既不用于生产也不用于对外出售和捐赠的存货，按发出存货所确定的成本，借记“管理费用”科目，贷记“存货”科目。

第三，用于生产但不用于对外出售和捐赠的存货，按发出存货所确定的成本，借记“业务活动成本”科目，贷记“存货”科目。

【例 9—17】2011 年 12 月 15 日，鸿泰私立学院给教师发放笔记本、钢笔等办公用品，共计 500 元。会计分录如下：

借：业务活动成本　500

　贷：存货——材料　500

3）存货的后续计量。

民间非营利组织应当定期或者至少于每年年度终了，对存货是否发生了减值进行检查，如果发生了减值，应当计提存货跌价准备。

如果已计提跌价准备的存货价值在以后得以恢复，则应当在已计提跌价准备的范围内部分或全部转回已确认的跌价损失，冲减当期费用。

第一，如果存货的期末可变现净值低于账面价值，则将差额计入当期管理费用，借记“管理费用——存货跌价损失”科目，贷记“存货跌价准备”科目。

第二，如果存货的期末可变现净值高于账面价值，则将其差额冲减当期管理费用，借记“存货跌价准备”科目，贷记“管理费用——存货跌价损失”科目。

“存货跌价准备”科目期末贷方余额，反映民间非营利组织已计提的存货跌价准备。

【例 9—18】 2011 年 2 月 16 日，鸿泰私立学院接受捐赠的一批物资，入账价值为 600 000 元。鸿泰私立学院拟出售该批物资，将变现的资金用于希望工程。假定到 2011 年 12 月 16 日，该物资尚未售出，但是市场上该同类物资的市场价格已跌至 550 000 元。鸿泰私立学院为了对外销售该批物资，预计将发生销售费用 5 000 元。

根据上述资料，物资在 2011 年末的可变现净值为 545 000 元（即估计售价 550 000 元减去预计销售费用 5 000 元），低于其账面价值，因此，应当计提存货跌价准备，确认存货跌价损失。应当确认的存货跌价损失为 55 000 元（即 600 000 元减去 545 000 元）。会计分录如下：

借：管理费用——存货跌价损失　　55 000

　贷：存货跌价准备　　55 000

【例 9—19】 承例 9—18，假定物资在 2011 年售出了 50%，而且已经计提的相应的存货跌价准备已经结转。因此，在 2011 年 12 月 31 日，该批物资尚余 50%，其账面余额为 300 000 元，相应的已经计提的存货跌价准备为 27 500 元。但是在 2011 年 12 月 31 日，该批物资的价格得到了回升，其市场价格上升到 290 000 元，预计销售费用为 2 500 元。

根据上述资料，物资在 2011 年末的可变现净值为 287 500 元（290 000－2 500），而该批剩余物资的账面价值为 272 500 元。则物资的可变现净值高于其账面价值 15 000 元，在原已经计提的跌价准备 27 500 元的范围之内，应当予以转回。会计分录如下：

借：存货跌价准备　　15 000

　贷：管理费用——存货跌价损失　　15 000

9.1.3　民间非营利组织固定资产的管理与核算

《民间非营利性组织会计制度》对于固定资产的确认、计量、折旧、期末计价、处置以及文物文化资产的会计处理等均作了明确规范，要求民间非营利性组织加强固定资产管理，如实反映固定资产相关信息。

1. 民间非营利组织固定资产的管理

（1）固定资产的概念。

《民间非营利组织会计制度》规定，固定资产是指同时具备以下三个特征的有形资产：为行政管理、提供服务、生产商品或者出租目的而持有的；预计使用年限超过1年；单位价值较高。

在上述的三个特征中，区分固定资产与其他资产的一个最基本特征是，民间非营利性组织持有固定资产的目的是为了行政管理、提供服务、生产商品或者出租，而不是直接用于对外出售或者捐赠，从而明显区别于流动资产。有些无形资产可能同时符合固定资产的其他特征，但是由于没有实物形态，所以不属于固定资产。固定资产的概念除强调持有固定资产的目的和具有实物形态这两个特征外，还强调了固定资产的使用年限应当超过1年和单位价值较高这两个特征。

（2）固定资产的初始计量。

《民间非营利组织会计制度》规定，固定置产初始计量的基本原则是采用实际成本的原则，固定资产在取得时，应当按取得时的实际成本入账。取得时的实际成本包括买价、包装费、运输费、缴纳的有关税金等相关费用，以及为使固定资产达到预定可使用状态的必要的支出。固定资产取得时的实际成本应当根据以下具体情况分别确定：

外购的固定资产，按照实际支付的买价、相关税费以及为使固定资产达到预定可使用状态所发生的可直接归属于该固定资产的其他支出（如安装费、装卸费等）确定其成本。

自行建造的固定资产，按照建造该项资产达到预定可使用状态前所发生的全部必要支出确定其成本。

接受捐赠固定资产，如果捐赠者能够提供有关凭证，应当按凭证上注明的金额加上应支付的相关税费为实际成本入账；如果捐赠者不能够提供有关凭证，则以其市价或同类资产的市场价格估计的金额，加上由单位负担的运输费、保险费、安装费、调试费等作为成本入账。

融资租入的固定资产，按照租赁协议或者合同确定的价款、运输费、途中保价费、安装调试费以及融资租入固定资产达到可使用状态前发生的借款费用等确定其成本。

（3）固定资产的折旧。

《民间非营利组织会计制度》规定，民间非营利组织应当对固定资产计提折旧，在固定资产的预计使用寿命期内系统地分摊固定资产的成本。

民间非营利组织应当根据固定资产的性质和消耗方式，合理地确定固定资产的预计使用年限和预计净残值。

民间非营利组织应当按照固定资产所含经济利益或者服务潜力的预期实现方式选择折旧方法，可选用的折旧方法包括年限平均法、工作量法、双倍余额递减法和年数总和法。折旧方法一经确定，不得随意变更。如果由于固定资产所含经济利益或者服务潜力预期实现方式发生重大改变而确实需要变更的，应当在会计报表附注中披露相关信息。

民间非营利组织应按月提取折旧，当月增加的固定资产，当月不计提折旧，从下月起计提折旧；当月减少的固定资产，当月照提折旧，从下月起不计提折旧。

与固定资产有关的后续支出，如果能使流入民间非营利组织的经济利益或者服务潜力超过原先的估计，如延长了固定资产的使用寿命，或者使服务质量得到实质性提高，或者使商品成本得到实质性降低，则应当计入固定资产账面价值，但其增计后的金额不应当超过该固定资产的可收回金额。其他后续支出，应当计入当期费用。

（4）固定资产的处置。

民间非营利组织由于出售、报废或者毁损等原因而发生的固定资产清理净损益，应当计入当期收入或者费用。

（5）固定资产的盘盈、盘亏。

民间非营利组织对固定资产应当定期或者至少每年实地盘点一次。对盘盈、盘亏的固定资产，应及时查明原因，写出书面报告，并根据管理权限经董事会、理事会或类似权力机构批准后，在期末结账前处理完毕。盘盈的固定资产应当按照其公允价值入账，并计入当期收入；盘亏的固定资产在减去过失人或者保险公司等赔款和残料价值之后计入当期费用。

（6）文物文化资产。

用于展览、教育或研究等目的的历史文物、艺术品以及其他具有文化或者历史价值并作长期或者永久保存的典藏等，作为固定资产核算，但不必计提折旧。在资产负债表中，应当单列“文物文化资产”项目予以反映。

2. 民间非营利组织固定资产的核算

根据《民间非营利组织会计制度》的规定，民间非营利组织为了总括地反映固定资产的增加和减少情况，应当设置“固定资产”、“固定资产清理”、“文物文化资产”科目。

（1）固定资产的初始计量。

1）外购的固定资产。购入不需安装的固定资产，按实际支付的买价、包装费、运杂费、保险费、专业人员服务费和相关税费等，借记“固定资产”科目，贷记“银行存款”科目。

购入需安装的固定资产，按实际支付的买价、包装费、运杂费、保险费、专业人员服务费和相关税费等，借记“在建工程”科目，贷记“银行存款”科目。安装完毕达到预定使用状态，按实际成本，借记“固定资产”科目，贷记“在建工程”科目。

【例 9—20】 2010 年 5 月，鸿泰私立学院购入设备，价款 23 400 元，保险费 800 元，款项以银行存款支付。设备购入后进行安装，又发生材料费 1 400 元，外聘人员报酬 600 元，以现金支付。安装完工，交付使用。

2010 年 5 月会计分录如下：

购入需要安装设备：

借：在建工程　　24 200

　贷：银行存款　　24 200

发生安装费：

借：在建工程　2 000
　贷：存货——库存存货　1 400
　　　现金　600
验收后达到预计可使用状态：
借：固定资产——设备　26 200
　贷：在建工程　26 200

2）自行建造的固定资产。

对于自营工程，领用材料物资时，按所领物资的账面余额，借记在建工程科目，贷记“存货”科目；发生应负担的职工工资时，按实际金额，借记“在建工程”科目，贷记“应付工资”科目；对应分摊的水电等其他费用，按实际金额，借记“在建工程”科目，贷记“银行存款”科目。

对于出包工程，按合同规定向承包商预付工程款、备料款时，按实际金额，借记“在建工程”科目，贷记“银行存款”科目；与承包商办理工程价款结算时，按补付的工程款，借记“在建工程”科目，贷记“银行存款”、“应付账款”科目；属于为在建工程发生的工程管理费、征地费、可行性研究费等，借记“在建工程”科目，贷记“银行存款”科目。

【例9—21】鸿泰私立学院工程项目领用材料，价款15 400元，分配工程人员报酬5 000元。银行存款支付工程用水电等其他费用1 400元。根据有关凭证，填制记账凭证。会计分录如下：

借：在建工程　21 800
　贷：存货　15 400
　　　应付工资　5 000
　　　银行存款　1 400

（2）固定资产的折旧。

如果固定资产是用于行政管理，应将所计提折旧计入管理费用，借记“管理费用”科目，贷记“累计折旧”科目；如果固定资产是用于生产存货，应将所计提折旧计入存货制造成本，借记“存货——生产成本”科目，贷记“累计折旧”科目。

【例9—22】2011年12月30日，鸿泰私立学院计提固定资产折旧费4 800元。根据有关凭证，填制记账凭证。会计分录如下：

借：管理费用　4 800
　贷：累计折旧　4 800

（3）固定资产处置。

民间非营利组织在日常业务活动过程中，对那些不适用或不需用的固定资产，可以通过对外出售的方式进行处置；对那些由于使用而不断磨损直到最终报废，或由于技术进步等原因发生提前报废，或由于遭受自然灾害等非正常损失发生损毁的固定资产也应及时进行清理。《民间非营利组织会计制度》规定，民间非营利组织由于出售、报废或者损毁等原因而发生的固定资产清理净损益，应当计入当期收入或者费用。

为此，民间非营利组织设置“固定资产清理”科目，具体核算民间非营利组织因出售、报废和毁损或其他处置等原因转入清理的固定资产价值及其清理过程中所发生的清理费用和清理收入等，具体如下：

1）民间非营利组织在将所处置固定资产转入清理时，按照所处置固定资产的账面净值，借记“固定资产清理”科目；按照已提取的折旧，借记“累计折旧”科目；按照固定资产账面余额，贷记“固定资产”科目。

2）民间非营利组织对于清理固定资产过程中发生的费用和相关税金，按照实际发生额，借记“固定资产清理”科目，贷记“银行存款”等科目。

3）民间非营利组织收回所处置固定资产的价款、残料价值和变价收入等时，应当借记“银行存款”科目，贷记“固定资产清理”等科目；对于应当由保险公司或过失人赔偿的损失，借记“现金”、“银行存款”、“其他应收款”等科目，贷记“固定资产清理”科目。

4）民间非营利组织对于固定资产清理后的净收益，应当借记“固定资产清理”科目，贷记“其他收入”等科目；对于固定资产清理的净损失，则应当借记“其他费用”科目，贷记“固定资产清理”科目。为了进一步反映其他收入和其他费用的构成情况，民间非营利组织在实务中，除了需要在“其他收入”下面设置“限定性收入”和“非限定性收入”二级明细科目之外，还可以在“其他收入”下面设置“处置固定资产净损失”明细科目。

【例 9—23】 2011 年 10 月 30 日，鸿泰私立学院的教学设备使用寿命期满，转入报废清理。“固定资产”账户中记录的该教学设备原始价值为 15 000 元，累计折旧账户中记录的该教学设备已提折旧额为 13 000 元。根据有关凭证，填制记账凭证。会计分录如下：

借：固定资产清理	2 000	
累计折旧	13 000	
贷：固定资产		15 000

【例 9—24】 鸿泰私立学院进行该教学设备的清理时，发生清理费用 300 元，用现金支付。根据有关凭证，填制记账凭证。会计分录如下：

借：固定资产清理	300	
贷：现金		300

【例 9—25】 鸿泰私立学院清理该教学设备过程中，对收回的废旧残料进行处理，收入款项 2 500 元，已存入银行。根据有关凭证，填制记账凭证。会计分录如下：

借：银行存款	2 500	
贷：固定资产清理		2 500

【例 9—26】鸿泰私立学院清理该教学设备产生的净收入 200 元（2 500－2 000－300），转为“其他收入——非限定性收入”。根据有关凭证，填制记账凭证。会计分录如下：

借：固定资产清理　　200

　贷：其他收入——非限定性收入　　200

（4）固定资产的盘盈、盘亏。

如果固定资产盘盈，按公允价值，借记“固定资产”科目，贷记“其他收入”科目。如果盘亏，按固定资产账面价值扣除可收回的保险赔偿和过失人的赔偿后的金额，借记“管理费用”科目；按可收回的保险赔偿和过失人的赔偿等，借记“现金”、“银行存款”、“其他应收款”科目；按已提取的累计折旧，借记“累计折旧”科目；按固定资产的账面余额，贷记“固定资产”科目。

（5）文物文化资产。

《民间非营利组织会计制度》规定，用于展览、教育或研究等目的的历史文物、艺术品以及其他具有文化或者历史价值并作长期或者永久保存的典藏等，应当作为固定资产核算，单设“文物文化资产”科目进行账务处理。但考虑到文物文化资产在持有期间一般不会像其他固定资产那样会发生损耗，因此不必计提折旧。在资产负债表中，应当单列“文物文化资产”项目予以反映。

为了加强对文物文化的管理，民间非营利组织应当设置文物文化资产登记簿和文物文化资产卡片，按文物文化资产类别等设置明细账，进行明细核算。

1）文物文化资产的初始计量。

文物文化资产在取得时，应当按照取得时的实际成本入账。取得时的实际成本包括买价、包装费、运输费、缴纳的有关税金等相关费用，以及为使文物文化资产达到预定可使用状态前所必需的费用。若为外购，借记“文物文化资产”科目，贷记“银行存款”、“应付账款”科目；若为捐赠，借记“文物文化资产”科目，贷记“捐赠收入”科目。

【例 9—27】2010 年 8 月 6 日，鸿泰私立学院接受捐赠的一幅某画家创作的画作，该画家创作的画作在市场上交易活跃，所捐赠的画作估计市价为 300 000 元，画家对画作的使用没有设置任何限制。根据有关凭证，填制记账凭证。会计分录如下：

借：文物文化资产　　300 000

　贷：捐赠收入——非限定性收入　　300 000

2）文物文化资产的资产处置。按文物文化资产的账面余额，借记“固定资产清理”科目，贷记“文物文化资产”科目。

3）文物文化资产的盘点。如果文物文化资产盘盈，按公允价值，借记“文物文化资产”科目，贷记“其他收入”科目。如果盘亏，按文物文化资产账面价值扣除可收回的保险赔偿和过失人的赔偿后的金额，借记“管理费用”科目；按可收回的保险赔偿和过失人的赔偿等，借记“现金”、“银行存款”、“其他应收款”科目；按文物文化资产的账面余额，贷记“文物文化资产”科目。

【例 9—28】2010 年 12 月 30 日，鸿泰私立学院在期末盘点时，盘盈一件艺术品，经估价，该艺术品的公允价值为 6 000 元。根据有关凭证，填制记账凭证。会计分录如下：

借：文物文化资产　　6 000
　贷：其他收入——非限定性收入　　6 000

（6）固定资产的期末计价。

如果固定资产发生了重大减值，则应计提减值准备，将确认的减值损失计入当期费用。应根据所计提的减值准备，借记“管理费用——固定资产减值损失”科目，贷记“固定资产减值准备”科目。

9.1.4 民间非营利组织无形资产的管理与核算

《民间非营利组织会计制度》要求对民间非营利组织的无形资产进行会计核算，规定无形资产是指民间非营利组织为开展业务活动、出租给他人或为管理目的而持有的且没有实物形态的非货币性长期资产，包括专利权、非专利技术、商标权、著作权、土地使用权等。

1. 无形资产的特征

（1）无形资产不具有实物形态。无形资产不具有实物形态是区别于固定资产及其他有形资产的显著标志。无形资产没有实物形态，却具有价值。需要说明的是，某些无形资产的存在需要依赖于实物载体，如计算机软件需要储存在磁盘中，但这并没有改变无形资产本身不具有实物形态的特征。

（2）无形资产属于非货币性长期资产，且不具有流动性。无形资产区别于货币性资产的主要特征在于非货币性、长期性。无形资产能够长期使用，使民间非营利组织长期受益。

（3）民间非营利组织持有无形资产的目的是用于开展业务活动、出租给其他人或为管理活动，而不是为了对外销售。

2. 无形资产的确认原则

民间非营利组织的无形资产，应当在同时符合以下条件时予以确认：

（1）符合无形资产的定义；

（2）产生的经济利益或者服务潜力很可能流入民间非营利组织；

（3）成本能够可靠地计算。

3. 民间非营利组织无形资产的管理

（1）无形资产的初始计量。《民间非营利组织会计制度》规定，无形资产在取得时，应当按照取得时的实际成本入账。

（2）无形资产的摊销。无形资产应当自取得当月起在预计使用年限内分期平均摊销，计入当期费用。如预计使用年限超过了相关合同规定的有效年限或法律规定的有效年限，该无形资产的摊销年限按如下原则确定：1）合同规定了受益年限但法律没有规定有效年限的，摊销期不应超过合同规定的受益年限；2）合同没有规定受益年限但法律规定了有效年限的，摊销期不应超过法律规定的受益年限；3）合同规定了受益年限，法律也规定有效年限的，摊销期不应超过两者中较短者；4）如果合同和法律都没有规定有效年限，摊销期不应超过 10 年。

（3）无形资产的处置。《民间非营利组织会计制度》规定，民间非营利组织处置无形资产，将实际取得的价款与该项无形资产的账面价值比较，其差额计入当期收入或费用。

（4）无形资产的期末计价。在会计期末无形资产通常不必计提减值准备，但是，如果无形资产发生了重大减值，应对无形资产的可收回金额进行估计，并根据该无形资产的账面价值超过可收回金额的部分，计提减值准备，确认减值损失，并计入当期费用。

（5）无形资产的转让。无形资产的转让有两种方式：转让所有权和转让使用权。

4. 民间非营利组织无形资产的核算

根据《民间非营利组织会计制度》的规定，民间非营利组织为了总括地反映无形资产的增加和减少情况，应当设置“无形资产”总账科目，本科目是资产类账户，借方登记无形资产的增加额，贷方登记无形资产的减少额，期末余额在借方。

（1）无形资产的初始计量。

1）购入的无形资产，应当按照实际支付的价款确定其实际成本，借记“无形资产”科目，贷记“银行存款”科目。

2）自行开发并按法律程序申请取得的无形资产的初始计量，按依法取得时发生的注册费、聘请律师费等费用，作为无形资产的实际成本，借记“无形资产”科目，贷记“银行存款”科目。依法取得前，在研究与开发过程中发生的材料费，直接参与开发人员的工资及福利费，开发过程中发生的租金、借款费用等直接计入当期费用，借记“管理费用”科目，贷记“银行存款”科目。

【例 9—29】 鸿泰私立学院教学科研相结合，投资开发一项专利技术，在研究过程中支付材料费 20 000 元、人工费 23 000 元，购置小型设备 2 000 元。研究成功申请并取得专利，发生注册费 50 000 元，律师费 2 000 元。根据有关凭证，填制记账凭证。会计分录如下：

研发过程中支出：

借：管理费用	45 000	
贷：存货——库存存货		20 000
银行存款		25 000

申请注册过程中的费用：

借：无形资产——专利权	52 000	
贷：银行存款		52 000

（2）无形资产的摊销。

《民间非营利组织会计制度》规定，无形资产应当自取得当月起在预计使用年限内分期平均摊销，计入当期费用，根据每期应摊销金额，借记“管理费用”科目，贷记“无形资产”科目。

（3）无形资产的处置。

按实际取得的价款，借记“银行存款”科目；按无形资产的账面余额，贷记“无形资产”科目。如果取得的价款大于无形资产的账面余额，按差额贷记“其他收入”科目；如果取得的价款小于无形资产的账面余额，按差额借记“其他费用”科目。

【例 9—30】 2010 年 6 月 30 日，鸿泰私立学院将一项专利权出售，取得收入 100 000 元，该专利权的摊余价值为 50 000 元。根据有关凭证，填制记账凭证。会计分录如下：

借：银行存款	100 000	
贷：无形资产——专利权		50 000
其他收入——无形资产处置收益		50 000

（4）无形资产的期末计价。

根据所计提的减值准备，借记“管理费用——无形资产减值损失”科目，贷记“无形资产减值准备”科目。如果已计提减值准备的无形资产价值在以后会计期间得以恢复，则借记“无形资产减值准备”科目，贷记“管理费用——无形资产减值损失”科目。

（5）无形资产的转让。

1）转让所有权。按转让价款，借记“银行存款”科目；按无形资产的账面余额，贷记“无形资产”科目；按支付的相关税费，贷记“银行存款”、“应交税金”科目；按差额，借记“其他费用”科目或贷记“其他收入”科目。

【例 9—31】 鸿泰私立学院转让一项专利技术，其账面余额为 52 000 元，转让收入为60 000 元，营业税率 5%。根据有关凭证，填制记账凭证。会计分录如下：

借：银行存款	60 000	
贷：无形资产		52 000
应交税金		3 000
其他收入		5 000

2）转让使用权。出租无形资产获得的收入，为其他业务收入；出租无形资产所付出的成本，为其他业务成本。

9.1.5 民间非营利组织受托代理资产的管理与核算

1. 民间非营利组织受托代理资产的管理

受托代理资产是民间非营利组织接受委托方的委托从事委托代理业务而收到的资产。

在受托代理过程中，民间非营利组织只是从委托方收到委托资产，并按委托人的意愿将资产转赠，在此过程中，民间非营利组织无权改变委托代理资产的用途或变更受益人。所以，民间非营利组织接受委托代理资产时，应确认受托代理资产，同时还应确认受托代理负债。

受托代理资产的确认和计量按接受捐赠资产的计量原则处理。

2. 民间非营利组织受托代理资产的核算

为了核算受托代理资产业务，民间非营利组织应设置“受托代理资产”总账科目。

主要账务处理：

(1) 收到受托代理资产时，借记“受托代理资产”科目，贷记“受托代理负债”科目；若受托代理资产为现金、银行存款或其他货币资金，可以在“现金”、“银行存款”、“其他货币资金”科目下设置“受托代理资产”明细科目进行明细核算。

(2) 转赠或转出受托代理资产时，按受托代理资产的账面余额，借记“受托代理负债”科目，贷记“受托代理资产”科目。

【例 9—32】2010 年 5 月 16 日，鸿泰私立学院接受其他学校的委托，向玉树灾区教育捐款 100 000 元。根据有关凭证，填制记账凭证。会计分录如下：

借：受托代理资产——银行存款	100 000	
贷：受托代理负债		100 000

当移交捐赠物资时：

借：受托代理负债	100 000	
贷：受托代理资产——银行存款		100 000

9.1.6　民间非营利组织长期投资的管理与核算

1. 民间非营利组织长期投资的管理

长期投资是指民间非营利组织持有时间准备超过一年的各种股权性质的投资，包括长期股权投资和长期债权投资。

(1) 长期股权投资。

1) 初始计量。在取得长期股权投资时，应当以取得时的实际成本作为初始投资成本。初始投资成本的计算方法同短期投资的初始计量方法。

2) 核算方法。长期股权投资应当区别不同情况，分别采用成本法或者权益法核算。如果民间非营利组织对被投资单位无控制、无共同控制且无重大影响，长期股权投资应当采用成本法进行核算；如果民间非营利组织对被投资单位具有控制、共同控制或重大影响，长期股权投资应当采用权益法进行核算。

采用成本法核算时，被投资单位经股东大会或者类似权力机构批准宣告发放的利润或现金股利，作为当期投资收益。

采用权益法核算时，按应当享有或应当分享的被投资单位当年实现的净利润或发生的净亏损的份额调整投资账面价值，并作为当期投资损益。按被投资单位宣告分派的利润或现金股利计算分得的部分，减少投资账面价值。

被投资单位宣告分派的股票股利不作账务处理，但应当设置辅助账进行数量登记。

3）后续计量。期末，应对长期投资是否发生了减值进行检查。如果长期投资的可收回金额低于其账面价值，应当按照可收回金额低于账面价值的差额计提长期投资减值准备，确认长期投资减值损失并计入当期费用。如果长期投资的可收回金额高于其账面价值，应当在长期投资期初已计提减值准备的范围内转回可收回余额高于账面价值的差额，冲减当期费用。

4）处置。在处置长期股权投资时，应将实际取得的价款与投资账面价值的差额，确认为当期投资损益。

（2）长期债权投资。

1）初始计量。应当以取得时的实际成本作为初始投资成本。初始投资成本的计算方法同短期投资的初始计量方法。

2）利息计算。长期债权投资应当按照票面价值与票面利率按期计算确认利息收入。长期债券投资的初始投资成本与债券面值之间的差额，应当在债券存续期间，按照直线法于确认相关债券利息收入时予以摊销。

3）后续计量。同长期股权投资的处理。

4）处置。应将实际取得价款和投资账面价值的差额，确认为当期投资损益。

2. 民间非营利组织长期投资的核算

（1）长期股权投资。

账户设置：主要设置“长期股权投资”、“长期投资减值准备——长期股权投资减值准备”等账户。

主要账务处理：

1）长期股权投资的初始计量。以现金购入的长期股权投资，按实际投资成本入账，借记“长期股权投资”科目，贷记“银行存款”科目；接受捐赠的长期股权投资，按确定的成本，借记“长期股权投资”科目，贷记“捐赠收入”科目。

如果实际支付的款项中包括已经宣告但尚未领取的现金股利，应当作为应收款项单独核算，不构成初始投资成本，按领取的现金股利，借记“其他应收款——应收股利”科目，按确定的初始投资成本，借记“长期股权投资”科目，按实际支付的全部价款，贷记“银行存款”科目。

通过非货币性交易换入的长期股权投资，其核算原则参见短期投资部分。

【例9—33】2010年7月10日，甲民间非营利组织以银行存款3 000 000元投资于乙公司，由此获得乙公司30%的股份，发生手续费等相关费用20 000元。根据有关凭证，填制记账凭证。会计分录如下：

甲民间非营利组织会计处理：

借：长期股权投资——乙公司　　3 020 000

　贷：银行存款　　3 020 000

2）长期股权投资的核算方法。

第一，成本法。按初始投资或追加投资时的成本增加长期股权投资的账面价值。

【例 9—34】 某民间福利院于 2010 年 7 月 10 日购入 A 单位的 1 000 000 股普通股的 15%，每股 4 元，其中含有已宣告发放但尚未领取的股利每股 1 元，支付交易费 3 000 元。根据有关凭证，填制记账凭证。会计分录如下：

投资成本＝成交额＋税费－已宣告发放但尚未领取的股利

＝1 000 000×15%×4＋3 000－150 000＝453 000(元)

借：长期股权投资　　453 000

　　其他应收款　　150 000

　贷：银行存款　　603 000

第二，权益法。长期股权投资采用权益法核算的情况下，投资最初以初始投资成本计量，投资后按其应当享有的被投资单位当年实现的净利润或发生的净亏损的份额调增或调减投资账面价值，同时确认投资收益或投资损失。借（贷）记“长期股权投资”科目，贷（借）记“投资收益”科目。

当被投资单位宣告分派利润或现金股利时，按照民间非营利组织应分得的部分，减少投资账面价值。借记“其他应收款——应收股利”科目，贷记“长期股权投资”科目。在实际收到现金股利或利润时，借记“银行存款”科目，贷记“其他应收款——应收股利”科目。

【例 9—35】 甲民间非营利组织 2010 年 1 月 2 日以银行存款 900 000 元向乙公司进行长期投资，占乙公司有表决权资本的 30%。乙公司 2010 年全年共实现净利润 550 000 元。根据有关凭证，填制记账凭证。会计分录如下：

甲民间非营利组织的会计处理：

2010 年 1 月 2 日，投资时：

借：长期股权投资——乙公司　　900 000

　贷：银行存款　　900 000

2010 年 12 月 31 日，确认投资收益：

借：长期股权投资——乙公司　　165 000

　贷：投资收益　　165 000

2010 年末“长期股权投资——乙公司”科目的账户余额为 1 065 000（900 000＋165 000）元。

3）后续计量。如果长期股权投资的期末可收回金额低于账面价值，则按其差额，借记“管理费用——长期投资减值损失”科目，贷记“长期投资减值准备——长期股权投资减值准备”科目。

如果长期股权投资的期末可收回金额高于账面价值，则按其差额，在原计提减值准备的范围内，借记“长期投资减值准备——长期股权投资减值准备”科目，贷记“管理费用——长期投资减值损失”科目。

4）处置。按处置长期股权投资实际取得的价款，借记“银行存款”科目；按已计提的减值准备，借记“长期投资减值准备——长期股权投资减值准备”科目；按所处置长期股权投资的账面余额，贷记“长期股权投资”科目；按尚未领取的已宣告发放的现金股利或利润，贷记“其他应收款——应收股利”科目；按其差额，借记或贷记“投资收益”科目。

（2）长期债权投资。

账户设置：设置“长期债权投资”账户。

主要账务处理：

1）长期债权投资初始计量。按确定的初始投资成本，借记“长期债权投资”科目，贷记“银行存款”科目。

2）长期债权投资利息收入的核算。在持有长期债权投资期间，如持有的为到期一次还本付息的债券投资，应按票面价值与票面利率按期计算确认利息收入，借记“长期债权投资——债券投资（应收利息）”科目，贷记“投资收益”科目，如持有的为分期付款、到期还本的债权投资，应当借记“其他应收款——应收利息”科目，贷记“投资收益”科目。如果长期债权投资的初始投资成本和债券面值之间存在差额，应当在债券续存期间，按照直线法于确认相关债券利息收入时摊销。如初始投资成本高于债券面值，按照应当分摊的金额，借记“投资收益”科目，贷记“长期债权投资——债券投资（溢价）”科目；如初始投资成本低于债券面值，按照应当分摊的金额，借记“长期债权投资——债券投资（折价）”科目，贷记“投资收益”科目。

【例 9—36】某民间非营利组织于 2010 年 7 月 11 日用银行存款购入 5 年期国债 1 000 000 元，年利率为 3%，到期一次还本付息。在 2010 年 12 月 31 日编制年度财务会计报告时，应确认利息收入 15 000 元。根据有关凭证，填制记账凭证。会计分录如下：

借：长期债权投资——债券投资（应收利息）	15 000	
贷：投资收益		15 000

3）后续计量。如果长期债权投资的期末可收回金额低于账面价值，则按其差额，借记“管理费用——长期债权投资减值损失”科目，贷记“长期投资减值准备——长期债权投资减值准备”科目。

如果长期债权投资的期末可收回金额高于账面价值，则按其差额在原计提减值准备的范围内，借记“长期投资减值准备——长期债权投资减值准备”科目，贷记“管理费用——长期债权投资减值损失”科目。

4）处置。按处置长期债权投资实际取得的价款，借记“银行存款”科目；按已计提的减值准备，借记“长期投资减值准备——长期债权投资减值准备”科目；按所处置长期债权投资的账面余额，贷记“长期债权投资”科目；按尚未领取的已宣告发放的现金股利或利润，贷记“其他应收款——应收股利”科目；按其差额，借记或贷记“投资收益”科目。

9.2　民间非营利组织负债的管理与核算

9.2.1　民间非营利组织负债概述

《民间非营利组织会计制度》规定，负债是指过去的交易或事项形成的现时义务，履行该义务预期会导致含有经济利益或者服务潜力的资源流出民间非营利组织。

民间非营利组织负债的特征：

(1) 负债是由于过去的交易或事项形成的现时义务，它的偿付在未来需要转移或使用现金、商品或劳务；

(2) 负债不可避免，它源于法律、合同或类似的文件，是强制性的义务，只有在偿还了负债或被债权人豁免负债时，负债才能消除；

(3) 导致该义务的交易或事项已经发生。

我国《民间非营利组织会计制度》将负债按其流动性分为流动负债、长期负债。

9.2.2　民间非营利组织流动负债的管理和核算

1. 民间非营利组织流动负债的管理

流动负债是指将在一年或超过一年的一个营业周期内偿还的负债，包括短期借款、应付账款、应付票据、应付工资、预收账款、应交税金、预提费用、预计负债和其他应付款。

(1) 短期借款。短期借款是指民间非营利组织向银行或其他金融机构借入的期限在一年以下（含一年）的各种借款。

(2) 应付账款和应付票据。

1) 应付账款。应付账款是指民间非营利组织因购买材料、商品和接受劳务供应等而应付给供应单位的款项。

应付账款的确认是对应付账款的入账时间及入账金额的确认。在实际工作中，一般是等货物验收入库后才根据发票金额登记应付账款。如果已到期末，已经收到发票，但仍未收到货物，为正确反映单位的财务状况，应根据发票上的金额登记应付账款。应付账款应按其实际发生额计价，但是，如果购货条件包括一定的现金折扣时，则采用总价法进行处理，即应收账款按现金折扣前的金额入账。如果在折扣期内付款享有现金折扣，视为理财收益，冲减筹资费用。

2) 应付票据。应付票据是指民间非营利组织购买材料、商品和接受劳务供应等开出、承兑的商业汇票。

(3) 应付工资。应付工资是民间非营利组织对职工个人的一种负债。民间非营利组织应按照相关规定，根据考勤记录、工时记录、工资标准等，编制“工资单”，计算各种工资，并应对“工资单”进行汇总，编制“工资汇总表”。民间非营利组织应当设置“应付工资明细账”，按职工类别分设账页，按工资的组成内容分设专栏，根据“工资单”或“工资汇总表”进行登记。

（4）预收账款。预收账款是民间非营利组织向服务和商品购买单位预收的各种款项。

（5）应交税金。应交税金是民间非营利组织应交未交的各种税费。

（6）预提费用。预提费用是民间非营利组织预先提取的已发生但尚未支付的费用。

（7）预计负债。预计负债是民间非营利组织对因或有事项所产生的现时义务而确认的负债。

民间非营利组织将与或有事项相关的业务确认为负债的条件：该业务是民间非营利组织承担的现实义务；该业务的履行很可能导致经济利益流出民间非营利组织；义务的金额能够可靠地计算。

（8）其他应付款。其他应付款是民间非营利组织应付、暂收其他单位或个人的款项。

2. 民间非营利组织流动负债的核算

（1）短期借款的核算。

《民间非营利组织会计制度》规定，短期借款是民间非营利组织向银行或其他金融机构等借入的期限在1年以下（含1年）的各种借款。

短期借款有如下基本特征：短期借款的债权人包括银行、非银行金融机构等；借款期限较短，一般为1年以下（含1年）；归还短期借款时，不仅要归还借款本金，根据货币时间价值，一般还需要支付借款利息。

会计科目的设置：根据《民间非营利组织会计制度》的规定，民间非营利组织为了其向银行或其他金融机构等借入的期限在1年以下（含1年）的各种借款，应当设置“短期借款”总账科目。“短期借款”科目应当按照债权人设置明细账，并按照借款种类及期限进行明细核算。“短期借款”科目的期末贷方余额，反映民间非营利组织尚未偿还的短期借款本金。

主要账务处理：第一，取得短期借款的账务处理。民间非营利组织在借入各种短期借款时，按照借款本金借记“银行存款”科目，贷记“短期借款”科目。

第二，短期借款利息的账务处理。短期借款利息不通过“短期借款”科目核算。发生短期借款利息时，借记“筹资费用”科目，贷记“预提费用”、“银行存款”等科目。如果短期借款的利息是按季度或半年度支付的，或者利息是在借款到期时连同本金一并归还，并且利息金额较大，为了正确计算各期的损益，可以采用预提的办法，按月预提计入费用，借记“筹资费用”科目，贷记“预提费用”科目；如果短期借款的利息是按月支付的，或者利息是在借款到期时连同本金一并归还但是数额不大的，可以不采用预提的方法，在实际支付时按照实际支付的利息，借记“筹资费用”科目，贷记“银行存款”科目。

第三，偿还短期借款的账务处理。偿还短期借款时，如果按月计提利息，按归还的短期借款本金借记“短期借款”科目，按照已预提的利息借记“预提费用”科目，按照当月发生的利息费用借记“筹资费用”科目，按照偿付的本金和利息贷记“银行存款”科目；如果不采用预提利息的方法核算短期借款利息，按归还的短期借款本金借记“短期借款”科目，按照支付的利息借记“筹资费用”科目，按照偿付的本金和利息贷记“银行存款”科目。

【例9—37】鸿泰私立学院于2011年1月15日向银行借入期限为6个月借款150 000元，利率为4.6%，到期一次还本付息。2011年7月15日到期，偿还本金50 000元，利息3 450元。期间已计提利息2 875元，当月发生利息575元。根据有关凭证，填制记账凭证。会计分录如下：

2011年1月15日，借款时的账务处理为：

借：银行存款　150 000

　贷：短期借款　150 000

2011年1月31日，按期预提短期借款利息：

借：筹资费用　575

　贷：预提费用　575

2011年7月15日，还款时的会计处理为：

借：短期借款　150 000

　　预提费用　2 875

　　筹资费用　575

　贷：银行存款　153 450

（2）应付账款和应付票据的核算。

1）应付账款的核算。

《民间非营利组织会计制度》规定，应付账款是民间非营利组织因购买材料、商品和接受服务供应等而应付给供应单位的款项。

会计科目的设置：根据《民间非营利组织会计制度》的规定，民间非营利组织为了核算其因购买材料、商品和接受服务供应而发生的应付账款，应当设置“应付账款”总账科目。“应付账款”科目应当按照债权人设置明细账，进行明细核算。“应付账款”科目期末贷方余额，反映民间非营利组织尚未支付的应付账款。

主要账务处理：民间非营利组织在发生应付账款时，按照应付未付金额，借记“存货”、“固定资产”等科目，贷记“应付账款”科目；偿还时，借记“应付账款”科目，贷记“银行存款”；如果是民间非营利组织开出、承兑商业汇票抵付应付账款，则应将“应付账款”转入“应付票据”科目，借记“应付账款”科目，贷记“应付票据”科目。

【例9—38】2011年12月，鸿泰私立学院购入一批图书。增值税专用发票上列明，该批图书的价款为10 000元，适用的增值税率为13%，增值税额为1 300元。鸿泰私立学院所购买的图书已验收入库，并收到了销售方开具的发票账单，但尚未支付货款。根据有关凭证，填制记账凭证。会计分录如下：

借：存货　11 300

　贷：应付账款　11 300

2）应付票据的核算。

《民间非营利组织会计制度》规定，应付票据是民间非营利组织购买材料、商品和接受服务供应等而开出、承兑的商业汇票，包括银行承兑汇票和商业承兑汇票。我国商业汇票的付款期限最长不超过 6 个月。因此，将应付票据归于流动负债进行管理和核算。

应付票据按承兑人可以分为商业承兑汇票和银行承兑汇票。二者的区别在于商业承兑汇票的承兑人即为付款人，银行承兑汇票的承兑人为银行。

会计科目的设置：根据《民间非营利组织会计制度》的规定，民间非营利组织为了核算其为购买材料、商品和接受服务供应等而开出、承兑的商业汇票，应当设置“应付票据”科目。民间非营利组织可以按照债权人设置明细账，并按照应付票据种类进行明细核算。

主要账务处理：第一，因购买材料、商品和接受劳务供应等开出、承兑商业汇票时，借记“存货”科目，贷记“应付票据”科目；民间非营利组织在支付银行承兑商业汇票时，借记“筹资费用”科目，贷记“银行存款”科目；民间非营利组织开出商业汇票抵付应付账款时，借记“应付账款”科目，贷记“应付票据”科目。

第二，带息应付票据，期末或到期计算应付利息，借记“筹资费用”科目，贷记“应付票据”科目。

第三，如果能够如期偿付，借记“应付票据”科目（带息票据须按利息借记“筹资费用”科目），贷记“银行存款”科目。

如果到期无法支付票款，若应付票据为商业承兑汇票，借记“应付票据”科目，贷记“应付账款”科目（带息票据需按利息借记“筹资费用”科目）；若应付票据为银行承兑汇票，借记“应付票据”科目，贷记“短期借款”科目（带息票据需按利息借记“筹资费用”科目）。

【例 9—39】 假如例 9—38 中，2011 年 12 月，鸿泰私立学院购入一批图书。增值税专用发票上列明，该批图书的价款为 10 000 元，适用的增值税率为 13%，增值税额为 1 300 元。鸿泰私立学院所购买的图书已验收入库，并收到了销售方开具的发票账单。鸿泰私立学院开出一张期限为 3 个月的商业汇票一张，到期支付票款。根据有关凭证，填制记账凭证。会计分录如下：

借：存货	11 300	
贷：应付票据		11 300

（3）应付工资的核算。

《民间非营利组织会计制度》规定，应付工资是指民间非营利组织应付未付的员工工资。

会计科目的设置：根据《民间非营利组织会计制度》的规定，民间非营利组织为了核算其应付未付的员工工资，应当设置“应付工资”科目。“应付工资”科目集中反映民间非营利组织应付员工的工资总额，包括在工资总额内的各种工资、奖金、津贴等，不论是否在当月支付，都应当通过“应付工资”科目核算。“应付工资”科目期末一般应无余额，如果应付工资大于实发工资的，期末贷方余额反映员工尚未领取的工资余额。

主要账务处理：第一，工资费用的分配。应付工资分配时，需分别记入有关的成本费用科目：行政管理人员工资，借记“管理费用”科目，贷记“应付工资”科目；应当计入各项业务活动成本的人员工资，借记“业务活动成本”、“存货——生产成本”科目，贷记“应付工资”科目；应当由在建工程负担的人员工资，借记“在建工程”科目，贷记“应付工资”科目。第二，实际支付工资。按实际支付，借记“应付工资”科目，贷记“现金”、“银行存款”科目。

【例9—40】 2011年12月，鸿泰私立学院从银行提取现金337 000元，发放工资。月份终了分配工资，其中：从事教学活动人员工资280 000元，行政管理人员工资45 000元，在建工程人员工资15 000元，代扣职工个人所得税2 000元，代扣住房公积金1 000元。根据有关凭证，填制记账凭证。会计分录如下：

从银行提取现金：

借：现金	337 000	
贷：银行存款		337 000

发放职工工资：

借：应付工资	340 000	
贷：应交税金——应交个人所得税		2 000
其他应付款——应付住房公积金		1 000
现金		337 000

月份终了，分配工资：

借：业务活动成本	280 000	
管理费用	45 000	
在建工程	15 000	
贷：应付工资		340 000

(4) 预收账款的核算。

《民间非营利组织会计制度》规定，预收账款是指民间非营利组织向服务和商品购买单位预收的各种款项。由于预收账款的期限较短，因此将其列入流动负债项目核算。

会计科目的设置：根据《民间非营利组织会计制度》的规定，民间非营利组织为了核算其向服务和商品购买单位预收的各种款项，应当设置“预收账款”科目。“预收账款”科目应当按照向其购买服务和商品的单位设置明细账，进行明细核算。“预收账款”科目期末贷方余额，反映民间非营利组织向服务和商品购买单位预收的款项。

主要账务处理：发生预收账款时，按预付金额，借记“银行存款”科目，贷记“预收账款”科目；当销售货物确认收入时，按预收账款账面余额，借记“预收账款”科目，贷记“商品销售收入”科目。

(5) 应交税金的核算。

民间非营利组织因其非营利性质，根据国家现行税法的有关规定可以享受一些税收优惠。但民间非营利组织也可能发生应税行为，并需要按照税法规定缴纳相关税金，因此需要进行应交税金的核算。

《民间非营利组织会计制度》规定，应交税金是指民间非营利组织应交未交的各种税费。如果民间非营利组织按照国家税法的规定需要缴纳各种税费，如营业税、增值税、所得税、房产税、个人所得税，则民间非营利组织应当依法纳税，并进行相应的账务处理。

会计科目的设置：对于需要预计税额或者与税务机关定期结算或清算的，不是一次缴纳的，尚未缴纳的部分形成民间非营利组织的一项负债，在“应交税金”科目核算。民间非营利组织应当根据具体情况，设置明细科目，进行明细核算。“应交税金”科目期末贷方余额，反映民间非营利组织尚未缴纳的税金；期末借方余额，反映民间非营利组织多缴的税费。

主要账务处理：缴纳时，借记“应交税金”科目，贷记“银行存款”或“现金”科目。

【例 9—41】 2011 年 12 月，鸿泰私立学院以银行存款向税务部门缴纳个人所得税 2 000 元。根据有关凭证，填制记账凭证。会计分录如下：

借：应交税金	2 000	
贷：银行存款		2 000

（6）预提费用的核算。

《民间非营利组织会计制度》规定，预提费用是指民间非营利组织预先提取的，已经发生但尚未支付的费用，如预提的短期借款利息等。民间非营利组织的日常活动，按照权责发生制原则，属于当期的费用应该在发生当期确认，按期预提计入费用的金额，同时也形成一笔负债。

会计科目的设置：根据《民间非营利组织会计制度》的规定，民间非营利组织为了核算其预先提取的已经发生但尚未支付的费用，应当设置“预提费用”总账科目。“预提费用”科目应当按照费用种类设置明细账，进行明细核算。“预提费用”科目期末贷方余额，反映民间非营利组织预提但尚未实际支出的各项费用。

主要账务处理：民间非营利组织按规定预提计入当期费用时，借记“筹资费用”、“管理费用”科目，贷记“预提费用”科目；实际支出时，借记“预提费用”科目，贷记“银行存款”科目。

【例 9—42】 承例 9—37，鸿泰私立学院于 2011 年 1 月 15 日向银行借入期限为 6 个月借款 150 000 元，利率为 4.6%，到期一次还本付息。当月发生利息 575 元。根据有关凭证，填制记账凭证。会计分录如下：

借：筹资费用	575	
贷：预提费用		575

（7）预计负债的核算。

《民间非营利组织会计制度》规定，预计负债是指民间非营利组织对因或有事项所产生的现时义务而确认的负债。或有事项是指因过去的交易或事项形成的一种状况，其结果须由未来不确定时间的发生或不发生加以证实。民间非营利组织比较常见的或有事项主要有未决诉讼、未决仲裁等。

会计科目的设置：根据《民间非营利组织会计制度》的规定，民间非营利组织为了核算其复核确认条件的或有负债，应当设置“预计负债”科目。“预计负债”科目应当按照预计负债项目设置明细账，进行明细核算。“预计负债”科目贷方余额，反映民间非营利组织预计尚未支付的债务。

主要账务处理：民间非营利组织按规定在确认负债时，应借记“管理费用”科目，贷记“预计负债”科目；实际偿付时，借记“预计负债”科目，贷记“银行存款”科目；转回预计负债时，借记“预计负债”科目，贷记“管理费用”科目。

（8）其他应付款的核算。

《民间非营利组织会计制度》规定，其他应付款是指民间非营利组织应付、暂收其他单位或个人的款项。民间非营利组织除了应付票据、应付账款、应付工资外，还会发生一些应付、暂收其他单位或个人的款项，这些应付、暂收款项也构成了民间非营利组织的一项流动负债，在“其他应付款”科目中进行核算。

会计科目的设置：根据《民间非营利组织会计制度》的规定，民间非营利组织为了核算其应付、暂收其他单位或个人的款项，应当设置“其他应付款”科目。“其他应付款”科目应当按照应付和暂收款项的类别和单位或个人设置明细账，进行明细核算。“其他应付款”科目期末贷方余额，反映尚未支付的其他应付款。

主要账务处理：民间非营利组织发生其他应付款时，借记“管理费用”、“现金”、“银行存款”科目，贷记“其他应付款”科目；偿还应付款时，借记“其他应付款”科目，贷记“银行存款”或“现金”科目。

【例9—43】 2011年12月，鸿泰私立学院以银行存款向住房公积金管理部门支付住房公积金2 000元。根据有关凭证，填制记账凭证。会计分录如下：

借：管理费用	1 000	
其他应付款——应付住房公积金	1 000	
贷：银行存款		2 000

9.2.3 民间非营利组织长期负债的管理与核算

1. 民间非营利组织长期负债的管理

（1）长期借款的管理。

《民间非营利组织会计制度》规定，长期借款是指民间非营利组织向银行或其他金融机构等借入的，期限在1年以上（不含1年）的各种借款。由于长期借款的期限较长，最短是1年以上，制度要求将其列入长期负债项目进行核算和管理。与短期借款相比，长期借款除借款期限较长外，其不同点还体现在对借款利息费用的处理上，“短期借款”科目只核算借款的本金，不包括利息费用，而“长期借款”科目不仅核算借款的本金，还包括利息费用。长期借款的利息费用，在符合资本化条件的情况下应当按期预提计入所购建固定资产的成本（即予以资本化），反之则应当直接计入当期筹资费用。

（2）长期应付款的管理。

《民间非营利组织会计制度》规定，长期应付款主要指民间非营利组织融资租入固定资产发生的应付租赁款。

2. 民间非营利组织长期负债的核算

（1）会计科目的设置。

根据《民间非营利组织会计制度》的规定，民间非营利组织为了核算其向银行或其他金融机构等借入的期限在1年以上（不含1年）的各种借款，应当设置“长期借款”总账科目。“长期借款”科目应当按照贷款单位设置明细账，并按贷款种类明细核算。“长期借款”科目期末贷方余额，反映民间非营利组织未偿还的长期借款本息。

民间非营利组织发生融资租入固定资产业务，应当设置“长期应付款”科目。

（2）主要账务处理。

1）长期借款的主要账务处理。

取得长期借款的账务处理：当民间非营利组织向银行或其他金融机构借入长期借款时，应当按照实际发生数，借记“银行存款”科目，贷记“长期借款”科目。

长期借款计息时的账务处理：长期借款的借款费用包括借款利息、辅助费用以及因外币借款而发生的汇兑差额等。民间非营利组织为购建固定资产而专门借入的长期借款，其在允许资本化的期间内所发生的应予以资本化的借款费用，应计入在建工程成本，按照专门借款应予资本化的借款费用的实际发生额，借记“在建工程”科目，贷记“长期借款”等科目；在固定资产达到预定可使用状态以后发生的借款费用，应当于发生时计入当期筹资费用，借记“筹资费用”科目，贷记“长期借款”等科目。

长期借款的借款费用开始资本化的条件是指同时满足以下三个条件：资本支出已经发生；借款费用已经发生；为使固定资产达到预定可使用状态所必要的购建活动已经开始。

所购建的固定资产达到预定可使用状态是指资产已经达到购买方或购建造方预定可使用状态。具体可以从以下几个方面判断：固定资产的实体建造（包括安装）工作已经全部完成或者实质上已经完成；所购建的固定资产与设计要求或合同要求相符或基本相符，即使有极个别与设计或合同要求不符的地方，也不影响其正常使用；继续发生在所购建固定资产上的支出金额很少或几乎不再发生。

如果固定资产的购建活动发生非正常中断，并且中断时间连续超过3个月，应当暂停借款费用的资本化，将中端活动发生的借款费用确认为当期筹资费用，直至资产的购建活动重新开始。

偿还长期借款的主要账务处理：借入的长期借款到期，归还长期借款时，借记“长期借款”科目，贷记“银行存款”科目。

【例9—44】 2011年初，鸿泰私立学院因学院工程建设，向工商银行借入500 000元，借款期为2年，工程建设期为1年，年利率2.5%，到期一还本付息。会计分录如下：

借入资金时：

借：银行存款	500 000	
贷：长期借款		500 000

第一年末计提利息：

借：在建工程	12 500	
贷：长期借款		12 500

第二年末计提利息：

借：筹资费用	12 500	
贷：长期借款		12 500

到期归还贷款：

借：长期借款	525 000	
贷：银行存款		525 000

2）长期应付款的主要账务处理。

民间非营利组织发生融资租入固定资产业务，应当按照租赁协议或者合同确定的价款、运输费、途中保险费、安装调试费以及融资租入固定资产达到预定可使用状态前发生的借款费用等，借记“固定资产——融资租入固定资产”科目，贷记“长期应付款”科目。

9.3　民间非营利组织净资产的管理与核算

9.3.1　民间非营利组织净资产概述

民间非营利组织的净资产是指资产减去负债后的余额（净资产＝资产－负债。）

为了更好地反映民间非营利组织净资产的构成、来源及其使用情况，向会计信息使用者提供有用的信息，《民间非营利组织会计制度》按照净资产是否受到限制，将其分为限定性净资产和非限定性净资产；其中，如果资产或者资产所产生的经济利益（如资产的投资收益和利息等）的使用受到资产提供者或者国家有关法律、行政法规所设置限制的时间限制或（和）用途限制，则由此形成的净资产即为限定性净资产，国家有关法律、行政法规对净资产的使用直接设置限制的，该受限制的净资产亦为限定性净资产；除此之外的其他净资产，即为非限定性净资产。

9.3.2　民间非营利组织净资产的管理

1. 限定性净资产的管理

根据《民间非营利组织会计制度》的规定，如果资产或者资产所产生的经济利益

（如资产的投资收益和利息等）的使用受到资产提供者或者国家有关法律、行政法规所设置的时间限制或（和）用途限制，则由此形成的净资产即为限定性净资产；国家有关法律、行政法规对净资产的使用直接设置限制的，该受限制的净资产亦为限定性净资产。

时间限制是指资产提供者或者国家有关法律、行政法规要求民间非营利组织在收到资产后的特定时期之内或特定日期之后使用该项资产，或者对资产的使用设置了永久限制。

用途限制是指资产提供者或者国家有关法律、行政法规要求民间非营利组织将收到的资产用于某一特定的用途。

2. 非限定性净资产的管理

民间非营利组织的净资产中，除了限定性净资产之外的其他净资产，为非限定性净资产。尽管非限定性净资产没有明确而直接的使用限制条件，但非限定性净资产的使用仍然需要与民间非营利组织的使命或运行目的或总体目标相结合，而不能随意使用在不符合民间非营利组织运行目的的活动上。

9.3.3 民间非营利组织净资产的核算

1. 限定性净资产的核算

根据《民间非营利组织会计制度》的规定，为了核算限定性净资产业务，应当设置“限定性净资产”总账科目，来核算本单位的限定性净资产，并可根据本单位的具体情况和实际需要，在“限定性净资产”科目下设置相应的二级科目和明细科目。

（1）期末结转限定性收入。

会计期末，将当期限定性收入的贷方余额转为限定性净资产，即将各科目中所属的限定性收入明细科目的贷方余额转入“限定性净资产”的贷方，借记“捐赠收入——限定性收入”、“政府补助收入——限定性收入”科目，贷记“限定性净资产”科目。

【例 9—45】 某民办学校于 2011 年 12 月得到一笔 20 000 元的政府补助款，该补助要求用于资助经济困难学生。会计分录如下：

2011 年 12 月：

借：银行存款	20 000	
贷：政府补助收入——限定性收入		20 000

2011 年 12 月 31 日：

借：政府补助收入——限定性收入	20 000	
贷：限定性净资产		20 000

（2）限定性净资产的重分类。

如果限定性净资产的限制已经解除，应对净资产重新分类。借记“限定性净资产”，贷记“非限定性净资产”。

【例9—46】假设例9—45中的民办学校在2011年10月将2010年收到的100 000元捐款以现金的形式奖励给了论文比赛前十名的学生。会计分录如下：

2011年10月：

借：业务活动成本	100 000	
贷：现金		100 000
借：限定性净资产	100 000	
贷：非限定性净资产		100 000

(3) 调整以前期间限定性收入项目。

如果因调整以前期间限定性收入项目而涉及调整限定性净资产的，按需调整的金额，借记或贷记有关科目，贷记或借记“限定性净资产”科目。

【例9—47】2010年8月，某人将一对明代瓷碗捐献给某民办博物馆，要求只能做展览用，捐赠时也没有提供标明瓷碗金额的相关凭据。当年，这对瓷碗的公允价值一直无法可靠确定。2011年6月，该博物馆采用合理的计价方式确定该瓷碗的公允价值为80 000元。2010年度，由于所捐献瓷碗的金额无法可靠计算，因此不予确认，而是在辅助账中进行相关登记，并在会计报表附注中进行相关披露。

2011年6月，瓷碗公允价值可以可靠计量时，会计分录如下：

借：文物文化资产	80 000	
贷：限定性净资产		80 000

会计期末，“限定性净资产”科目的贷方余额，反映民间非营利组织历年积存的限定性净资产。

(4) 限定性净资产的其他变动。

有时，一些资产在取得时并没有限制条件，但在后来资源提供者或国家法律、行政法规对该项资产增设了时间或用途限制条件，那么相应的非限定性净资产就应转入限定性净资产。借记“非限定性净资产”科目，贷记“限定性净资产”科目。

【例9—48】某基金会2010年7月获得一笔捐款500 000元，当时捐赠人没有对捐款的使用提供要求，2011年2月则要求将未使用的捐款全部用于希望小学的建设，经协商，基金会同意了捐赠人要求。假设这时该笔捐款尚未使用。会计分录如下：

2010年7月，收到捐款：

借：银行存款	500 000	
贷：捐赠收入——非限定性收入		500 000

2010年7月31日：

借：捐赠收入——非限定性收入　　500 000
　贷：非限定净资产　　500 000
2011 年 2 月，增加了对资产的限制：
借：非限定性净资产　　500 000
　贷：限定性净资产　　500 000

2. 非限定性净资产的核算

根据《民间非营利性组织会计制度》的规定，民间非营利性组织应当设置“非限定性净资产”总账科目，来核算本单位的非限定性净资产，并可以根据本单位的具体情况和实际需要，在“非限定性净资产”科目下设置相应的二级科目和明细科目。

（1）期末结转非限定性收入。

会计期末，民间非营利组织应将捐赠收入、会费收入、提供服务收入、政府补助收入、商品销售收入、投资收益和其他收入等各项收入科目中非限定性收入明细科目的期末余额转入非限定性净资产，借记相关科目，贷记“非限定性净资产”科目。

【例 9—49】 某民间非营利组织在 2010 年 7 月 13 日共取得捐赠收入 50 000 元（限定用途），会费收入 80 000 元（非限定性），提供服务收入 60 000 元（非限定性），政府补助收入 30 000 元（其中：20 000 元为限定用途，10 000 元为非限定性），其他收入20 000 元（非限定性）。会计分录如下：

借：会费收入——非限定性收入　　80 000
　　提供服务收入——非限定性收入　　60 000
　　政府补助收入——非限定性收入　　10 000
　　其他收入——非限定性收入　　20 000
　贷：非限定性净资产　　170 000
借：捐赠收入——限定性收入　　50 000
　　政府补助收入——限定性收入　　20 000
　贷：限定性净资产　　70 000

（2）期末结转成本费用项目。

会计期末，应将业务活动成本、管理费用、筹资费用和其他费用的期末余额均结转至非限定性净资产，借记“非限定性净资产”科目，贷记“业务活动成本”、“管理费用”、“筹资费用”和“其他费用”科目。

【例 9—50】 某社会团体在 2010 年 10 月发生业务活动成本 80 000 元，管理费用 50 000 元，筹资费用 40 000 元，其他费用 20 000 元。会计分录如下：

2010 年 10 月 31 日：

借：非限定性净资产 190 000
　贷：业务活动成本 80 000
　　　管理费用 50 000
　　　筹资费用 40 000
　　　其他费用 20 000

【例9—51】 某捐资举办的民办学校于2010年12月获得一笔捐款500 000元，捐赠人没有对捐款的使用提出要求。2010年12月，该民办学校为某企业提供培训，取得收入800 000元，相关成本为400 000元，该项收入也没有使用限制条件。会计分录如下：

2010年12月，收到捐款时：

借：银行存款 500 000
　贷：捐赠收入——非限定性收入 500 000

提供培训取得收入时：

借：银行存款 800 000
　贷：提供服务收入——非限定性收入 800 000
借：业务活动成本——提供服务成本 400 000
　贷：存货——劳务成本 400 000

2010年12月31日，结转净资产：

借：捐赠收入——非限定性收入 500 000
　　提供服务收入——非限定性收入 800 000
　贷：非限定性净资产 1 300 000
借：非限定性净资产 400 000
　贷：业务活动成本——提供服务成本 400 000

(3) 限定性净资产的重分类。

如果限定性净资产的限制已经解除，应当对净资产进行重新分类，将限定性净资产转为非限定性净资产，借记“限定性净资产”科目，贷记“非限定性净资产”科目。

【例9—52】 2010年12月，某基金会取得一项捐款500 000元，捐赠人限定将该款项用于购置化疗设备。2011年3月，该基金会购入设备，价值428 000元。2011年4月，经与捐赠人协商，捐赠人同意将剩余的72 000元留归该基金会自主使用。

2010年12月，取得捐款时：

借：银行存款 500 000
　贷：捐赠收入——限定性收入 500 000

2010年12月31日，将捐款收入结转到限定性净资产：

借：捐赠收入——限定性收入 500 000
　贷：限定性净资产 500 000

2011 年 3 月，购入设备时，记录固定资产：

借：固定资产 428 000
　贷：银行存款 428 000

2011 年 4 月：

借：限定性净资产 72 000
　贷：非限定性净资产 72 000

此外，有些情况下，资源提供者或国家法律、行政法规会对以前期间未设置限制的资产增加时间或用途限制，这时，应将非限定性净资产转入限定性净资产，借记“非限定性净资产”科目，贷记“限定性净资产”科目。

（4）调整以前期间非限定性收入、费用项目。

如果因调整以前期间非限定性收入、费用项目而涉及调整非限定性净资产的，按需调整的金额，借记或贷记有关科目，贷记或借记“非限定性净资产”科目。

【例 9—53】 2011 年 5 月 1 日，某基金会发现上一年的一项无形资产摊销 8 000 元未记录，该基金会应当追溯调整 2010 年度业务活动表中的管理费用，减少非限定性净资产期初数 8 000 元。会计分录如下：

借：非限定性净资产（期初数） 8 000
　贷：无形资产 8 000

本章小结

本章主要介绍了民间非营利组织的资产、负债和净资产的管理与核算。

在资产部分，介绍了流动资产、固定资产、无形资产、受托代理资产和长期投资。民间非营利组织的流动资产、固定资产、无形资产、长期投资的处理与其他组织的处理相似。值得注意的是，在处理无形资产和捐赠资产时，民间非营利组织会计制度引入了“公允价值”的概念。受托代理资产是民间非营利组织所特有的，它的确认和计量按接受捐赠资产的计量原则处理。

在负债部分，介绍了流动负债和长期负债。流动负债包括短期借款、应付账款和应付票据、应付工资、应交税金、预收账款、预提费用、预计负债和其他应付款等；长期负债包括长期借款和长期应付款。

由于民间非营利组织的资源提供者既不从组织取得经济回报，也不享有组织的所有权，因此，在民间非营利组织的总资产中，扣除负债后就是净资产。净资产包括限定性净资产和非限定性净资产。

关键术语

资产　货币资金　应收款项　存货　投资　固定资产　无形资产　公允价值　受托代理资产　流动负债　长期负债　限定性净资产　非限定性净资产

复习思考题

1. 如何确定存货的入账价值?
2. 什么是成本与可变现值孰低法？如何运用这种方法?
3. 如何确定短期投资的取得成本？期末短期投资是如何计价的?
4. 长期债权投资和长期股权投资的取得成本如何确定?
5. 如何对无形资产进行计价?
6. 什么是受托代理资产？如何对受托代理资产进行核算?
7. 负债具有哪些特征？它是如何分类的?
8. 民间非营利组织的净资产是如何分类的?
9. 限定性净资产是如何进行账务处理的?
10. 非限定性净资产是如何进行账务处理的?

阅读材料

民间非营利组织无形资产的核算

1995 年 1 月 1 日，甲民间非营利组织外购 A 无形资产，实际支付的价款为 120 万元。根据相关法律规定，A 无形资产的有效年限为 10 年，已使用 1 年。甲民间非营利组织估计 A 无形资产预计使用年限为 6 年。1996 年 12 月 31 日，由于与 A 无形资产相关的经济因素发生不利变化，致使 A 无形资产发生价值重大减损。甲民间非营利组织据此估计其可收回金额为 25 万元。1998 年 12 月 31 日，甲民间非营利组织发现，导致 A 无形资产在 1996 年发生减值损失的不利经济因素已全部消失，估计 A 无形资产的可收回金额为 40 万元。假设不考虑相关税费的影响，无形资产的预计使用年限不变。

分析：

在本例中，A 无形资产的成本应自 1995 年 1 月起于 6 年内摊销。考虑到减值损失及减值损失转回的情况，在摊销期内，A 无形资产的价值变化情况如下：

时间	项目	金额（万元）
1995 年 1 月 1 日	成本	120
1995 年	摊销	20

续前表

时间	项目	金额（万元）
1995年12月31日	账面价值	100
1996年	摊销	20
	减值	55
1996年12月31日	账面价值	25
1997年	摊销	6.25
1997年12月31日	账面价值	18.75
1998年	摊销	6.25
1998年12月31日	减值损失转回前账面价值	12.5
	减值损失转回	27.5
	减值损失转回后账面价值	40
1999年	摊销	20
1999年12月31日	账面价值	20
2000年	摊销	20
2000年12月31日	账面价值	0

甲民间非营利组织的账务处理如下：

1.1995年1月1日购入无形资产时：

借：无形资产　　1 200 000

　贷：银行存款　　1 200 000

2.1995年、1996年摊销的无形资产账面价值：

借：管理费用　　200 000

　贷：无形资产　　200 000

3.1996年计提的无形资产减值准备：

借：管理费用——无形资产减值损失　　550 000

　贷：无形资产减值准备　　550 000

4.1997年、1998年摊销的无形资产账面价值：

借：管理费用　　62 500

　贷：无形资产　　62 500

5.1998年12月31日无形资产减值损失转回：

借：无形资产减值准备　　275 000

　贷：管理费用——无形资产减值损失　　275 000

6.1999年、2000年摊销无形资产账面价值：

借：管理费用　　200 000

　贷：无形资产　　200 000

7.2000年12月31日转销无形资产减值准备的余额：

借：无形资产减值准备　　275 000

　贷：无形资产　　275 000

资料来源：王国生：《民间非营利组织会计》，北京，经济管理出版社，2004。

第 10 章 民间非营利组织收入和支出的管理与核算

10.1 民间非营利组织收入的管理与核算

10.1.1 民间非营利组织收入概述

1. 收入的概念

根据《民间非营利组织会计制度》的规定，收入是指民间非营利组织开展业务活动取得的、导致本期净资产增加的经济利益或者服务潜力的流入，包括商品销售和提供劳务取得的收入、政府补助取得的收入、捐赠取得的收入和让渡资产取得的收入等。

2. 收入的特征

从收入的概念可以看出，收入具有以下几个基本特征：

(1) 收入的来源渠道多。民间非营利组织的收入因组织的性质不同，来源渠道比较多，主要有：社会各界的捐赠收入；政府部门的补贴收入；让渡资产取得的投资收益；销售商品和提供劳务形成的收入；举办各种会议取得的收入；其他收入；等等。

(2) 收入将导致资产增加或者负债减少（或者二者兼而有之），并最终导致民间非营利组织经济利益或服务潜力的增加。其中，“经济利益”是指直接或间接地流入民间非营利组织的现金或者最终能转化为现金的非现金资产；“服务潜力”是指民间非营利组织从事宗旨或章程所规定的活动，向公众、会员或其他受益人、委托人提供所需产品或服务的能力。

(3) 收入将导致本期净资产的增加。收入可以表现为民间非营利组织资产的增加或负债的减少，或二者兼有。根据“资产－负债＝净资产”的会计恒等式，收入实现所表现的任何一种可能，其最终结果都一定会增加净资产。因此，只有导致净资产增加的收入，才能作为收入核算。

（4）收入是指民间非营利组织本身经济利益的实现，不包括为第三方代收的有关款项或其他资产等。民间非营利组织因从事受托代理交易而为第三方代收的款项或其他资产，既会增加民间非营利组织的资产，又会增加相应的负债，故不会引起民间非营利组织净资产的增加，也就不能作为民间非营利组织的收入。

3. 收入的分类

按照不同的分类标准，收入可以有不同的分类，主要分类方法有以下几种：

（1）按照收入的来源，分为捐赠收入、会费收入、提供服务收入、政府补助收入、投资收益、商品销售收入等主要业务活动收入和其他收入等。

捐赠收入，是指民间非营利组织接受其他单位或者个人捐赠所取得的收入。

会费收入，是指民间非营利组织根据章程等的规定向会员收取的会费。

提供服务收入，是指民间非营利组织根据章程等的规定向其服务对象提供服务取得的收入，包括学费收入、医疗费收入、培训收入等。

政府补助收入，是指民间非营利组织接受政府拨款或者政府机构给予的补助而取得的收入。

投资收益，是指民间非营利组织因对外投资取得的投资净损益。

商品销售收入，是指民间非营利组织销售商品（如出版物、药品等）等所形成的收入。

民间非营利组织如果有除上述捐赠收入、会费收入、提供服务收入、政府补助收入、投资收益、商品销售收入之外的其他主要业务活动收入，也应当单独核算。

其他收入，是指除上述主要业务活动收入以外的其他收入，如固定资产处置净收入、无形资产处置净收入等。

（2）按照收入与其主要业务活动的关系，分为主要业务收入和其他收入。主要业务收入，是指由民间非营利组织的基本业务活动所取得的收入。主要业务收入在民间非营利组织的收入中占有较大比重，直接影响着其经济效益。主要业务收入的范围随着民间非营利组织性质的不同而不同，一般指捐赠收入、会费收入、提供服务收入、政府补助收入、投资收益、商品销售收入等。

其他收入，是指民间非营利组织除主要业务活动以外的其他业务活动所取得的收入。它主要指固定资产处置净收入、无形资产处置净收入等。这些业务收入与主要业务收入相比，相对处于次要地位。

（3）按照收入的使用是否存在限制，分为限定性收入和非限定性收入。限定性收入，是指资产使用受到资产提供者所附条件的限制的收入。资产提供者附加的限制包括：时间限制，即要求在以后的某一时期或某一特定日期之后才能使用相应的资产。用途限制，即要求将相应资产用于某一特定的用途。比如，接受捐赠的赈灾物资，在灾害发生之前，就属于限定性净资产。时间限制和用途限制二者兼有，比如，捐赠方要求将捐赠资产进行投资以便在某一特定的时期提供收入，并且将这些收入主要用于某一特定的用途。

非限定性收入，是指资产使用不受资产提供者所附条件限制和制约的收入。

（4）按照收入等价交换原则，分为交换交易收入和非交换交易收入。交换交易收入，是指民间非营利组织的收入是按照等价交换原则取得的。比如，商品销售收入、提供服务收入等。

非交换交易收入，是指民间非营利组织的收入不是按照等价交换原则而是无偿取得的。比如，民间非营利组织收到的捐赠收入、政府补助收入等。

4. 收入的确认和计量

（1）收入确认。对于民间非营利组织而言，收入的确认是指将某个项目作为一项收入正式入账并列入业务活动表的过程。在这一过程中，应该遵循权责发生制原则。需要注意的是，民间非营利组织在将某个项目确认为收入时，此项目必须首先符合收入的概念，此外还应当满足收入确认的具体条件。

（2）收入计量。对于民间非营利组织而言，收入的计量是指为了在业务活动表中确认和列报收入要素而确定其金额的过程，即确定收入的确认金额。民间非营利组织的各项收入，应当按照交易或事项所引起的现金、应收款项或其他资产的增加额，或者负债的减少额进行计量。

在民间非营利组织的业务活动表中，收入一般以其总额，即未扣除相关成本费用的金额列报。而对于固定资产处置、无形资产处置等偶发性、边缘性业务形成的收入，则一般是以扣除相关费用后的净额列报。

（3）相关会计科目的设置。民间非营利组织可以根据收入的来源设置一级科目，例如“捐赠收入”、“会费收入”、“提供服务收入”、“政府补助收入”等，然后按照收入是否受到限制，在一级科目下设置“限定性收入”和“非限定性收入”二级明细科目。

民间非营利组织也可以根据收入是否受到限制设置“限定性收入”和“非限定性收入”一级科目，然后按照收入的来源，在一级科目下设置“捐赠收入”、“会费收入”、“提供服务收入”、“政府补助收入”等二级明细科目。

10.1.2　民间非营利组织收入的管理

1. 主要业务收入的管理

民间非营利组织的主要业务收入包括捐赠收入、会费收入、提供服务收入、政府补助收入、投资收益和商品销售收入等。

（1）捐赠收入的管理。

1）捐赠收入的概念。根据《民间非营利组织会计制度》的规定，捐赠收入是指民间非营利组织接受其他单位或者个人捐赠所取得的收入，不包括民间非营利组织因受托代理业务而从委托方收到的受托代理资产。按资产提供者对资产的使用是否设置了时间限制或者（和）用途限制，捐赠收入可分为限定性收入和非限定性收入。如果捐赠人对捐赠资产的使用设置了时间限制或者（和）用途限制，则所确认的相关捐赠收入为限定性捐赠收入；如果捐赠方对捐赠资产的使用没有设置时间限制或者（和）用途限制，则所确认的相关捐赠收入为非限定性捐赠收入。捐赠收入属于非交换交易收入。

2）捐赠承诺和劳务捐赠不应予以确认。捐赠承诺是指捐赠现金或其他资产的书面协议或口头约定等。由于捐赠承诺兑现的可能性无法可靠估计，与交易相关的含有经济利益或服务潜力的资源不一定能够流入民间非营利组织并为其所控制，所以无法满足收入确认的相关条件。因此，对于捐赠承诺不应予以确认，但可以在会计报表附注中作相关披露。

劳务捐赠是指捐赠人自愿地向受赠人无偿提供劳务。对于有些民间非营利组织而言，劳务捐赠是支持其业务活动的重要组成部分。根据《民间非营利组织会计制度》的规定，对于劳务捐赠不予确认，但可以在会计报表附注中作相关披露，这是因为劳务捐赠所形成的收入无法可靠地计量。

（2）会费收入的管理。根据《民间非营利组织会计制度》的规定，会费收入是指民间非营利组织根据章程等的规定向会员收取的会费。一般情况下，民间非营利组织的会费收入为非限定性收入，除非相关资产提供者对资产的使用设置了限制。会费收入属于非交换交易收入。

（3）提供服务收入的管理。

1）提供服务收入的概念。根据《民间非营利组织会计制度》的规定，提供服务收入是指民间非营利组织根据章程等的规定向其服务对象提供服务取得的收入，包括学费收入、医疗费收入、培训费收入等，又被称为提供劳务收入。一般情况下，民间非营利组织的提供服务收入为非限定性收入，除非相关资产提供者对资产的使用设置了限制。提供服务收入属于交换交易收入。

2）提供服务收入的确认。对于提供服务收入，应该按照以下规定加以确认：

第一，在同一会计年度内开始并完成的劳务，应当在完成劳务时确认收入。

第二，如果劳务的开始和完成分属不同的会计年度，可以按完工进度或完成的工作量确认收入。这种情况下要确认提供服务收入，还必须满足两个条件：劳务收入和成本能够可靠地计量；与交易相关的经济利益很可能流入民间非营利组织。

3）提供服务收入的计量。提供服务收入应当按照民间非营利组织与接受服务方签订的合同或协议的金额确定。

在同一会计年度内开始并完成的劳务，应当在完成劳务时，按照合同或协议规定的总金额确认和计量收入。

如果劳务的开始和完成分属不同的会计年度，可以按完工进度或完成的工作量确认和计量收入，计算公式如下：

本年应确认的收入＝劳务总收入×本年末止劳务的完成程度－以前年度已确认的收入

本年应确认的费用＝劳务总成本×本年末止劳务的完成程度－以前年度已确认的费用

劳务总收入，即合同总收入，一般根据双方签订的合同或协议注明的交易总金额确定。

劳务总成本，包括至资产负债表日止已经发生的成本和完成劳务将要发生的成本。

劳务的完成程度，是指完工进度或完成的工作量。

（4）政府补助收入的管理。根据《民间非营利组织会计制度》的规定，政府补助收入是指民间非营利组织接受政府拨款或者政府机构给予的补助而取得的收入。民间非营利组织的政府补助收入应当视相关资产提供者对资产的使用是否设置了限制，分为限定性政府补助收入和非限定性政府补助收入。如果政府或政府机构对政府补助资产的使用设置了时间限制或者（和）用途限制，则所确认的相关政府补助收入为限定性政府补助收入；如果政府或政府机构对政府补助资产的使用没有设置时间限制或者（和）用途限制，则所确认的相关政府补助收入为非限定性政府补助收入。政府补助收入属于非交换交易收入。

（5）投资收益的管理。根据《民间非营利组织会计制度》的规定，投资收益是指民间非营利组织因对外投资取得的投资净收益。投资收益属于交换交易收入。

投资收益包括：债权投资的利息收益，如国库券利息、债券利息等；股权投资的股利收入，如与外单位共同投资兴办民间非营利组织，被投资民间非营利组织根据投资协议分配给民间非营利组织的税后利润以及民间非营利组织进行股票投资取得的现金股利。

（6）商品销售收入的管理。

1）商品销售收入的概念。根据《民间非营利组织会计制度》的规定，商品销售收入是指民间非营利组织销售商品（如出版物、药品等）等所形成的收入。一般情况下，民间非营利组织的商品销售收入为非限定性收入，除非相关资产提供者对资产的使用设置了限制。商品销售收入属于交换交易收入。

2）商品销售收入的确认。商品销售收入应当在下列条件同时满足时予以确认：

条件一：已将商品所有权的主要风险和报酬转移给购货方。

如果一项商品发生的任何损失均不需要民间非营利组织承担，带来的经济利益也不归民间非营利组织所有，则意味着该商品所有权的风险和报酬已经转移出该民间非营利组织。

条件二：既没有保留通常与所有权相联系的继续管理权，也没有对已售出的商品实施控制。

根据合同或协议，民间非营利组织对已售出的商品仍然保留通常与所有权相联系的继续管理权，或仍然对售出的商品实施控制，说明此项交易没有最终完成，销售不能成立，因而不能确认收入。

条件三：与交易相关的经济利益能够流入民间非营利组织。

在销售商品的交易中，与交易相关的经济利益就是销售商品的价款。销售商品的价款能否有把握收回，是收入确认的一个重要条件。民间非营利组织在销售商品时，如果估计价款收回的可能性不大，即使收入确认的其他条件均已满足，也不应当确认收入。

条件四：相关的收入和成本能够可靠地计量。

收入能够可靠地计量，是确认收入的基本前提。民间非营利组织在销售商品时，售价通常已经确定。但在销售过程中由于某些不确定因素，售价也可能发生变动，在新的商品售价确定之前不应确认收入。

根据收入和费用配比原则，与同一销售有关的收入和成本应当在同一会计期间予以确认。因此，如果成本不能可靠计量，即使其他条件均已满足，相关的收入也不能确认。如已收到价款，收到的价款应该确认为一项负债。

3）商品销售收入的计量。商品销售收入应当按照民间非营利组织与购货方签订的合同或协议金额或双方接受的金额确定。没有合同或协议的，应当按照购销双方都同意或都能接受的价格确定。

销售商品时经常会遇到现金折扣、销售折让和销售退回等问题。根据《民间非营利组织会计制度》的相关规定，对于现金折扣，应当采用全额法处理，即在确定商品销售收入金额时，不考虑各种预计可能发生的现金折扣；相关的现金折扣应当在实际发生时，直接计入发生当期筹资费用。对于销售折让，应当在实际发生时直接从发生当期实现的商品销售收入中抵减。对于销售退回，应当分情况处理：对于未确认收入的已发出商品的退回，不需要调整销售收入和销售成本；对于已确认收入的销售商品退回，一般情况下直接冲减退回当期的商品销售收入、商品销售成本等，但属于资产负债表日后事项的销售退回，应当调整报告期间会计报表的相关项目。

2. 其他收入的管理

民间非营利组织的其他收入是指除捐赠收入、会费收入、提供服务收入、政府补助收入、投资收益和商品销售收入等主要业务活动收入以外的收入，如确实无法支付的应付款项、存货盘盈、固定资产盘盈、固定资产处置净收入、无形资产处置净收入、在非货币性交易中收到补价情况下应确认的损益等。一般情况下，民间非营利组织的商品销售收入为非限定性收入，除非相关资产提供者对资产的使用设置了限制。

民间非营利组织对于其他收入的确认和计量，应当遵循收入确认和计量的基本原则。

10.1.3 民间非营利组织收入的核算

1. 主要业务收入的核算

(1) 捐赠收入的核算。

1) 会计科目的设置。

根据《民间非营利组织会计制度》的规定，民间非营利组织为了核算其接受其他单位或个人捐赠所取得的收入，应当设置“捐赠收入”科目；同时，应当按照捐赠收入是否存在限制，在“捐赠收入”科目下设置“限定性收入”和“非限定性收入”明细科目，分别核算限定性捐赠收入和非限定性捐赠收入。如果存在多个捐赠项目，还可以根据实际情况，在“限定性捐赠收入”和“非限定性捐赠收入”明细科目下按照捐赠项目的不同设置相应的明细科目，以满足核算的需要。

“捐赠收入”科目的贷方反映当期捐赠收入的实际发生额。在会计期末，应当将该科目中“非限定性收入”明细科目当期贷方发生额转入“非限定性净资产”科目，将该科目中“限定性收入”明细科目当期贷方发生额转入“限定性净资产”科目。期末结转后该科目应无余额。

2) 账务处理。

第一，接受的捐赠，按照应确认的金额，借记“现金”、“银行存款”、“短期投资”、“存货”、“长期股权投资”、“长期债权投资”、“固定资产”、“无形资产”等科目，贷记“捐赠收入”科目“限定性收入”或“非限定性收入”明细科目。

对于接受的附条件捐赠，如果存在需要偿还全部或部分捐赠资产或者相应金额的现时义务时（如因无法满足捐赠所附条件而必须将部分捐赠款退还给捐赠人时），按照需要偿还的金额，借记“管理费用”科目，贷记“其他应付款”等科目。

第二，如果限定性捐赠收入的限制在确认收入的当期得以解除，应当将其转为非限定性捐赠收入，借记“捐赠收入”科目“限定性收入”明细科目，贷记“捐赠收入”科目

“非限定性收入”明细科目。

第三，期末，本科目各明细账目的余额分别转入限定性净资产和非限定性净资产，借记“捐赠收入”科目“限定性收入”明细科目，贷记“限定性净资产”科目；借记“捐赠收入”科目“非限定性收入”明细科目，贷记“非限定性净资产”科目。

3）核算举例。

【例 10—1】 2011 年 1 月 1 日，甲基金会与乙企业签订了一份捐赠协议。根据协议，乙企业将向甲基金会捐款成立助学基金，乙企业承诺自协议签订日起的两年内向助学基金捐赠不低于 1 000 000 元的款项；自 2012 年 1 月 1 日起，每年向助学基金捐赠不低于 200 000 元的款项，捐赠款项的 10%用于助学基金的宣传和管理，款项将由乙企业汇至甲基金会银行账户。根据此协议，甲基金会分别于 2011 年 6 月 1 日、8 月 1 日和 11 月 1 日，收到了乙企业捐赠的款项 500 000 元、500 000 元和 300 000 元。

甲基金会的会计分录如下：

2011 年 1 月 1 日

不满足捐赠收入的确认条件，无会计分录。

2011 年 6 月 1 日

按照收到的捐款金额，确认捐赠收入。

借：银行存款	500 000	
贷：捐赠收入——限定性收入		500 000

2011 年 8 月 1 日

按照收到的捐款金额，确认捐赠收入。

借：银行存款	500 000	
贷：捐赠收入——限定性收入		500 000

2011 年 11 月 1 日

按照收到的捐款金额，确认捐赠收入。

借：银行存款	300 000	
贷：捐赠收入——限定性收入		300 000

【例 10—2】 某慈善机构接受一归国华侨一笔捐赠款 500 000 元，该笔款项注明只能用来救助孤寡老人，并且使用年限为 10 年，余额应退还。该慈善机构有关人员根据所在地区估计在 10 年内可能使用的款项为 450 000 元。

该慈善机构的会计分录如下：

借：银行存款	500 000	
贷：捐赠收入——限定性收入		500 000

同时：

借：管理费用	50 000	
贷：其他应付款		50 000

【例 10—3】某歌唱家在 2010 年 10 月向某民间艺术协会捐款 20 000 元。该歌唱家要求其捐款只能用于 2011 年 10 月全国民歌大赛奖励。2011 年全国民歌大赛结束，使用该捐款 15 000 元。

该民间艺术协会的会计分录如下：

2010 年收到捐款：

借：现金　　20 000

　贷：捐赠收入——限定性收入　　20 000

2011 年支付歌手奖金：

借：业务活动成本　　15 000

　贷：现金　　15 000

2011 年部分限定性捐赠收入限制解除：

借：捐赠收入——限定性收入　　15 000

　贷：捐赠收入——非限定性收入　　15 000

【例 10—4】期末，某民间非营利组织“捐赠收入”科目的账面余额为 500 000 元，其中，“限定性收入”明细科目的账面余额为 400 000 元，“非限定性收入”明细科目的账面余额为 100 000 元。

该民间非营利组织的会计分录如下：

借：捐赠收入——限定性收入　　400 000

　贷：限定性净资产　　400 000

借：捐赠收入——非限定性收入　　100 000

　贷：非限定性净资产　　100 000

（2）会费收入的核算。

1）会计科目的设置。

根据《民间非营利组织会计制度》的规定，民间非营利组织为了核算其根据章程等的规定向会员收取的会费收入，应当设置“会费收入”科目。同时，应当按照会费收入是否存在限制，在“会费收入”科目下设置“限定性收入”和“非限定性收入”明细科目。如果存在多种会费，可以按照会费种类（如团体会费、个人会费等）设置明细科目，以满足核算的需要。

“会费收入”科目的贷方反映当期会费收入的实际发生额。在会计期末，应当将该科目中“非限定性收入”明细科目当期贷方发生额转入“非限定性净资产”科目，将该科目中“限定性收入”明细科目当期贷方发生额转入“限定性净资产”科目。期末结转后该科目应无余额。

2）账务处理。

第一，向会员收取会费，在满足收入确认条件时，借记“现金”、“银行存款”、“应收账款”等科目，贷记“会费收入”科目“非限定性收入”明细科目；如果存在限定性会费收入，应当贷记“会费收入”科目“限定性收入”明细科目。

第二，期末，将“会费收入”科目的余额转入非限定性净资产，借记“会费收入”科目“非限定性收入”明细科目，贷记“非限定性净资产”科目；如果存在限定性会费收入，则将其金额转入限定性净资产，借记“会费收入”科目“限定性收入”明细科目，贷记“限定性净资产”明细科目。

3）核算举例。

【例10—5】某慈善机构收到一单位交来的团体会费5 000元，存入银行。

该慈善机构的会计分录如下：

借：银行存款　　5 000

　贷：会费收入——非限定性收入——团体收入　　5 000

【例10—6】期末，某社会团体“会费收入”科目的账面余额为100 000元，均属于非限定性收入。

该社会团体的会计分录如下：

借：会费收入——非限定性收入　　100 000

　贷：非限定性净资产　　100 000

（3）提供服务收入的核算。

1）会计科目的设置。

根据《民间非营利组织会计制度》的规定，民间非营利组织为了核算其根据章程等规定向其服务对象提供服务取得的收入，应当设置“提供服务收入”科目。同时，应当按照提供服务收入是否存在限制，在“提供服务收入”科目下设置“限定性收入”和“非限定性收入”明细科目。如果存在多种劳务，应当按照提供服务的种类设置明细科目，以满足核算的需要。

“提供服务收入”科目的贷方反映当期提供服务收入的实际发生额。在会计期末，应当将该科目中“非限定性收入”明细科目当期贷方发生额转入“非限定性净资产”科目；如果存在限定性提供服务收入，则应当将该科目中“限定性收入”明细科目当期贷方发生额转入“限定性净资产”科目。期末结转后该科目应无余额。

2）账务处理。

第一，提供服务取得收入时，按照实际收到或应当收取的价款，借记“现金”、“银行存款”、“应收账款”等科目，按照应当确认的提供服务收入金额，贷记“提供服务收入”科目，按照预付的价款，贷记“应收账款”科目。在以后期间确认提供服务收入时，借记“预收账款”科目，贷记“提供服务收入”科目。

第二，在会计期末，将“提供服务收入”科目的余额转入非限定性净资产，借记“提供服务收入”科目“非限定性收入”明细科目，贷记“非限定性净资产”科目。如果存在限定性提供服务收入，则将其金额转入限定性净资产，借记“提供服务收入”科目“限定性收入”明细科目，贷记“限定性净资产”科目。

3）核算举例。

【例 10—7】 某民间防癌协会收到培训费6 000元，存入银行。

该协会的会计分录如下：

借：银行存款	6 000	
贷：提供服务收入——非限定性收入——培训费收入		6 000

【例 10—8】 某民间医疗组织收到医疗费收入5 000元，存入银行。

该医疗组织的会计分录如下：

借：银行存款	5 000	
贷：提供服务收入——非限定性收入——医疗费收入		5 000

【例 10—9】 某民间组织期末将提供服务收入中的 6 000 元和医疗费收入 5 000 元，转为非限定性净资产。

该组织会计分录如下：

借：提供服务收入——非限定性收入——培训费收入	6 000	
提供服务收入——非限定性收入——医疗费收入	5 000	
贷：非限定性净资产		11 000

（4）政府补助收入的核算。

1）会计科目的设置。

根据《民间非营利组织会计制度》的规定，民间非营利组织为了核算其接受政府拨款或者政府机构给予的补助而取得的收入，应当设置“政府补助收入”科目。同时，应当按照政府补助收入是否存在限制，在“政府补助收入”科目下设置“限定性收入”和“非限定性收入”明细科目。如果存在多个政府补助项目，应当按照政府补助项目的不同设置明细科目，以满足核算的需要。

“政府补助收入”科目的贷方反映当期政府补助收入的实际发生额。在会计期末，应当将该科目中“非限定性收入”明细科目当期贷方发生额转入“非限定性净资产”科目，将该科目中“限定性收入”明细科目当期贷方发生额转入“限定性净资产”科目。期末结转后该科目应无余额。

2）账务处理。

第一，接受政府补助，按照应确认的金额，借记“现金”、“银行存款”等科目，贷记“政府补助收入”科目“限定性收入”或“非限定性收入”明细科目。

对于接受的附条件政府补助，如果存在需要偿还全部或部分政府补助资产或者相应金额的现时义务时（如因无法满足政府补助所附条件而必须退还部分政府补助时），按照需要偿还的金额，借记“管理费用”科目，贷记“其他应付款”等科目。

第二，如果限定性政府补助收入的限制在确认收入的当期得以解除，应当将其转为非限定性政府补助收入，借记“政府补助收入”科目“限定性收入”明细科目，贷记“政府补助收入”科目“非限定性收入”明细科目。

第三，期末，资本科目各明细账目的余额分别转入限定性净资产和非限定性净资产，借记“政府补助收入”科目“限定性收入”明细科目，贷记“限定性净资产”科目；借记“政府补助收入”科目“非限定性收入”明细科目，贷记“非限定性净资产”科目。

3）核算举例。

【例 10—10】 某政府部门支付给某民间非营利组织600 000元，并转入该民间非营利组织的银行账户，用于资助其进行某项基本研究，研究成果归该民间非营利组织所有。

该民间非营利组织的会计分录如下：

借：银行存款	600 000	
贷：政府补助收入——限定性收入		600 000

【例 10—11】 某民间学术协会收到政府补助 100 000 元，用于奖励在科研中取得优异成绩的科研人员，并附条件：如果没有达到规定的奖励条件，要退回补助的 20%。

该民间学术协会的会计分录如下：

借：银行存款	100 000	
贷：政府补助收入——限定性收入		100 000

同时：

借：管理费用	20 000	
贷：其他应付款		20 000

【例 10—12】 某民间防癌协会月初收到一笔政府补助款项10 000元，现在可以动用。

该民间防癌协会的会计分录如下：

借：政府补助收入——限定性收入	10 000	
贷：政府补助收入——非限定性收入		10 000

【例 10—13】 期末，某民间非营利组织“政府补助收入”科目的账面余额为 350 000 元，其中，“限定性收入”明细科目的账面余额为 300 000 元，“非限定性收入”明细科目的账面余额为 50 000 元。

该民间非营利组织的会计分录如下：

借：政府补助收入——限定性收入	300 000	
贷：限定性净资产		300 000
借：政府补助收入——非限定性收入	50 000	
贷：非限定性净资产		50 000

（5）投资收益的核算。

1）会计科目的设置。

根据《民间非营利组织会计制度》的规定，民间非营利组织为了核算其对外投资取得的投资净损益，应当设置“投资收益”科目，并视具体情况在“投资收益”科目下设置“限定性收入”和“非限定性收入”明细科目。同时，还可以按照投资收益的种类在“限定性收入”和“非限定性收入”明细科目下设置明细科目，以满足核算的需要。

“投资收益”科目的贷方反映当期投资净损益的实际发生额。在会计期末，应当将该科目中“非限定性收入”明细科目当期贷方发生额转入“非限定性净资产”科目；如果存在限定性投资收益，则应当将该科目中“限定性收入”明细科目当期贷方发生额转入“限定性净资产”科目。期末结转后该科目应无余额。

2）账务处理。

第一，出售短期投资或到期收回债券，按实际收到的金额大于短期投资实际成本与未领取股利或利息之和的差额，贷记“投资收益”科目；按实际收到的金额小于短期投资实际成本与未领取股利或利息之和的差额，借记“投资收益”科目。

第二，长期股权投资采用成本法核算时，被投资单位宣告发放现金股利或分派利润，应按享有的部分，贷记“投资收益”科目；采用权益法核算时，被投资单位当年实现的净利润，按应分享的份额贷记“投资收益”科目；被投资单位当年发生净亏损，则按应负担的份额，借记“投资收益”科目；出售或收回股权投资，实际收到的金额大于或小于长期股权投资账面价值的差额，贷记或借记“投资收益”科目。

第三，认购溢价发行在一年以上的债券，每期结账时，按应收利息与应分摊溢价的差额或应收利息与应分摊折价的合计数，贷记“投资收益”科目；长期债权投资持有期间按期计算确认利息收入时，贷记“投资收益”科目；处置长期债权投资时，按照实际取得的价款扣除已计提的减值准备、投资账面余额、未领取的应收利息后的差额，借记（负差）或贷记（正差）“投资收益”科目。

第四，期末，将投资收益转入净资产时，借记“投资收益”科目。

3）核算举例。

【例 10—14】 某民间非营利科技开发组织，2011 年 9 月 10 日将购入成本为50 000元的短期股票投资进行转让，收取价款40 000元，存入银行。9 月 30 日确认当月按面值购入的 3 年期国库券利息收入20 000元，并将“投资收益”科目余额转入非限定性净资产。

该民间非营利科技开发组织的会计分录如下：

9 月 10 日

借：银行存款	40 000	
投资收益	10 000	
贷：短期投资		50 000

9 月 30 日
借：长期债权投资——债券投资——应收利息 20 000
　贷：投资收益 20 000
同时：
借：投资收益 10 000
　贷：非限定性净资产 10 000

（6）商品销售收入的核算。

1）会计科目的设置。

根据《民间非营利组织会计制度》的规定，民间非营利组织为了核算其销售商品（如出版物、药品等）等形成的收入，应当设置“商品销售收入”科目，并视具体情况在“商品销售收入”科目下设置“限定性收入”和“非限定性收入”明细科目。同时，还应当按商品种类的不同设置明细科目，以满足核算的需要。

“商品销售收入”科目的贷方反映当期商品销售收入的实际发生额。在会计期末，应当将该科目中“非限定性收入”明细科目当期贷方发生额转入“非限定性净资产”科目；如果存在限定性投资收益，则应当将该科目中“限定性收入”明细科目当期贷方发生额转入“限定性净资产”科目。期末结转后该科目应无余额。

2）账务处理。

第一，销售商品取得收入时，按照实际收到或应收的价款，借记“现金”、“银行存款”、“应收票据”、“应收账款”等科目，按照应当确认的商品销售收入金额，贷记“商品销售收入”科目“非限定性收入”或“限定性收入”明细科目，按照预收的价款，贷记“预收价款”科目。

第二，已确认收入的销售商品退回，按照应冲减的商品销售收入，借记“商品销售收入”或相关明细科目，按照已收或应收的金额，贷记“银行存款”、“应收账款”、“应收票据”等科目，按照退回商品的成本，借记“存货”科目，贷记“业务活动成本”科目。

如果该项销售发生现金折扣，按照原确认的现金折扣金额，借记“银行存款”等科目，贷记“非限定性净资产”或“限定性净资产”科目。

第三，现金折扣在实际发生时直接计入当期筹资费用，按照实际收到的金额，借记“银行存款”等科目，按照应给予的现金折扣，借记“筹资费用”科目，按照应收的账款，贷记“应收账款”、“应收票据”等科目。

第四，销售折让应在实际发生时直接从当期实现的销售收入中抵减。

第五，期末，将“商品销售收入”科目的余额转入非限定性净资产，借记“商品销售收入”科目“非限定性收入”明细科目，贷记“非限定性净资产”科目。如果存在限定性商品销售收入，则将其金额转入限定性净资产，借记“商品销售收入”科目“限定性收入”明细科目，贷记“限定性净资产”科目。

3）核算举例。

【例 10—15】 某民间非营利医疗组织门诊收费处报来“门诊药品收入汇总日报表”，西药收入现金 50 000 元，银行支票 10 000 元。

该医疗组织的会计分录如下：

借：现金　　50 000
　　银行存款　　10 000
　贷：商品销售收入——西药　　60 000

【例 10—16】 某民间非营利医疗组织销售商品一批，发票注明价款 40 000 元。货物已发出，款项尚未收到，该商品的成本为 30 000 元。

该医疗组织的会计分录如下：

借：应收账款　　40 000
　贷：商品销售收入　　40 000

同时应结转销售成本：

借：业务活动成本　　30 000
　贷：存货　　30 000

【例 10—17】 某民间非营利科技开发组织 2011 年 8 月 5 日收到上月销售的甲商品 10 件。该 10 件商品因质量不合格而退货，货款 30 000 元，以银行存款退回，上月结转该 10 件甲商品销售成本 20 000 元。

该民间组织的会计分录如下：

借：商品销售收入——甲商品　　30 000
　贷：银行存款　　30 000

同时：

借：存货——库存商品　　20 000
　贷：业务活动成本　　20 000

【例 10—18】 某民间非营利医疗组织于 2011 年 8 月 4 日赊销一批药品计价20 000 元，付款条件为 2/10，n/30。8 月 12 日收到货款 60%，9 月 3 日收到货款的 40%，两次货款均存入银行。

该医疗组织的会计分录如下：

发出商品确认收入：

借：应收账款　　20 000
　贷：商品销售收入　　20 000

8 月 12 日收到货款的 60%：

借：银行存款 11 760
　　筹资费用 240
　贷：应收账款 12 000
9 月 3 日收到货款的 40%：
借：银行存款 8 000
　贷：应收账款 8 000

【例 10—19】 民间非营利组织 2011 年 11 月 20 日销售商品一批，价款120 000元，款项已经收到并存入银行，成本为 100 000 元。该批商品于 2012 年 2 月 5 日因质量问题退货（2011 年度财务报告批准报出日为 4 月 20 日）。

该民间组织的会计分录如下：
冲减上年收入：
借：非限定性净资产 120 000
　贷：银行存款 120 000
转回上年成本：
借：存货 100 000
　贷：非限定性净资产 100 000

2. 其他收入的核算

（1）会计科目的设置。

根据《民间非营利组织会计制度》的规定，民间非营利组织为了核算其他收入，应当设置“其他收入”科目，并视具体情况在“其他收入”科目下设置“限定性收入”和“非限定性收入”明细科目。同时，还应当根据其他收入的具体种类设置明细科目，以满足核算的需要。

（2）账务处理。

1）现金、存货、固定资产等盘盈的，根据管理权限报经批准后，借记“现金”、“存货”、“固定资产”、“文物文化资产”等科目，贷记“其他收入”科目“非限定性收入”或“限定性收入”明细科目。

2）对于固定资产处置净收入，借记“固定资产清理”科目，贷记“其他收入”科目。

3）对于无形资产处置净收入，按照实际取得的金额，借记“银行存款”等科目，按照该项无形资产的账面余额，贷记“无形资产”科目，按照其差额，贷记“其他收入”科目。

4）确认无法支付的应付款项，借记“应付账款”等科目，贷记“其他收入”科目。

5）在非货币性交易中收到补价情况下应确认的损益，借记有关科目，贷记“其他收入”科目。

6）期末，将“其他收入”科目的余额转入非限定性净资产，借记“其他收入”科目“非限定性收入”明细科目，贷记“非限定性净资产”科目。如果存在限定性其他收入，则将其金额转入限定性净资产，借记“其他收入”科目“限定性收入”明细科目，贷记“限定性净资产”科目。

（3）核算举例。

【例 10—20】某慈善机构处置一项固定资产，原值 200 000 元，累计折旧 50 000 元，出售收入 180 000 元，贷款已存入银行。

该慈善机构的会计分录如下：

借：固定资产清理	150 000	
累计折旧	50 000	
贷：固定资产		200 000
借：银行存款	180 000	
贷：固定资产清理		180 000
借：固定资产清理	30 000	
贷：其他收入——非限定性收入——固定资产处置净收入		30 000

【例 10—21】某慈善机构以前购入 20 000 元商品，因债权人破产，无法支付。

该慈善机构的会计分录如下：

借：应付账款	20 000	
贷：其他收入——非限定性收入——确实无法支付的应付款项		20 000

【例 10—22】期末，某民间非营利组织“其他收入”科目的账面余额为 50 000 元，均属于非限定性收入。

该民间非营利组织的会计分录如下：

借：其他收入——非限定性收入	50 000	
贷：非限定性净资产		50 000

10.2 民间非营利组织支出的管理与核算

10.2.1 民间非营利组织费用概述

1. 费用的概念

支出是一个会计主体各项资产的流出，在此则是指民间非营利组织的一切开支及耗费。支出与费用之间存在密切的联系，为阐述方便，本章采用“民间非营利组织费用”来说明“民间非营利组织支出”。根据《民间非营利组织会计制度》的规定，费用是指民间非营利组织为开展业务活动所发生的、导致本期净资产减少的经济利益或服务潜力的流出。

2. 费用的特征

从费用的概念可以看出，费用具有以下两个基本特征：

（1）费用会引起资产减少或者负债增加，或者二者兼而有之，并最终导致民间非营利组织资源的减少，包括经济利益的流出和服务潜力的降低，具体表现为民间非营利组织的现金或非现金资产的流出、耗费或毁损等。

（2）费用将导致本期净资产的减少，但其减少不包括与清算有关的类似事项。但并非民间非营利组织所有的资产减少或负债增加都属于费用。只有资产的减少或负债的增加同时引起净资产的减少，且这种减少并非由于民间非营利组织清算等类似事项所引起时，才构成费用。

3. 费用的分类

根据《民间非营利组织会计制度》的规定，民间非营利组织在对费用的会计核算中，应当按照费用功能的不同，将费用分为业务活动成本、管理费用、筹资费用和其他费用。

业务活动成本是指民间非营利组织为了实现其业务活动目标、开展其项目活动或者提供服务所发生的费用。

管理费用是指民间非营利组织为组织和管理其业务活动所发生的各项费用。

筹资费用是指民间非营利组织为筹集业务活动所需资金而发生的费用。

其他费用是指民间非营利组织发生的、无法归属到上述业务活动成本、管理费用或筹资费用中的费用。

管理费用、筹资费用和其他费用统称期间费用。期间费用通常是指民间非营利组织发生的、不能合理地归属于具体项目或对象，只能按照一定会计期间归集的费用。

此外，民间非营利组织的费用还可以按照性质分为：人员工资及福利费、折旧和摊销费、租金、水电费、邮电通信费、资产减值损失、利息费用、税收费用等。

4. 费用的确认和计量

（1）费用确认的原则。根据《民间非营利组织会计制度》的规定，民间非营利组织应当在单位的含有经济利益或服务潜力的资源已经流出本单位，资产预期带来的未来经济利益或服务潜力将减少或者资产预期不能再带来未来经济利益或服务潜力时，确认相应的费用。

具体地说，费用应当在同时满足以下条件时予以确认：

1）含有经济利益或服务潜力的资源流出民间非营利组织，或者承担了相关的负债。

2）能够引起当期净资产的减少。

3）金额能够可靠地计量。

（2）费用计量的原则。根据《民间非营利组织会计制度》的规定，民间非营利组织在业务活动中发生的各项费用，包括业务活动成本、管理费用、筹资费用和其他费用，应当在实际发生时按照其实际发生额计入当期费用。

如果民间非营利组织的某些费用是属于多项业务活动，或者属于业务活动、管理活动和筹资活动等共同发生的，而且不能直接归属于某一类活动的，则应当将这些费用按照合理的方法在各项活动中进行分配。

10.2.2 民间非营利组织费用的管理

对于非营利组织的支出，应当按支出的用途分为项目及活动支出与行政支出分别进行管理。项目及活动支出是非营利组织为了实现其社会使命而发生的支出。项目及活动支出的管理应当从社会效益出发，通过规划与监督，保证最大限度地实现组织的社会使命。行政支出是非营利组织为了自身的生存与发展而发生的支出。行政支出的管理应当厉行节约，尽可能控制行政支出占总支出的比重。当然，也并非行政支出所占的比重越低越好。这是因为，任何一个组织开展活动都会有一定的行政开支，并且非营利组织也应当注重自身的能力建设，包括对员工的培训。只有非营利组织的能力得到提高，资金才能被更为有效地使用。

非营利组织应从严掌握费用开支，并按《民间非营利组织会计制度》和有关税法的规定，结合本单位的具体情况制定适用于本单位的费用开支标准，报经董事会、理事会或类似机构批准，并报税务机关备案。

非营利组织必须分清本期成本费用和下期成本费用的界限，不得任意预提和摊销费用。

10.2.3 民间非营利组织费用的核算

1. 业务活动成本的核算

（1）会计科目的设置。

根据《民间非营利组织会计制度》的规定，民间非营利组织为了核算其为实现业务活动目标、开展其项目活动或者提供服务所发生的费用，应当设置“业务活动成本”科目。结合具体情况，通常在“业务活动成本”科目下设置以下明细科目：

1）销售商品成本，核算当期所出售商品的实际成本，以及与销售商品有关的直接和间接费用。

2）提供服务成本，核算当期所提供服务的实际成本，以及与提供服务有关的直接和间接费用。

3）会员服务成本，核算当期免费提供给会员的杂志等商品的实际成本以及免费向会员提供的培训、咨询等服务或活动的实际成本等，以及与会员服务有关的直接和间接费用。

4）捐赠项目成本，核算对外捐赠款项、捐出商品的实际成本等，以及与捐赠项目有关的直接和间接费用。

5）业务活动税金及附加，核算业务活动应负担的税金及附加，包括营业税、城市维护建设税、教育费附加等。

6）业务活动费，核算为业务活动发生的、无法合理分摊至某项或某类业务活动的间接费用。

若民间非营利组织接受政府提供的专项资金补助，可在“政府补助收入——限定性收入”科目下设置“专项补助收入”明细科目进行核算。同时，在“业务活动成本”科目下设置“专项补助成本”，归集当期为专项资金补助项目发生的所有费用。

“业务活动成本”科目的借方反映当期业务活动成本的实际发生额。在会计期末，应当将该科目当期借方发生额转入“非限定性净资产”科目，期末结转后该科目应无余额。

（2）账务处理。

1）发生的业务活动成本，应当借记“业务活动成本”科目，贷记“现金”、“银行存款”、“存货”、“应付账款”等科目。

2）在会计期末，将“业务活动成本”科目的余额转入非限定性净资产，借记“非限定性净资产”科目，贷记“业务活动成本”科目。

（3）核算举例。

【例 10—23】某基金会于 2012 年 1 月，按照捐赠人的要求将 2011 年收到的一笔金额为 50 000 元的款项，用于购买学生教材。2012 年 2 月将该批教材赠送给希望小学的学生。

该基金会的会计分录如下：

购买教材：

借：存货	50 000	
贷：银行存款		50 000

同时：

借：限定性净资产	50 000	
贷：非限定性净资产		50 000

捐赠书籍：

借：业务活动成本	50 000	
贷：存货		50 000

【例 10—24】期末，某民间非营利组织“业务活动成本”科目的借方余额为500 000元。

该民间非营利组织的会计分录如下：

借：非限定性净资产	500 000	
贷：业务活动成本		500 000

2. 管理费用的核算

（1）会计科目的设置。

根据《民间非营利组织会计制度》的规定，民间非营利组织为了核算其为组织和管理其业务活动所发生的各项费用，应当设置“管理费用”科目。同时，按照管理费用的种类在“管理费用”科目下设置明细科目，以满足核算的需要。

（2）账务处理。

1）现金、存货、固定资产等盘亏，根据管理权限报经批准后，按照相关资产账面价值扣除可以收回的保险赔偿和过失人的赔偿等之后的金额，借记“管理费用”科目；按照可以收回的保险赔偿和过失人赔偿等，借记“现金”、“银行存款”、“其他应收款”等科目；按照已提取的累计折旧，借记“累计折旧”科目；按照相关资产的账面余额，贷记“相关资产”科目。

2）对于因提取资产减值准备而确认的资产减值损失，借记“管理费用”科目，贷记“相关资产减值准备”科目。冲减或转回资产减值准备，借记“相关资产减值准备”科目，贷记“管理费用”科目。

3）提取行政管理所用固定资产折旧，借记“管理费用”科目，贷记“累计折旧”科目。

4）无形资产摊销，借记“管理费用”科目，贷记“无形资产”科目。

5）发生的应归属于管理费用的应付工资、应交税金等，借记“管理费用”科目，贷记“应付工资”、“应交税金”等科目。

6）对于因确认预计负债而确认的损失，借记“管理费用”科目，贷记“预计负债”科目。

7）发生的其他管理费用，借记“管理费用”科目，贷记“现金”、“银行存款”等科目。

8）在会计期末，将“管理费用”科目的余额转入非限定性净资产，借记“管理费用”科目，贷记“非限定性净资产”科目。

（3）核算举例。

【例 10—25】 2011 年 12 月 31 日，某民间非营利组织在对存货进行减值测试时发现，一批存货已经减值，这批存货账面价值为 20 000 元，当日可变现净值为 8 000 元。

该民间非营利组织的会计分录如下：

借：管理费用——存货跌价准备　　12 000
　贷：存货跌价准备　　12 000

【例 10—26】 2011 年 12 月 1 日，某民间非营利组织应付给员工的当月工资总额为 200 000 元，其中行政管理人员的工资为 40 000 元，项目研究人员的工资为 160 000 元。2011 年 12 月 5 日，该民间非营利组织通过银行转账将工资转到各位员工的工资账户。

该民间非营利组织的会计分录如下：

2011 年 12 月 1 日：

借：管理费用　　40 000
　　业务活动成本　　160 000
　贷：应付工资　　200 000

2011 年 12 月 5 日：

借：应付工资　　200 000
　贷：银行存款　　200 000

【例 10—27】某基金会因担保，很可能要负担100 000元的赔款。

该基金会的会计分录如下：

借：管理费用　　100 000

　贷：预计负债　　100 000

【例 10—28】期末，某基金会“管理费用”科目的借方余额为400 000元。

该基金会的会计分录如下：

借：非限定性净资产　　400 000

　贷：管理费用　　400 000

3. 筹资费用的核算

（1）会计科目的设置。

根据《民间非营利组织会计制度》的规定，民间非营利组织为了核算其为筹集业务活动所需资金而发生的费用，应当设置“筹资费用”科目。同时，按照筹资费用的种类在“筹资费用”科目下设置明细科目，以满足核算的需要。

“筹资费用”科目的借方反映当期筹资费用的实际发生额。在会计期末，应当将该科目当期借方发生额转入“非限定性净资产”科目，期末结转后该科目应无余额。

（2）账务处理。

1）发生的筹资费用，借记“筹资费用”科目，贷记“预提费用”、“银行存款”、“长期借款”等科目。发生的应冲减筹资费用的利息收入、汇兑收益，借记“银行存款”、“长期借款”等科目，贷记“筹资费用”科目。

2）在会计期末，将“筹资费用”科目的余额转入非限定性净资产，借记“非限定性净资产”科目，贷记“筹资费用”科目。

（3）核算举例。

【例 10—29】某慈善机构 2011 年 12 月发生了一笔为取得捐赠收入而支出的费用5 000元，用银行存款支付。

该慈善机构的会计分录如下：

借：筹资费用　　5 000

　贷：银行存款　　5 000

【例 10—30】某基金会 10 月应计提当月的利息费用10 000元。

该基金会的会计分录如下：

借：筹资费用　　10 000

　贷：预提费用　　10 000

【例 10—31】期末，某民间非营利组织“筹资费用”科目账面余额为300 000元。该民间非营利组织的会计分录如下：

借：非限定性净资产　　300 000
　贷：筹资费用　　300 000

4. 其他费用的核算

（1）会计科目的设置。

根据《民间非营利组织会计制度》的规定，民间非营利组织为了核算其发生的、无法归属到业务活动成本、管理费用或者筹资费用中的费用，应当设置“其他费用”科目。同时，按照其他费用的种类在“其他费用”科目下设置明细科目，以满足核算的需要。

“其他费用”科目的借方反映当期其他费用的实际发生额。在会计期末，应当将该科目当期借方发生额转入“非限定性净资产”科目，期末结转后该科目应无余额。

（2）账务处理。

1）发生的固定资产处置净损失，借记“其他费用”科目，贷记“固定资产清理”科目。

2）发生的无形资产处置净损失，按照实际取得的价款，借记“银行存款”等科目；按照该项无形资产的账面余额，贷记“无形资产”科目；按照其差额，借记“其他费用”科目。

3）在会计期末，将“其他费用”科目的余额转入非限定性净资产，借记“非限定性净资产”科目，贷记“其他费用”科目。

（3）核算举例。

【例 10—32】某民间非营利组织处置了一项固定资产，该固定资产原值为 30 000 元，已计提折旧 24 000 元，取得处置收入现金 800 元，发生处置支出现金 300 元。该民间非营利组织的会计分录如下：

借：固定资产清理　　6 000
　　累计折旧　　24 000
　贷：固定资产　　30 000
借：现金　　800
　贷：固定资产清理　　800
借：固定资产清理　　300
　贷：现金　　300
借：其他费用　　5 500
　贷：固定资产清理　　5 500

【例 10—33】期末，某民间非营利组织“其他费用”科目账面余额为30 000元。该民间非营利组织的会计分录如下：

借：非限定性净资产　　30 000
　贷：其他费用　　30 000

本章小结

收入是指民间非营利组织开展业务活动取得的、导致本期净资产增加的经济利益或者服务潜力的流入，包括商品销售和提供劳务取得的收入、政府补助取得的收入、捐赠取得的收入和让渡资产取得的收入等。

收入的基本特征是：来源渠道多；将导致资产增加或者负债减少（或者二者兼而有之），并最终导致民间非营利组织经济利益或服务潜力的增加；将导致本期净资产的增加；指的是民间非营利组织本身经济利益的实现。

收入的分类方法很多，通常按照收入的来源，将收入分为捐赠收入、会费收入、提供服务收入、政府补助收入、投资收益、商品销售收入等主要业务活动收入和其他收入等。

收入的确认是指将某个项目作为一项收入正式入账并列入业务活动表的过程。在这一过程中，应该遵循权责发生制原则。收入的计量是指为了在业务活动表中确认和列报收入要素而确定其金额的过程。收入应当按照交易或事项所引起的现金、应收款项或其他资产的增加额，或者负债的减少额进行计量。

关于收入的管理与核算的内容部分，涵盖了各种收入的概念、确认和计量、相关会计科目的设置、主要账务处理和会计实务实例。

费用是指民间非营利组织为开展业务活动所发生的、导致本期净资产减少的经济利益或服务潜力的流出。

费用的基本特征是：会引起资产减少或者负债增加，或者二者兼而有之，并最终导致民间非营利组织资源的减少；将导致本期净资产的减少，但其减少不包括与清算有关的类似事项。

按照费用功能的不同，将费用分为业务活动成本、管理费用、筹资费用和其他费用。

民间非营利组织应当在单位的含有经济利益或服务潜力的资源已经流出本单位，资产预期带来的未来经济利益或服务潜力将减少或者资产预期不能再带来未来经济利益或服务潜力时，确认相应的费用。

各项费用，包括业务活动成本、管理费用、筹资费用和其他费用，应当在实际发生时按照其实际发生额计入当期费用。如果某些费用是属于多项业务活动，或者属于业务活动、管理活动和筹资活动等共同发生的，而且不能直接归属于某一类活动，则应当将这些费用按照合理的方法在各项活动中进行分配。

关于费用的管理与核算的内容部分，涵盖了各种费用的概念、确认和计量、相关会计科目的设置、主要账务处理和会计实务实例。

关键术语

收入　经济利益　服务潜力　捐赠收入　会费收入　提供服务收入　政府补助收入　投资收益　商品销售收入　其他收入　费用　业务活动成本　管理费用　筹资费用　其他费用

复习思考题

1. 什么是民间非营利组织的收入？它具有什么特征？
2. 民间非营利组织的收入是如何分类的？
3. 民间非营利组织的收入是如何确认和计量的？
4. 民间非营利组织的主要业务收入包括哪些？它们分别指什么？其他收入又指什么？
5. 民间非营利组织的各种收入是如何进行管理与核算的？
6. 什么是民间非营利组织的费用？它具有什么特征？
7. 民间非营利组织的费用是如何分类的？
8. 民间非营利组织的费用是如何确认和计量的？
9. 民间非营利组织的业务活动成本、管理费用、筹资费用和其他费用分别指什么？
10. 民间非营利组织的各种费用是如何进行管理与核算的？

第 11 章 民间非营利组织财务报告和财务分析

11.1 民间非营利组织财务报告

11.1.1 民间非营利组织财务报告概述

1. 民间非营利组织财务报告的意义与种类

财务报告是反映民间非营利组织财务状况、业务活动情况和现金流量等的书面文件。一套完整的财务报告应包括会计报表、会计报表附注和财务情况说明书。民间非营利组织通过日常的会计核算，虽然可以提供反映其经济活动的财务收支情况，但是，由于这些日常核算资料分散在会计凭证和账簿上，有关指标之间没有相互联系，凭证、账簿所提供的信息不能集中地揭示和反映该会计期间业务活动和财务收支的全貌，很难满足资金提供者、债权人和社会监督方面了解民间非营利组织的需要，也难以满足民间非营利组织领导机构加强内部经济管理的需要。为了满足会计信息使用者的需要，还必须将日常的账簿记录进一步加工、整理，编制成财务报告，并对外报送或公布。

民间非营利组织财务报告使用者，通常有资源提供者、债权人、有关管理部门及其他单位和个人。不同的使用者依据报告信息作出不同的决策。民间非营利组织的决策者可以通过财务报告了解民间非营利组织的财务状况和报告期内的财务成果，总结民间非营利组织财务管理的经验教训，剖析民间非营利组织的财务情况，进一步找出薄弱环节，从而改善财务管理，确定发展方向和决策。有关政府管理部门可以利用报告信息，了解有关民间非营利组织的运转情况和发展过程中存在的问题，以便进行宏观监督、指导和提供政策上的支持。基金提供者可以从财务报告中了解自己关心的民间非营利组织资金的使用及其业务开展情况，债权人则可以从财务报告中了解他们关心的民间非营利组织偿债能力。

民间非营利组织的财务报告可以有多种分类方式。

（1）民间非营利组织财务报告按其反映的内容，可分为会计报表、会计报表附注和财务情况说明书。

会计报表又分为资产负债表、业务活动表和现金流量表。

资产负债表，是反映民间非营利组织某一会计期末全部资产、负债和净资产情况的会计报表。

业务活动表，是反映民间非营利组织某一会计期间内开展业务活动实际情况的会计报表。

现金流量表，是反映民间非营利组织某一会计期间内现金和现金等价物流入和流出信息的会计报表。

会计报表附注是会计报表的补充，主要对会计报表不能包括的内容，或者披露不详尽的内容作进一步的解释说明，以有助于会计报表使用者理解和使用会计信息。

财务情况说明书是对民间非营利组织一定会计期间内生产经营、资金周转及利润实现和分配等情况的综合性说明。

（2）民间非营利组织财务报告按其编制时间，可以分为年度财务报告和中期财务报告。

年度财务报告是指以整个会计年度为基础的财务报告。

中期财务报告是指以短于一个完整的会计年度的期间（如半年度、季度、月度）为基础编制的财务报告。

2. 民间非营利组织财务报告的编制要求

为充分发挥财务报告的作用，达到利用财务报告有效地管理经济的目的，民间非营利组织编制财务报告时，必须严格遵循以下基本要求：

（1）数字真实。

财务报告是评价民间非营利组织业务活动情况的依据，其数字必须真实可靠，如实反映民间非营利组织在一定时期内业务活动的过程和结果。首先，编制财务报告前的各项准备工作应认真做好，包括：已发生的经济业务全部入账，应调整的账项全部调整、按期结账，对主要财产物资和债权债务查实核对、组织对账；其次，根据账簿真实数字编制财务报告，不能以估计数字或编造数字填报；最后，对编制完成的财务报告进行查核，保证没有差错。

（2）内容完整。

编制财务报告要按照规定的格式和内容填制，凡是国家规定的要求提供的财务报告，必须按照规定的要求编报，不得漏编漏报。民间非营利组织某些重要的会计事项，应当在会计报表附注中进行说明。

（3）计算准确。

财务报告所列数字的钩稽关系要清楚、正确，各项目明细数字与小计、合计、总计数字以及相关数字必须一致，防止数字的遗漏和重复计算。

（4）报送及时。

财务报告编制应在当期终了后规定的时间内编制完成，并按规定时间报送有关部门。

11.1.2 资产负债表

1. 资产负债表的主要内容

资产负债表是反映民间非营利组织某一会计期末全部资产、负债和净资产情况的会计报表。

资产负债表根据“资产＝负债＋净资产”的会计恒等式，依据一定的分类和一定的程序，把民间非营利组织一定时期的资产、负债和净资产项目予以适当排列，按照一定的编制要求编制而成。它是民间非营利组织特定日期所拥有或控制的资产、承担的债务责任以及净资产的静态反映。

资产负债表的结构由表头和基本内容两部分组成。表头部分包括报表名称、编表单位、编制日期、货币种类和金额单位等内容。基本内容部分是资产负债表的核心。它采用账户式结构，左边是资产部类，右边是负债部类和净资产部类。按照会计恒等式理论，资产负债表的左边资产项目的金额合计等于右边负债和净资产项目的金额合计，左右两边要自动平衡。其基本格式见表 11—1。

为了反映和比较不同时期资产、负债和净资产增减变化的状况，会计报表根据需要采用前后期对比方式进行编制，将报表金额分设“年初数”、“期末数”两栏。

表 11—1 资产负债表 会民非 01 表

编表单位： 年 月 日 单位：元

资产部类	行次	年初数	期末数	负债部类和净资产部类	行次	年初数	期末数
流动资产：				流动负债：			
货币资金	1			短期借款	61		
短期投资	2			应付款项	62		
应收款项	3			应付工资	63		
预付账款	4			应交税金	65		
存　货	8			预收账款	66		
待摊费用	9			预提费用	71		
1 年内到期的长期债权投资	15			预计负债	72		
其他流动资产	18			1 年内到期的长期负债	74		
流动资产合计	20			其他流动负债	78		
				流动负债合计	80		
长期投资：							
长期股权投资	21			长期负债：			
长期债权投资	24			长期借款	81		
长期投资合计	30			长期应付款	84		
				其他长期负债	88		
固定资产：				长期负债合计	90		
固定资产原价	31						
减：累计折旧	32			受托代理负债：			
固定资产净值	33			受托代理负债	91		
在建工程	34						
文物文化资产	35			负债合计	100		
固定资产清理	38						
固定资产合计	40						

续前表

资产部类	行次	年初数	期末数	负债部类和净资产部类	行次	年初数	期末数
无形资产：							
无形资产	41			净资产：			
				非限定性净资产	101		
受托代理资产：				限定性净资产	105		
受托代理资产	51			净资产合计	110		
资产部类总计	60			负债部类和净资产部类总计	120		

2. 资产负债表的编制方法

（1）资产负债表各项目数据来源方式。

资产负债表主要是通过对日常会计核算记录的数据加以归集、整理而形成的。资产负债表各项目数据来源方式有以下几种：

1）根据总账科目余额直接填列。如“应收票据”项目，根据“应收票据”总账科目的期末余额直接填列；“短期借款”项目，根据“短期借款”总账科目的期末余额直接填列。

2）根据几个总账科目的余额合计数填列。如“货币资金”项目，应根据“现金”、“银行存款”、“其他货币资金”三个总账科目的余额合计数填列；“应付款项”项目，应根据“应付票据”、“应付账款”和“其他应付款”三个总账科目的余额合计数填列。

3）根据总账科目和明细科目余额分析计算填列。如“长期借款”项目，根据“长期借款”总账科目期末余额，扣除“长期借款”科目所属明细科目中反映的将于一年内到期的长期借款部分，分析计算填列。

4）根据有关资产科目与其备抵科目抵消后的净额填列。如“短期投资”项目，应根据“短期投资”科目的期末余额减去“短期投资跌价准备”科目的期末余额后的净额填列。这些项目有应收款项、短期投资、存货、长期股权投资、长期债权投资等。

（2）资产负债表编制方法。

1）本表反映民间非营利组织某一会计期末全部资产、负债和净资产的情况。

2）本表“年初数”栏内各项数字，应当根据上年年末资产负债表“期末数”栏内数字填列。如果本年度资产负债表规定的各个项目的名称和内容同上年度不一致，应对上年年末资产负债表各项目的名称和数字按照本年度的规定进行调整，填入本表“年初数”栏内。

3）本表“期末数”各项目的内容和填列方法。“货币资金”项目，反映民间非营利组织期末库存现金、存放银行的各类款项以及其他货币资金的合计数。本项目应当根据“现金”、“银行存款”、“其他货币资金”科目的期末余额合计填列。如果民间非营利组织的受托代理资产为现金、银行存款或其他货币资金，且通过“现金”、“银行存款”、“其他货币资金”科目核算，还应当扣减“现金”、“银行存款”、“其他货币资金”科目中“受托代理资产”明细科目的期末余额。

“短期投资”项目，反映民间非营利组织持有的各种能够随时变现并且持有时间不准备超过1年（含1年）的投资，包括短期股票、债券投资、短期委托贷款、委托投资等。本项目应当根据“短期投资”科目的期末余额，减去“短期投资跌价准备”科目的期末余额后的金额填列。

“应收款项”项目，反映民间非营利组织期末应收票据、应收账款和其他应收款等应收未收款项。本项目应当根据“应收票据”、“应收账款”、“其他应收款”科目的期末余额合计，减去“坏账准备”科目的期末余额后的金额填列。

“预付账款”项目，反映民间非营利组织预付给商品或者服务供应单位等的款项。本项目应当根据“预付账款”科目的期末余额填列。

“存货”项目，反映民间非营利组织在日常业务活动中持有以备出售或捐赠的，或者为了出售或捐赠仍处在生产过程中的，或者将在生产、提供服务或日常管理过程中耗用的材料、物资、商品等。本项目应当根据“存货”科目的期末余额，减去“存货跌价准备”科目的期末余额后的金额填列。

“待摊费用”项目，反映民间非营利组织已经支出，但应当由本期和以后各期分别负担的、分摊期在1年以内（含1年）的各项费用，如预付保险费、预付租金等。本项目应当根据“待摊费用”科目的期末余额填列。

“1年内到期的长期债权投资”项目，反映民间非营利组织将在1年内（含1年）到期的长期债权投资。本项目应当根据“长期债权投资”科目的期末余额中将在1年内（含1年）到期的长期债权投资余额，减去“长期投资减值准备”科目的期末余额中1年内（含1年）到期的长期债权投资减值准备余额后的金额填列。

“其他流动资产”项目，反映民间非营利组织除以上流动资产项目外的其他流动资产。本项目应当根据有关科目的期末余额分析填列。如果其他流动资产价值较大的，应当在会计报表附注中单独披露其内容和金额。

“长期股权投资”项目，反映民间非营利组织不准备在1年内（含1年）变现的各种股权性质的投资的可收回金额。本项目应当根据“长期股权投资”科目的期末余额，减去“长期投资减值准备”科目的期末余额中长期股权投资减值准备余额后的金额填列。

“长期债权投资”项目，反映民间非营利组织不准备在1年内（含1年）变现的各种债权性质的投资的可收回金额。本项目应当根据“长期债权投资”科目的期末余额，减去“长期投资减值准备”科目的期末余额中长期债权投资减值准备余额，再减去本表“1年内到期的长期债权投资”项目金额后的金额填列。

“固定资产”项目，反映民间非营利组织的各项固定资产的账面价值。本项目应当根据“固定资产”科目的期末余额，减去“累计折旧”科目的期末余额后的金额填列。

“在建工程”项目，反映民间非营利组织期末各项未完工程的实际支出，包括交付安装的设备价值、已耗用的材料、工资和费用支出、预付出包工程的价款等。本项目应当根据“在建工程”科目的期末余额填列。

“文物文化资产”项目，反映民间非营利组织用于展览、教育或研究等目的的历史文物、艺术品及其他具有文化或者历史价值并作长期或者永久保存的典藏等。本项目应当根据“文物文化资产”科目的期末借方余额填列。

“固定资产清理”项目，反映民间非营利组织因出售、毁损、报废等原因转入清理但尚未清理完毕的固定资产的账面价值，以及固定资产清理过程中发生的清理费用和变价收入等各项金额的差额。本项目应当根据“固定资产清理”科目的期末借方余额填列；如果“固定资产清理”科目期末为贷方余额，则以“一”号填列。

“无形资产”项目，反映民间非营利组织拥有的为开展业务活动、出租给他人或为管理目的而持有的没有实物形态的非货币性长期资产，包括专利权、非专利技术、商标权、著作权、土地使用权等。本项目应当根据“无形资产”科目的期末余额填列。

“受托代理资产”项目，反映民间非营利组织接受委托方委托从事受托代理业务而收到的资产。本项目应当根据“受托代理资产”科目的期末余额填列。如果民间非营利组织的受托代理资产为现金、银行存款或其他货币资金，且通过“现金”、“银行存款”、“其他货币资金”科目核算，还应当加上“现金”、“银行存款”、“其他货币资金”科目中“受托代理资产”明细科目的期末余额。

“短期借款”项目，反映民间非营利组织向银行或其他金融机构等借入的、尚未偿还的、期限在1年以下（含1年）的各种借款。本项目应当根据“短期借款”科目的期末余额填列。

“应付款项”项目，反映民间非营利组织期末应付票据、应付账款和其他应付款等应付未付款项。本项目应当根据“应付票据”、“应付账款”、“其他应付款”科目的期末余额合计数填列。

“应付工资”项目，反映民间非营利组织应付未付的员工工资。本项目应当根据“应付工资”科目的期末贷方余额填列；如果“应付工资”科目期末为借方余额，以“一”号填列。

“应交税金”项目，反映民间非营利组织应缴未缴的各种税费。本项目应当根据“应交税金”科目的期末贷方余额填列；如果“应交税金”科目期末为借方余额，则以“一”号填列。

“预收账款”项目，反映民间非营利组织向服务和商品购买单位等预收的各种款项。本项目应当根据“预收账款”科目的期末余额填列。

“预提费用”项目，反映民间非营利组织预先提取的已经发生但尚未实际支付的各项费用。本项目应当根据“预提费用”科目的期末贷方余额填列。

“预计负债”项目，反映民间非营利组织对因或有事项所产生的现时义务而确认的负债。本项目应当根据“预计负债”科目的期末贷方余额填列。

“1年内到期的长期负债”项目，反映民间非营利组织承担的将于1年内（含1年）偿还的长期负债。本项目应当根据有关长期负债科目的期末余额中将在1年内（含1年）到期的金额分析填列。

“其他流动负债”项目，反映民间非营利组织除以上流动负债之外的其他流动负债。本项目应当根据有关科目的期末余额填列。如果其他流动负债金额较大的，应当在会计报表附注中单独披露其内容和金额。

“长期借款”项目，反映民间非营利组织向银行或其他金融机构等借入的期限在1年以上（不含1年）的各种借款本息。本项目应当根据“长期借款”科目的期末余额减去其中将于 1 年内（含 1 年）到期的长期借款余额后的金额填列。

“长期应付款”项目，反映民间非营利组织承担的各种长期应付款，如融资租入固定资产发生的应付租赁款。本项目应当根据“长期应付款”科目的期末余额减去其中将于 1 年内（含 1 年）到期的长期应付款余额后的金额填列。

“其他长期负债”项目，反映民间非营利组织除以上长期负债项目之外的其他长期负债。本项目应当根据有关科目的期末余额减去其中将于 1 年内（含 1 年）到期的其他长期负债余额后的金额分析填列。如果其他长期负债金额较大的，应当在会计报表附注中单独披露其内容和金额。

“受托代理负债”项目，反映民间非营利组织因从事受托代理业务、接受受托代理资产而产生的负债。本项目应当根据“受托代理负债”科目的期末余额填列。

“非限定性净资产”项目，反映民间非营利组织拥有的非限定性净资产期末余额。本项目应当根据“非限定性净资产”科目的期末余额填列。

“限定性净资产”项目，反映民间非营利组织拥有的限定性净资产期末余额。本项目应当根据“限定性净资产”科目的期末余额填列。

3. 资产负债表列示举例

以 2011 年 11 月 30 日鸿泰私立学院各账户余额为例，见表 11—2。

表 11—2 **账户余额表**

编表单位：鸿泰私立学院 2011 年 11 月 30 日 单位：元

账户名称	借方	贷方
现金	650	
银行存款	107 000	
短期投资	23 000	
应收账款	46 350	
存货	20 000	
固定资产	300 000	
累计折旧		90 000
文物文化资产	6 000	
应付账款		30 000
预计负债		3 000
非限定性资产		300 000
限定性资产		80 000
合计	503 000	503 000

鸿泰私立学院属私立学校，2011 年 12 月份发生如下经济业务：

（1）2011 年 12 月 5 日，鸿泰私立学院从银行提取现金 2 000 元，以备零用。

（2）2011 年 12 月 6 日，鸿泰私立学院支付水管维修费 850 元现金。

（3）2011 年 12 月 7 日，鸿泰私立学院清点库存现金时，发现现金短款 80 元。

（4）2011 年 12 月 8 日，经反复核查，短款属于责任人造成，由责任人赔偿。

（5）2011 年 12 月 9 日，鸿泰私立学院收到学生以现金缴来下学期书费 33 950 元，当天存入银行。

（6）2011 年 12 月 12 日，鸿泰私立学院以现金收到学生缴来的学费 15 000 元。

（7）2011 年 12 月 13 日，鸿泰私立学院预定下年度资料室报纸杂志，以银行存款支付 1 395 元。

（8）2011 年 12 月 14 日，鸿泰私立学院以现金支付多媒体教室投影仪的修理费，共计 2 150 元。

（9）2011 年 12 月 15 日，鸿泰私立学院以银行存款支付下年度入网费 14 000 元。

（10）2011 年 12 月 16 日，鸿泰私立学院以银行转账支付本月水电费 11 900 元。

（11）2011 年 12 月 19 日，鸿泰私立学院招生办公室王强老师，出差考察预借差旅费 8 000 元，以现金支付。

（12）2011 年 12 月 20 日，鸿泰私立学院给学生举办讲座，以现金支付讲座费 3 000 元。

（13）2011 年 12 月 21 日，鸿泰私立学院收到学生以银行存款转账缴来学费共计 135 000 元。

（14）2011 年 12 月 22 日，鸿泰私立学院支付预定 2012 年度教材费 33 950 元，以银行存款支付。

（15）2011 年 12 月 23 日，鸿泰私立学院招生办公室王强老师，报销考察学习费7 560 元，剩余的 440 元现金当即退回。

（16）2011 年 12 月 25 日，鸿泰私立学院收到财政厅拨来的国家奖学金、励志奖学金、助学金共计 163 000 元。

（17）2011 年 12 月 26 日，鸿泰私立学院给学生发放国家奖学金、励志奖学金、助学金共计 163 000 元，以通过银行转账直接打入学生个人账户。

（18）2011 年 12 月 27 日，鸿泰私立学院团委购买学生知识竞赛奖品费用 2 300 元，以银行存款转支付。

（19）2011 年 12 月 29 日，鸿泰私立学院财务部门从银行购买支票，以银行存款转账支付 75 元。

（20）2011 年 12 月 28 日，鸿泰私立学院收到银行存款计息利息回单，利息收入 39 元。

（21）2011 年 12 月 29 日，鸿泰私立学院发放教师工资 76 800 元，其中教学管理人员工资 15 000 元，外聘教师人员的工资 61 800 元。直接存入教师个人存款账户。

（22）2011 年 12 月 30 日，鸿泰私立学院计提本月固定资产折旧费 4 800 元。

（23）2011 年 12 月 31 日，结转各项收入和费用。

鸿泰私立学院 12 月份会计分录如下：

（1）借：现金　　2 000
　　贷：银行存款　　2 000

（2）借：管理费用——修理费　　850
　　贷：现金　　850

（3）批准前：

借：其他应收款——责任人　　80

贷：现金　80

(4) 批准后：

借：现金　80

贷：其他应收款——责任人　80

(5) ①借：现金　33 950

贷：其他应付款——学生书费　33 950

②借：银行存款　33 950

贷：现金　33 950

(6) 借：现金　15 000

贷：提供服务收入——非限定性收入　15 000

(7) 借：管理费用　1 395

贷：银行存款　1 395

(8) 借：业务活动成本　2 150

贷：现金　2 150

(9) 借：待摊费用　14 000

贷：银行存款　14 000

(10) 借：业务活动成本　11 900

贷：银行存款　11 900

(11) 借：其他应收款——王强　8 000

贷：现金　8 000

(12) 借：业务活动成本　3 000

贷：现金　3 000

(13) 借：银行存款　135 000

贷：提供服务收入——非限定性收入——学费收入　135 000

(14) 借：其他应付款——学生书费　33 950

贷：银行存款　33 950

(15) 借：管理费用　7 560

现金　440

贷：其他应收款——王强　8 000

(16) 借：银行存款　163 000

贷：政府补助收入——限定性收入——专项补助收入　163 000

(17) 借：业务活动成本——专项补助成本　163 000

贷：银行存款　163 000

(18) 借：业务活动成本　2 300

贷：银行存款　2 300

(19) 借：筹资费用　75

贷：银行存款　75

(20) 借：银行存款　39

贷：筹资费用		39
（21）①借：应付工资	76 800	
贷：银行存款		76 800
②借：业务活动成本	61 800	
管理费用	15 000	
贷：应付工资		76 800
（22）借：管理费用	4 800	
贷：累计折旧		4 800
（23）①借：提供服务收入	150 000	
贷：非限定性净资产		150 000
②借：政府补助收入——限定性收入	163 000	
贷：限定性净资产		163 000
③借：非限定性净资产	110 791	
贷：管理费用		29 605
筹资费用		36
业务活动成本		81 150
④借：限定性净资产	163 000	
贷：业务活动成本——专项补助成本		163 000

科目汇总表工作底稿如下：

现金

(1)	2 000	(2)	850
(4)	80	(3)	80
(5)	33 950	(5)	33 950
(6)	15 000	(8)	2 150
(15)	440	(11)	8 000
		(12)	3 000
合计	51 470	合计	48 030

银行存款

(5)	33 950	(1)	2 000
(13)	135 000	(7)	1 395
(16)	163 000	(9)	14 000
(20)	39	(10)	11 900
		(14)	33 950
		(17)	163 000
		(18)	2 300
		(19)	75
		(21)	76 800
合计	331 989	合计	305 420

提供服务收入

(23)	150 000	(6)	15 000
		(13)	135 000
合计	150 000	合计	150 000

管理费用

(2)	850	(23)	29 605
(7)	1 395		
(15)	7 560		
(21)	15 000		
(22)	4 800		
合计	29 605	合计	29 605

其他应收款

(3)	80	(4)	80
(11)	8 000	(15)	8 000
合计	8 080	合计	8 080

累计折旧

		(22)	4 800
		合计	4 800

其他应付款

(14)	33 950	(5)	33 950
合计	33 950	合计	33 950

待摊费用

(9)	14 000		
合计	14 000		

筹资费用

(19)	75	(20)	39
		(23)	36
合计	75	合计	75

非限定性净资产

(23)	110 791	(23)	150 000
合计	110 791	合计	150 000

业务活动成本

(8)	2 150	(23)	81 150
(10)	11 900	(23)	163 000
(12)	3 000		
(17)	163 000		
(18)	2 300		
(21)	61 800		
合计	244 150	合计	244 150

财政补助收入

(23)	163 000	(16)	163 000
合计	163 000	合计	163 000

应付工资

(21)	76 800	(21)	76 800
合计	76 800	合计	76 800

限定性资产

(23)	163 000	(23)	163 000
合计	163 000	合计	163 000

鸿泰私立学院 2011 年 12 月 31 日编制的总分类账户发生额及余额试算表 11—3、表 11—4。

表 11—3　　**总分类账户发生额及余额试算表**

编制单位：鸿泰私立学院　　2011 年 12 月 31 日　　单位：元

会计科目	期初余额		本期发生额		期末余额	
	借方	贷方	借方	贷方	借方	贷方
现金	650		51 470	48 030	4 090	
银行存款	107 000		331 989	305 420	133 569	
短期投资	23 000				23 000	
应收账款	46 350				46 350	
其他应收款			8 080	8 080		
存货	20 000				20 000	
待摊费用			14 000		14 000	
固定资产	300 000				300 000	
累计折旧		90 000		4 800		94 800
文物文化资产	6 000				6 000	
应付账款		30 000				30 000
其他应付款			33 950	33 950		
应付工资			76 800	76 800		
预计负债		3 000				3 000
提供服务收入			150 000	150 000		
财政补助收入			163 000	163 000		
业务活动成本			244 150	244 150		

续前表

会计科目	期初余额		本期发生额		期末余额	
	借方	贷方	借方	贷方	借方	贷方
筹资费用			75	75		
管理费用			29 605	29 605		
非限定性资产		300 000	110 791	150 000		339 209
限定性资产		80 000	163 000	163 000		80 000
合计	503 000	503 000	1 376 910	1 376 910	547 009	547 009

表 11—4 **资产负债表** 会民非 01 表

编表单位：鸿泰私立学校 2011 年 12 月 31 日 单位：元

资产部类	行次	年初数	期末数	负债部类和净资产部类	行次	年初数	期末数
流动资产：				流动负债：			
货币资金	1		137 659	短期借款	61		
短期投资	2		23 000	应付款项	62		30 000
应收款项	3		46 350	应付工资	63		
预付账款	4			应交税金	65		
存货	8		20 000	预收账款	66		
待摊费用	9		14 000	预提费用	71		3 000
1 年内到期的长期债权投资	15			预计负债	72		
其他流动资产	18			1 年内到期的长期负债	74		
流动资产合计	20		241 009	其他流动负债	78		
				流动负债合计	80		33 000
长期投资：							
长期股权投资	21			长期负债：			
长期债权投资	24			长期借款	81		
长期投资合计	30			长期应付款	84		
				其他长期负债	88		
固定资产：				长期负债合计	90		
固定资产原价	31		300 000				
减：累计折旧	32		94 800	受托代理负债：			
固定资产净值	33		205 200	受托代理负债	91		
在建工程	34						
文物文化资产	35		6 000	负债合计	100		33 000
固定资产清理	38						
固定资产合计	40		211 200				
无形资产：							
无形资产	41			净资产：			
				非限定性净资产	101		339 209
受托代理资产：				限定性净资产	105		80 000
受托代理资产	51			净资产合计	110		419 209
资产部类总计	60		452 209	负债部类和净资产部类总计	120		452 209

11.1.3　业务活动表

1. 业务活动表的主要内容

业务活动表，是指反映民间非营利组织某一会计期间内开展业务活动的实际情况的会计报表。业务活动表是一定期间的收入与同一会计期间相关的成本费用进行配比的结果，体现了民间非营利组织的实际绩效，反映了民间非营利组织净资产的内容。

业务活动表由表头和基本内容两部分组成，见表 11—5。其基本内容是报表主体，采用自上而下分项列示的报告式结构。它是根据收入减费用对净资产产生影响这一思想设计的。在项目排列上，先收入后费用，并将收入与费用对净资产产生的影响一并列入基本内容。业务活动表的基本内容包括“项目”栏和“金额”栏两部分。

表 11—5　　业务活动表　　会民非 02 表

编表单位：　　年　月　　单位：元

项目	行次	本月数			本年累计数		
		非限定性	限定性	合计	非限定性	限定性	合计
一、收入							
其中：捐赠收入	1						
会费收入	2						
提供服务收入	3						
商品销售收入	4						
政府补助收入	5						
投资收益	6						
其他收入	9						
收入合计	11						
二、费用							
(一) 业务活动成本	12						
其中：	13						
	14						
	15						
	16						
(二) 管理费用	21						
(三) 筹资费用	24						
(四) 其他费用	28						
费用合计	35						
三、限定性净资产转为非限定性净资产	40						
四、净资产变动额(若为净资产减少额，以“—”号填列)	45						

2. 业务活动表的编制方法

(1) 本表反映民间非营利组织在某一会计期间内开展业务活动的实际情况。

(2) 本表“本月数”栏反映各项目的本月实际发生数。在编制季度、半年度等中期财务会计报告时，应将“本月数”栏改为“本季度数”、“本半年度数”等本中期数栏，反映各项目本中期的实际发生数。在提供上年度比较报表时，应当增设可比期间栏目，反映可比期间各项目的实际发生数。如果本年度业务活动表规定的各个项目的名称和内容同上年度不一致，应对上年度业务活动表各项目的名称和数字按照本年度的规定进行调整，填入本表上年度可比期间栏目内。

本表“本年累计数”栏反映各项目由年初至报告期末止的累计实际发生数。

本表“非限定性”栏反映本期非限定性收入的实际发生数、本期费用的实际发生数和本期由限定性净资产转为非限定性净资产的金额；本表“限定性”栏反映本期限定性收入的实际发生数和本期由限定性净资产转为非限定性净资产的金额（以“—”号填列）。在提供上年度比较报表项目金额时，“限定性”和“非限定性”栏目的金额可以合并填列。

（3）本表各项目的内容和填列方法。

“捐赠收入”项目，反映民间非营利组织接受其他单位或者个人捐赠所取得的收入总额。本项目应当根据“捐赠收入”科目的发生额填列。

“会费收入”项目，反映民间非营利组织根据章程等的规定向会员收取的会费总额。本项目应当根据“会费收入”科目的发生额填列。

“提供服务收入”项目，反映民间非营利组织根据章程等的规定向其服务对象提供服务取得的收入总额。本项目应当根据“提供服务收入”科目的发生额填列。

“商品销售收入”项目，反映民间非营利组织销售商品等所形成的收入总额。本项目应当根据“商品销售收入”科目的发生额填列。

“政府补助收入”项目，反映民间非营利组织接受政府拨款或者政府机构给予的补助而取得的收入总额。本项目应当根据“政府补助收入”科目的发生额填列。

“投资收益”项目，反映民间非营利组织以各种方式对外投资所取得的投资净损益。本项目应当根据“投资收益”科目的贷方发生额填列；如果为借方发生额，则以“—”号填列。

“其他收入”项目，反映民间非营利组织除上述收入项目之外所取得的其他收入总额。本项目应当根据“其他收入”科目的发生额填列。上述各项收入项目应当区分“限定性”和“非限定性”分别填列。

“业务活动成本”项目，反映民间非营利组织为了实现其业务活动目标、开展其项目活动或者提供服务而发生的费用。本项目应当根据“业务活动成本”科目的发生额填列。民间非营利组织应当根据其所从事的项目、提供的服务或者开展的业务等具体情况，按照“业务活动成本”科目中各明细科目的发生额，在本表第12行至第21行之间填列业务活动成本的各组成部分。

“管理费用”项目，反映民间非营利组织为组织和管理其业务活动所发生的各项费用总额。本项目应当根据“管理费用”科目的发生额填列。

“筹资费用”项目，反映民间非营利组织为筹集业务活动所需资金而发生的各项费用总额，包括利息支出（减利息收入）、汇兑损失（减汇兑收益）以及相关手续费等。本项目应当根据“筹资费用”科目的发生额填列。

“其他费用”项目，反映民间非营利组织除以上费用项目之外发生的其他费用总额。本项目应当根据有关科目的发生额填列。

"限定性净资产转为非限定性净资产"项目，反映民间非营利组织当期从限定性净资产转入非限定性净资产的金额。本项目应当根据"限定性净资产"、"非限定性净资产"科目的发生额分析填列。

"净资产变动额"项目，反映民间非营利组织当期净资产变动的金额。本项目应当根据本表"收入合计"项目的金额，减去"费用合计"项目的金额，再加上"限定性净资产转为非限定性净资产"项目的金额后填列。

3. 业务活动表列示举例

依据鸿泰私立学院 2011 年 12 月各账户情况编制业务活动表（见表 11—6）。

表 11—6　　业务活动表　　会民非 02 表

编表单位：鸿泰私立学院　　2011 年 12 月　　单位：元

项目	行次	本月数			本年累计数		
		非限定性	限定性	合计	非限定性	限定性	合计
一、收入							
其中：捐赠收入	1						
会费收入	2						
提供服务收入	3	150 000		150 000	450 000		450 000
商品销售收入	4						
政府补助收入	5		163 000	163 000		163 000	163 00
投资收益	6						
其他收入	9						
收入合计	11	150 000	163 000	313 000			643 000
二、费用							
(一) 业务活动成本	12	81 150	163 000	244 150	81 150	163 000	244 150
其中：	13						
	14						
	15						
	16						
(二) 管理费用	21	29 605		29 605	29 605		29 605
(三) 筹资费用	24	36		36	36		36
(四) 其他费用	28						
费用合计	35	110 791	163 000	273 791			273 791
三、限定性净资产转为非限定性净资产	40					80 000	80 000
四、净资产变动额（若为净资产减少额，以"—"号填列）	45			39 209			419 209

11.1.4　现金流量表

1. 现金流量表的主要内容

(1) 现金及现金流量。

现金流量表，是指反映民间非营利组织某一会计期间内现金和现金等价物流入和流出信息的会计报表。

现金流量表的“现金”有特定含义，包括现金和现金等价物。其中，现金是指民间非营利组织的库存现金以及可以随时用于支付的银行存款、其他货币资金；现金等价物是指民间非营利组织持有的期限短、流动性强、易于转换为已知金额的现金、价值变动风险很小的投资。其中，期限短，一般是指从购买日起，3 个月以内到期的债券投资等。除特别指明外，以下所指现金均包含现金等价物。

现金流量是指一定时期内民间非营利组织现金流入和流出的数量。当民间非营利组织从各种业务活动中收进现金，为现金流入；当民间非营利组织为各种业务活动付出现金，为现金流出。现金流入量减现金流出量的差额，叫做净现金流量。

（2）现金流量的分类。

民间非营利组织现金有不同的收入来源，不同的支出用途。按照民间非营利组织业务活动的不同性质，民间非营利组织一定期间内的现金流量分为三大类，即业务活动产生的现金流量、投资活动产生的现金流量和筹资活动产生的现金流量。

1）业务活动产生的现金流量，是指民间非营利组织因投资活动和筹资活动以外的所有交易和事项而发生的现金流入和流出。业务活动产生的现金流入项目主要有：接受捐赠收到的现金，收取会费收到的现金，提供服务收到的现金，销售商品收到的现金，政府补助收到的现金和收到的其他与业务活动有关的现金；业务活动产生的现金流出项目主要有：提供捐赠或者资助支付的现金，支付给员工以及为员工支付的现金，购买商品、接受服务支付的现金和支付的其他与业务活动有关的现金。

2）投资活动产生的现金流量，是指民间非营利组织因长期资产的购建和不包括在现金等价物范围内的投资及其处置活动而发生的现金流入和流出。投资活动产生的现金流入项目主要有：收回投资所收到的现金，取得投资收益所收到的现金，处置固定资产和无形资产所收回的现金，收到的其他与投资活动有关的现金；投资活动产生的现金流出项目主要有：购建固定资产和无形资产所支付的现金，对外投资所支付的现金，支付的其他与投资活动有关的现金。

3）筹资活动产生的现金流量，是指因导致民间非营利组织债务规模发生变化的活动而发生的现金流入和流出。筹资活动产生的现金流入项目主要有：借款所收到的现金和收到的其他与筹资活动有关的现金；筹资活动产生的现金流出项目主要有：偿还借款所支付的现金，偿还利息所支付的现金和支付的其他与筹资活动有关的现金。

（3）现金流量表的结构。

现金流量表由表头和基本内容两部分组成（见表 11—7）。表头部分包括报表名称、编表单位、编制日期、货币种类和金额单位等内容。

表 11—7　　现金流量表　　会民非 03 表

编表单位：　　年度　　单位：元

项目	行次	金额
一、业务活动产生的现金流量		
接受捐赠收到的现金	1	
收取会费收到的现金	2	

续前表

项目	行次	金额
提供服务收到的现金	3	
销售商品收到的现金	4	
政府补助收到的现金	5	
收到的其他与业务活动有关的现金	8	
现金流入小计	13	
提供捐赠或者资助支付的现金	14	
支付给员工以及为员工支付的现金	15	
购买商品、接受服务支付的现金	16	
支付的其他与业务活动有关的现金	19	
现金流出小计	23	
业务活动产生的现金流量净额	24	
二、投资活动产生的现金流量		
收回投资所收到的现金	25	
取得投资收益所收到的现金	26	
处置固定资产和无形资产所收回的现金	27	
收到的其他与投资活动有关的现金	30	
现金流入小计	34	
购建固定资产和无形资产所支付的现金	35	
对外投资所支付的现金	36	
支付的其他与投资活动有关的现金	39	
现金流出小计	43	
投资活动产生的现金流量净额	44	
三、筹资活动产生的现金流量		
借款所收到的现金	45	
收到的其他与筹资活动有关的现金	48	
现金流入小计	50	
偿还借款所支付的现金	51	
偿付利息所支付的现金	52	
支付的其他与筹资活动有关的现金	55	
现金流出小计	58	
筹资活动产生的现金流量净额	59	
四、汇率变动对现金的影响额	60	
五、现金及现金等价物净增加额	61	

基本内容部分是现金流量表的核心，按照民间非营利组织业务活动的性质主要分为业务活动产生的现金流量、投资活动产生的现金流量和筹资活动产生的现金流量三类。每一类现金流量，一般按现金流入和现金流出总额反映。此外，为了反映民间非营利组织外币现金流量及境外所属分支机构的现金流量折算为人民币时，所采用的现金流量发生日的汇率或期初汇率折算的人民币金额与本表“现金及现金等价物净增加额”中外币现金净增加

额按期末汇率折算的人民币金额之间的差额，表中设置了“汇率变动对现金的影响额”项目；为了反映民间非营利组织本年度现金及现金等价物变动的金额，表中设置了“现金及现金等价物净增加额”项目。

2. 现金流量表的编制方法

(1) 本表反映民间非营利组织在某一会计期间内现金和现金等价物流入和流出的信息。

(2) 民间非营利组织应当根据实际情况确定现金等价物的范围，并且一贯性地保持其划分标准，如果改变划分标准，应当视为会计政策变更。民间非营利组织确定现金等价物的原则及其变更，应当在会计报表附注中披露。

(3) 现金流量表应当按照业务活动产生的现金流量、投资活动产生的现金流量和筹资活动产生的现金流量分别反映。本表所指的现金流量，是指现金的流入和流出。

(4) 民间非营利组织应当采用直接法编制业务活动产生的现金流量。采用直接法编制业务活动现金流量时，有关现金流量的信息可以从会计记录中直接获得，也可以在业务活动表收入和费用数据基础上，通过调整存货和与业务活动有关的应收应付款项的变动、投资以及固定资产折旧、无形资产摊销等项目后获得。

(5) 本表各项目的内容和填列方法。

“接受捐赠收到的现金”项目，反映民间非营利组织接受其他单位或者个人捐赠取得的现金。本项目可以根据“现金”、“银行存款”、“捐赠收入”等科目的记录分析填列。

“收取会费收到的现金”项目，反映民间非营利组织根据章程等的规定向会员收取会费取得的现金。本项目可以根据“现金”、“银行存款”、“应收账款”、“会费收入”等科目的记录分析填列。

“提供服务收到的现金”项目，反映民间非营利组织根据章程等的规定向其服务对象提供服务取得的现金。本项目可以根据“现金”、“银行存款”、“应收账款”、“应收票据”、“预收账款”、“提供服务收入”等科目的记录分析填列。

“销售商品收到的现金”项目，反映民间非营利组织销售商品取得的现金。本项目可以根据“现金”、“银行存款”、“应收账款”、“应收票据”、“预收账款”、“商品销售收入”等科目的记录分析填列。

“政府补助收到的现金”项目，反映民间非营利组织接受政府拨款或者政府机构给予的补助而取得的现金。本项目可以根据“现金”、“银行存款”、“政府补助收入”等科目的记录分析填列。

“收到的其他与业务活动有关的现金”项目，反映民间非营利组织收到的除以上业务之外的现金。本项目可以根据“现金”、“银行存款”、“其他应收款”、“其他收入”等科目的记录分析填列。

“提供捐赠或者资助支付的现金”项目，反映民间非营利组织向其他单位和个人提供捐赠或者资助支出的现金。本项目可以根据“现金”、“银行存款”、“业务活动成本”等科目的记录分析填列。

“支付给员工以及为员工支付的现金”项目，反映民间非营利组织开展业务活动支付给员工以及为员工支付的现金。本项目可以根据“现金”、“银行存款”、“应付工资”等科目的记录分析填列。民间非营利组织支付的在建工程人员的工资等，在本表“购建固定资产和无形资产所支付的现金”项目中反映。

“购买商品、接受服务支付的现金”项目，反映民间非营利组织因购买商品、接受服务而支付的现金。本项目可以根据“现金”、“银行存款”、“应付账款”、“应付票据”、“预付账款”、“业务活动成本”等科目的记录分析填列。

“支付的其他与业务活动有关的现金”项目，反映民间非营利组织除上述项目之外支付的其他与业务活动有关的现金。本项目可以根据“现金”、“银行存款”、“其他应付款”、“管理费用”、“其他费用”等科目的记录分析填列。

“收回投资所收到的现金”项目，反映民间非营利组织出售、转让或者到期收回除现金等价物之外的短期投资、长期投资而收到的现金，不包括长期投资收回的股利、利息，以及收回的非现金资产。本项目可以根据“现金”、“银行存款”、“短期投资”、“长期股权投资”、“长期债权投资”等科目的记录分析填列。

“取得投资收益所收到的现金”项目，反映民间非营利组织因对外投资而取得的现金股利、利息，以及从被投资单位分回利润收到的现金；不包括股票股利。本项目可以根据“现金”、“银行存款”、“投资收益”等科目的记录分析填列。

“处置固定资产和无形资产所收回的现金”项目，反映民间非营利组织处置固定资产和无形资产所取得的现金，减去为处置这些资产而支付的有关费用之后的净额。由于自然灾害所造成的固定资产等长期资产损失而收到的保险赔款收入，也在本项目反映。本项目可以根据“现金”、“银行存款”、“固定资产清理”等科目的记录分析填列。

“收到的其他与投资活动有关的现金”项目，反映民间非营利组织除上述各项之外收到的其他与投资活动有关的现金。其他现金流入如果金额较大的，应当单列项目反映。本项目可以根据“现金”、“银行存款”等有关科目的记录分析填列。

“购建固定资产和无形资产所支付的现金”项目，反映民间非营利组织购买和建造固定资产，取得无形资产和其他长期资产所支付的现金，不包括为购建固定资产而发生的借款利息资本化的部分，以及融资租入固定资产支付的租赁费。借款利息和融资租入固定资产支付的租赁费，在筹资活动产生的现金流量中反映。本项目可以根据“现金”、“银行存款”、“固定资产”、“无形资产”、“在建工程”等科目的记录分析填列。

“对外投资所支付的现金”项目，反映民间非营利组织进行对外投资所支付的现金，包括取得除现金等价物之外的短期投资、长期投资所支付的现金，以及支付的佣金、手续费等附加费用。本项目可以根据“现金”、“银行存款”、“短期投资”、“长期股权投资”、“长期债权投资”等科目的记录分析填列。

“支付的其他与投资活动有关的现金”项目，反映民间非营利组织除上述各项之外支付的其他与投资活动有关的现金。如果其他现金流出金额较大，应当单列项目反映。本项目可以根据“现金”、“银行存款”等有关科目的记录分析填列。

“借款所收到的现金”项目，反映民间非营利组织举借各种短期、长期借款所收到的现金。本项目可以根据“现金”、“银行存款”、“短期借款”、“长期借款”等科目的记录分析填列。

“收到的其他与筹资活动有关的现金”项目，反映民间非营利组织除上述项目之外，收到的其他与筹资活动有关的现金。如果其他现金流入金额较大，应当单列项目反映。本项目可以根据“现金”、“银行存款”等有关科目的记录分析填列。

“偿还借款所支付的现金”项目，反映民间非营利组织以现金偿还债务本金所支付的现金。本项目可以根据“现金”、“银行存款”、“短期借款”、“长期借款”、“筹资费用”等科目的记录分析填列。

“偿付利息所支付的现金”项目，反映民间非营利组织实际支付的借款利息、债券利息等。本项目可以根据“现金”、“银行存款”、“长期借款”、“筹资费用”等科目的记录分析填列。

“支付的其他与筹资活动有关的现金”项目，反映民间非营利组织除上述项目之外支付的其他与筹资活动有关的现金，如融资租入固定资产所支付的租赁费。本项目可以根据“现金”、“银行存款”、“长期应付款”等有关科目的记录分析填列。

“汇率变动对现金的影响额”项目，反映民间非营利组织外币现金流量及境外所属分支机构的现金流量折算为人民币时，所采用的现金流量发生日的汇率或期初汇率折算的人民币金额与本表“现金及现金等价物净增加额”中外币现金净增加额按期末汇率折算的人民币金额之间的差额。

“现金及现金等价物净增加额”项目，反映民间非营利组织本年度现金及现金等价物变动的金额。本项目应当根据本表“业务活动产生的现金流量净额”、“投资活动产生的现金流量净额”、“筹资活动产生的现金流量净额”和“汇率变动对现金的影响额”项目的金额合计填列。

11.1.5 会计报表附注与财务情况说明书

1. 会计报表附注

民间非营利组织的会计报表附注至少应当披露以下内容：

（1）重要会计政策及其变更情况的说明。

（2）董事会（或者理事会或者类似权力机构）成员和员工的数量、变动情况以及获得的薪金等报酬情况的说明。

（3）会计报表重要项目及其增减变动情况的说明。

（4）资产提供者设置了时间或用途限制的相关资产情况的说明。

（5）受托代理业务情况的说明，包括受托代理资产的构成、计价基础和依据、用途等。

（6）重大资产减值情况的说明。

（7）公允价值无法可靠取得的受赠资产和其他资产的名称、数量、来源及用途等情况的说明。

（8）对外承诺和或有事项情况的说明。

（9）接受劳务捐赠情况的说明。

（10）资产负债表日后非调整事项的说明。

（11）为便于理解和分析会计报表需要说明的其他事项。

2. 财务情况说明书

财务情况说明书至少应当对下列情况作出说明：

（1）民间非营利组织的宗旨、组织结构以及人员配备等情况。

（2）民间非营利组织业务活动基本情况，年度计划和预算完成情况，产生差异的原因分析，下一会计期间业务活动计划和预算等。

（3）对民间非营利组织运作有重大影响的其他事项。

11.1.6　民间非营利组织年度财务报告的编报和审批

民间非营利组织在预算年度终了后，要根据财政部门和主管部门有关年度财务报告的编报要求，编写年度会计报表、会计报表附注和财务情况说明书。

1. 民间非营利组织年度财务报告的编报程序

民间非营利组织财务报告包括会计报表、会计报表附注和财务情况说明书。编制年度财务报告的过程也是对本年度财务收支情况和其他需要说明的事项进行必要的分析审核的过程。审核事项主要包括会计报表数字和财务报告内容两个部分。

会计报表数字方面，主要是审核各个项目是否填报齐全、数字的钩稽关系是否清楚、数字是否计算正确，有无漏列或错列等。

财务报告内容方面，主要是对预算收支情况、事业成果、费用定额等进行审核。在此基础上，整理成完整准确的年度财务报告，报主管部门或财政部门审核汇总。

主管部门在收到民间非营利组织报来的年度财务报告以后，要认真进行审核，按照规定的时间报送财政部门审批。

2. 民间非营利组织年度财务报告的审批

（1）年度财务报告的审核。

财政部门收到民间非营利组织年度财务报告后，要认真审核，其具体审核内容有：

1）政策性审核。财政部门主要审核民间非营利组织填写财务报告的各项政策性问题，包括：各项财务活动及预算执行是否符合国家有关方针、政策和财务制度规定；民间非营利组织各项收入和支出是否符合国家有关规定。财政部门审核时，对收入和支出项目不符合规定的，要通知其进行调整。

2）技术性审核。财政部门主要审核民间非营利组织填写财务报表的技术性问题，如审核各类财务报表的数字填写是否准确，各数字间是否衔接平衡，各类财务报表编报是否按照规定程序进行，各项手续是否齐全。

（2）年度财务报告的批复。

财政部门在审核民间非营利组织年度财务报告后，如果其符合相关的要求，应在规定的期限内对其进行批复。年度财务报告批复的项目一般应包括民间非营利组织的全部财务收支数额。

对民间非营利组织年度财务报告批复的主要内容是：本年各项收入数额，包括捐助收入、会费收入、提供服务收入、政府补助收入、商品销售收入、投资收益和其他收入；本年费用数额，包括业务活动成本、管理费用、筹资费用和其他费用；净资产数额，包括限定性净资产和非限定性净资产。

民间非营利组织年度财务报告经财政部门审批以后，才表明民间非营利组织年度财务报告顺利完成。

11.2 民间非营利组织财务分析

11.2.1 民间非营利组织财务分析概念

民间非营利组织财务分析就是运用民间非营利组织会计报表、账簿记录和其他有关资料，对一定时期单位财务状况、收支情况和现金流量进行比较、分析和研究，并进行总结、作出正确评价的一种方法。或者说，民间非营利组织财务分析就是从会计报表中寻求有用的信息，帮助会计报表使用者评价非营利组织业务绩效，掌握受托责任履行情况，预测未来财务状况、业务活动结果以及现金流量。

11.2.2 民间非营利组织财务分析的内容和形式

财务分析的内容涉及民间非营利组织财务活动和经济活动的全过程，因此，它有不同的分析内容。

财务分析的内容主要有：分析预算的编制与执行情况，分析资产、负债的构成及其资产使用情况，分析收入、支出情况，分析定员定额情况，分析财务管理制度规范情况。

根据财务分析的目的和要求，财务分析可以采取不同的形式。

按照财务分析的内容可划分为全面分析、专题分析和典型分析。全面分析是指对民间非营利组织财务活动进行全面、系统的综合分析。这种形式一般是在需要全面检查工作进度、考核工作效果或者有特殊需要时采用。专题分析是指对某个重大的政策性问题、经济措施或特定内容单独进行的分析。这种分析形式针对性强，时间上和要求上也比较灵活，有利于及时解决问题，在实际工作中被广泛采用。典型分析是指对某个地区、某个部门或某些环节的典型事例等进行的分析。典型分析事例突出，说服力强，是财政部门和主管部门指导民间非营利组织财务工作，坚持以点带面，不断提高管理水平的一种有效方法，得到了广泛的运用。

按照财务分析的过程可划分为事前分析、事中分析和事后分析。事前分析又称预测分析，是指在财务活动实施之前，对财务活动的可行性、可靠性所进行的分析预测。事中分析又称控制分析，是指对某一个阶段或者某一个特定时间的财务活动所进行的分析。事后分析又称总结分析，是指对某项财务活动结束后所进行的总结分析。

按照财务分析的阶段性可划分为定期分析、不定期分析。定期分析是指按照规定的时间对财务活动进行的分析，通常在月、季、年度结束后进行。不定期分析是一种临时性的检查分析，是指为了研究和解决某些特定问题或者按照上级部门的要求临时进行的一种分析。

11.2.3 民间非营利组织财务分析的程序

民间非营利组织财务分析一般有以下程序：

1. 确定分析目的

在进行财务分析时，首先是明确分析目的。不同的人员，基于各自的经济利益，会对财务报告作出不同的分析。通过财务分析，管理当局可以有效地调整对业务活动的预算与控制；组织外部的捐赠者和债权人则希望从财务分析中得知组织受托责任履行情况以及偿债能力的信息，以便作出评价和决策。

2. 搜集分析材料

会计报表是民间非营利组织进行报表分析的主要来源，但由于会计信息只反映经济活动在某一时期的结果，并不反映经济活动的发生、发展变化过程，因此，需要分析者搜集相关资料信息。一般信息搜集内容包括：宏观经济形势信息；行业情况信息；组织内部数据等；各种文件报告资料；各种调查资料以及市场前景、员工构成等情况。

3. 选择分析方法

分析者应当根据不同的分析目的，采用不同的分析方法。对未来发展趋势的分析，要用回归分析法；对流动性的分析，要用比率分析法；而对预算执行情况的分析，往往用因素分析法。

4. 资料的整理、计算与分析

首先核对和明确财务报告是否反映了真实情况，并依据分析的目的进行相关指标的计算，根据计算结果与标准进行比较分析。

5. 撰写分析报告

在分析报告中，分析者要对分析过程、所采用的分析方法及分析依据作出交代，对分析结果作出概括。同时还应对分析资料、分析方法的局限性作出说明。

11.2.4　民间非营利组织财务分析的基本方法

1. 比较分析法

比较分析法是指通过实际数与基数的对比，测算出其间的差异，进行分析、比较，从而找出产生差异的主要原因的一种分析方法。采用比较法进行财务分析时，主要包括：与预算指标对比分析，与历史同期实际指标对比分析，与同类先进单位指标对比分析，与历史上最好水平对比分析等。

2. 连环替代分析法

连环替代分析法是指顺序用各项因素的实际数替换基数，据以计算各项因素影响程度的一种分析方法。采用这种方法，首先将被分析指标的实际数与基数进行比较，并以比较结果作为分析对象，利用因素替换找出影响分析对象变动的因素及程度。连环替代分析法是对比较分析法的进一步发展。

3. 差额分析法

差额分析法是指直接按顺序计算各因素的预算与实际的差异，以确定其变动对分析对象的影响程度的一种分析方法。它是从连环替代分析法简化而成的一种分析方法。

4. 百分比法

百分比法是指用百分率或相对式子，表示同一时期各项财务指标内部结构或者表示不同时期同一财务指标的变动趋势的一种分析方法。

5. 平衡法

平衡法是指通过单位会计报表中某些经济指标之间相互依存、相互对应的平衡关系，来测定这些指标变动对另一指标变动影响程度的一种分析方法。

在具体的分析过程中，往往要将上述几种分析方法结合起来，这样才能更全面、更深入地揭示民间非营利组织的财务状况、经营成果及其变动趋势。

11.2.5 民间非营利组织财务分析的具体方法——比率分析法

比率分析法是指把某些彼此存在关联的会计报表项目加以对比，算出比率，借以确定经济活动变动程度的一种分析方法。

1. 流动性比率

所谓“流动性”是指将资产迅速转变为现金的能力。流动性是衡量民间非营利组织支付能力的一个重要方面。而流动性比率是分析民间非营利组织短期偿债能力的重要指标。流动性比率主要包括流动比率和现金比率。

流动比率是指流动资产与流动负债之比。利用该指标可以衡量民间非营利组织流动资产在短期债务到期前可以变为现金用于偿还流动负债的能力，表明企业每1元钱的流动负债有多少流动资产作为支付保障。其计算公式为：

$$流动比率=\frac{流动资产}{流动负债}$$

现金比率是指现金（各种货币资金）和短期有价证券与流动负债之比。其计算公式为：

$$现金比率=\frac{现金+短期有价证券}{流动负债}$$

由于现金及短期有价证券是流动资产中变现能力最强的项目，因此，现金比率是评价民间非营利组织短期偿债能力强弱的最可信的指标。

2. 筹资比率

筹资比率主要反映民间非营利组织筹集资金的能力，包括捐赠比率和资产负债率。

捐赠比率是指捐赠收入总额与收入总额之比。运用捐赠比率，可以分析民间非营利组织收入总额中有多少是来自捐赠、每年的开支在多大程度上依赖捐赠。其计算公式为：

$$捐赠比率=\frac{捐赠收入总额}{收入总额}$$

资产负债率是指负债总额与资产总额之比。其计算公式为：

$$资产负债率=\frac{负债总额}{资产总额}$$

资产负债率反映的是民间非营利组织全部资金中有多大的比例是通过借债而筹集的，该债务是否应当连本带息偿还。因此，这一比率能反映资产对负债的保障程度。

3. 营运能力比率

（1）回报率是指民间非营利组织收入总额与资产总额之比。其计算公式为：

$$回报率=\frac{收入总额}{资产总额}$$

该指标反映了民间非营利组织运用资产创造或者提高收入的能力，从另一种意义上说，它是一种“投资回报”，说明了组织每年每投入 1 元的资产所带来的收入，体现了民间非营利组织筹资活动的效率。

(2) 运营净收益率是指净收益与收入总额之比。其中，净收益是一定时期收入总额与费用总额之差。其计算公式如下：

$$运营净收益率=\frac{净收益}{收入总额}$$

通过计算公式可以看出，民间非营利组织在增加收入额的同时，必须相应地获得更多的净收益，才能使运营净收益率保持不变或者有所提高。通过分析运营净收益率的升降变动，可以促使民间非营利组织在扩大收入的同时，注意改进管理水平，降低费用，提高运营净收益率。

4. 效率比率

效率比率，着重分析民间非营利组织财务和业务活动的效率，旨在揭示资金周转情况、资源的利用情况等，其主要分析指标有应收账款周转率和存货周转率。

应收账款周转率是指赊销净额与平均应收账款余额之比。该指标用来考核应收账款周转变现能力，说明应收账款流动的速度，表明一定时期内应收账款转化为货币资产的次数。其计算公式为：

$$应收账款周转率=\frac{赊销净额}{平均应收账款余额}$$

$$平均应收账款余额=\frac{期初应收账款余额+期末应收账款余额}{2}$$

应收账款周转率可以用来估计应收账款变现的速度和管理的效率。应收账款周转率高，说明回收迅速，既可以节约资金，也说明组织信用状况好，不易发生坏账损失。

存货周转率是指使用的存货成本与平均存货之比。该指标反映了存货停留在民间非营利组织的时间。显然，存货周转率越高，停留时间就越短，说明资金周转越快，利用资源效率越高。其计算公式为：

$$存货周转率=\frac{使用的存货成本}{平均存货}$$

其中：

$$平均存货=\frac{期初存货+期末存货}{2}$$

5. 现金流量比率

(1) 现金流量充足率，反映民间非营利组织从业务活动中产生的现金满足资本性支出和存货投资需要的能力。其计算公式为：

$$现金流量充足率=\frac{业务活动现金流量5年之和}{资本性支出、存货增加额5年之和}$$

如果某年存货下降，该年存货增加额为零。

（2）现金再投资比率是指留存于单位的业务活动现金流量与再投资资产之比。其计算公式为：

$$现金再投资比率=\frac{业务活动净现金流量}{固定资产+长期投资+其他资产+运营资金}$$

公式中的分母各组成部分是某个特定时点上的存量，其中运营资金指的是流动资产减去流动负债之后的余额。

（3）到期债务本息偿付比率，反映民间非营利组织业务活动创造的现金支付到期债务本金及利息的能力。其计算公式为：

$$到期债务本息偿付比率=\frac{业务活动现金净流量}{本期到期债务本金+现金利息支出}$$

到期债务本息偿付比率越大，说明偿付到期债务的能力就越强。

（4）强制性现金支付比率，反映民间非营利组织是否有足够的现金应付必须发生的偿还债务、支付业务活动费用等项支出。其计算公式为：

$$强制性现金支付比率=\frac{现金流入总额}{业务活动现金流出量+偿还债务本息付现金额}$$

强制性现金支付比率越大，其现金支付能力就越强。

11.2.6 民间非营利组织财务分析报告的编写

当财务分析结束后，民间非营利组织要编写财务分析报告。财务分析报告是对民间非营利组织财务活动过程进行分析之后，将分析的结果加以整理、归纳、概括而形成的总结性书面文件。编写财务分析报告是财务分析的一项重要工作，既有助于各有关方面了解、掌握民间非营利组织财务活动状况，又有利于民间非营利组织进一步改进财务管理工作，提高财务管理水平。

财务分析报告主要有综合分析报告和专题分析报告。综合分析报告是综合反映民间非营利组织财务活动情况的书面文件。专题分析报告是反映和说明某个特定财务活动情况的书面文件。

财务分析报告的结构一般分为标题、开头、正文、结尾四个部分。标题，一般直接指出进行财务分析的主要内容，有时还要加上年度、季度或月份等时间标志，有时也可以用建议或者意见作为标题。开头，一般是概括地介绍财务活动的基本情况，提出问题和介绍分析的目的。正文，主要是根据财务分析的目的和分析报告的种类来安排正文内容。如果是综合分析报告，则要对各项重要财务分析指标逐项进行财务分析；如果是专项分析报告，则应根据专题的要求展开财务分析。这是财务分析报告的主要部分。结尾，要针对正文所说明的情况，提出改进工作的意见、建议和措施。

编写财务分析报告的总体要求是：内容完整，格式统一，数字准确，条理清楚，文字简练，重点突出，说理透彻，评价正确，建议合理，措施可行。

本章小结

民间非营利组织财务报告是为了使有关报告的使用者能够全面地了解民间非营利组织的财务状况、业务成果和现金流量的总括情况应运而生的。财务报告的编制要求数字真实、计算正确、内容完整、报送及时。民间非营利组织财务报告包括会计报表（含资产负债表、业务活动表、现金流量表）、会计报表附注和财务情况说明书，其编制要遵循各自的编制方法。

会计报表虽然是民间非营利组织业务活动的缩影，但会计报表所提供的是历史性静态信息。会计报表阅读者为了获得更有价值的信息，还需要运用一定的方法对报表的数据资料作进一步加工、分析、比较和评价。会计报表分析的基本方法有比较分析法、连环替代分析法、差额分析法、百分比法和平衡法。会计报表的比率分析法分析的比率主要有流动性比率、筹资比率、运营能力比率、效率比率和现金流量比率。

关键术语

财务报告　　资产负债表　　业务活动表　　现金流量表　　会计报表分析

复习思考题

1. 民间非营利组织财务报告包括哪些内容？
2. 民间非营利组织现金流量分为哪几类？各类分别包括哪些内容？
3. 简述财务情况说明书的内容。
4. 什么是会计报表分析？简述会计报表分析的步骤及基本方法。
5. 什么是会计报表的比率分析法？民间非营利组织主要进行哪些比率分析？

参考文献

1. 李兰英主编. 公共部门财务管理概论. 北京：中国财政经济出版社，2002
2. 侯江红主编. 公共组织财务管理. 北京：高等教育出版社，2002
3. 王庆成主编. 政府与事业单位会计. 北京：中国人民大学出版社，2004
4. 马国贤主编. 预算会计. 北京：中国财政经济出版社，2003
5.《新编预算会计》编写组编. 新编预算会计. 北京：经济科学出版社，2004
6. 刘学华主编. 预算会计. 上海：立信会计出版社，2004
7. 罗绍德主编. 预算会计. 昆明：西南财经大学出版社，2002
8. 中华人民共和国财政部制定. 民间非营利组织会计制度. 北京：经济科学出版社，2004
9. 会计制度研究组编著. 民间非营利组织会计制度讲解与操作. 大连：东北财经大学出版社，2005
10. 王国生编著. 民间非营利组织会计. 北京：经济管理出版社，2004
11. 王金秀，陈志勇编著. 国家预算管理. 北京：中国人民大学出版社，2001

人大版公共管理类教材

公共管理类专业教材——学科基础课教材

书名	作者
现代管理学原理（第三版）（“十一五”国家级规划教材）	娄成武　魏淑艳
一般管理学原理（第四版）	张康之　周　军
管理学基础（第三版）	方振邦
管理学教程	方振邦
政治学原理（第三版）	景跃进　张小劲
现代政治学原理（第四版）	石永义　刘玉萼　张　璋
政治学教程	舒　放　刘琼莲
公共管理学（第二版）	陈振明
公共管理学——一种不同于传统行政学的研究途径（第二版）	陈振明
公共管理学（第二版）（“十二五”国家级规划教材）	蔡立辉　王乐夫
公共管理学（精编版）	王乐夫　蔡立辉
公共管理学（第二版）	张康之　郑家昊
公共管理概论（第二版）	朱立言　谢　明
公共管理学概论	曹现强　王佃利
公共管理学导引与案例（第二版）	王丛虎
公共管理案例	中国人民大学公共管理学院
公共政策导论（第四版）（数字教材版）	谢　明
公共政策概论（第二版）	谢　明
公共政策学——政策分析的理论、方法和技术（“十一五”国家级规划教材）	陈振明
公共政策学	杨宏山
政策科学——公共政策分析导论（第二版）	陈振明
公共政策学导引与案例	陈季修
公共政策案例	中国人民大学公共管理学院
公共经济学（第三版）（“十二五”国家级规划教材）	高培勇
公共经济学教程	秦立建
政府经济学（第四版）（“十一五”国家级规划教材）	郭小聪
政府经济学（第四版）	潘明星　韩丽华

公共管理类专业教材——方法课教材

书名	作者
管理定量分析：方法与技术（第二版）	刘兰剑　李　玲
公共管理的方法与技术（第二版）	魏　娜
公共管理实用分析方法	汪明生　胡象明

公共管理类专业教材——行政管理、公共事业管理专业教材

书名	作者
行政法学导论	姜晓萍
行政法学	朱新立　唐明良　李春燕
公共部门人力资源管理（第四版）	孙柏瑛　祁凡骅
公共部门人力资源开发与管理（第四版）（“十二五”国家级规划教材）	孙柏瑛　祁凡骅
公共部门人力资源开发与管理（第三版）	孙柏瑛
公共部门人力资源管理（第三版）	滕玉成　于　萍
公共部门人力资源管理	方振邦
公共部门人力资源管理概论	方振邦

书名	作者
公共部门人力资源管理案例	周均旭
公共人事制度	刘俊生
行政管理学（第四版）	郭小聪
公共行政学（第五版）	彭和平
公共行政学	张康之　张乾友
行政学导论（第三版）	齐明山
行政管理学导引与案例	陈季修
管理心理学（第二版）	范逢春
公共组织行为学（第三版）（“十一五”国家级规划教材）	孙　萍　张　平
公共组织学（第三版）	李传军
行政组织学（第二版）	张　昕　李　泉
公共事业管理概论（第三版）	朱仁显
公共事业管理概论（“十一五”国家级规划教材）	娄成武　李　坚
公共组织财务管理（第三版）（“十一五”国家级规划教材）	王为民
国家公务员制度（第四版）（数字教材版）（“十二五”国家级规划教材）	舒　放　王克良
国家公务员制度概论	郗永勤　刘碧强
公务员制度概论	李如海
公务员制度导论	孙德超
行政领导学（第三版）	朱立言　李国梁
领导学（第四版）	邱霈恩
领导学	王自亮
领导学：理念、行为与艺术	祁凡骅
领导学	孙　健
现代市政学（第四版）（数字教材版）	王佃利　张莉萍　高　原
市政管理学（第四版）（“十一五”国家级规划教材）	杨宏山
市政学导引与案例（第二版）	李燕凌
社区管理（第三版）	汪大海　魏　娜　郇建立
社区管理原理与案例	魏　娜
电子政务教程（第三版）（“十一五”国家级规划教材）	赵国俊
电子政府与电子政务（第二版）（“十一五”国家级规划教材）	张锐昕
电子政府概论（第二版）	张锐昕
管理信息系统	张维明　黄金才
行政伦理学教程（第三版）（“十二五”国家级规划教材）	张康之　李传军
公共危机管理导论（“十一五”国家级规划教材）	肖鹏军
公共危机管理概论	王宏伟
公共危机管理	唐　钧
公共危机与应急管理：原理与案例	王宏伟
行政决策学	许文惠　张成福　孙柏瑛
非营利组织管理	吴东民　等
非营利组织管理	康晓光
非营利组织管理导引与案例	崔向华　张　婷
当代中国政府与政治	景跃进　陈明明　肖　滨
当代中国政府与行政（第三版）	魏　娜　吴爱明
当代中国政府（第二版）（“十一五”国家级规划教材）	吴爱明
地方政府学概论（第二版）	方　雷
地方政府管理（第二版）	陈瑞莲　张紧跟
管理秘书实务（第三版）	赵锁龙
行政秘书学	唐　钧
公文写作与处理	赵国俊
机关管理的原理与方法（第三版）	赵国俊　陈幽泓
公共部门绩效管理	方振邦

书名	作者
政府绩效管理	方振邦　葛蕾蕾
政府绩效评估	蔡立辉
公共关系概论（第二版）	邹正方
政府公共关系（第二版）（“十一五”国家级规划教材）	廖为建　张　宁
社会管理	汪大海
社会管理——理论、实践与案例	陈振明
西方行政学理论概要（第二版）（“十一五”国家级规划教材）	丁　煌
公共行政学史	何艳玲
公共行政学经典理论导引与案例	付小均
西方公共管理名著导读	汪大海
管理思想史教程	方振邦　葛蕾蕾
文化管理学（第三版）（“十二五”国家级规划教材）	孙　萍
文化创意产业导论	魏鹏举
卫生事业管理（第二版）（“十一五”国家级规划教材）	李　鲁
教育经济与管理（第二版）（“十一五”国家级规划教材）	娄成武　史万兵
现代公用事业管理	崔运武

公共管理类专业教材——劳动与社会保障专业教材

书名	作者
社会保障概论（第六版）（教育部推荐教材）	孙光德　董克用
社会保障管理（“十一五”国家级规划教材）	邓大松　刘昌平
劳动经济学（“十一五”国家级规划教材）	董克用　刘　昕
劳动法与社会保障法	黎建飞　李　静
人力资源管理	彭剑锋
社会保险学（第三版）	孙树菡　朱丽敏
社会保障基金管理	李春根
社会保险精算原理与实务	王晓军
社会保障国际比较	仇雨临
国际社会保障制度教程	穆怀中
员工福利概论（第二版）（“十一五”国家级规划教材）	仇雨临
医疗保障	王虎峰

公共管理类专业教材——土地资源管理专业教材

书名	作者
土地经济学（第七版）（“十一五”国家级规划教材）	毕宝德
土地法学	王守智　吴春岐
土地科学导论	叶剑平
土地资源管理学	张正峰
土地利用规划学	张占录　张正峰
不动产估价（第二版）（“十一五”国家级规划教材）	叶剑平　曲卫东
土地信息系统	曲卫东　韩　琼
地籍管理（第五版）（“十一五”国家级规划教材）	谭　峻　林增杰

公共管理类专业教材——城市管理专业教材

书名	作者
城市管理学（第三版）	杨宏山
城市管理法	王丛虎

书名	作者
城市总体规划原理	郐艳丽　田　莉

公共管理硕士（MPA）教材——核心课教材

书名	作者
全国公共管理硕士（MPA）核心课程教学指导纲要	全国公共管理专业学位研究生教育指导委员会
社会主义建设理论与实践（第三版）	李景治　蒲国良
公共管理英语（修订版）	顾建光
公共管理学（修订版）	张成福　党秀云
公共管理学原理（修订版）	陈振明
公共管理导论	竺乾威　朱春奎　李瑞昌
公共政策分析	陈振明
公共政策分析导论	陈振明
公共政策分析概论（修订版）	谢　明
政治学：基本理论与中国视角	任剑涛
公共部门经济学（第三版）	高培勇　崔　军
公共经济学	唐任伍
行政法学（修订版）	皮纯协　张成福
行政法学概论（第三版）	胡锦光
非营利组织管理概论（修订版）	王　名
非营利组织管理	王　名　王　超
公共管理伦理学（修订版）	张康之
社会研究方法	陈振明
定量分析方法（第三版）	谭跃进
电子政务理论与方法（第四版）	金江军
电子政务	吴爱明　何　滨
信息技术及其应用（第三版）	张维明

公共管理硕士（MPA）教材——专业方向必修课、选修课教材

书名	作者
公务员制度教程（第五版）	舒　放　王克良
比较政府与政治（修订版）	卓　越
当代中国政府与政治（第三版）	吴爱明　朱国斌　林　震
公共部门人力资源管理及案例教程（第三版）	陈天祥
领导学	祁凡骅　刘　颖
领导学教程	常　健
领导理论与实践	邱霈恩
西方公共行政管理理论精要	丁　煌
社会管理概论	唐　钧
公共部门绩效评估（修订版）	卓　越
公共危机管理（修订版）	王宏伟
公共部门危机管理（第三版）	张小明
公共部门战略管理（修订版）	陈振明
城市管理理论与实务	杨宏山
公共冲突管理	常　健
MPA 学位论文写作指南	汪大海

图书在版编目（CIP）数据

公共组织财务管理/王为民主编．—3版．—北京：中国人民大学出版社，2013.1
普通高等教育“十一五”国家级规划教材．高等学校公共事业管理专业主干课程教材．21世纪公共事业管理系列教材/娄成武总主编
ISBN 978-7-300-17018-3

Ⅰ.①公… Ⅱ.①王… Ⅲ.①国家行政机关-财务管理-高等学校-教材 ②行政事业单位-财务管理-高等学校-教材 Ⅳ.①F810.6

中国版本图书馆 CIP 数据核字（2013）第 022699 号

普通高等教育“十一五”国家级规划教材
高等学校公共事业管理专业主干课程教材
21世纪公共事业管理系列教材
总主编　娄成武
公共组织财务管理（第三版）
主　编　王为民
副主编　博　迪
Gonggong Zuzhi Caiwu Guanli

出版发行	中国人民大学出版社		
社　　址	北京中关村大街31号	**邮政编码**	100080
电　　话	010－62511242（总编室）		010－62511770（质管部）
	010－82501766（邮购部）		010－62514148（门市部）
	010－62515195（发行公司）		010－62515275（盗版举报）
网　　址	http://www.crup.com.cn		
经　　销	新华书店		
印　　刷	北京昌联印刷有限公司	**版　　次**	2006年1月第1版
规　　格	185 mm×260 mm　16开本		2013年3月第3版
印　　张	21.75 插页1	**印　　次**	2019年11月第8次印刷
字　　数	494 000	**定　　价**	42.00元

版权所有　侵权必究　印装差错　负责调换

教学支持说明

（教学课件）

中国人民大学出版社政治与公共管理出版分社秉承“出教材学术精品，育人文社科英才”的出版宗旨，多年来，出版了大批高质量的公共管理、教育学、政治学、政治理论公共课教材和学术著作。

我们为本教材制作了相应的 PPT 教学课件，任何一位采用本书作为授课教材的教师均可免费获得该课件。为了确保该课件仅为授课教师获得，烦请您填写如下材料，并将相关信息通过 E-mail 发送给我们，我们将在收到相关信息后通过 E-mail 给您发送该课件。欢迎您加入我们的 QQ 群（全国政管教师交流群，群号为 236159213），或登录我社官方网站（www. crup. com. cn），注册并认证成为教师会员，以获得更好的服务。

我们的联系方式：

地址：（100872）北京市中关村大街甲 59 号文化大厦 1202 室

中国人民大学出版社政治与公共管理出版分社

电话：（010） 82502724　62514775（传真）

E-mail：ggglcbfs@vip. 163. com

QQ 群：236159213

兹证明__________大学/学院__________院/系__________专业__________学年第__________学期开设的__________课程，采用中国人民大学出版社出版的____________________（书名、作者）作为本课程教材。授课教师为__________，授课班级共______个、学生______人。授课教师需要与本书配套的教学课件。

联 系 人：____________________

通信地址：____________________

邮　　编：____________________

电　　话：____________________

E-mail：____________________

系/院主任：__________（签字）

（系/院办公室章）

______年______月______日